U0524836

本书为国家社科基金重大项目："大运河与中国古代社会研究"
（项目号：17ZDA184）阶段性成果；
本书获聊城大学学术著作出版基金资助

聊城大学运河学研究院研究丛书

# 清代山东运河河工
# 经费研究

王玉朋　著

中国社会科学出版社

## 图书在版编目（CIP）数据

清代山东运河河工经费研究／王玉朋著．—北京：中国社会科学出版社，
2021. 10

（聊城大学运河学研究院研究丛书）

ISBN 978 - 7 - 5203 - 8743 - 9

Ⅰ.①清…　Ⅱ.①王…　Ⅲ.①运河工程—财政史—研究—山东—清代
Ⅳ.①F812.949

中国版本图书馆 CIP 数据核字（2021）第 142371 号

---

| | | |
|---|---|---|
| 出 版 人 | 赵剑英 | |
| 责任编辑 | 安　芳 | |
| 责任校对 | 张爱华 | |
| 责任印制 | 李寡寡 | |

---

出　　　版　中国社会科学出版社

社　　　址　北京鼓楼西大街甲 158 号

邮　　　编　100720

网　　　址　http://www.csspw.cn

发 行 部　010 - 84083685

门 市 部　010 - 84029450

经　　　销　新华书店及其他书店

---

印　　　刷　北京明恒达印务有限公司

装　　　订　廊坊市广阳区广增装订厂

版　　　次　2021 年 10 月第 1 版

印　　　次　2021 年 10 月第 1 次印刷

---

开　　　本　710×1000　1/16

印　　　张　21.5

插　　　页　2

字　　　数　335 千字

定　　　价　118.00 元

---

凡购买中国社会科学出版社图书，如有质量问题请与本社营销中心联系调换

电话：010 - 84083683

版权所有　侵权必究

# 目　　录

绪　论 ………………………………………………………（1）

　　一　选题缘起与研究意义 ………………………………（1）

　　二　学术史回顾 …………………………………………（2）

　　三　本书主要内容 ………………………………………（17）

第一章　河道工程 …………………………………………（20）

　第一节　元代运河工程 ……………………………………（20）

　　一　河道开挖 ……………………………………………（20）

　　二　闸坝规制与修缮 ……………………………………（27）

　　三　水利枢纽——金口坝与堽城坝 ……………………（31）

　第二节　明代运河工程的全面建设 ………………………（33）

　　一　重开会通河系列工程 ………………………………（33）

　　二　治黄保运 ……………………………………………（41）

　　三　南阳新河与泇河 ……………………………………（45）

　第三节　清代运河工程的维护与建设 ……………………（52）

　　一　闸坝建设与维护 ……………………………………（52）

　　二　保泉济运 ……………………………………………（66）

　　三　水柜与水壑 …………………………………………（72）

　　四　卫河治理 ……………………………………………（84）

　小　结 ……………………………………………………（97）

## 第二章　河政制度 ……………………………………………… （100）

第一节　从统摄全局到分区管理：清代河道总督建置沿革 …… （100）

第二节　中层机构变革：从管河分司到运河道 ………………… （106）

　　一　从管河分司至济宁道 ……………………………… （106）

　　二　运河道及其财政职能 ……………………………… （110）

　　三　厅汛官员 …………………………………………… （119）

第三节　河员廉俸 ………………………………………………… （123）

　　一　河官俸禄 …………………………………………… （123）

　　二　河官养廉银 ………………………………………… （127）

　　三　河员办公经费 ……………………………………… （132）

第四节　编额外群体：效力人员研究 ………………………… （133）

　　一　效力制度目的与沿革 ……………………………… （134）

　　二　效力人员的出身和选任 …………………………… （137）

　　三　效力人员的职责和上升途径 ……………………… （142）

　　四　效力制度弊病和改进措施 ………………………… （146）

小　结 ……………………………………………………………… （148）


## 第三章　河夫征调 ……………………………………………… （150）

第一节　夫役之设 ………………………………………………… （150）

　　一　夫役类型 …………………………………………… （151）

　　二　专业河兵 …………………………………………… （158）

第二节　赋役制度变革下的河夫之役 ………………………… （164）

　　一　河役折银与东西府之争 …………………………… （164）

　　二　协济之弊 …………………………………………… （172）

第三节　夫役动员：从佥派走向雇募 ………………………… （176）

　　一　明代河夫佥派 ……………………………………… （176）

　　二　清初河夫佥派 ……………………………………… （180）

　　三　佥派苦累 …………………………………………… （183）

　　四　雇募代替佥派 ……………………………………… （186）

第四节　夫役运作与区域社会 ………………………………… （190）

| 一 河夫待遇及职责 | (191) |
| 二 河役弊端与区域社会 | (203) |
| 小 结 | (212) |

**第四章 河工经费支出** ……………………………………… (214)

第一节 岁修抢修 ………………………………………… (215)

一 岁修抢修的制度内涵 ……………………………… (215)

二 岁修抢修河银的定额化历程 ……………………… (220)

三 岁修抢修物料的购置 ……………………………… (226)

四 岁修抢修银的拨发及奏销 ………………………… (228)

第二节 另案 ……………………………………………… (236)

一 河工另案的制度内涵 ……………………………… (236)

二 另案河银的定额化 ………………………………… (238)

第三节 运河冬挑 ………………………………………… (243)

一 冬挑的制度内涵 …………………………………… (243)

二 运河冬挑的制度成本 ……………………………… (246)

三 清前期经费筹集机制 ……………………………… (251)

四 清中后期经费筹集机制 …………………………… (257)

第四节 民堰借项 ………………………………………… (261)

一 民堰借项的制度内涵 ……………………………… (261)

二 制度变革 …………………………………………… (266)

小 结 …………………………………………………… (269)

**第五章 河工经费来源** ……………………………………… (273)

第一节 地丁银 …………………………………………… (273)

一 藩库以及运河道库的关键来源 …………………… (273)

二 州县官的考成制度 ………………………………… (278)

第二节 湖田地租银 ……………………………………… (282)

一 湖田的开发 ………………………………………… (282)

二 湖租收入 …………………………………………… (289)

第三节　其他河银收入 …………………………………………（293）

　　一　秫秸八束银 …………………………………………………（293）

　　二　河滩地租 ……………………………………………………（297）

　　三　赁基银 ………………………………………………………（300）

　　四　耗羡银 ………………………………………………………（303）

　　五　生息银 ………………………………………………………（307）

小　结 ………………………………………………………………（311）

结　论 ………………………………………………………………（313）

参考文献 ……………………………………………………………（324）

# 绪　　论

## 一　选题缘起与研究意义

自元灭南宋实现南北统一以来，中国政治中心稳定于首都北京，一改隋、唐、宋三代首都坐西向东之形势，形成政治中心地处北方，经济中心地处南方的格局。为实现南北政治、经济、文化交流，建设一条沟通南北的交通要道成为形势之必然。元代将隋唐大运河的航线拉直，航程缩短，自南向北将横亘东西的海河、黄河、淮河、长江、钱塘江连接起来，充分发挥了京杭大运河沟通南北经济和文化的重要作用。明清两代继续充分利用京杭大运河，将其视作维系自身统治的经济命脉。

山东段运河作为京杭大运河河道的重要组成部分，是元、明、清三代高度重视的运河河段。同时，山东段运河也是京杭运河地势最高、科技含量最高的河段。为实现运河畅通，元、明、清三代在山东运河沿线疏浚河道，引汶水、泗水、卫水等水源入运，并疏浚泉源济运，将沿运湖泊设为水柜，确保山东段运河的畅通。在清代，"河工，国之大政"。[①]运河河工更是关乎国计民生的大事。河工经费调拨是否及时、充足，则是关乎治河成效的关键。从河工经费研究入手，对经费审核机制、河工物料调拨、官员薪酬、河兵粮饷诸问题重新审视，有助于将水利史、财

---

① 傅泽洪辑：《行水金鉴》卷172《河南管河道档案》，《景印文渊阁四库全书》史部第582册，台湾商务印书馆1986年版，第655页。贾国静研究指出，清代河工并不囿于"治河即所以保漕"，更有获取政权合法性的政治文化意涵。参见氏作《"治河即所以保漕"？——清代黄河治理的政治意蕴探析》，《历史研究》2018年第5期。

政史相关研究推向深入。

2014 年 6 月，中国大运河成功入选《世界遗产名录》。① 运河申遗的成功，在带动沿运区域社会经济发展的同时，也极大地推进了运河学的研究。有学者强调指出，运河本体研究仍是运河研究的核心内容。② 系统研究河政管理体制、夫役动员机制以及清廷在河工经费预算、筹支、审核的运作程序等一系列问题，对于运河申遗后，运河沿线的各地政府实施的运河旅游开发、遗产保护、运河复航等工程项目，以及各地的水利设施建设，提供一定的历史借鉴。

## 二 学术史回顾

自 20 世纪初，张景贤最早以"北运河考略"为题③公开发表以运河为研究对象的学术论文以来，运河研究持续是学界的重要研究对象。在2014 年大运河申遗成功之后，学界更是掀起运河研究热潮，一大批运河研究机构随之产生，并涌现出大量与运河相关的研究论著。学界曾多次对百年来运河研究历程有过系统的总结。④ 与运河相关的研究，可谓汗牛充栋。因此，我们着重介绍与本课题研究紧密相关的运河河工研究。

---

① 入选此项目的大运河河段主要包括隋唐大运河、京杭大运河和浙东大运河三部分，其中河道遗产 27 段，总长度 1011 公里，相关遗产共计 58 处遗产。遗产类型包括闸、堤、坝、桥、水城门、纤道、码头、险工等运河水工遗存，以及仓窖、衙署、驿站、行宫、会馆、钞关等大运河的配套设施和管理设施，和一部分与大运河文化意义密切相关的古建筑、历史文化街区等。大运河山东段遗产点共 15 处，包括临清运河钞关、阳谷古闸群（荆门上闸、荆门下闸、阿城上闸、阿城下闸）、戴村坝、邢通斗门、徐建口斗门、十里闸、柳林闸、寺前铺闸、南旺枢纽、南旺分水龙王庙遗址、运河砖砌河堤和利建闸。
② 李德楠：《后申遗时代运河研究的思考》，《中原文化研究》2014 年第 5 期。
③ 张景贤：《北运河考略》，《地学杂志》1919 年第 9—10 期。
④ 与运河学研究直接相关的学术综述就有王云：《近十年来京杭运河史研究综述》，《中国史研究动态》2003 年第 6 期；刘小花：《中国运河史研究综述》，《吉林水利》2007 年第 9 期；胡梦飞：《近十年来国内明清运河及漕运史研究综述（2003—2012）》，《聊城大学学报》（社会科学版）2012 年第 6 期；高元杰：《20 世纪 80 年代以来漕运史研究综述》，《中国社会经济史研究》2015 年第 1 期；罗衍军：《二十年来的运河学研究》，《地方文化研究》2015 年第 6 期；刘玄：《明清以来大运河海外研究述评》，《聊城大学学报》（社会科学版）2016 年第 2 期；卢勇、冯培：《20 世纪以来大运河水利史研究的反思与前瞻》，《中国农史》2019 年第 5 期，等等。

（一）河道工程

20 世纪上半叶的运河研究，学界关注点侧重运河的开挖、疏浚、管理及交通、漕运诸问题。对这些问题的研究大多停留在普及推广性的介绍和资料收集整理方面，系统研究运河的论著并不多见。其中，以史念海的研究最为突出。其著作《中国的运河》研究中国历代运河开挖、疏浚及整治史，对运河与区域水系变迁、城市发展等诸多问题提出颇具价值的思考。[①]

中华人民共和国成立后，大运河史及相关研究逐渐受到重视。1957年，刘德岑对元、明两朝济州河、会通河、南阳新河、泇河的开凿与维持、运河水源管理、黄运关系等问题做了细致的梳理。[②] 20 世纪 60 年代初，朱偰利用正史、治河人员的奏疏文集、地方志和私人记载等史料，按朝代先后对中国古代运河史料依次编排，并附历代运河沿革地图六幅，具有较高史料价值。[③] 同时期，国外以日本学者星斌夫研究比较突出。其著作《大运河——中国的漕运》，以年代为序，介绍大运河及漕运从先秦至清代的发展。他将大运河看作中国社会经济增长，社会流动的重要媒介力。[④]

改革开放之后，伴随南水北调工程的实施，大运河研究迎来热潮。欧阳洪的《京杭运河工程史考》出发点是为水运工程建设提供借鉴，对京杭运河的开挖及整治工程做了论述，尤其侧重介绍运河工程技术、工程管理等古代河工技术问题。[⑤] 姚汉源的《京杭运河史》则系统而详细地叙述京杭运河从兴建到发展直至衰败的历史过程，内容涵盖元代以前各段运河以及元代以降京杭运河的开凿及经营状况，运河工程及漕运管理，河工管理制度以及历代治运人物及关于运河的论著，堪称一部研究运河的百科全书。[⑥] 李治亭《中国漕运史》研究中国漕运的起源、开创及发展

---

① 史念海：《中国的运河》，重庆史学书局 1944 年版；陕西人民出版社 1988 年再版。
② 刘德岑：《元明时代会通河的沿革》，《西南师范学院学报》1957 年第 1 期。
③ 朱偰：《中国运河史料选辑》，中华书局 1962 年版。
④ 星斌夫：《大运河——中国的漕运》，东京：近藤出版社 1971 年版。
⑤ 欧阳洪：《京杭运河工程史考》，江苏省航海学会 1988 年版。
⑥ 姚汉源：《京杭运河史》，中国水利水电出版社 1998 年版。

的盛衰演变史，对历代对运河的开凿、整治多有涉及。①

进入21世纪，尤其是随着中国大运河申遗的成功，大运河研究在新时代再次焕发生机，涌现出大量成果。安作璋主编《中国运河文化史》对中国历代运河的开凿与治理、运河与皇朝统治以及运河与区域社会等内容作了详尽研究。② 为配合大运河保护和申遗工作，谭徐明、王英华等对大运河各个河段的自然概况、历史沿革、关键工程与遗产构成做了详尽研究。③ 邹逸麟探讨先秦至民国年间中国运河开凿的历史和地理背景，分析运河河工开凿中的水源、沿线地貌高差、运河和天然河流交汇等技术问题。他强调应全面研究大运河的历史，并以此传授给后人，以显示历史上中华民族对人类文明的贡献。④

早在20世纪60年代，吴缉华探讨明代海运及运河的开展、黄运关系以及背后朝廷政治力量的纷争，指出明代存在三种漕粮转运的不同主张，修治运河以通河运，因循元代和明初海运作风以通海运，开胶莱河以通海运。这三种不同路线，导致明朝野形成三大对峙势力，导致明代后期漕运工作得不到妥善处理，消耗大量人力和财力。⑤ 朱玲玲论述宋礼、陈瑄、潘季驯等人治河事迹，并对明代黄运关系以及南阳新河、泇河的开凿做了研究。⑥ 何孝荣对永乐朝南北大运河的浚通及意义做了研究。⑦ 蔡泰彬系统探讨明代整治漕河的政策及实践，研究内容包括明代黄运关系、山东四大水柜的设置与整治、船闸建置与运道变迁，漕河管理组织及其演进等内容。⑧ 封越健围绕运河的水源、闸坝、堤防等内容展开

---

① 李治亭：《中国漕运史》，台北：文津出版社1997年版。

② 安作璋主编：《中国运河文化史》，山东教育出版社2001年版。

③ 谭徐明、王英华、李云鹏、邓俊：《中国大运河遗产构成及价值评估》，中国水利水电出版社2012年版。

④ 邹逸麟：《舟楫往来通南北——中国大运河》，江苏凤凰科学技术出版社2018年版。

⑤ 吴缉华：《明代海运及运河的研究》，台北"中央研究院"历史语言研究所专刊1961年版。

⑥ 朱玲玲：《明代对大运河的治理》，《中国史研究》1980年第2期。

⑦ 何孝荣：《永乐时期运河的浚通及其意义》，《淮阴师范学院学报》（哲学社会科学版）1988年第3期。

⑧ 蔡泰彬：《明代漕河之整治与管理》，台湾商务印书馆股份有限公司1992年版。

研究，指出明代运河工程管理周密完备，达到很高水平，并为清代所继承。[1]

有关清代大运河的研究成果多为学术论文。王永谦对清代大运河的维护和修治做了脉络性梳理。[2] 陈麟辉等指出，清代中后期的政治腐败诱使各种潜伏危机的爆发。晚清经济发展以及交通运输进步，漕运被抛弃，运河最终淤废。[3] 袁飞对清代3000余里运河河道以及这条漕运大动脉之下的微小运输水路网（支流湖塘）的河道走向及重要漕运交兑点做了研究。[4]

明清时期，黄、运关系是运河河工研究的关键问题。邹逸麟就直言："运河发展的历史与黄河变迁的历史，有着不可分割的关系。"[5] 张含英指出，明清治河有两大顾虑：一怕黄河改道使漕运中断；二怕黄河决口冲淤山东境内运河。这就决定了要维持黄河走"南道"的方针，决定了豫东及鲁苏北堤的防御，决定了江苏境内黄河是治理的重点。[6] 钮仲勋指出，金元之前，黄运关系矛盾并不突出。元代开通京杭运河之后，黄运关系开始变得复杂，主要问题有：一是"借黄行运"；二是黄河决溢威胁山东运道安全。明代主要通过采取"引黄济运""遏黄保运"和"避黄保运"的措施。清代沿袭明代措施，采取"避黄保运"开挖皂河、中河，最终除黄、淮、运交汇处外，黄运完全分开。[7] 谢永刚指出，自北宋以至清代运河工程建设具有防御黄河淤沙的特点。[8] 曹志敏指出，清代服务于漕运的治河思想，迫使黄河南行，加之蓄清敌黄等治黄战略，严重违背

---

[1] 封越健：《明代京杭运河的工程管理》，《中国史研究》1993年第1期。

[2] 王永谦：《浅谈清代大运河的兴废》，《中国历史博物馆馆刊》1993年第1期。

[3] 陈麟辉、张春美：《清代大运河淤塞原因略论》，《历史教学问题》1993年第5期。

[4] 袁飞：《清代漕运河道考述》，《中国农史》2014年第2期。

[5] 邹逸麟主编：《黄淮海平原历史地理》第四章"黄淮海平原的水系变迁"，安徽教育出版社1997年版，第159页。

[6] 张含英：《明清治河概论》第三章"明清治河的目标"，水利水电出版社1986年版，第26页。

[7] 钮仲勋：《黄河与运河关系的历史研究》，《人民黄河》1997年第1期。

[8] 谢永刚：《历史上运河受黄河水沙影响及其防御工程技术特点》，《人民黄河》1995年第10期。

黄河河流的本性，严重弱化了黄河的治理效果。[①] 谭徐明等对金代黄河改道南行至咸丰年间黄河改道 600 余年间的黄运关系做了研究，指出黄河水源以及北泛形成的耐牢坡河是运河水源的重要来源，黄河水道的环境变迁是泇河、中运河以及微山诸湖形成的主要动因。微山湖等运河水柜的产生，使运河最终摆脱了对黄河水源和水道的倚赖，换来运河 200 余年的畅通。[②]

近年，描绘运河河道工程的地图逐渐成为学界关注的重要对象。李孝聪对黄、淮、运的河工舆图的科学价值做了研究。他指出明代绘制的单幅运河图传世并不多，清代独立成帙表现运河全程的舆图多起来，还出现了专以描绘运河某段水利工程的局部图和伴随官员奏折进呈的运河工程图。[③] 席会东对浙江省博物馆和台北"故宫博物院"所藏康熙二十六年（1687）河道总督靳辅延聘画家周洽等人绘制的《运河图》做了研究。[④] 王耀对散存于海内外的清代大运河地图进行系统调查、整理和研究。在探讨运河图的图幅特征、绘制背景的同时，对运河图呈现的运河河道水利状况，以及运河水利治理、运河管理体制及与之相关的政治、经济等相关史事做了研究。[⑤] 姜莉莉等梳理了大量明清时期黄河、大运河水利地图，对地图的载体形式、表现形式和绘制特点进行剖析，探讨其

---

① 曹志敏：《清代黄河河患加剧与通运转漕之关系探析》，《浙江社会科学》2008 年第 5 期。

② 谭徐明、陈方舟、李云鹏、万金红：《13 至 19 世纪黄淮间运河自然史研究》，《中国水利水电科学研究院学报》2014 年第 2 期。

③ 李孝聪：《黄淮运的河工舆图及其科学价值》，《水利学报》2008 年第 8 期。

④ 席会东：《海峡两岸分藏康熙绘本"京杭运河图"研究》，《文献》2015 年第 3 期。此外，席会东还发表了一系列关于清代黄、运河工地图的研究，代表论文有：《清康熙绘本"黄河图"及相关史实考述》，《故宫博物院院刊》2009 年第 5 期；《"王石谷全黄图"研究》，《故宫博物院院刊》2010 年第 1 期；《台北故宫藏雍正"豫东黄河全图"研究》，《中国历史地理论丛》2011 年第 3 期；《欧洲所藏清代"南河图"研究》，《中国国家博物馆馆刊》2011 年第 7 期；《高斌"南河图说"与乾隆首次南巡研究》，《中国历史地理论丛》2012 年第 2 期；《九曲黄河方寸中——美国国会图书馆藏"江南黄河堤工图"研究》，《殷都学刊》2013 年第 2 期；《美国国会图书馆藏"豫东黄河全图"与乾隆朝河南河患治理》，《西北大学学报》（哲学社会科学版）2013 年第 4 期；《海外藏康熙"黄运两河全图"研究》，《中国国家博物馆馆刊》2013 年第 10 期。

⑤ 王耀：《水道画卷：清代京杭大运河舆图研究》，中国社会科学出版社 2016 年版。

在地理学、地图学、水利学方面的应用价值和研究价值。[①]

关于山东运河工程的研究，学术界也取得丰硕成绩。邹逸麟从历史地理学角度对山东运河开凿的地理背景、开凿过程、闸坝设施、水柜设置、疏浚管理等内容进行研究。他指出，运河畅通在促进会通河沿线城镇商业繁荣的同时，也造成沿线环境的破坏。[②] 汪孔田撰文探讨山东运河的开凿、通航过程，并对关键闸座的重要作用做了研究。[③] 山东交通运输厅港航局编著的《山东运河航运史》探讨自古至今的山东运河航运发展演变史，其中中篇介绍元、明、清三朝的运河开凿、疏浚与维持，内容涉及河道开凿、闸坝设置、水源控制、运堤整治、泉源及水柜设置等内容。[④]

汶水是山东段运河的关键水源。王元林等指出引汶济运虽保障了运河航道的畅通，但影响了汶河沿线的农业生产，加剧了汶河下游的洪涝灾害。[⑤] 李德楠对明清京杭运河的引水方式做了研究，指出一切引水活动都为了“保漕”，很难兼顾国家运道与地方民生，给农业发展带来诸多负面影响。[⑥] 高元杰指出，汶水是会通河的关键水源。在汶水上起主要引水作用的工程先后是堽城坝和戴村坝。堽城坝和戴村坝都经历了由沙土坝到石坝的演变，在这一演变中水沙的矛盾是其关键因素。[⑦]

南旺水利枢纽是山东运道的关键工程。2008 年 3 月至 10 月，山东省文物考古研究所等单位对南旺分水枢纽及龙王庙古建筑群遗址进行调查和发掘，在分水枢纽的演进过程、分水原理、工程技术成就、古建筑群

---

[①] 姜莉莉、齐清文、赵错：《中国明、清时期黄河和京杭大运河地图的特征与价值》，《地球信息科学学报》2016 年第 1 期。

[②] 邹逸麟：《山东运河开发史研究》，载陈桥驿主编《中国运河开发史》，中华书局 2008 年版。后收入氏著《椿庐史地论稿续编》，上海人民出版社 2014 年版。

[③] 汪孔田：《贯通京杭大运河的关键工程——堽城枢纽考略》，《济宁师专学报》1998 年第 5 期；《论京杭运河山东运道的开辟与经营》，《济宁师专学报》1999 年第 6 期。

[④] 《山东运河航运史》编纂委员会编：《山东运河航运史》，山东人民出版社 2011 年版。

[⑤] 王元林、孟昭锋：《元明清时期引汶济运及其影响》，《人民黄河》2009 年第 4 期。

[⑥] 李德楠：《明清京杭运河引水工程及其对农业的影响》，《农业考古》2013 年第 4 期。

[⑦] 高元杰：《会通河引水工程演变中的水沙因素》，《华北水利水电学院学报》（社会科学版）2012 年第 4 期。

的特征、工程遗产构成及价值等问题上形成初步认识。① 卢勇等指出，南旺分水枢纽主要包括引汶济运、导泉补源、设立水柜和置闸节流四个组成部分。引汶济运工程包括戴村坝、小汶河、南旺分水以及配套工程等四个子系统。这些水利设施组成一个和谐的系统工程，保证了该段运河的水量稳定充足，实现了大运河500余年的正常通行。②

明代万历后期开凿的迦河是继南阳新河之后又一避黄工程。李德楠对明代后期迦河的开凿及其对地方城镇发展带来的影响做了研究。他指出，迦河开凿过程中伴随着国家利益与地方利益的博弈，导致国家新运道的确立与地方城镇徐州、台儿庄的兴衰更替。③ 程志对迦河的开凿背景、历程、历史功用、历史变迁以及对区域社会产生的影响。④

为确保运道畅通，明清两朝将山东运河沿线湖泊设为水柜蓄水济运。邹逸麟对历史时期华北大平原上湖泊变迁的基本概貌做了论述，其中有篇幅对金元以后鲁西南平原的北五湖、南四湖的形成、变迁，及其与黄河的关系做了研究。⑤ 韩昭庆对南四湖演变过程及其背景进行了分析，指出四湖成因及演变过程有所不同。昭阳湖演变由大到小，而微山湖则相反，独山湖应运而生，南阳湖因下游淤塞而成。它们的演变与黄河泛滥、运河的改道及人工对运河的运作关系密切。⑥ 李凤荣指出，为保证漕运，政府对南旺湖实施不同程度的保护。咸丰黄河改道之后，运河淤废，南旺湖的水柜作用丧失，走向最终消亡的命运。⑦ 凌滟追踪南旺湖从永乐时的几个自然湖泊至万历年间被整合成为水柜的历程，指出水柜是在河臣的规划下逐步成型的，并以此名义排斥湖田，以最大程度保证运河水源。

———————

① 山东省文物考古研究所等编著：《汶上南旺：京杭大运河南旺分水枢纽工程及龙王庙建筑群调查与发掘报告》，文物出版社2011年版。

② 卢勇、刘启振：《明初大运河南旺分水枢纽水工技术考》，《安徽史学》2015年第2期。

③ 李德楠：《国家运道与地方城镇：明代迦河的开凿及影响》，《东岳论丛》2009年第12期。

④ 程志：《枣庄运河的开凿与变迁》，《枣庄学院学报》2019年第4期。

⑤ 邹逸麟：《历史时期华北大平原湖泊变迁述略》，载氏著《椿庐史地论稿》，天津古籍出版社2005年版。

⑥ 韩昭庆：《南四湖演变过程及其背景分析》，《地理科学》2000年第2期。

⑦ 李凤荣：《垦湖与禁湖：运河水柜南旺湖的历史考察》，《聊城大学学报》（社会科学版）2011年第2期。

隆庆年间，为论证开凿南阳新河的合理性，河臣们又创造出"水壑"概念。水柜、水壑的术语是河臣的政治性创造，以"祖宗之法"的名义合法化其劳民伤财之举。①

会通河板闸以北的卫河河道是山东北段重要的漕运要道，"惟赖卫河接济"。② 钮仲勋指出，曹操开白沟，隋炀帝开永济渠，以及明清时期利用卫河漕运与灌溉等均与卫河的形成与演变有着密切的关系。③ 近年来，孟祥晓着力研究卫河史，发表一系列学术论文。他将研究置于在明清漕运的大背景下，研究卫河河道变迁以及卫河在漕运中发挥的作用等问题。④ 郑民德、李德楠对明清漳、卫两河交汇地点的变化以及对区域社会产生的影响做了研究。⑤ 陈隆文指出，京杭大运河在黄河以北的河段充分利用了卫河作为海河水系最南支的地理特点，并以之实现了黄河与海河水系的沟通。卫河在京杭大运河漕运体系中发挥了重大作用，是明清京杭大运河的辅助通道。⑥

（二）河政制度

卢勇等人研究明清时期黄淮河防管理体系的建立和完善，并对该时期黄淮频发的水患问题从管理体系角度进行了分析。⑦ 贾国静对清代河政体制演变脉络做了分析，指出急剧动荡的政治局势与缓慢的社会变迁相

---

① 凌滟：《从湖泊到水柜：南旺湖的变迁历程》，《史林》2018 年第 6 期。

② 岳濬等：《山东通志》卷 19，《文渊阁四库全书》史部第 540 册，台湾商务印书馆 1986 年版，第 329 页。

③ 钮仲勋：《卫河的形成及其相关问题》，《河南大学学报》（哲学社会科学版）1985 年第 1 期。

④ 孟祥晓涉及卫河河道及相关问题的代表论文有：《明代卫河的地位及作用》，《中国水利》2010 年第 16 期；《水患与漳卫河流域城镇的变迁——以清代魏县城为例》，《农业考古》2011 年第 1 期；《清至民初卫河变迁考》，《地域研究与开发》2013 年第 2 期；《清至民初漳河入卫地点的变迁》，《兰台世界》2013 年第 21 期；《淤灌肥田：清代卫河流域水灾与土壤改良》，《农业考古》2014 年第 4 期；《从运漕到停漕："保漕"视域下明清卫河地位的变迁》，《南开学报》（哲学社会科学版）2020 年第 3 期，等等。

⑤ 郑民德、李德楠：《明清漳、卫交汇及其对区域社会的影响》，《中原文化研究》2017 年第 5 期。

⑥ 陈隆文：《明清卫河与京杭大运河》，《中原文化研究》2018 年第 2 期。

⑦ 卢勇、王思明：《明清时期黄淮河防管理体系研究》，《中国经济史研究》2010 年第 3 期。

比更能影响河政制度的命运。① 在此基础上，贾国静撰文进一步指出，清代高度重视黄河治理，并不仅仅局限于"治河即所以保漕"，还有将治河纳入建构政权合法性的战略考量。作为清代最具雄心的工程之一，河工不只是水利工程，更是关涉甚重的国家政治工程，彰显着清代政治文化传统。② 席会东以中国国家图书馆、美国国会图书馆等馆藏清代河图为中心，研究河图绘制机制，河图在河政运作中的作用，以及河政管理体制变革。③ 江晓成梳理清前期河工体制的复杂变革，指出了管河分司的裁并归入管河道和将治河权责从工部转移到总河衙门的两大变革。④ 金诗灿对清代河道总督与以皇权、漕督、督抚等为中心的权力关系，河官的考成与选任，不同时期河政特点做了研究。他指出，清代河政治理体系呈现多重管理的特点。清中期河工治理的缺失就是忽视徐州以上黄河河段的治理。⑤

清代河工实行以河道总督总其责的运作机制。关文发对河督沿革、置立河督的战略目标、河督体制及河督选任作了详实考述。⑥ 张轲风对清代河道总督一职设置的历史沿革进行梳理，强调河道总督是清代河政实施的中心枢纽，也是清代治河行政体系中最重要的一个政府环节。频繁的制度变更状况说明清政府面临着一个无法回避的难题，即河道总督的设置面临着统筹全河与分区治理的两难。⑦ 江晓成指出，至康熙中晚期，河工治理由工部总其责转变为河督总其责，河道总督的话语权稳步提升。河道总督权力的扩张，是清廷对河务技术特征认识深化的内在要求。⑧ 郑

---

① 贾国静：《清代河政体制演变论略》，《清史研究》2011 年第 3 期。
② 贾国静：《"治河即所以保漕"？——清代黄河治理的政治意蕴探析》，《历史研究》2018 年第 5 期。
③ 席会东：《晚清黄河改道与河政变革——以"黄河改道图"的绘制运用为中心》，《中国历史地理论丛》2013 年第 3 期；席会东：《河图、河患与河臣——台北故宫藏于成龙"江南黄河图"与康熙中期河政》，《中国历史地理论丛》2013 年第 4 期。
④ 江晓成：《清前期河工体制变革考》，《社会科学辑刊》2015 年第 3 期。
⑤ 金诗灿：《清代河官与河政研究》，武汉大学出版社 2016 年版。
⑥ 关文发：《清代前期河督考述》，《华南师范大学学报》（社会科学版）1998 年第 4 期。
⑦ 张轲风：《清代河道总督建置考论》，《历史教学》2008 年第 9 期。
⑧ 江晓成：《清前期河道总督的权力及其演变》，《求是学刊》2015 年第 5 期。

民德、曹金娜等也对河东河道总督、直隶河道总督建置沿革做了研究。①
丁强对雍正朝河道总督嵇曾筠的河工实践以及取得显著成效的原因做了
研究。② 高元杰研究东河总督的裁撤过程，指出东河总督的裁撤并未对黄
河治理产生大的影响，但其下属的运河厅汛体系的裁汰，造成运河无官
修守，导致了航运和水利上的巨大损失。③

　　通过研究与其他重要疆臣之间的利益纠葛来揭示河道总督的地位变
迁是学术界开展研究的一大内容。王英华等人研究清代江南河道总督与
漕运总督、两江总督及河东河道总督间的关系演变。④ 刘凤云研究两江总
督由临时性地介入河务，到通过官僚制度的规定将责权确定下来的过
程。⑤ 金诗灿对河道总督与地方督抚之间的职权关系演变做了研究。他指
出，雍正以降，地方督抚在河工中权力增大，甚至凌驾于河道总督之上。
这种职权体制产生诸多河工弊病。⑥ 贾国静以靳辅治河为切入点，考察河
工开展中皇帝、河督、内政大臣及地方疆吏之间的利益纷争与权力角逐，
折射出鲜明的皇权政治文化特征。⑦ 江晓成以乾隆七年（1742）的江南河
工为案例，考察河道总督、钦差大臣、两江总督等官员由于身份、立场
以及对河工认识的不同而产生的持久争论，进而考察帝制晚期官僚政治
运作的内在程序。⑧

————————————

　　① 郑民德：《略论清代河东河道总督》，《辽宁教育行政学院学报》2011 年第 3 期；郑民
德：《清代直隶河道总督建置考论》，《北京化工大学学报》（社会科学版）2011 年第 3 期；曹金
娜、陈厉辞：《清代河道总督建置考》，《华北水利水电大学学报》（社会科学版）2015 年第 6
期。

　　② 丁强：《嵇曾筠河工制度建设及其治河成功原因探析》，《农业考古》2015 年第 1 期。

　　③ 高元杰：《东河总督裁撤考述》，《黄河科技学院学报》2020 年第 9 期。

　　④ 王英华、谭徐明：《清代江南河道总督与相关官员间的关系演变》，《淮阴工学院学报》
2006 年第 6 期。

　　⑤ 刘凤云：《两江总督与江南河务——兼论 18 世纪行政官僚向技术官僚的转变》，《清史
研究》2010 年第 4 期。

　　⑥ 金诗灿：《清代河道总督与地方督抚河务职权关系及其演变》，《北方论丛》2014 年第 2
期。

　　⑦ 贾国静：《清前期的河督与皇权政治——以靳辅治河为中心的考察》，《中南大学学报》
（社会科学版）2017 年第 3 期。

　　⑧ 江晓成：《工程、技术与帝制：乾隆七年江南河工之争的政治史解读》，《华北水利水电
大学学报》（社会科学版）2015 年第 2 期。

学界对河政下层的管河厅等机构的研究稍显薄弱。郑民德对明代主管天津至济宁段运河的北河工部郎中的职衔、职责以及建置沿革做了考察。[①] 曹金娜对清初河工都水分司的设置沿革、更代状况、职掌以及裁撤等内容作了考察。[②]

江晓成对朝廷外派的协理河道官员群体做了考察，指出协理河道官员虽非经制之官，因时因地而设，亦无定员，但他们作为总河的助手，在实际的河工治理中发挥了重要作用。[③] 吴连才等人对清代水利兼衔的职官范围与层级、时空演进，以及兼水利衔官员的职责和运行机制做了探讨。[④] 王瑞平指出，为防止河工舞弊、官员推诿以及为了解河工实情并紧急处置河务，皇帝往往派遣钦差督察河工。[⑤]

河官贪腐研究历来是学术界关注的一个热点。早在 20 世纪 50 年代，岑仲勉较早关注这个问题。在其所著《黄河变迁史》一书中，他将嘉庆以后的河工常项支出倍增的原因归结到治河部门的贪污腐化。[⑥] 此后，学界延续这一思路，对清代河工经费做进一步细化研究。姚汉源对河工经费中的岁修、抢修及另案、专案各自数目做了估算，并着重介绍嘉庆以后河臣采取的各种贪污手段。王英华强调清中期后河工经费数额暴涨，与河官对经费的侵贪密切相关。王振忠、马俊亚、周魁一、倪玉平等人均就河务腐败的严重程度做了揭露。[⑦] 卢勇利用哈丁的公地悲剧理论探究清代河工实践，指出治河活动演变为皇帝孤家寡人的国家任务，河道官

---

① 郑民德：《明代北河工部郎中建置考论》，《许昌学院学报》2012 年第 4 期。
② 曹金娜：《清初管河都水分司浅析》，《唐山师范学院学报》2009 年第 4 期。
③ 江晓成：《清代协理河道官员制度探析》，《农业考古》2015 年第 6 期。
④ 吴连才、秦树才：《清代水利兼衔制度研究》，《云南民族大学学报》2015 年第 3 期。
⑤ 王瑞平：《清代钦差大臣巡视治河工程原因探析》，《中州学刊》2019 年第 2 期。
⑥ 岑仲勉：《黄河变迁史》，人民出版社 1957 年版。
⑦ 姚汉源：《中国水利史纲要》，水利水电出版社 1987 年版；王英华：《清代河工经费及其管理》，载《历史的探索与研究》，黄河水利出版社 2006 年版；王振忠：《河政与清代社会》，《湖北大学学报》（哲学社会科学版）1994 年第 2 期；马俊亚：《被牺牲的"局部"：淮北社会生态变迁研究（1680—1949）》，北京大学出版社 2011 年版；金诗灿：《清初河工腐败问题研究》，《华北水利水电学院学报》（社科版）2011 年第 4 期；刘志松：《清代河工贪冒考论》，《社会科学辑刊》2017 年第 3 期；周魁一：《中国科学技术史·水利卷》，科学出版社 2002 年版；李德楠：《工程、环境、社会：明清黄运地区的河工及其影响研究》，博士学位论文，复旦大学，2008 年；倪玉平：《清朝嘉道财政与社会》，商务印书馆 2013 年版。

员、沿河民众和运丁水手等形成利益集团，并为个人利益而裹挟和绑架了河工实践，使之陷入恶性循环的怪圈，并随着铜瓦厢大决口而迅速崩溃。[①]

在夫役征调上，清代历经了佥派到雇募的过程。尤其在雇募制度确定后，雇募夫役所需费用也日渐庞大。姚汉源、周魁一对清代河工夫役的管理、类型、数量做了简要论述。[②] 李德楠对明清时期夫役的类型、规模、征派方式做了探讨。[③] 吴欣则研究了明清时期延续性较强的闸夫、浅夫、泉夫、铺夫、纤夫的组织管理形式的利弊、延承与变革，以及形成这些变化的原因。[④] 凌滟从明代赋役制度演变出发，探讨河夫由佥派力役走向劳役折银的过程。同时，她对河夫劳役从一府均摊至省级财政内通融均摊的过程做了考察。[⑤]

河兵是清代河工开展的一支中坚力量。戴龙辉指出，河兵的主要职责有巡察维护、积土办料、修防堵决、治运助漕、维护治安等五个方面。[⑥] 清代江南苇荡营是一支专门从事芦苇采割、运输的部队，在提供治河材料方面发挥了重要作用。李德楠从环境变迁视角出发研究江南苇荡营的兴废，探讨了苇荡营废立、芦苇产量增减、荡地盈缩与河道自然因素的关系。[⑦] 郑民德对苇荡营的设置、功能、沿革以及荡地的分布等做了进一步的研究。[⑧]

--------

① 卢勇：《公地悲剧：嘉道之际治水过程中利益集团的形成及影响》，《江苏社会科学》2016 年第 5 期。

② 姚汉源：《京杭运河史》，中国水利水电出版社 1998 年版；周魁一：《中国科学技术史·水利卷》，科学出版社 2002 年版。

③ 李德楠：《工程、环境、社会：明清黄运地区的河工及其影响研究》，复旦大学 2008 年博士学位论文。

④ 吴欣：《明清京杭运河河工组织研究》，《史林》2010 年第 2 期；《明清时期京杭运河浅铺研究》，《安徽史学》2012 年第 3 期；《京杭大运河纤夫的生计与制度》，《学海》2020 年第 5 期。

⑤ 凌滟：《河夫之役与山东省财政变革》，《人文论丛》2018 年第 1 辑。

⑥ 戴龙辉：《清代河政体系下的河兵研究》，《史学月刊》2019 年第 5 期。

⑦ 李德楠：《"续涸新涨"：环境变迁与清代江南苇荡营的兴废》，《兰州学刊》2008 年第 1 期。

⑧ 郑民德：《清代河工制度研究——基于江南苇荡营为对象的历史考察》，《聊城大学学报》（社会科学版）2016 年第 5 期。

（三）河工经费

21 世纪初，陈桦将河工经费放在财政收支大背景下考察，指出河工经费的不断增长给清廷财政造成极大压力。除河官贪污外，他还注意到康熙中期以后物料、夫役价格的不断增长是导致河工经费暴涨的因素。[①] 申学锋同样从财政角度分析清代财政的支出规模与结构演变，指出清前期非常重视河工修防，投资河工款项与日俱增，咸丰后伴随财政日益拮据，清政府河工费用日渐缩减成为财政支出政策的总体趋势。[②]

岁修、抢修、另案及大工是清代河工经费的四项大宗支出项目。郑林华对雍正河工经费的收支管理做了研究。他估算雍正朝河工岁修经费约银 81.12 万两，另案大工 40 万—50 万两，总计河工经费 120 万—130万两左右，占国库存银的 1/30—1/20 左右，未构成国家财政的负担。[③] 潘威对清代黄河河工岁修制度的建立与执行做了研究，指出清代河工最大特色是对白银依赖性更大，以白银收买人工、物料等提高了治河工作的效率，但对白银的倚赖过深使得河务存在脆弱一面，一旦白银供给出现问题，劳动力和物料难以有效组织，造成河务难以开展。[④] 郑永昌从掌管河工财政的河库道入手，研究南河地区河工经费的消长。[⑤]

随着清代赋役制度改革的推进，地丁银成为河工经费的最主要来源。潘威对清代山东河工河银定额化过程进行分析，指出地丁银逐步成为河工经费的最主要来源。[⑥] 潘威等人的另一篇论文指出，河工捐纳始于康熙末年，定型于乾隆年间。至嘉道时期，河工捐纳成为河务财政最主要的来源之一，逐渐由临时性措施转为常态化。[⑦] 江晓成考察康熙朝永定河河

---

① 陈桦：《清代的河工与财政》，《清史研究》2005 年第 3 期。

② 申学锋：《晚清财政支出政策研究》，中国人民大学出版社 2006 年版。

③ 郑林华：《雍正朝河政经费研究》，《华北水利水电大学学报》（社会科学版）2014 年第 2 期。

④ 潘威：《河务初创：清顺治时期黄河"岁修"的建立与执行》，《史林》2019 年第 3 期。

⑤ 郑永昌：《清代雍、乾年间江南河库道与南河治河经费》，《故宫学术季刊》第 32 卷第 3 期。

⑥ 潘威：《清代前期黄河额征河银空间形态特征的初步研究以乾隆五十七年的山东为例》，《中国历史地理论丛》2014 年第 4 期。

⑦ 潘威、李瑞琦：《清代嘉道时期河工捐纳及其影响》，《中国经济史研究》2020 年第 6 期。

工经费来源，除常规国家财政拨款之外，还有特殊官员群体的捐输、八旗及内务府免费劳役等经费筹集方式。他指出，清中期河工经费的剧增现象，与经费筹集方式的变革以及由此带来的财政经费所占比重变化有关，背后反映的是河工经费统计口径的差异。[1] 刘文远指出，嘉庆时期，南河河工经费浩繁。为解决经费问题，包世臣提出改革思想，清理芦营荡地以保障河工物料供给，召买海滨新淤土地以筹集治河经费，并先后得到推行，取得一定效果。[2]

官员的惩罚性赔款也是河工经费的重要来源。裴丹青、包诗卿以乾隆五十七年（1792）河南黄河工程岁料帮价分赔案为例，对涉及高达135万两赔款银的追赔做了研究，指出清代前期所确立的财政体制，因缺乏变通而僵化，已无法在地方上正常执行和运转。[3] 凌滟对运河赁基银的内容及变革做了研究。她指出，万历初年，总河召商民定居于运河堤上。随后，沿河二十州县对运河河堤上的房屋以及河堤之间的耕地征收赁基银，河道钱粮由此增收。至清代，征收赁基银的州县数目增多，并在地方赋税中有明确的位置。经历"摊丁入地"后，赁基地银消失，赁基房银依旧是田赋的一部分，并在罢漕之后继续存于地方财政名目之中。[4]

晚清时期，外债开始成为河工经费的一项来源。张徐乐指出，光绪十三年（1887），为修堵黄河决口，清廷紧急向英国汇丰银行两次借款达200万两，反映出清廷对外债作用的认识逐渐由军事领域向非军事领域延伸。[5] 许存健对清后期永定河治理经费做了研究。他指出，永定河大工、另案等临时性工程经费，道光前以藩库拨款为主，道光后期和咸丰时期主要依靠官员捐纳。同治、光绪时期，练饷局、筹赈局经费所占的比重升高。多种经费来源共同保障了永定河河工的进行，也体现出清代财政

---

① 江晓成：《清前期河工经费的来源及结构——以康熙朝永定河治理为中心》，《农业考古》2020 年第 3 期。

② 刘文远：《为民争利：包世臣南河经费改革思想与实践》，《清史研究》2019 年第 1 期。

③ 裴丹青、包诗卿：《乾隆五十七年豫省河工帮价分赔案研究》，《"中央研究院"历史语言研究所集刊》2020 年 12 月第九十一本第四分册。

④ 凌滟：《明清运河赁基银问题初探》，《江西社会科学》2020 年第 5 期。

⑤ 张徐乐：《晚清郑工借款考论》，《史学月刊》2003 年第 12 期。

体制强大的适应能力。①

　　饶明奇对清代河工经费的管理规章制度作了探讨，包括预算审核、工程审批权限、经费领取和使用经手人资格、工程验收、经费报销程序、办公经费支出限额、河工业务经费限额等方面的规定和罚则。② 潘威等人对清代定额河工银制度做了研究，指出由于河工经费管理方式的变化，导致以定额为主要标志的河工银管理方式本身自嘉庆后期就产生了动摇。道光时期，河务已经成为清廷财政的最主要负担。定额河工银制度在道光时期已经丧失了制约河工开支过快升高的能力。③ 潘威等人另外一篇论文对晚清河银的筹支运作做了研究。他们指出，晚清时期，户部对各地财政逐渐失去控制与协调能力。河工财政与山东、河南地方财政体系对接完成，河务转为"在地化"。光绪前中期，黄河河工经费运作恢复了定额河银的管理方式。④

　　购置充足河工物料是河工开展的必备前提。郑肇经《河工学》、岑仲勉《黄河变迁史》、徐福龄《黄河埽工与堵口》从不同角度涉及河工用料问题。⑤ 李德楠就河工用料问题发表系列论文，讨论了河工用料的时空演变，河工物料的采办以及社会影响等问题。⑥ 高元杰从环境史研究角度考察清代河工物料征派问题，指出河工物料的征派对区域生态环境和民众生产生活都产生了深远的影响。⑦ 熊帝兵对清代河南河工物料征调加重百姓负担的问题做了研究。他指出，至清雍正年间，当秫秸变为河工正料，

---

　　① 许存健：《清后期永定河治理经费研究（1820—1911）》，《北京社会科学》2018 年第 12 期。

　　② 饶明奇：《论清代河工经费的管理》，《甘肃社会科学》2008 年第 3 期。

　　③ 潘威、周明：《道光"河患"与定额河工银制度失效》，《华中国学》2019 年第 2 辑。

　　④ 潘威、张丽洁：《晚清财政转型下的河务运作——以河银制度为中心》，《安徽史学》2020 年第 3 期。

　　⑤ 郑肇经：《河工学》，商务印书馆 1933 年版；岑仲勉：《黄河变迁史》，人民出版社 1957年版；徐福龄：《黄河埽工与堵口》，水利电力出版社 1989 年版。

　　⑥ 李德楠：《试论明清时期河工用料的时空演变——以黄运地区的软料为中心》，《聊城大学学报》（社会科学版）2008 年第 6 期；《清代河工物料的采办及其社会影响》，《中州学刊》2010 年第 5 期；《试论明清时期河工用料的时空演变——以黄运地区的硬料为中心》，《聊城大学学报》（社会科学版）2010 年第 1 期。

　　⑦ 高元杰：《环境史视野下清代河工用秸影响研究》，《史学月刊》2019 年第 2 期。

与民用产生了尖锐矛盾。① 邵华对永定河河工物料征调做了研究,指出清中期以后,秫秸取代石料、芦苇,成为永定河河工正料。秫料征派带给地方社会诸多困扰。②

综上所述,学界对黄、运河工的研究已经取得长足进展。但是,清代河工研究尚有进一步深入挖掘之处。第一,从研究内容上讲,现有的河工研究主要集中在黄河以及黄、淮、运交汇的南河地区,对山东运河河工的研究尚不足。而在山东运河河工的研究上,现有研究主要集中在河道工程变迁等问题,一些关键问题,诸如河工经费来源、管理运作机制,运河河政机制变革,管河道在河工财政运作中的关键作用,尚未引起足够重视;第二,现有研究所使用的材料,多为正史、政书、文集、笔记等,这些史料在揭示历史细节上缺少系统性,多为笼统性、概括性的总结,在揭示河工经费筹集运作机制上较为欠缺,对第一手的档案重视不够,尤其对中国第一历史档案馆和台湾保存的清代档案利用较少。③因此,本书对清代山东运河河工变革进行研究,并与河政机制演变紧密联系,着重考察河工经费收支结构及运作机制,充分挖掘第一手档案材料,是将本书推向深入的突破之处。

### 三 本书主要内容

本书以清代山东运河河工经费为研究对象,时间下限至咸丰五年(1855)黄河铜瓦厢改道。

为了解清代山东运河河工概况,第一章介绍元、明、清三朝开挖济州河、会通河、南阳新河、泇河等运河河道的进程以及卫河河道治理,着重介绍金口坝、戴村坝、堽城坝等典型闸坝规制。山东运河与黄河关

---

① 熊帝兵:《古代河工"秫料"的变迁与百姓的秫秸负担——以清代河南为中心的考察》,《湖南社会科学》2020 年第 6 期。

② 邵华:《清中期以降永定河工中的秫料使用》,《中国农史》2020 年第 5 期。

③ 中国第一历史档案馆有关黄河、运河的档案已实现数字化,影像资料存于"清代宫中档奏折及军机处档折件全文影像资料库"。我国台湾地区"中央研究院"傅斯年图书馆"内阁大库影像资料库"也有若干件与运河相关的档案。据吴欣统计,现存与大运河有关的档案资料共约 1.5 万余件。参见吴欣:《运河学研究的理论、方法与知识体系》,《人文杂志》2019 年第 6 期。

系极为密切。本章也着重介绍明清两朝黄运关系从借黄行运、引黄济运最后到避黄行运、黄运分离的过程。最后，着重对明清两朝运河沿线的泉源、水柜的管理等内容加以考察。

河政制度架构与河工经费的收支体系关系密切。第二章着重介绍清代山东河政制度沿革以及维持河政体系的经费成本。首先，本部分介绍清代河道总督从统摄全局到分区管理以及最终裁撤的过程。其次，对河政中层机构从工部分司到管河道的变革过程做了研究，并利用档案等材料，着重对运河道在河银筹销运作机制中扮演的财政角色做了研究。再次，对河官俸禄、养廉银以及办公经费等河工运作成本做了研究。最后，关注此前研究忽视的没有正式官缺，没有廉俸的效力人员以及整个群体在河工开展中扮演的角色。

河工的开展需要征调大量河夫。第三章探讨运河河夫由劳役佥派走向河银雇募的过程。首先，介绍明清两朝运河沿线浅夫、闸夫、溜夫等河夫类型，并对清代出现的专业性河兵做了介绍。其次，从赋役制度变革出发，探讨河夫征派由劳役走向雇募的过程。同时探讨劳役征派制下，河夫之役带给沿运区域的沉重负担。最后，对河夫雇募化之后，额夫工食待遇以及沿运州县出资额进行研究。

岁修抢修工程、另案工程、运河冬挑（即大小挑）、民堰工程是山东运河河工四大类型。第四章着重介绍以上四大河工类型的制度沿革、用银数目、奏销制度等内容。同时，对河工河银支出项目中的定额化倾向做了研究。在这部分研究中，着重利用岁修河道钱粮册等档案史料，对各河工类型的用银数目做了量化展示，进而更好地理解清代财政的"原额主义"[①] 特征。

第五章对河工经费的主要来源进行研究。清初赋役制度沿袭明代，

---

① 清代财政收支结构存在着定额化的特征。日本学者岩井茂树将这种与经济扩大不相适应的僵化的财政运作体系特征，称之为"原额主义"。参见氏著《中国近代财政史研究》第一章"正额外财政与地方经费的困窘"（付勇译，江苏人民出版社 2020 年版，第 72 页）对于这种财政的"原额主义"特征，倪玉平将原因归于"量入为出"的财政原则。清廷实行这种量入为出的财政原则，财政手段必然以节流为主。参见氏著《从国家财政到财政国家：清朝咸同年间的财政与社会》第一章"农业财政的固化"，科学出版社 2017 年版，第 91 页。

实行折征银两的"一条鞭法"。雍正时期，清朝财政赋税制度全面建立和逐步完备，全国范围内推行摊丁入地和耗羡归公的改革，地丁银与河工经费挂钩，成为治理黄运河工的稳定财源。随着黄运关系等水文形势变化，安山湖等水柜已失去蓄水济运的功能，在经过朝野大臣及地方官府、民间社会激烈博弈后，清廷最终确定湖田分配的方案，湖租收入遂成为河工经费的一项重要财源。最后，对运河河工其他财源秫秸八束银、河滩地租银、赁基银、耗羡银的构成及征收数额进行研究。

通过以上五章内容的研究，我们可以得出这样的结论：河工财政的原额主义便于清廷对河工经费的筹销以及规模进行控制，形成中央集权式的河工财政控制体系。然而，这种河工财政运作体系僵化缺乏弹性，在河工实际开展过程中，带来诸多弊病。与此同时，我们既要看到漕运畅通带动沿河发展的正面意义，又要看到维持漕运畅通所耗费的巨大人力物力成本，加重沿河百姓负担，更全面地评价运河在中国历史上所发挥的作用。

# 第 一 章

# 河道工程

元代是中国历史上一个承前启后的重要时期。随着京杭大运河全线贯通，中国漕运制度亦步入新的发展时期。山东段运河是元代整治航运工程量最大的河段，通过各种措施创造性地开凿会通河、济州河，奠定此后数百年京杭大运河航道的基本格局。

迁都北京以后，明朝在旧道基础上重开会通河，筑戴村坝，将分水枢纽从济宁改至南旺，疏浚沿运泉源，修设闸坝，利用沿运湖泊等方式，确保会通河水源充裕。明代中后期通过新开南阳新河、伽河的方式，避开黄河决溢淤积运道，对旧运道做了局部改线，保证了漕运畅通，使明朝成为京杭运河史上最为畅通的时期之一。

清代沿袭明代治河方略，治理黄河、运河卓有成效，涌现出以朱之锡、靳辅等为代表的一批治运治河名臣。山东段运河管理运作制度趋于完善：运河河道挑浚制度化，闸坝启闭制度化，河银来源固定化，治河人员构成趋于合理化。乾隆后期，随着政治的腐败，河工成为贪污窟穴，每况愈下，最终不可收拾。咸丰五年（1855），黄河铜瓦厢决口后，山东战乱兴起，运道淤塞，海运、铁路等新型运输方式逐渐替代往日的运河漕运，山东段运河漕运功能弱化，最终退出历史舞台。

## 第一节　元代运河工程

### 一　河道开挖

#### （一）元军南征与汶泗运道的开通

宋金时期，中国北方地区历经长期战乱摧残，经济凋敝，发展滞后。

同时期的江南地区却获得持续开发，社会经济持续发展，中国经济中心移到江南地区，南北方经济差距越拉越大。成吉思汗统一蒙古各部落后，发动对外征服，逐步完成对西夏、金朝的征服，到至元十三年（1276）忽必烈最终完成中国南北统一。忽必烈建都大都（今北京），距江南路途遥远，"百司庶府之繁，卫士编民之众多，无不仰给于江南"[1]，迫切需要打通连接一条南北的交通动脉，有效地将北方政治中心与江南经济中心勾连起来。

然而，自南宋末年，黄河泛滥成灾，改道夺淮入海，原有运河运道多淤塞无法通航。元初，南北运河可以通航行舟的只有江南运河、淮南运河以及御河等部分河段。元初漕运道路需从江南运河入淮河后，沿黄河而上至河南封丘一带，转为陆路运输，至淇门后再入御河，运至直沽（今天津）沿白河至通州，最后运抵大都。漕运运道水陆交替，反复装卸，费时费力。因此，在原有运河基础上裁弯取直，开凿新的运道，使江南至大都实现南北直航，逐渐放到元朝统治者议事议程上来。

金朝末年，蒙古大军攻占河北，东平汉军世侯严实降蒙古。蒙、宋交战期间，其子严忠济驻戍淮北宿州蕲县。蒙古政权为了从山东往南运输军需物资，遂对山东境内汶泗河道加以疏浚。蒙古宪宗七年（南宋理宗宝祐五年，1257），东平守将严忠济命济州掾吏毕辅国重开洸河，于堽城（今宁阳堽城镇）西北之汶河南岸修建分水斗门，于斗门以西修临时草土堰拦截汶水入洸。洸水自堽城西南流至任城县（今济宁市区）通泗水旧道。此举一方面沟通汶泗运道，可南下运输，由东平至任城再南下；另一方面增加泗水运道的水源。后来，开济州河和会通河都是以堽城引汶水为主要水源，金口引泗水次之。这项疏通汶水、泗水、洸水的水利工程，修复了自汶水入洸水通泗水的水上运道，是开凿济州河的先导。

（二）济州河的开通

济州河为济州（治任城，今山东济宁）境内所开的一段运河。济州河北引汶水，东引泗水作为水源，合流至州城西南分流南北，南流泗水，北入大清河，即今鲁桥镇至须城（今山东东平）安山镇间开凿的一段运河。

---

[1] 宋濂等：《元史》卷93《食货志》，中华书局1976年标点本，第2363页。

济州河的部分工程开凿较早。兖州城东的金口堰就是隋初燕州刺史薛胄所建。当时兖州城东泗、沂二水合流经常泛滥为灾，汇成大泽。薛胄建拦泗河的石堰，向西开渠分水以灌溉，又可向南方通航，并可排干大泽，形成肥沃良田。因此，分水渠口又被称作薛公丰兖渠，渠首有闸控制。金口闸堰利用旧日工程改建为济州、会通引水枢纽，引水济运。蒙古宪宗七年（1257），济州掾吏毕辅国重开洸河，修建分水斗门，疏通汶、泗、洸的水利工程，为济州河开通奠定基础。

至元十二年（1275），丞相伯颜统军南征，建议设立水站转运军需，委派都水监郭守敬查勘山东汶、泗、卫河相邻地区水道。郭守敬从陵州（今山东德州）至大名，又从济州到沛县，又南到吕梁、东平等地，了解汶河、泗水和御河相通形势，初步形成大运河裁弯取直的方案，比之前隋唐大运河里程大为缩减。同时，漕运副使马之贞建议于济州城南汶、泗合流处至大清河开凿新河道，引汶、泗诸水以通漕运，最早提出在山东境内开凿运河联通南北的设想。

至元十三年（1276），伯颜率军渡江攻克南宋首都临安后，返回上都受到忽必烈陛见。伯颜有感于江南城郭郊野，水路交通便利，"市井相属，川渠交通，凡物皆以舟载，比之车乘，任重而力省"。他高度评价水路运输的优越性，向大汗提出挑挖河道，修筑贯通南北的大运河之设想：

今南北混一，宜穿凿河渠，令四海之水相通，远方朝贡京师者，皆由此致达，诚国家永久之利。[1]

丞相伯言提议开通南北大运河的建议，受到忽必烈重视。然而，在此后数年间，元军忙于追击南宋残存势力，郭守敬、伯颜提议贯通南北大运河的设想未能付诸实施。至元十六年（1279），元军彻底肃清南宋残余势力后，重开南北大运河的现实条件已经具备。

至元十七年（1280）七月，中书省参知政事耿仁、尚书阿里等上奏

---

[1] 苏天爵编：《元朝名臣事略》卷2《丞相淮安忠武王传》，中华书局1996年版，第20页。

指出，开凿新河可令阿合马与众位大臣集议，拨发钞万锭作为募夫款，并调拨粮食。至元十八年（1281）九月，漕运副总管姚演建议免除益都、淄莱、宁海三州一年赋税作为募夫款项。平章阿合马与诸位大臣认为，三州百姓一年赋税数目可观，比国家拨款募夫，更为方便。同年十二月，忽必烈差兵部尚书奥鲁赤、刘都水以及精通算术水利人员，颁给宣差印，前赴济州，开凿新河。① 同时调拨大名、卫州新附军前往工地参与工程。工程从至元十九年（1282）十月正式施工，至次年（1283）八月竣工，开凿济州至须城安民山长达 200 余里运河河道。

济州河通航后，又设都漕运司管理漕运。济州河沿山东丘陵西部，循桓公沟旧迹，从济宁至东平安民山，沟通了泗水与大清河（古济水）两大河流。在水源处理上，利用汶泗相邻，支流相通的有利水文条件，修筑堽城坝遏汶水入洸河，西南流到府河，再从泗水上改筑金口坝，于右岸立水门，引泗水西流，经府河会汶水到济宁，分水南北。济州河的开通，使运河南段的济宁成为南北分水枢纽，带动济宁商贸物资集中，奠定今后数百年济宁水利枢纽的地位。②

济州河流经地区地势高下悬殊，水流缓急不定，船只常有艰阻之患。至元二十一年（1284），朝廷命漕运官员马之贞实地巡视，最终确定建造八座石闸和两座石堰，并在闸座上安设一定数量守卒，按时启闭闸座，基本保证漕运畅通。任城闸东距师家庄闸 60 余里，"土壤疏恶"，汛期水流灌注，破损严重。都水少监分都水监事石抹将此事上奏中书省后，"陶土为甓，采石于山，其材用所需，不费于官，不取于民"，率领役夫，耗费数月对任城闸进行重修加固，并于西侧安设房厅，作为往来使者休憩场所。③

济州河开通后，江南漕粮自江淮北上入泗水，经济州河至安山入大清河，后顺流东下，经东阿至利津县入海，循海道北上直沽（今天津）。这样一条河海联运的道路比起之前绕道黄河的河陆联运要便捷很多，更可免去绕道成山角海浪滔天的危险。后来，大清河河口受大海潮汐影响，

---

① 宋濂等：《元史》卷 65《河渠志二》，第 1626 页。

② 冯刚：《浅谈十三世纪后山东运河的经营及影响》，《济宁师专学报》1995 年第 2 期。

③ 谢肇淛：《北河纪》卷 4《河防纪》收俞时中《重修济州任城东闸记》，《中国水利史典·运河卷一》，中国水利水电出版社 2015 年版，第 301 页。

常淤塞不畅，漕粮由济州河至东阿后，改由陆运北上临清，进入御河。这段陆运道路长达百余公里，不仅比中滦到淇门距离远，而且经茌平县南低洼地带，雨季道路泥泞，牛车跋涉，艰阻难料。开通一条勾连济州河和卫河的新河，逐渐提上议程上来。

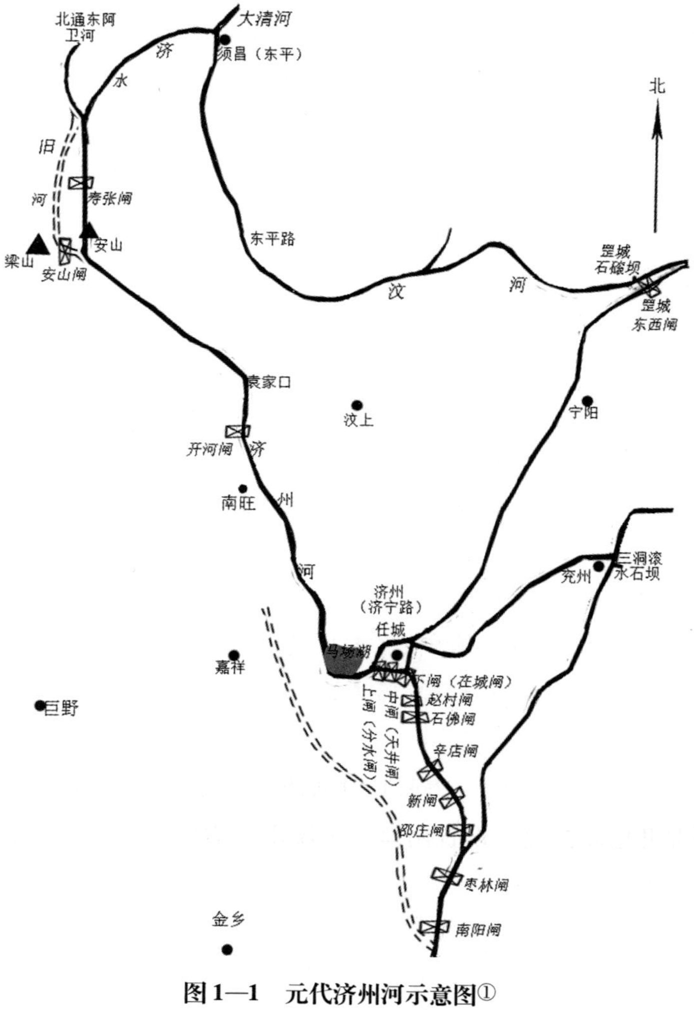

**图1—1　元代济州河示意图①**

---

① 据姚汉源：《京杭运河史》第十二章"济州河及会通河的开凿"，中国水利水电出版社1998年版，第115页插图改绘。

## （三）会通河的开凿

会通河自东昌路须城县（今山东东平）安山西南，经寿张（今山东梁山寿张集）西北至东昌（今山东聊城），西北行经临清，最后与御河相接，全长250里。会通河南与济州河相连，将泗、汶水畅通，从此江南漕粮可以经水路直达通州。

元世祖至元十二年（1275），丞相伯颜委派都水监郭守敬对淮河以北至御河间地形地貌及水文水势做了详细勘察，并将自东平大清河经黄河故道至御河，又自御河至东平西南水泊以及汶、泗诸水等水文形势，绘制成图册奏上，为后来元廷决策开凿会通河打下前期基础。济州河开通之后，江南漕粮自江淮抵大清河后，因大清河河道不畅，需经茌平陆运百余公里经临清入御河，颇费周折。开通一条新河的呼声越来越高。

至元二十五年（1288）十月，尚书省平章政事桑哥根据马之贞的计划提出：

> 安山至临清二百六十五里，若开浚之，为工三百万，当用钞三万锭、米四万石、盐五万斤。其陆运夫万三千户，复罢为民。其赋入及刍粮之估为钞二万八千锭，费略相当。然渠成亦万世之利，请以今冬备粮费，来春浚之。

可见，当时运输江南漕米仍需海运，桑哥根据马之贞勘察估计结果，希望筹备钱粮开挖新河。桑哥的提议获忽必烈准许。[①]

至元二十六年（1289），寿张县尹韩仲晖、太史院令史边源相继建言于济州河北开挖新河道，设置闸座，引汶水通漕船抵达御河，实现南北漕粮、商贸往来的畅通。不久，中书省派出漕运副使马之贞前往山东查勘地形地势，商讨开挖新河的可行性。很快，马之贞上交地形水文图，支持开通新河。他的提议很快获忽必烈的允准，下诏拨钱150万缗、米4万石、盐5万斤，作为募夫钱粮，并准备开河器具，征发周边郡县丁夫3万人，派遣断事官忙速儿、礼部尚书张孔孙、兵部尚书李处巽等督理工

---

[①] 宋濂等：《元史》卷15《世祖一二》，第316页。

26 / 清代山东运河河工经费研究

程。新河的开凿起于至元二十六年（1289）正月，至当年六月竣工。

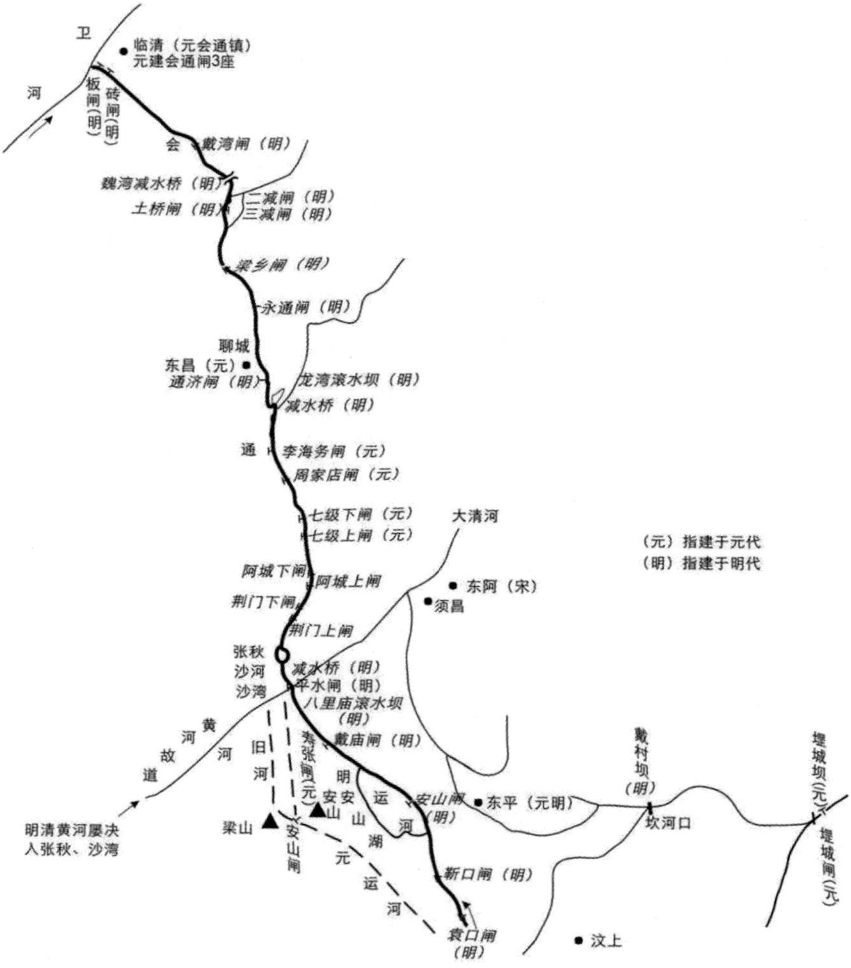

图1—2 元代会通河示意图①

根据地势高低，新河河道建闸31座，以蓄泄水源。竣工后，忽必烈闻讯欣喜，特赐名"会通河"。至元二十七年（1290），马之贞向中书省上奏，夏汛多雨，会通河河岸崩塌，运道浅阻，应予修浚，请将不久前

————————

① 据姚汉源《京杭运河史》第十二章《济州河及会通河的开凿》第114页插图改绘。

裁撤的输运站户 3000 人改为运河劳役，专门负责运送木石以巩固运堤。运河修建工程直到泰定二年（1325）才最后完工。①

后至元六年（1340），元廷曾派大臣疏浚会通河、洸河等，规模较大。济州河、会通河的主要水源，东北自奉符（今山东泰安东南）、宁阳引汶水入洸河经堽城坝枢纽，东自兖州城东有引泗水的金口坝枢纽，二水汇于济宁会源闸，分流南北。元代筑堽城坝逼汶水入洸河至济宁济运。洸河成为汶水支流。汶水发源莱芜原山之阳，夏汛霖雨时作，"泰岱万壑沟渎之间合注而之汶，洪涛汹涌，泥沙溷奔，径入于洸"，洸河泥沙淤积严重。后至元六年，监丞宋某疏浚自堽城闸口经石剌（今宁阳港城镇堽城里东北）至高吴桥（今山东兖州新驿镇东）的洸河河道，征调夫役以口计"万有二十"。②

### 二 闸坝规制与修缮

会通河行经鲁西地区，地势高昂，整段河道仰赖各类闸坝控制水势，调蓄水量，因此会通河通常又被称作闸河。元代开凿会通河，安设闸座后，似乎并未建立完善的修复制度。至大德年间，"岁月滋久，霖潦浸淫，岸移谷迁，不无堙塞"。都水监往来巡视，发现沛县金沟、沽头，鱼台孟阳薄等处，淤沙严重，水流微弱，加之地形峻急，无法通船。遇有官船往来，驱使周边百姓拉纤，每次不下千余人，妨碍农时，百姓困苦不堪。大德七年（1303）冬，中书省派右都事王潜、都水太监马之贞等前往勘察鱼台孟阳薄地势高下，运河宽窄尺寸、深浅后，绘制图像，上报中央。大德八年（1304）正月，司提举仇锐负责此项工程，征调百姓、工匠 1232 名。后又于邻近州县雇募百姓 572 名，官府和买，拨中统钞 55000 缗。钱粮不足，又于济宁路官钱内支给。孟阳薄闸重修工程，于大德八年正月动工，五月竣工，用工 176990、中统钞 103350 缗、粮

---

① 宋濂等：《元史》卷 64《河渠志一》，第 1609 页。

② 丁昭编注：《明清宁阳县志汇释》卷 22《艺文》收刘承《重修洸河记》，山东省地图出版社 2003 年版，第 910 页。

1247 石。①

会通河开通后，设堽城坝等工程引汶、泗水入济州南北分水，济州以北地势高仰，"地峻散涣，不能负舟"。元人并未意识到分水点位置不当，而是采用不断设置新闸的方式以节蓄水量，确保漕运畅通。新店闸、师家店闸间运道水量经常不足，运道浅涩难行，漕船行经此段，必须动用劳夫，"上下毕力，终日叫号，进寸退尺，必资车于陆运始达"。至正元年（1341）春二月，都水监也先不花于新店闸、师家店闸间的黄栋林建设新闸，五月竣工，于闸东岸设河神庙，西岸设闸官署。②

表 1—1　　　　　　　　元代会通河闸座分布表

| 闸名 | 改名 | 坐落今址 | 兴工时间 | 与下一闸距离（里） |
|---|---|---|---|---|
| 会通镇头闸 | 会通闸 | 临清市先锋街道办事处 | 至元三十年（1293）正月初一至十月二十九 | |
| 会通镇中闸 | 临清闸 | 临清市先锋街道办事处 | 元贞二年（1296）七月二十三至大德二年三月十三 | 3 |
| 隘船闸 | | 临清市先锋街道办事处 | 延祐元年（1314）八月十五至九月二十五 | 150 |
| 李海务闸 | | 东昌府区李海务街道办事处 | 元贞二年二月二至五月二十 | 12 |
| 周家店闸 | | 东昌府区李海务街道办事处 | 大德四年（1300）正月二十一至八月二十 | 12 |
| 七级北闸 | 七级下闸 | 阳谷县七级镇 | 大德元年（1297）五月初一至十月初六 | 3 |
| 七级南闸 | 七级上闸 | 阳谷县七级镇 | 元贞二年正月二十至十月初五 | 12 |
| 阿城北闸 | 阿城下闸 | 阳谷县阿城镇 | 大德三年（1299）三月初五至七月二十八 | 3 |

---

① 谢肇淛：《北河纪》卷4《河防纪》收赵文昌《创建鱼台孟阳薄闸记略》，《中国水利史典·运河卷一》，第300页。

② 杨宏、谢纯：《漕运通志》卷10《会通河黄栋林新闸记》，《中国水利史典·运河卷二》，中国水利水电出版社2015年版，第160页。

续表

| 闸名 | 改名 | 坐落今址 | 兴工时间 | 与下一闸距离（里） |
|------|------|---------|---------|------------------|
| 阿城南闸 | 阿城上闸 | 阳谷县阿城镇 | 大德二年（1298）正月二十五至十月初一 | 10 |
| 荆门北闸 | 荆门下闸 | 阳谷县张秋镇 | 大德三年（1299）六月初一至十月二十五 | 2.5 |
| 荆门南闸 | 荆门上闸 | 阳谷县张秋镇 | 大德六年（1302）正月二十三至六月二十九 | 65 |
| 寿张闸 | | 梁山县寿张集镇 | 至元三十一年（1294）正月初一至五月二十 | 8 |
| 安山闸 | | 梁山县小安山镇 | 至元二十六年（1289）建成 | 85 |
| 开河闸 | | 梁山县开河镇 | 至正元年建成 | 124 |
| 济州上闸 | 分水闸草桥闸 | 济宁市中区 | 大德五年（1301）三月十二至七月二十八 | 3 |
| 济州中闸 | 会源闸天井闸 | 济宁市中区 | 至治元年（1321）三月初一至六月初六 | 2 |
| 济宁下闸 | 任城闸 | 济宁市中区 | 大德七年（1303）二月十三至五月二十一日 | 6 |
| 赵村闸 | | 任城区许庄镇 | 泰定四年（1327）二月十八至五月二十 | 7 |
| 石佛闸 | | 任城区许庄镇 | 延祐六年（1319）二月初十至四月二十九 | 13 |
| 辛店闸 | 新店闸 | 任城区石桥镇 | 大德元年（1297）正月二十七至四月初一 | 24 |
| 黄栋林新闸 | | 任城区辛闸村 | 至正元年（1341）正月至夏五月 | |
| 师家店闸 | 师庄闸 | 微山县鲁桥镇 | 大德二年二月初三至五月二十三 | 15 |
| 枣林闸 | | 微山县鲁桥镇 | 延祐五年（1318）二月初四至五月二十二 | 95 |
| 孟阳泊闸 | | 鱼台县老寨乡 | 大德八年（1304）正月初四至五月十七 | 90 |

续表

| 闸名 | 改名 | 坐落今址 | 兴工时间 | 与下一闸距离（里） |
|------|------|----------|----------|------------------|
| 谷亭闸 | | 鱼台县谷亭镇 | 至顺二年（1331）二月至六月 | 详 |
| 金沟闸 | | 沛县沛城镇 | 大德十年（1306）闰正月二十五至四月二十三 | 12 |
| 沽头北隘闸 | | 沛县胡寨乡 | 延祐二年（1315）二月初六至五月十五 | 2 |
| 沽头南闸 | 下闸 | 沛县胡寨乡 | 大德十一年（1307）二月至五月十四 | 至徐州120 |

资料来源：《元史》卷64《河渠志一》；张荣仁：《济宁古运河船闸河道考》，载《济宁师范专科学校学报》2006年第5期。

除修设的各闸外，会通河上还有截河堰（拦河坝）、滚水堰、临时土堰等。高平处蓄水常用土坝，典型如临清二土坝，位于会通河连接卫河交界处。临清二土坝蓄水过船需拖拽盘坝。金沟、沽头之间的二滚水坝作用与临清土坝类似，至治年间运河水小，仅留隘闸通行，过金沟、沽头二闸时因正闸已闭，需盘二月河之坝。

元代运河除堤防、浅道必须定期修治外，闸坝修治并不固定，似未形成定期性的修治制度。例如，会源闸就长期得不到修治，至至治年间才得一次大修。这次大修中，在长达700里内疏浚、修堤、治堰，又沿河修石涵洞泄两岸积水，并于运河河堤种马蔺草①，运道两侧栽植树木巩固河堤。自临清至彭城，旁及汶、泗河道均有修治。同时，修筑小桥98座、大桥58座连通纤道。此外，修建官署3处、神祠8处并马之贞、李

---

① 马蔺草，别名马莲、马兰、马兰花，是鸢尾科鸢尾属多年生草本植物，根系发达，是古代护堤的理想植物。明礼部尚书吴宽曾作《马蔺草》一诗夸赞马蔺草护卫河堤的功效，诗言："蘩蘩叶如许，丰草名可当。花开类兰蕙，嗅之却无香。不为人所贵，独取其根长。为帚或为拂，用之材亦良。根长既入土，多种河岸傍。岸崩始不善，兰蕙亦寻常。"参见吴宽《家藏集》卷19《记园中草木二十首》，《景印文渊阁四库全书》集部第1255册，台湾商务印书馆1986年影印本，第145页。

奥鲁赤及断事官忙速尔祠 3 处。[1]

### 三　水利枢纽——金口坝与堽城坝

金口坝位于兖州城东五里泗河上，为泗水、沂水（今小沂河）交汇之地。泗水流经此地，地势最高，每逢大雨，河水猛涨，往下游宣泄困难。同时，沂水于此处汇入泗水，泗水水势强于沂水，往往导致河水泛溢，民田被淹，危及运河东岸堤坝。到隋朝时，由于水道的变迁，沂水、泗水合流西移到兖州城东，南流泛滥入大泽之中。隋文帝开皇年间，沂、泗二水泛滥南流，兖州刺史薛胄于兖州城东沂、泗二水交汇处积石为堰，令其西注，不仅当地陂泽变为良田，而且可以通行舟楫。泗水下游本利于运输，兖州城水运条件大为改善。因此，这条薛胄所修渠道被称作"薛公丰兖渠"。[2]

自五代直至元朝延祐年间，金口坝曾多次重修。金口坝设闸门 5 个，距金口坝上游不远的黑风口设闸门 2 个。冬季来临，关闭金口坝引泗河水入黑风口闸后西流府河，最终汇入马场湖收蓄，接济天井等 8 闸运河用水；如泗河下游水浅，仍开金口坝关闭黑风口闸，使泗水经鲁桥接济枣林闸等 8 闸运道。为更好济运，元朝延祐年间，金口坝在隋代石堰基础上，修建滚水石坝，并在石坝西侧安设闸门，引泗水入天井闸济运。当时，泗水、沂水等河于兖州城东一带交汇，河水东侧多大山，夏汛来临，水势暴涨，为害百姓。延祐四年（1317），都水监阔开分理会通河工程，委派壕寨官李克温等董理金口坝修复工程，调集工匠 1090 名，石头 2500 方、砖 30000 块、灰 50000 方，以及数目繁多的铁锭、铁钩、铁环等。工程始于延祐四年（1317）闰正月，竣工于三月。阔开调查泗河水文水势，加固河堤防止泗水泛溢。他发现金口坝仅有一个泄水石洞，无

---

[1]　李梦生整理：《揭傒斯全集·文集》卷 7《重建济州会源闸碑》，上海古籍出版社 1985 年版，第 367—370 页。

[2]　岳濬等：雍正《山东通志》卷 19《漕运》，《景印文渊阁四库全书》史部第 540 册，台湾商务印书馆 1986 年影印本，第 345 页。

法承担足够泄水量，遂增设为两个泄水石洞，并安设闸门。① 延至清代，金口坝仍发挥重要水利功能。每逢冬季挑河煞坝之期，须将金口坝堵闭严实，使泗水全部经金口闸流入马场湖以接济运道。②

元代的堽城坝引汶济运工程是会通河的重要水源工程。蒙哥汗七年（1257），蒙古军进攻南宋，为利用泗水通运，济州掾吏毕辅国于今汶阳县堽城镇修筑1座斗门，堵遏汶水入洸河后流入济州分水，向驻守蕲、宿的军队运输粮饷，同时还可以灌溉兖州一带农田。至元二十六年（1289）会通河开通后，都水少监马之贞在毕辅国修筑斗门之东修筑双虹悬门闸，称作东闸；毕辅国修建斗门称作西闸。后来，西闸所处地址变高，汶水无法进入，只有东闸可以进水。汶河每年水量不定，秋季征募劳夫于两闸左侧修草土堰，堵绝三分之二的汶水流入洸河。汛期来临，将东、西二闸堵闭，不让汶水流入洸河，以防大水。水大年份，大水冲毁石堰西流，循故道入海。因此，堽城草土堰每年岁修重建，工程量大。延祐五年（1318）五月，改建石堰，但很快被水冲坏，乱石堆积河底，泥沙淤积，汶河每年大水漫溢为害。后至元四年（1338）七月，大水冲溃东闸，流入洸河，洸河也被泥沙淤积。当年九月，都水监马兀奉命治理会通河，采用前都水监丞沈温将堽城堰改建成大闸的建议，命壕寨官梁仲祥等率众，改建堽城坝于旧址东侧，耗钱17000余缗，征发劳夫1000余人，工匠288人。③

总之，元代会通河早期施工仓促，存在南北分水点选位不恰当，闸座数量分布不均衡等一系列问题，会通河每年漕粮运粮维持在数十万石，远远不及海运每年数百万石的数量。大运河的作用更多体现在运输食盐、茶叶，以及提供官船往来的作用。大宗的漕粮运输，始终保持海运为主，运河漕运为辅的运输格局。④

---

① 陆耀：《山东运河备览》卷4《金口坝》，《中华山水志丛刊》水志第25册，线装书局2004年影印本，第242页。

② 张伯行：《居济一得》卷1《金口坝》，《中国水利史典·运河卷二》，中国水利水电出版社2015年版，第757页。

③ 谢肇淛：《北河纪》卷4《改作东大闸记》，《中国水利史典·运河卷一》，第303页。

④ 高荣盛：《元初运河琐议》，《元史及北方民族史研究辑刊》1984年第8期。

## 第二节　明代运河工程的全面建设

### 一　重开会通河系列工程

#### (一)明初运道

元末贾鲁治河是一项并未彻底完工的工程，治理河段主要位于仪封、曹县之间黄陵冈、白茅堤以下至徐州的河段。开封以北的那股岔流并未堵塞，也没有治理。这股岔流水势越来越旺，从工程竣工至元朝灭亡前十多年时间，所有见于黄河下游的决溢，都集中在这股河道上，并逐步向下游扩展，多次侵扰山东西南金乡、嘉祥、济宁一带。至正二十六年(1366)二月，黄河北徙，决口所及上自东明、曹州、濮阳，下至济宁一带，冲及运河运道。次年冬，大将军徐达、常遇春等率军北伐，自沂州直逼益都，旋即西克济南，命都督同知张兴祖率偏师自徐州北上沿运河一线，夺取东平、东阿等沿运城市，抵达安山镇后，获元军战船150余只，不久攻克济宁。[①]

洪武元年(1368)初，黄河于曹州双河口(今山东菏泽东部一带)决口分为两支，一支向北自东平冲击运道，一支向东经鱼台冲击运道。此时，徐达率军北伐，军队集中济宁，开耐牢坡西岸堤防，引舟师溯黄河泛道西攻汴梁(今河南开封)。自耐牢坡顺运河可北上，开堤溯黄河可西行，为西、北两路交叉点。这年秋天，再开耐牢坡西堤通运，但口门缺少控制，水势散漫，疏导费力。洪武三年(1370)二月，兴工修筑石闸，50日竣工，在原缺口北1里。此后10余年间，黄河多次漫口，明廷并采取大规模的堤坝修筑工程，带给沿河百姓巨大灾难。如洪武二十三年(1390)秋，黄河于开封西华诸县决口，漂没房舍，朝廷赈济百姓达15700余户。[②]

洪武二十四年(1391)四月，黄河暴涨，于原武黑洋山(今河南原阳西北)决口，洪水东经开封城北5里，又东南自陈州、项城、太和、

---

① 姚汉源：《黄河水利史研究》，黄河水利出版社2003年版，第384页。

② 张廷玉等：《明史》卷83《河渠一》，中华书局1974年标点本，第2013页。

颍州、颍上，东至寿州正阳镇，冲入淮河，贾鲁河道全部淤塞。一支洪水经旧曹州州城、郓城两河口，漫溢东平安山镇，元代会通河河道淤塞。[1] 永乐元年（1403）十月，因运道淤塞，裁撤济宁州耐牢坡，聊城县周家店、李海务，临清州临清、会通等五闸闸官，会通河漕运彻底废弃。[2]

（二）重开会通河[3]

明成祖朱棣从其侄建文帝手中夺得天下之后，将国家的政治和军事中心移到北京，每年需从南方调运四五百万石漕粮。从永乐初年开始，平江伯陈瑄、都督佥事宣信奉旨从海上运输粮食。但海运风险很大，滩多浪险，遇有风暴，樯倾楫毁，船毁人亡。河运则由江淮出发以至阳武（今河南原阳县）采用陆路，代价更为昂贵，调集山西、河南丁夫，交通工具落后，挽运170余里，至卫辉进入卫河，百姓劳苦不堪，车夫动辄逃亡，状况凄惨。

在此种情势之下，永乐九年（1411），济宁州同知潘叔正上书明成祖朱棣，指出会通河全长450余里，其中淤塞的只有1/3，应调集百姓疏通淤塞河段，不仅可以免除百姓长途挽运的痛苦，而且对国家社稷也大有好处。潘叔正的上书引起朝廷高度重视，朱棣下令工部尚书宋礼、刑部侍郎金纯等前往实地勘察，并调发山东济南、兖州、青州、东昌等6郡丁夫15万疏浚会通河旧道。宋礼主持的施工自永乐九年（1411）二月动工，至六月己卯会通河再次开通。会通河以汶、泗水为水源，汇于济宁，至天井闸分流南北，南流通淮，北流即会通河。经开河闸至袁口，改开新道西自安山之西，东徙约20里，长50余里，至寿张县沙湾接旧河。过东昌府入临清县，共长385里，深1丈3尺，宽3丈2尺。动军夫30万，用工100日，蠲免租税1102500余石。自济宁至临清建闸15座，置闸官，定闸门启闭制度。同年，宋礼兼管开浚河南金龙口至山东鱼台塌场口旧

---

[1] 张廷玉等：《明史》卷83《河渠一》，第2014页。

[2] 《明太宗实录》卷24，永乐元年（1403）十月壬戌。

[3] 元代开凿的会通河，南接济州河，起今东平县安山西南，北达临清，与御河相接。自泰定年间以后，将今江苏徐州以北、临清以南，包括济州河及其下游泗水河段，通称为会通河。参见复旦大学历史地理研究所编《中国历史地名辞典》，江西教育出版社1986年版，第323页。

黄河河道。当年的六月至七月，金纯同兴安伯徐亨、工部侍郎蒋廷瓒发丁夫 11.04 万施工，月余竣工。黄河一支流入会通河，增筑新河堤岸。①

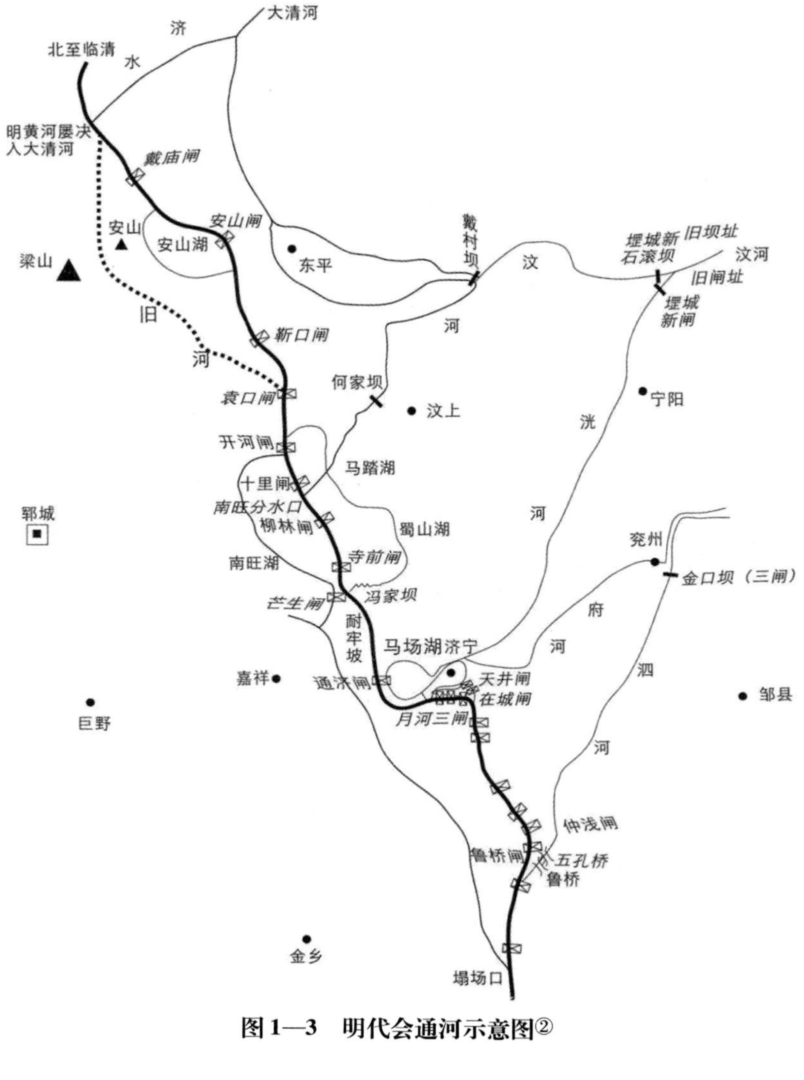

**图 1—3　明代会通河示意图②**

———————————

　① 张廷玉等：《明史》卷 153《宋礼传》，第 4204 页。

　② 据姚汉源《京杭运河史》第十八章 "明代会通河上的水柜、泉源及沿运设施的变化" 第 185 页插图改绘。

相传在治运初期，宋礼仍沿用元代旧法，引汶水入洸河，以汶、洸之水经济宁入运河，再于济宁天井、在城两闸分水南北。此举仍旧行不通。汶上老人白英向宋礼提出了历史上有名的"白英策"——南旺乃会通河水脊，不再引汶河南注洸河，北流坎河，而应让汶水流向南旺，将南旺作为新的分水点，南流90里到达天井闸，北流180里到达张秋，漕船自可顺畅复航。宋礼采纳白英建议，重修堽城坝，修筑戴村坝，阻遏汶水入洸河的通道，使汶河沿新开河道入会通河。汶水汇聚诸泉之水，流至南旺，南北分流，水流南下徐、沛的占十分之三，北流以达临清的占十分之七。①

宋礼疏通会通河历时近半年，调集山东及徐州、应天（今江苏南京）、镇江百姓30余万，前后蠲免租税110余万石。工竣后的永乐九年（1411）八月，宋礼又奏，会通河除以汶、泗为水源外，另有马常泊水大时也可流入，补二水之不足。马常泊冬春水量不足，需治理水源或引其他水源才能免于浅涩。汶河上游水量多由宁阳县堽城坝引入新开运河。东平州东境有沙河一道，本为汶河支流，至十路口通马常泊，但被流沙淤塞河口，应趁机开浚。其中沙河至十路口故道俱存，不必施工，仅需浚3里河口，并于河中筑堰180丈。此议获批准施行。② 水利史专家姚汉源指出，这条新挑沙河就是后来南旺分水的引河小汶河。③ 明成祖朱棣又命工部尚书宋礼、工部侍郎张信言、兴安伯徐亨等人疏浚祥符鱼王口至中滦下，恢复黄河旧道，减杀黄河水势，尽可能减少黄河对运河的侵扰。八月下旬，宋礼返回京师，被论功第一，受上赏。潘叔正因积极献言，也被赐衣钞。④

（三）戴村坝与南旺分水工程

戴村坝位于东平州城东60里，是阻遏汶水南经小汶河至南旺分水的建筑工程。戴村坝在会通河各类工程设施中的地位极为关键，"系全河屏障"。⑤

永乐九年（1411）八月，工部尚书宋礼重开会通河，用汶上老人白

---

① 卢勇、刘启振：《明初大运河南旺分水枢纽水工技术考》，《安徽史学》2015年第2期。
② 《明成祖实录》卷118，永乐九年（1411）八月戊午。
③ 姚汉源：《京杭运河史》第十六章"明代会通的重开"，第147页。
④ 张廷玉等：《明史》卷153《宋礼传》，第4203页。
⑤ 谢肇淛：《北河纪》卷7《河议纪》，《中国水利史典·运河卷一》，第359页。

英计，将会通河南北分水口从济宁改到南旺，于戴村筑坝阻遏汶水南流，由黑马沟至汶上鹅河口入漕河，南北分流。戴村坝到南旺分水枢纽之间的小汶河引水道，本有自然河道，但为避免其水直冲运道，要保证合理比降。从戴村坝到南旺分水枢纽的直线距离只有 30 余公里，而高程达 13 米，比降达万分之三以上，对分水口造成威胁。利用迂曲多弯的小汶河，并对其增加弯道达 88 弯之多，从而延长河道距离，将比降减少到万分之零点八，保证流速适当，大大降低伏秋水患发生的概率。[1]

戴村坝修筑之初，官府组织劳夫每年增土加固，栽植柳树。天顺五年（1461），东平知州潘洪就组织劳夫加固坝身。后来，为减轻百姓负担，戴村坝一度裁撤劳夫，导致坝体日益单薄。潘季驯在治北河之初，高度重视戴村坝的防护问题。他指出，戴村坝防护早已废弛，坝体单薄，原先栽植的护柳所存十无一二，万一大坝决口，汶水复归故道，后果不堪设想。潘季驯要求东平、汶上管河官按此前旧制督令河夫培土栽柳，确保大坝稳固安全，"此系运河第一吃紧关键"。[2] 山东按察使张纯也提议纠集泉夫，每年对戴村坝增修加固，增铺舍，栽植新柳。他还指出，每遇汶河水势难以防御，就需决开坎河口，分杀汶河水势。若水势仍大，再开滚水坝。再不足，就开减水诸闸。分泄的汶河水，要么经大清河入海，要么存蓄湖泊济运。若汶河水势不足，则将戴村坝堵闭严实，汶河水全入南旺分水。[3]

戴村坝上游不远处有坎河诸泉注入。筑坝后，坎河口留为汶水涨溢的溢洪道，但此处缺乏人为控制。成化十八年（1482），漕运总兵官陈锐拟于坎河口砌减水石坝。工部因岁荒百姓贫苦，只准借工部修路银支用，不同意大规模征调劳夫。因此，陈锐打算于戴村坝建减水石堰的提议并未获实施。[4] 隆庆六年（1572），总河万恭、管泉主事张克文勘察坎河口，

---

[1] 张廷皓、于冰：《京杭运河水运、水利工程及其遗址特性讨论》，《文物》2009 年第 4 期。

[2] 付庆芬整理：《潘季驯集·河防一览》卷 3《河防险要》，浙江古籍出版社 2018 年版，第 209 页。

[3] 张伯行：《居济一得》卷 3《戴村坝议》，《中国水利史典·运河卷二》，第 775 页。

[4] 《明宪宗实录》卷 224，成化十八年（1482）二月己未。

决定取坎河东北的龙山石料，于坎河口修成石滩，使水大则溢出故道，水小使入南旺，役丁夫 7000 人运石塞河，于隆庆六年（1572）十一月兴工，次年的万历元年（1573）正月竣工。石滩宽 1 里，长 1 里余，高丈余，压河根而上。同时还疏浚坎河河道，另发夫 8000 余人。①

石滩筑成不久，就有人建议将其改为闸或石坝。甚至有人主张改为土坝，每年汛期可冲毁再修，以免泥沙淤积上游河道。万历十五年（1587），工科给事中常居敬奉旨巡视河漕，见坎河口乱石滩年久毁坏，汶水走泄严重。他主张于坎河口修筑一座滚水石坝，长 60 丈、坝面阔 1 丈、坝底阔 1 丈 5 尺，通共耗银 8167 两余。坎河口修筑滚水坝后，水大则可由坝顶以上任洪水宣泄入盐河，水落则存蓄坝以内蓄水济运。② 万历十六年（1588）闰六月，总河潘季驯接受常居敬建议，将乱石滩改建为滚水石坝，计长 40 丈、高 3 尺、上宽 1 丈 5 尺、下阔 1 丈 6 尺。不过，改建滚水石坝与乱石滩弊病类似，均是只能减水，无法通沙，导致戴村坝上游河道泥沙淤积愈益严重，汶河多次溃决。万历二十一年（1593），汶河发水，尚书舒应龙于坎河口下游挑挖引渠泄洪，并于河道两旁修筑石堰，以防洪水冲刷，成效显著。③

南旺分水口在修建之初并无调控设施，建制也不完善。因此，后世的治河名臣万恭、张伯行均认为戴村坝及分水口是一项不完整的工程。分水口只是一个河口，汶水东来，直冲运河西岸，与运河垂直，再分流折向南北。成化十年（1474），管河右通政杨恭始建南旺南北闸节蓄汶河水量。此时距宋礼开分水口已过 60 余年。南旺南闸即柳林闸，在分水口南 5 里，为南旺分水口以南第一闸；南旺北闸叫十里闸，又称南旺下闸，在分水北 5 里。正德中，因河势陡峭，春末运河缺水，添建袁口闸及寺前闸。嘉靖年间，王以旗修南旺东湖，建李太口、弘仁桥闸，冯家口及王岩口二坝，李村及王堂二口河 900 丈。至万历年间，潘季驯建溢水坝改

---

① 谢肇淛：《北河纪》卷 4《河防纪》收万恭《坎河口记略》，《中国水利史典·运河卷一》，第 313 页。

② 付庆芬整理：《潘季驯集·河防一览》卷 14《钦奉敕谕查理漕河疏》，第 563 页。

③ 张伯行：《居济一得》卷 3《坎河口》，《中国水利史典·运河卷二》，第 777 页。

在何家口溢洪，名何家坝。① 分水口对岸建有分水龙王庙。庙前建有大石工一段，长49丈、砌石15层、高1丈8尺，以防汶水出口后之顶冲。分水口内，汶水通马踏湖水口为李家口、徐建口，万历年间修。汶水通口南的蜀山湖也有2处，为徐家坝、田家楼（见图1—4）。

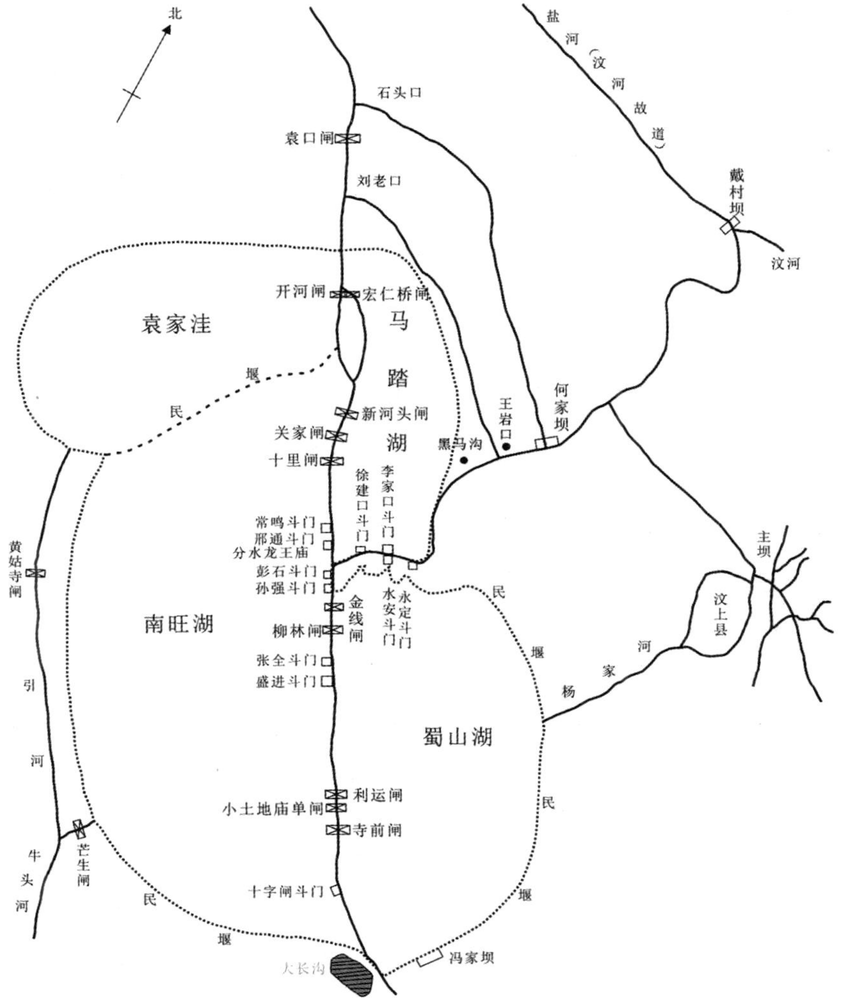

**图1—4 南旺分水枢纽示意图②**

---

① 付庆芬整理：《潘季驯集·河防一览》卷11《河工告成疏》，第430页。

② 据姚汉源《京杭运河史》第十八章"明代会通河上的水柜、泉源及沿运设施的变化"第199页插图改绘。

明前期，埂城坝在分水济运上仍发挥关键性作用。成化年间，埂城土坝改建为石坝，遗患无穷。弘治十六年（1503），议改埂城石坝为土坝。工部主事张文渊认为，埂城石坝为漕运之害，建议革去埂城坝及闸，使汶水全由南旺分水口接济南旺一带河道。次年，工部右侍郎李鐩会同山东巡抚都御史徐源及管河诸官勘视埂城坝及南旺分水口，因南旺分水龙王庙至济宁天井闸相距90里，南旺较高3丈余，汶水出汶河入济宁仅能南流接济徐州一带运道，不能北流，建议修浚戴村、埂城二坝及有关河道，将埂城坝改为辅助作用，可以阻截淤沙不入南旺湖，并缓解水势使不致冲毁戴村坝。[①] 至此，南旺分水正式取代了济宁分水。

南旺分水口分水量，相传南流占十之三，北流占十之七，故民间流传着"七分朝天子，三分下江南"的说法。南旺分水枢纽所在地势最高，汶水流至此处，"决诸南则南流，决诸北则北流"。春末夏初，天旱少雨，汶水微弱，漕船盛行，南旺分水枢纽需合理调蓄水量，确保漕船畅行。河臣潘季驯建议使用轮番法——如漕船于南旺以南运道浅阻，就关闭南旺北闸，将汶水悉数南流；如漕船于南旺以北运道浅阻，就关闭南旺南闸，将汶水悉数北流。同时，合理使用南旺分水枢纽周边"水柜"水源及时补充运道水量。如遇漕船于南旺以南浅阻难行，除关闭南旺北闸外，同时开启以南湖泊闸门泄水济运。反之亦然。[②]

南旺分水枢纽上接汶河及徂徕等地泉源，平时为清流河水，至汛期大雨骤作，数百里泥沙随汶河流到南旺。南旺地势平坦，又有南北二闸横拦，裹挟而下的泥沙，淤积此处，"每水涨一次，则淤高一尺，积一年则高数尺，二年不挑则河身尽填"。[③] 因此，南旺一带河道必须每年进行挑浚，成为一项沉重的劳役。

---

① 《明孝宗实录》卷206，弘治十六年（1503）十二月辛酉。

② 阎廷谟：《北河续纪》卷5《河议纪》，《中国水利史典·运河卷二》，中国水利水电出版社2015年版，第466页。

③ 胡瓒：《泉河史》卷4《河渠志》，《四库全书存目丛书》史部第222册，齐鲁书社1996年影印本，第566页。

## 二 治黄保运

元明清三代黄、运两河关系密切。"治河即所以通漕"[1] 是明清朝野上下在黄、运河工开展上的普遍共识。明代黄河曾被作为漕运要道,北于茶城与会通河交汇,南下清口与淮河交汇,长达500余里。这500余里运道又被称作"河漕"。在明初,刑部侍郎金纯最早利用黄河部分河道进行漕运。永乐九年(1411),金纯参与工部尚书宋礼开通会通河的工程后,与兴安伯许亨、工部侍郎蒋廷瓒等人修浚鱼王口(今开封城北)黄河故道,并在开封城北引黄河水至郓城,流入塌场口,与会通河交汇,实现黄河复归故道。[2] 黄河自封丘金龙口,下鱼台塌场口,与汶水交汇后,流经徐州、吕梁二洪后,南与淮河交汇入海。此举使得会通河与黄河勾连起来,漕运运道畅通,海运之议遂被弃置,河南水患也大为减轻。

景泰初年,黄河于沙湾多次发生决口,洪水直冲阳谷张秋运道。朝廷先后派出工部侍郎王永和、御史陈全、河南山东巡抚都御史洪英、工部尚书石璞前往治河,均未能取得成功。景泰三、四年间(1452—1453),黄河两次冲决张秋沙湾运堤,洪水沿运河北上,流入盐河(今大清河),运道淤塞,漕船阻塞难行。朝廷推举佥都御史徐有贞主持治河。徐有贞上任张秋后,勘察地势,提出堵塞沙湾黄河决口,恢复运道的具体步骤。首先挑挖河道缓疏黄河水势,水势平稳后堵住决口,然后治理黄河河道淤塞问题,最终形成制度化防备措施,防止黄河再次为害运道。他还是根据黄河水文特点,提出预防黄河河患的三条措施:一置水门,一开支河,一浚运河。在第一策中,他主张于黄河适当位置安设水门,水门平时高出正常水位5尺,黄河水小时,可适当开水门接济运河;水大时,可关闭水门使洪水流向大海。在第二策中,他提出河水水势大就适当分流,水势小就合流,分洪水水流可以减少洪水带来的危害,汇合微弱水流也能取得水大的好处。黄河水势过大,经常冲决河堤;运河水

---

① 付庆芬整理:《潘季驯集·河防一览》卷13《请遣大臣治河疏》,第511页。

② 龙文彬:《明会要》卷76《方域六·黄河》,《续修四库全书》史部第793册,上海古籍出版社1995年影印本,第679页。

势太小，运道经常淤浅。因此，必须要将水势大的黄水分流，水势小的运河合流，进而去除水害，有利漕运。对此，他建议朝廷根据黄河地形水势，于黄河可以分流处开挖一条广济河，下穿濮阳、博陵二泊及旧沙河 20 余里，上连东西影塘及小岭等地，其内有旧大金堤可为屏障，其外有八百里梁山泊可作泄洪区。新设水闸应坚固牢靠，可以适时泄水，使黄河不泛滥为害，造成运河运道浅阻，漕运不通。在第三策"浚运河"中，他指出，自永年年间工部尚书宋礼开通会通河后，运道淤沙严重，经常淤阻漕船。平江伯陈瑄曾设浅铺，督率军丁挑浚运道。但挑浚制度早已荒废，运道淤沙严重，运道底部早已与昔日河岸持平，应对运道彻底挑浚。①

徐有贞提出的治河三策，分析透彻，切实可行，很快得到景泰帝允准。于是，徐有贞自汶河、泗河出发，沿卫河、沁河，循黄河而上，道经濮阳、范县，对这一带水文水势做了周密查勘。在此基础上，他指出决口虽于秋冬水少时堵塞，但来年春季仍会决口，徒劳无益，否决了督漕御史王竑尽快堵塞决口的建议。徐有贞带领民夫，修渠建闸，自张秋起连接黄河、沁河。他于黄河及关键支流修筑大堰，安设水门。这项工程最终耗近两年后竣工。徐有贞修建的新河称作广济渠，新闸称作通源闸。广济渠自张秋金堤起，西南行 9 里经濮阳泺，又行 9 里至博陵陂，又行 6 里至寿张沙河，经东、西影塘后，行 15 里至白岭湾，经竹口莲花池、大伾潭，过范县、濮阳，经澶渊后连接黄河、沁河，修筑 9 堰堵筑黄河旁流。他大修旧堤决口，自临清至济宁运道，设置减水闸，黄河水患被平息下来。此后，黄河分流自兰阳（今河南兰考县），东经徐州汇入运河。②

景泰七年（1456）秋，山东大水，黄河大堤多处损坏，但徐有贞修筑的大堤依然坚固，沙湾一带长达 10 年的决口，至此终被堵塞。从此，黄河正流南流入淮河，黄河支流北上济运，东阿、鄄城、曹县、郓城间田地涸出百数十万顷，减少黄水灾害，便利了漕运。

---

① 《明英宗实录》卷 247，景泰五年（1454）十一月丙子。
② 张廷玉等：《明史》卷 171《徐有贞传》，第 4561 页。

弘治二年（1489）五月，黄河于河南开封及封丘荆隆口决口，冲入张秋，阻塞运道。黄水还冲入沁河，河南各郡邑受灾严重，省城开封尤甚。有人建议迁离省城开封以避水祸。九月，明孝宗任白昂为户部侍郎前去修治河道，并赐予特敕令，会同山东、河南、北直隶三省巡抚，对黄河自决口至运河河段，视情况予以修筑。

临危受命后，白昂对淮河经河南中牟等县直至上源决口处的水势进行认真勘察。勘察过后，他发现黄河决口后，洪水流到南岸的占十之三，流到北岸的则多达十之七。黄河于河南中牟县杨桥等处决口后，流到祥符县（今河南开封）界，分为多条支河。一条经尉氏等县，会颖水直下涂山，汇入淮河。一条经通许等县流入涡河，直下荆山流入淮河。又一支河自归德州直通凤阳府亳县，汇合涡河后流入淮河。黄河北决洪水则自原武经阳武、祥符、封丘、兰阳、仪封、考城诸县，流入荆隆口，至山东曹州（今山东菏泽）等处，冲入张秋运河。过冬后，洪水消落，泥沙淤积，多条支河合并成一条大支河，由祥符翟家口汇合沁河出丁家道口等处，直下徐州。在他看来，汇合颖、涡二河流入淮河，其间多有滩碛，水势缓慢，应对南线支河加以疏浚，以分杀黄河水势。另外一支汇合沁水流入徐州的支河，河道浅隘，无法承受水量大涨的洪水，随时有漂没为患。上游荆隆口等处虽暂时淤积，但仍有决口风险。对此，白昂建议于黄河北流七县地区，坚筑河堤，以保卫张秋运河不被黄河灌注。

弘治三年（1490）二月，白昂在郎中娄性协助下，发动役夫 25 万人，修筑阳武大堤，防卫张秋。引中牟决口河段出荥阳桥抵达淮河，对宿州古汴河进行疏浚流入泗河。白昂还疏浚濉河使其自归德饮马池，流经符离桥至宿迁最终与漕河交汇。白昂还疏浚 10 余处月河以分泄黄河洪水，堵塞 36 处决口，最终使得洪水流入汴河后，入濉河、泗河，最终入淮河后入海。黄河水患控制住后，白昂意识到黄河南道入淮河毕竟非正道，时间一久两河无法相容。他又于鱼台、德州、吴桥等处修筑长堤。还于东平以北至兴济开凿 12 道小河，流入大清河以及古黄河入海。在各河口修建石堰，按时启闭。白昂治黄策略实际是南北分治，东北以防御为主，东南以疏通为主。①

弘治五年（1492），白昂治理黄河后不到两年，黄河再次在祥符孙家口、车船口、杨家口及兰阳铜瓦厢冲开数道，漫入运河，漕运梗阻。明孝宗特下诏博选能臣前去治理决口。吏部尚书王恕等人荐举刘大夏。很快，刘大夏被提拔为右副都御史。明孝宗非常重视此事，在对刘大夏任命诏书中明确指示治理决口的重点所在。在诏书中，孝宗指出，黄河开封东南段河道淤浅，河流漫溢北徙，与沁水汇合，河势滔滔，河南兰阳、考成以及山东曹县、郓城等处，悉数被淹。黄河逼近张秋，危及运道。此前治河主要是根除洪水对百姓带来的灾害，而今治河则是针对黄河决口妨害运道的问题，要将黄河对漕运的侵扰降到最低。对此，孝宗要求刘大夏会同总督漕运、巡河、管河等官员，自济宁至临清查看漕船往来状况，确保漕船按期通过，并实地勘察，寻根溯源，查找黄河决口原因，实施疏塞方案，力求万全经久之策。②

弘治七年（1494）五月，在太监李兴、平江伯陈锐等大臣协助下，刘大夏实地勘察灾区。针对黄河下游的地形特征，他指出，河南、山东、两直隶地势西南高阜，东北低下，黄河水流大势渐趋东流，直接侵扰下游的运河运道。为确保运道不受黄河侵害，刘大夏认为必须将山东、河南与直隶大名府交界处的黄陵冈南北古堤重加整修，堵住黄河东流河口，将黄河大溜疏导南流，通过下游的徐州、邳州，进入淮河后入海。可见刘大夏采取了遏制黄河北流，分黄河水南下入淮的方针，明显是重北轻南、保漕至上的治河取向。为此，他一方面在张秋决口西南，开通一道3里许的月河，连接运河决口的上下游，使被阻的漕船得以通过；另一方面，他对仪封黄陵冈之南40余里长的贾鲁旧河加以疏浚，使之由曹县流出徐州，分杀黄河水势。同时对孙家堵口加以疏浚，开凿一道70余里的新河，引导黄河水南流，经中牟、颍川流入淮河。他还对祥符四府的营淤河加以疏浚，使得黄河水分别沿颍水、涡河和归徐故道汇合于淮河。同年十二月，刘大夏终于将张秋决口堵筑完好，并沿张秋黄河两岸，东西筑台，

---

① 张廷玉等：《明史》卷83《河渠一》，第2013页。
② 《明孝宗实录》卷72，弘治六年（1493）二月丁巳。

立表贯锁，网线连巨船，安放土牛，以便将来若遭遇黄河决口，将巨船凿沉，上压大埽，堵筑决口。最后，刘大夏还于上流建造减水坝，疏浚南旺湖的泉源，运河 300 余里筑堤，漕运复行畅通。为了纪念此项工程顺利竣工，孝宗皇帝下旨将张秋镇改名为"安平镇"，并镌碑于镇上，作为纪念。

在疏浚南岸支河，堵塞张秋决口之后，刘大夏还堵塞黄陵冈、荆隆口等处决口，并在黄河北岸修筑数百里长堤，自胙城（今河南延津县境）起，经滑县、长垣、东明、曹州、曹县抵达虞城，全长 360 余里，名太行堤。他于荆隆口等处也修筑长堤，自于家店（今河南原阳县东），经铜瓦厢，东抵小宋集，全长 160 余里。至此，筑起防止黄河北流的坚固屏障，黄河河道被固定在兰阳、考城，流经徐州、归德、宿迁，南入运河，汇入淮河，最终东流入海。除修筑太行堤等遥堤外，刘大夏还修筑了缕水堤、临河堤、月堤、格堤、戗堤以及各种埽工，构筑起坚固的防洪体系。①

"借黄济运"是明代前期治理黄河的主导思想。从洪武至弘治（1368—1505）138 年间，黄河决溢的年份就多达 59 年，一半以上发生在开封（含祥符县）一带，直接导致黄河正溜入海忽黄海忽渤海，并长时期内呈现多支流并流，下游连年水灾，经常冲决山东境内运河运道，危及漕运。在治河策略上，明朝坚持重北轻南，以保漕为主要目的。为了防止黄河继续冲决运道，明廷逐步在黄河北岸建筑起坚固的防洪大堤，逼迫黄河南流，用以接济徐、淮之间的运河水量。与此同时，在黄河南岸广开支河，分泄黄河狂奔水势，减轻对北岸运道的冲击。确保漕运畅通，是明代前期治河的主要目的，"北岸筑堤，南岸分流"则是治河采取的具体策略。金纯、徐有贞、白昂以及刘大夏等人领导的治河，基本贯彻这一思路，防止黄河北决冲击运道的目的基本达到，在一定程度上确保明前期漕运的畅通。

### 三　南阳新河与洳河

#### （一）南阳新河的开通

明前期在黄运关系处理上，无论是采取的"遏黄保运"，还是"引黄

---

① 张廷玉等：《明史》卷 83《河渠一》，第 2021 页。

济运"，都没有成功解决黄河对运河的侵扰。徐有贞治沙湾，刘大夏治张秋，都着手解决黄河北犯问题，到明后期黄河漫溢决口频繁，徐州一带运道成为黄河侵扰的重点地段，黄河水患逐渐集中在徐州附近。弘治十八年（1505），黄河决口北徙 300 里，危及宿迁小河口一带。正德三年（1508），黄河决口，危及徐州小浮桥。次年六月，黄河北徙 120 里，流至沛县飞云桥，冲进运道，漕运淤塞。洪水北上，直趋单县、丰县。黄河同时于黄陵冈、尚家等地决口，鲁西南至徐州一带的曹县、单县、丰县、沛县田庐漂没，惨痛至极。① 面对如此严峻形势，明廷自正德至隆庆六十余年间（1506—1572），先后派出总理河道大臣 40 余人，大多束手无策，没有取得实效。

嘉靖六年（1527），黄河再次决口，漫入运河，沛县北部的庙道口淤积数十里，漕运梗阻。尚书胡世宁、詹事霍韬、佥事江良材请求在昭阳湖东面另开一条运道，做持久躲避黄河侵扰的打算。工部侍郎盛应期提议在昭阳湖东面，北起江家口，南抵留城口，开掘新河 140 余里。此举相对于疏旧运道省力且利益长远。盛应期调集民夫 6.5 万人，白银 20 万两，计划限期六个月竣工。然而，工程尚未完成，就遇见旱灾。嘉靖帝不得不反躬自省。朝臣多上奏认为开挖新河为劳民之举。嘉靖帝随即下旨取消工役。盛应期上奏请求再给一个月时间完成这项工程。嘉靖帝不理会此奏。无奈之下，盛应期上奏章请求自行开挖运道。嘉靖帝颇为恼怒，诏令剥夺盛应期官职，工程被迫搁置。②

嘉靖十三年（1534）二月，刘天和以右副都御史总理河道。上任不久，黄河就于赵皮寨（今河南兰考县境内）决口涌入淮河，导致运河谷亭段（今山东鱼台境内）绝流，运道受阻。刘天和发动 40 万民夫，疏浚淤塞河段，仍未奏效。接着，黄河又于夏邑大丘、回村等处冲决，流经萧县，直下徐州小浮桥一带。为研究治河对策，刘天和亲自沿河查勘，分遣属吏沿着各条支河，顺流而下，直到运河口，逐段测量河道深浅窄狭。查勘过后，刘天和上奏指出，黄河自鱼台、沛县流入运河，漕船通

---

① 张廷玉等：《明史》卷 83《河渠一》，第 2025 页。
② 张廷玉等：《明史》卷 223《盛应期传》，第 5863 页。

行长达数十年，但此举会淤塞运道，废坏闸座，阻隔泉流，为害甚巨。现在黄河决口改从虞城、萧县、砀县直下徐州小浮桥，之前黄河流经榆林集、侯家林两河分流入运河的河道，都已淤塞断流，之前带给运河的便利已经不存，应对鲁桥至徐州的200余里淤塞运道加以疏浚。① 朝廷很快同意了他的建议。嘉靖十四年（1535）春，刘天和率众对黄河、运河进行了一次全面整治，统计疏浚河道34790丈，筑长堤、缕水堤12400余丈，修理闸座115座，顺水坝8座，植柳树280余万株，调集夫役14余万人，耗银78000余缗。② 工程完成后，运河运道畅通，漕船顺利行驶，取得很不错的效果。

嘉靖四十四年（1565）秋天，黄河在沛县飞云桥决口，洪水东流灌入昭阳湖，淤塞运道百余里。朝廷紧急调命朱衡为工部尚书兼右副督御史，总理内河漕运。朱衡赶到决口处勘察，发现旧的河渠已成陆地，而原来御史盛应期开凿的新河，自南阳以南东至夏村，又东南至留城，旧址尚存在。此处地势较高，黄河冲决到昭阳湖就停住了，不再东进，可以用作运道。朱衡决心开凿新河，并在吕孟湖建筑堤坝以防冲决。河道都御史潘季驯却认为疏浚旧的运道更为便利，反对开挖新河。朱衡坚持己见，亲自督导施工，引鲇鱼、薛、沙各条支河汇入新运河，并筑马家桥堤坝以阻止飞云桥的决口。他弹劾罢免曹濮副使柴涞，从重惩治不听从命令的官吏士卒。此举得罪不少官僚。于是，朝臣们纷纷攻击朱衡，浮论四起。次年，给事中郑钦弹劾朱衡虐待百姓，沽名钓誉。皇上派给事中何起鸣前去核实。这年秋，黄河又在马家桥决口。朝中舆论均认为朱衡开挖新河不会成功。大臣何起鸣最初支持朱衡的意见，此时也改变立场，联合给事中王元春、御史黄襄一起上奏章请求罢免朱衡官职。此时，恰逢新河竣工，他们对朱衡的攻击才告终止。新河全长194里，漕船自境山（今徐州北40余里处）驶入，行程顺畅地抵达南阳，工程取得完满成功。

---

① 刘天和著，卢勇校注：《问水集》卷1《治河之要》，南京大学出版社2016年版，第9页。

② 万表辑：《皇明经济文录》卷16《工部下》收杨旦《治河始末》，《四库禁毁书丛刊》集部第19册，北京出版社1997年影印本，第26页。

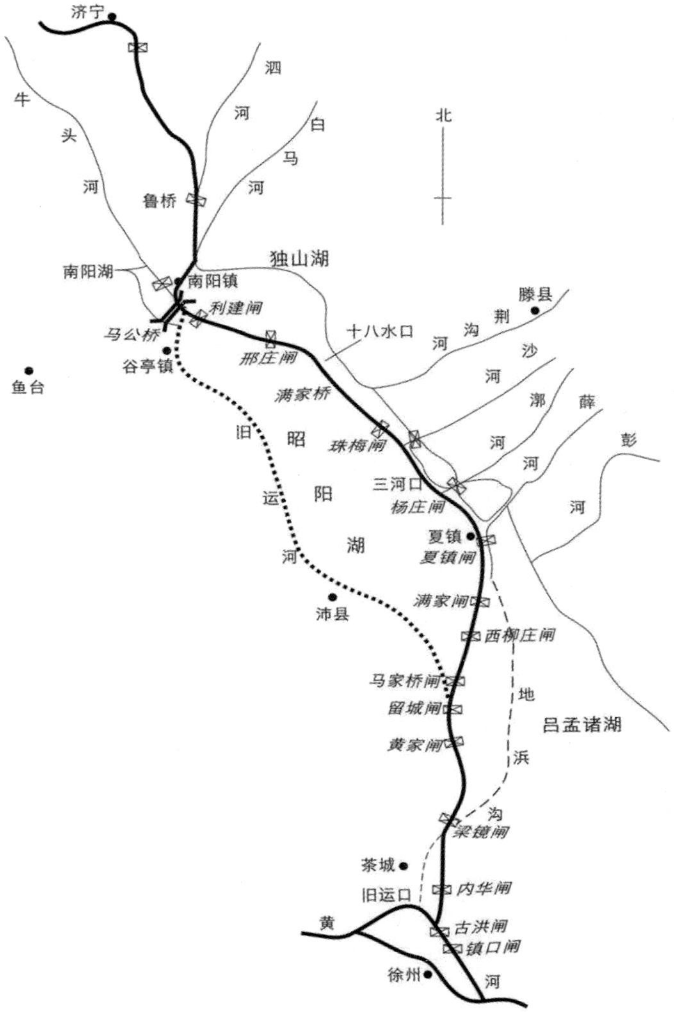

**图1—5　南阳新河示意图①**

　　朱衡开凿的新河循南阳湖（今独山湖）东岸，傍湖下行，引鲁中丘陵诸溪南赴徐州，归注旧河。运道、南阳湖之间筑堤设闸，运道内水盛，则泄入湖中；运道水少，则引湖助运。新河的开通，使得运道避开了黄河的侵淤，确保了漕运畅通。因其在南阳镇改道，故名"南阳新河"。南

————————

　　① 据姚汉源《京杭运河史》第十九章"明前期的泗洳运道与黄河"，第245页插图改绘。

阳新河是山东运河第二次较大规模地局部改线，成功避免黄河对运道的干扰，揭开"避黄行运"和"黄运分立"的序幕，为后来泇运河和中运河的开挖提供了有益的经验教训。隆庆三年（1569）四月，总理河道都御史翁大立对南阳新河有高度评价，认为相较于旧运河，新河有五大优势：一是新河地势较高，不容易受到黄河决口的影响；二是新河水势较缓，对运堤冲击小；三是旧运河河势陡峭，流水落差大，而新河没有这个问题；四是开挖新河后，空出大批湖田泉地，可供开垦，发展了农业；五是新河水流通畅，坡度较缓，不用劳烦夫役拉纤。[①]

（二）泇河的开通

隆庆三年（1569）七月，黄河于沛县决口，茶城淤塞，漕船梗阻。山东沂州（今山东临沂）、莒州（今山东莒县）、郯城水满四溢，洪水从沂河、直河出邳州，百姓溺亡，损失惨重。总理河道都御史翁大立奉旨疏浚淤塞运道。隆庆四年（1570）六月，鸿沟、境山等工程，以及淮河流域河道疏浚工程相继告成。皇帝闻之欣喜，特赏赐翁大立。当时翁大立已升任工部右侍郎，随下诏封他为兵部左侍郎。然而，接替翁大立职务的陈大宾尚未赴任，沙、薛、汶、泗诸河水势骤涨，洪水冲决仲家浅等处。灾情尚未缓解，黄河又于邳州决口，运道自睢宁至宿迁淤塞180余里。翁大立上奏建议开挖泇河避开黄河。此议交给群臣商议，最终却不了了之。[②]

隆庆五年（1571）四月，黄河再于邳州决口，皇上命给事中雒遵前去勘验。事后，雒遵上奏，泇河河道虽然便捷，但施工难度很大。葛墟岭高出河底6丈多，开凿到2丈，石头中就涌出泉水。侯家湾、良城虽有河形，但水底多礓石，很难开凿，即便开凿，水势湍急，漕船也不能通过。蛤鳗、周柳等湖，需在水中筑堤，需费耗繁。微山、赤山、吕孟诸湖虽可筑堤，但须凿葛墟岭泄水，开凿地浜沟，才能施工。因此，雒遵明确反对开凿泇河。[③] 不久，朝廷命工部尚书朱衡与总河都御史万恭等一起商议开凿泇河是否可行。朱衡与雒遵持类似观点，反对开泇河，明言漕

---

① 《明穆宗实录》卷31，隆庆三年（1569）四月丁丑。
② 张廷玉等：《明史》卷223《翁大立传》，第5867页。
③ 《明穆宗实录》卷67，隆庆六年（1572）闰二月壬申。

河已畅通，徐州、邳州之间提高水深，按时启闭闸座，不用再费时耗力大兴工程。翁大立开泇河的提议就被搁置下来。①

由于未能解决黄河冲淤运道的问题，茶城一带（今江苏铜山县北）黄河连年决口危及运道。万历三年（1575）二月，总理河道都察院右金都御史傅希挚再次上疏朝廷，请求开泇河以避黄河之险。傅希挚指出，徐州、邳州一带黄河河身时有淤壅决口之患。黄河北岸一旦决口，则洪水不是冲击张秋，就是漂没丰县、沛县，势必阻塞漕运。现今借黄河行漕是违背水性的做法。只有开通泇河，摆脱黄河对运道的影响，才为万全之策。傅希挚派出锥手、水平、画匠等技术人员沿泇河逐一勘察。事后，他们认为，从上泉河口起，将河道引向东南，那么河道起处低洼，就可避免泇河下流地势高仰问题；泇河南段经性义村往东，就能避免葛墟岭地势高仰、土石坚固的问题；泇河若从陡沟河流经郭家西，那么施工就能远离良城、侯家湾的伏石。泇河河道连接的河渠深浅不一，有湖泊、池塘联络相因，即便有砂礓，也不会妨碍泇河的挑挖。通过勘察，傅希挚重新规划泇河路线，避开施工难度大的河段。傅希挚还列举开泇河的优越性。他指出，泇河河段上起泉河口，下到大河口，自西北至东南，总长 500 余里，比旧河节省近 80 里。泇河途经河渠湖塘十居八九，活水充裕，脉络贯通，水源充沛，改作运道具天然优势。泇河贯通后，黄河壅决不会对运道产生影响，茶城一带运道摆脱泥沙填淤。漕船也可避开运道险恶的徐州、吕梁二洪，避免漂损之险。泇河贯通后，不经洋山的支河，不必修建境山的闸座，不急配徐口的洪夫、不必修治马家桥的堤工，可节省大量费用，足以抵消工程开销。奏上，傅希挚请开泇河的提议发交大臣们讨论。户部官员批评傅希挚沽名钓誉，不为国家深谋远虑。尽管得到内阁首辅张居正的支持，傅希挚的建议最终还是被搁置下来。②

万历三十一年（1603），黄河再次决口，将单县苏家庄、沛县太行堤以及曹县缕堤冲毁，洪水灌入昭阳湖，席卷夏镇，横冲运道，漕运中断。总理河道李化龙再提开泇河之议。他指出，黄河自归德而下，汇合运河

---

① 张廷玉等：《明史》卷87《河渠五》，第2122页。

② 张廷玉等：《明史》卷87《河渠五》，第2123页。

入海，其路大致有三道：一条是由兰阳经考城，至李家口，过坚城集，入六座楼后，出茶城最后达徐州、邳州，称为浊河，是为中路；一条由曹县、单县经丰县、沛县，出飞云桥，过昭阳湖，流入龙塘后，出秦沟最终达徐州、邳州，称为银河，是为北路；一条由潘家口过司家道口，至何家堤，经符离、睢宁，进入宿迁后，出小河口汇入运河，称为符离河，是为南路。南路临近祖陵，北路贴近运河，只有中路既远离祖陵，又可以济运。之前河臣翁大立、傅希挚、舒应龙等倡议开凿泇河，却因经费不足，未得竣工。黄河多次侵扰运道，影响漕运，上策还是开凿泇河。工科给事中侯庆远等上奏表示支持李化龙。最后，工部表示泇河应该开挑，但要等经费筹集齐备方可兴工，不可操之过急。①

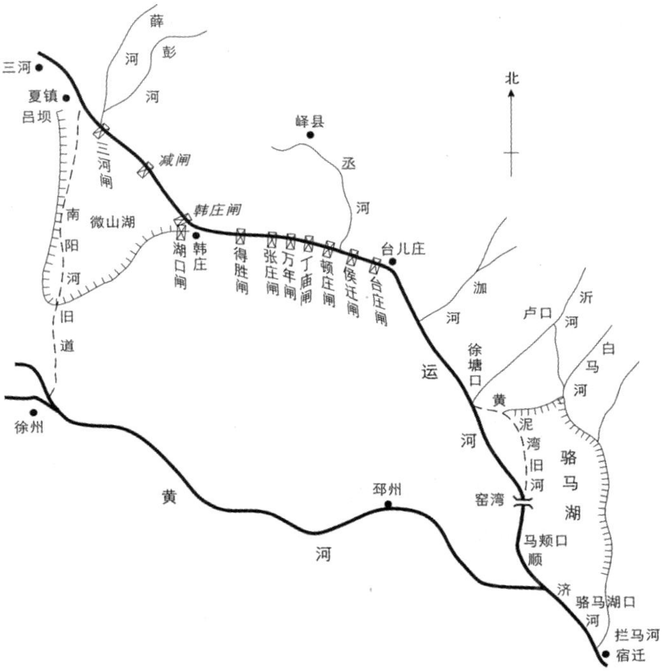

图1—6　泇河示意图②

---

① 张廷玉等：《明史》卷84《河渠二》，第2068页。

② 据姚汉源《京杭运河史》第十九章"明前期的泗泇运道与黄河"，第259页插图改绘。

万历三十二年（1604），李化龙率众施工，当年八月就将泇河开通。次年，续任总河曹时聘最终完成尾工。泇河由夏镇李家口引水，合彭河经韩庄湖口，出邳州直河口接入黄河，全长 260 余里，避开黄河 330 余里。泇河上新建韩庄、德胜、张庄、万年、丁庙、顿庄、侯迁、台庄 8 闸。泇河开通后的万历三十二年（1604），漕船从泇河通过就超过三分之二，次年从泇河通过的漕船更是多达 8000 多艘。

自穆宗隆庆三年（1569）开始，在将近半个世纪中，先后经翁大立、傅希挚、舒应龙、刘东星、李化龙等大臣提议或主持，一条自朱衡开凿的南阳新河后避开黄河对运道冲击的新河道——泇河在几经波折后最终得以开凿成功。

## 第三节　清代运河工程的维护与建设

### 一　闸坝建设与维护

作为人工开挖的运河，会通河的水源补给至关重要。设闸坝引汶、泗等水补给，并通过闸坝调蓄水量，闸坝之设直接关系运道是否畅通。对此，叶方恒有形象描述：

> 会通一河，其源最微，黄水冲之，则随而他奔，而漕不行，故坝以防其入。源微而支分，其流益少，而漕亦不行，故坝以障其出。流驶而不积则涸，故闭闸以须其盈，盈而启之，以次而进，漕乃可通。潦溢而不泄必溃，于是有减水闸。溢而减河以入湖，涸而放湖以入河，于是有水柜。[1]

山东运河沿线设闸座 48 座，节宣水利，接济漕运。乾隆初年，东河河道总督白钟山对于闸座之于山东运河的重要性也做过形象描述：

---

① 叶方恒：《山东全河备考》卷 2《河渠志下》，《四库全书存目丛书》史部第 224 册，齐鲁书社 1996 年影印本，第 419 页。

东省运河自峄县台庄闸至临清南板闸，共计石闸四十八座，名为闸河。水无来源，全在樽节蓄积，俾盈科而进，以资浮送漕船，是以建置诸闸，权盈缩以定启闭，所谓以人役水也。自有运河，即置石闸，自置石闸，即定启闭漕规。盖上下闸座互为阖辟，势同呼吸，毋论天旱之年，惜水如金之际，涓滴不容走泄。即河水充盈而上下地势相悬，启闭稍不如法，则建瓴直泄，深浅不均，漕船即有胶滞之虞。①

闸座启闭是否完备直接关系漕运畅通与否。闸座上下坚固完整，水不渗漏，才能更好发挥蓄泄功能。康熙年间，济宁道张伯行勘察发现沿河大多数闸座年久失修，闸墙闸底处处漏水，虽有闸座之名，却已无法正常蓄水。他建议沿河州县于闭坝挑河期间，将各管闸座筑坝重修，添补石块，堵塞闸墙缝隙。对于闸板小的缝隙，按修艅之法用油灰麻穰添补坚实，确保闸座不再漏水。② 此后，闸板修复逐渐制度化。清廷规定，闸板修复由运河道负责，于每年冬春间，"重运入境前，空运出境后"，督令下属厅员动用司库地丁银补筑齐全。河道总督于年底取具各道厅闸坝完固印结上报工部核销。③ 起初，闸座拆修后需保固三年。道光十六年（1836），又改为保固六年。④

（一）会通河南段代表闸坝

济宁州境的在城闸，元大德七年（1303）建，位于赵村闸、天井闸之间，"南运之一大关键也"⑤。康熙年间，济宁道张伯行详论在城闸的重要地位：

---

① 白钟山：《豫东宣防录》卷3《请定越漕启板厅员处分》，《中国大运河历史文献集成》第15册，中国国家图书馆出版社2014年影印本，第294页。

② 张伯行：《居济一得》卷5《急修闸座》，《中国水利史典·运河卷二》，第797页。

③ 曹振镛等：嘉庆《钦定工部则例》卷57《漕河》，《故宫珍本丛刊》第294册，海南出版社2000年影印本，第255页。

④ 文煜等：光绪《钦定工部则例》卷45《河工十五·漕河》，《故宫珍本丛刊》第297册，海南出版社2000年影印本，第357页。

⑤ 徐宗幹等：道光《济宁直隶州志》卷2《山川三》，《中国地方志集成》山东府县志辑第76册，凤凰出版社2004年影印本，第115页。

此闸系南运门户，最关紧要。厅道官宜不时稽查，少有差错，上源必致浅阻。其闸底闸墙，亦宜时加修理，恐有漏水之处。且此闸闸官最关紧要，倘启闭不得其宜，河水必致妄泄，粮船恐有浅阻之患。①

乾隆三十三年（1768），重修在城闸金门宽2丈8寸、高2丈9寸。此闸需下板18块方能蓄水充裕。北邻的天井闸地势高，在城闸地势最低，若下板不足，导致运道蓄水一泄无余。因此，对在城闸稽查管理严厉于天井闸数倍。在城闸的启闭还要考虑南阳湖蓄水量的大小。如果南阳湖水量充裕，那么在城闸闸板可以少启。在城闸下积船至120—130只，能排满一条塘河，然后输水灌塘。如果南阳湖蓄水不足，需水甚急，那么在城闸闸板须勤启，经过一帮船就开启闸板过一帮船，不拘船只数目多少，这样在城闸泄水就多，南阳湖水量就能得到保证。总之，在城闸闸板启闭要考虑下游南阳湖蓄水情况，"下用水则宜泄于下，下不用水则宜蓄于上，务斟酌得宜，蓄泄有方，乃为尽善"②。

在城闸上游1里余的天井闸启闭须与在城闸随时照应。天井闸建于元至治元年（1321）。此闸金门宽2丈9寸、高1丈8尺，因燕翅底有古井而得名。天井闸启闭需用闸板15块。天井闸启板的同时，在城闸需下闸板18块，确保蓄水充裕。经过此闸船只，必须船到放闸，不能迟误，否则将导致济宁以南的船只壅滞不行。此闸放四次或五次，通济闸才能放一次闸。若天井闸蓄水过少，则不能放船通行。此时可令上游通济闸启闸放船通行，则天井闸水量逐渐丰裕。天井闸周边运道的蓄水量不能全部仰赖通济闸放水，还需马场湖蓄水接济。天井闸蓄水时，需开马场湖安居闸或十里铺闸放水接济。③

---

① 张伯行：《居济一得》卷1《浚白马河》，《中国水利史典·运河卷二》，第753页。
② 张伯行：《居济一得》卷1《在城闸》，《中国水利史典·运河卷二》，第754页。
③ 陆耀：《山东运河备览》卷4，《中华山水志丛刊》水志第25册，第250页。

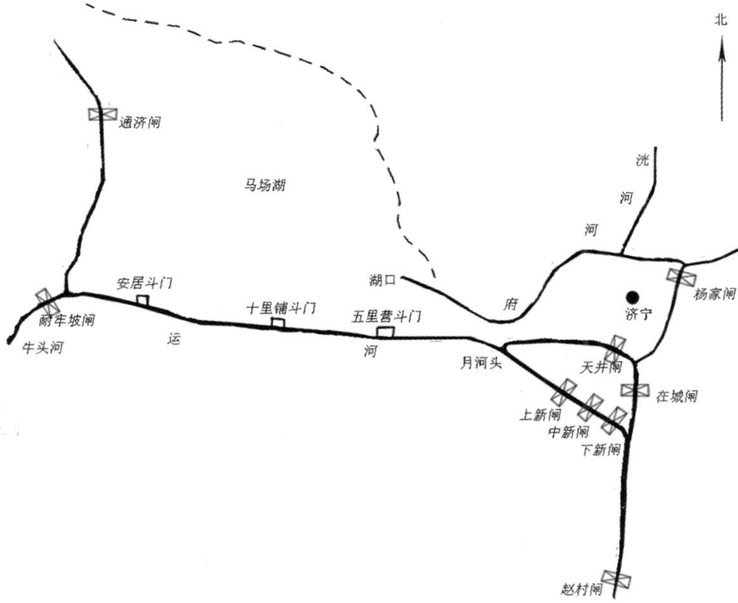

第一章　河道工程　/　55

**图1—7　济宁分水枢纽示意图**①

　　天井闸闸板的启闭要据南阳一带水势大小进行操作。如南阳一带水势过大，则将天井闸以上如南旺十字河先行堵闭，确保水势不必过大；如南阳一带水势过小，则将安居闸、十里铺闸及五里营闸，酌量开通；如南阳一带运道水势仍不足，再将南旺十字河开通。蜀山湖利运闸决不可开通。清康熙年间，济宁道张伯行指出，早前天井闸水势甚陡，每过一船需河夫四五百名协助，一日过船不过一二十只，最多不过三四十只，以致在城闸下粮船积聚数百只，甚至多达千余只，皆因在城闸每次只下闸板12块。天井闸闸板一启，水势建瓴而下，在城闸泄水过多，不仅天井闸粮船难以通行，漕井桥及安居一带漕船也浅阻难行。负责官员没有考虑到在城闸下闸板太少，反而归因于上源来水太少，将蜀山湖利运闸开启。利运闸一启，独山、南阳诸湖与运河一派汪洋，湖河不能分辨，

①　据姚汉源《京杭运河史》第十八章"明代会通河上的水柜、泉源及沿运设施的变化"，第203页插图改绘。

济宁南乡及鱼台、沛县、徐州数百顷良田，皆为湖荡。①

每年夏秋汛期，运河水涨，为泄涨水，运道两侧设有泄水闸。济宁州境的永通闸就是具有代表性的一个泄水闸。永通闸，又名耐牢坡闸，位于济宁州西20里。每逢运河水涨，洪水经永通闸经耐牢坡河泄入牛头河。② 牛头河，位于济宁州西南，会通河多余涨水可通过永通闸泄入牛头河。牛头河不但可以通运，而且济宁以南洼地积水也可通过此河泄入昭阳湖，是济宁以南一条重要的泄水道。然而自谷亭淤后，塌场口一带河道淤塞，济宁南乡积水无法及时排泄，连年遭受水患。清初，济宁道叶方恒建议疏浚牛头河，使昭阳等湖可以疏泄积水。他还建议于济宁南乡一带，修筑圩岸，效仿江南插秧种稻之法，获得水田之利，将济宁南乡荒芜之地转变为膏腴之田。③ 然而，由于永通闸却被堵塞，导致运河大水无法正常泄入牛头河，天井闸一带水势急湍，粮船难行，一船用数百名河夫拉纤，一日仅能过数船，粮运迟滞。济宁道张伯行建议尽快修复永通闸，运河水大则启闸泄水入牛头河，水小则闭闸蓄水济运。④

杨家坝，位于济宁州城东。泗水经兖州府西流与洸河交汇后，经杨家坝西流入运道。正德年间，刘六、刘七起义，地方官筑此坝引水绕济宁州城作为护城河，始有坝基。起义平定后，坝基随即被拆除。崇祯十七年（1644），地方动乱不断，地方官复筑此坝障水护卫城市。清初，济宁道叶方恒认为，杨家坝的设置并不合理，每遇伏秋汛期，洪水不能畅泄入马场湖，两岸民田受淹严重，泗、洸之水被杨家坝阻遏，由夏家桥入马场湖后济运，水道迁曲。他建议将杨家坝改为闸，按时启闭，"急则借以济运，缓则储以待用"。⑤ 康熙三十四年（1695），此坝建减水闸，按时启闭，由天井闸入运河。时府河已久淤待浚，沂河也因数十年不修，

---

① 张伯行：《居济一得》卷1《天井闸》，《中国水利史典·运河卷二》，第755页。

② 陆耀：《山东运河备览》卷4，《中华山水志丛刊》水志第25册，第261页。

③ 叶方恒：《山东全河备考》卷2《河渠志上》，《四库全书存目丛书》史部第224册，第409页。

④ 张伯行：《居济一得》卷2《复永通闸》，《中国水利史典·运河卷二》，第759页。

⑤ 叶方恒：《山东全河备考》卷2《河渠志下》，《四库全书存目丛书》史部第224册，第419页。

不能合泗水入黑风口，最终由金口坝直驱鲁桥入运河。府河、洸河原本合流南出天井闸入运，筑杨家坝后导致济宁东乡的严重水患。康熙年间，济宁知州吴柽评价杨家坝：

> 府河原极浅狭，自杨家水口筑坝之后，全河之水皆西入马场湖。伏秋涨发奔流，湖不能容，旁溢四漫，而各处出水之道又复淤阻，新店之减水二闸更废无存。诸水无宣泄之路。此东乡之水患所以不免也。[1]

柳林闸，又名南旺上闸，金门宽2丈，最初高2丈1尺，后增高至2丈5尺余。明成化十七年（1481）建，后经多次重修。[2] 此闸"逼近汶河，首受分水口南注之水，为东省第一要闸"[3]。南旺分水以南的运道并不缺水，柳林闸须保持下板常闭，用干草、芦席填塞缝隙，不能忽视。如开启柳林闸闸板，往南泄水多，"不惟堤岸难保，民田受淹，而粮船亦难行走"。此闸若不紧闭，导致南行水多，分水口以北运道自然缺水。柳林闸即便紧闭也不必担心水大泄水问题。若闸内蓄水量过大，仍可通过斗门流入南旺湖蓄水，然后通过南旺湖调剂运道南北用水。柳林闸开启闸板平时可3日1次，或2日1次，不得已才能1日1次，决不可1日2次，使水量多泄于南侧运道。南旺以南湖水充裕，运道缺水问题并不突出。总之，断不能通过柳林闸轻易放水。南旺以北运道水源则全赖分水口分水，因此十里闸、开河闸经常保持开闸状态。遇有北运道水量有余，南运道缺水，可暂时关闭十里闸，将柳林闸亮闸一块，接济分水口以南运道。如分水以南、以北运道水量均充裕，则将柳林闸、十里闸全部关闭，使水由斗门流入南旺湖，以备南北运道用水的不时之需。康熙年间，济宁道张伯行建议以柳林闸为界分运河南北的界水闸，使汶水全部用来

---

[1] 胡德琳等：乾隆《济宁直隶州志》卷4《舆地》，哈佛大学汉和图书馆藏乾隆五十年（1785）刻本。

[2] 董恂：《江北运程》卷17，《四库未收书辑刊》五辑第8册，北京出版社1997年影印本，第66页。

[3] 黎世序：《续行水金鉴》卷213《运河水》，《四库未收书辑刊》七辑第8册，北京出版社1997年影印本，第81页。

接济南旺以北运道。南旺以南运道，则用马场湖水接济。马场湖蓄水不足，再用南旺诸湖蓄水接济。[①] 济宁以南运道并不缺水，粮船到闸，可随到随过。一帮漕船抵达，即过一帮；到两帮漕船，即过两帮。济宁以南运道切不可专为一帮漕船灌一塘河。如一帮漕船占一段塘河，那么山东48 座船闸就需灌 48 帮漕船，耗时过多，严重耽误漕运行程。[②]

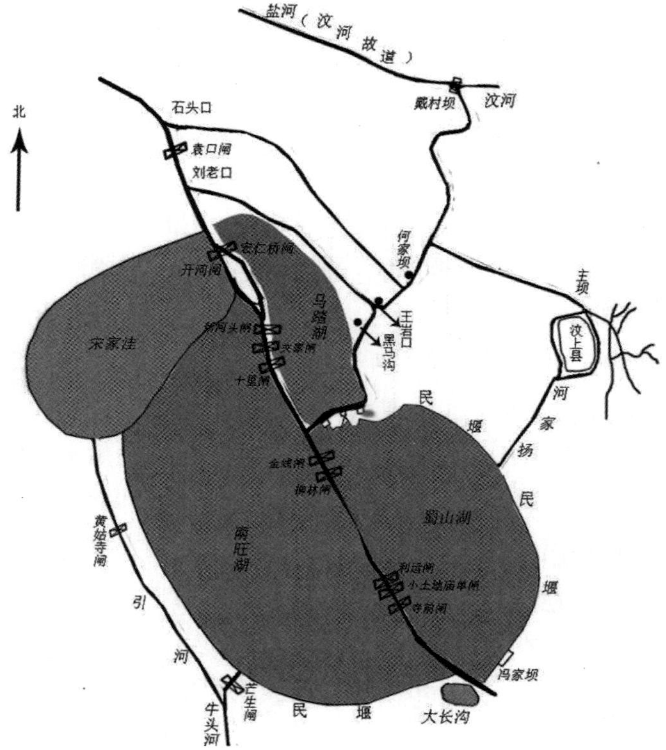

图1—8　寺前闸、柳林闸、利运闸周边形势示意图[③]

---

①　张伯行：《居济一得》卷2《柳林闸放船法》，《中国水利史典·运河卷二》，第765 页。

②　张伯行：《居济一得》卷1《济宁以南放船之法》，《中国水利史典·运河卷二》，第753页。

③　据姚汉源《京杭运河史》第十八章"明代会通河上的水柜、泉源及沿运设施的变化"，第199 页插图改绘。

第一章　河道工程 / 59

（二）运河水柜代表闸座

利运闸，明嘉靖年间修建，后经多次重修，金门宽 1 丈 3 尺、高 1 丈 3 尺。此闸位于寺前铺闸以北、柳林闸以南，为蜀山湖门户，是调蓄蜀山湖蓄水量的关键。如蜀山湖蓄水量少，则此闸应坚闭不开；湖水蓄水量大，则将此闸全开，将北界水闸中略水闸多下闸板，使蜀山湖水流入南旺湖中，蓄水待用。如此则南旺湖足可蓄水，而蜀山湖以北民田也可免于漫淹。清康熙年间，济宁道张伯行发现分水口以南水量充沛，以北运道则经常缺水，就采取坚持关闭利运闸，使蜀山湖水由田家楼、邢家林口出南旺分水口济运。康熙帝南巡回京，道经南旺，发现南旺以北运道缺水严重，派出河官相度南旺一带地形地势及水量深浅。康熙帝认为，蜀山湖经利运闸放水，可以北注接济南旺以北运道，遂命闸官关闭寺前铺闸，开启运河北道的柳林、十里、开河三闸，开启蜀山湖利运闸放水北注，以接济南旺以北运道。①

湖口闸乃"通（微山）湖之闸，运道之大关键也"。② 此闸宣泄微山湖水及鱼台、金乡、滕县、沛县等地坡水，接济峄县八闸及江南邳宿运道，建于明万历三十二年（1604），后年久剥损，清雍正七年（1729）拆修。闸宽 2 丈 1 尺 5 寸、高 1 丈 7 尺 7 寸，启闸放水，以水深 1 丈 1 尺为度。微山湖蓄水超过水志，危及民田，需开湖口闸泄水，"在东省则有韩庄湖口闸坝引渠，并伊家河以入运；在江省则有蔺家山等河，以达荆山桥入运"③。孙集漫口后，朝廷筹划泄水，尹继善于湖口闸以上增筑滚水坝，又堵截下游邳州庐口入运余水，使微山湖水自小梁山河、茶城河、内华山河，经荆山桥泄入运河。运河道李清时疏浚伊家河，自江南梁王城分流以杀水势。此乃救济之策，"非常道也"。湖口闸收蓄微山诸湖之水，节宣济运。平常年份，疏引坡水入湖，湖口闸下板蓄高湖水，至符水志。水小之年，微山诸湖缺少水源，需上游州县坡水下注入湖，再由湖口闸泄水入运河。峄县八闸附近，"地势就下"，水易下泄。江苏省骆

——————

① 张伯行：《居济一得》卷 2《利运闸》，《中国水利史典·运河卷二》，第 764 页。

② 黎世序等：《续行水金鉴》卷 76《运河水》，《四库未收书辑刊》七辑第 7 册，第 357 页。

③ 《清高宗实录》卷 895，乾隆三十六年（1771）十月丙申。

马等湖积年淤涸，仰赖微山诸湖水灌注。然经 400 里水道，"途长流弱，难期畅达"。此时，湖口闸"惜水如金"，北上漕船难以前行，不得不采取江南戽水之法，以资接济，甚至引黄河水由潘家屯北上救济。①

（三）会通河北段代表闸座

荆门上闸，元大德六年（1302）建，清乾隆十六年（1751）曾接长雁翅，金门宽 2 丈 5 寸、高 1 丈 8 尺。此闸"上距戴庙闸四十余里，塘长道远，且当沙、赵二河之冲，伏秋汛水长发，合流汇注，势若建瓴，实为捕河一厅之门户"②。此闸的启闭直接关系南旺以北运道水量的多少。此闸规制与南旺以南的天井闸相同，闸板钥匙由捕河厅官严格掌握，据运道水量相应启闭。荆门上、下两闸间塘河与砖闸、板闸，天井闸、在城闸间塘河类似，均为关键水门，不能使蓄水轻易下泄。然而，掌控闸板启闭的闸官并不能做到严格启闭，往往两闸一齐启闭，导致上源下泄之水一泄无余。湖泊水柜蓄水充裕，大船尚可通行；天旱之年，湖泊蓄水一少，东昌府一带运道粮船浅阻难行。康熙年间，济宁道张伯行指出，荆门上、下闸启闭应循砖、板闸，天井、在城闸要求，上闸开启下闸紧闭，下闸开启上闸紧闭，确保粮船通行。若两闸间积船过多，可不拘于此制，将两闸同时开启，放船通行速度更快；船少之时，则务必遵循上下两闸一启一闭的要求，绝不可两闸同时开启，导致泄水过重。此外，荆门上、下两闸闸板都要下足 20 块，方可足以蓄水。③

阿城上闸，元大德二年（1298）建，金门宽 1 丈 9 尺 8 寸、高 1 丈 7 尺。阿城下闸，元大德三年（1299）建，金门宽、高，与阿城上闸同。阿城上、下两闸启闭制度与荆门两闸类似，需上闸启下闸闭，或下闸启上闸闭。若负责启闭闸座的闸官同时启闭，将导致南旺以北运道泄水过多。每逢运河水少之年，北运道经常发生浅阻。若阿城上闸以上运道积船过多，也应将上、下两闸同时开启，确保粮船尽快通行，此时不应拘

---

① 黎世序等：《续行水金鉴》卷 76《运河水》，《四库未收书辑刊》七辑第 7 册，第 357 页。

② 张伟仁主编：《明清档案》A218—80《工部尚书福隆安题覆山东阳谷汛拆修荆门上闸所需料银应准动给》，联经出版事业公司 1987 年影印本，第 122399 页。

③ 张伯行：《居济一得》卷 4《荆门上闸》，《中国水利史典·运河卷二》，第 790 页。

泥于两闸一启一闭的制度。阿城上、下闸在清初由阳谷主簿管辖,驻于张秋。康熙年间,济宁道张伯行建议移驻阿城。①

七级上闸,元元贞二年(1296)建,金门宽2丈5寸、高1丈7尺2寸。七级下闸,元大德元年(1297)建,金门宽2丈1尺5寸、高1丈9尺6寸。七级两闸启闭与荆门上、下闸,阿城上、下闸同,需上闸启下闸闭,或下闸启上闸闭。七级上、下闸之间塘河仅2里许,但下闸至周家店闸却足有12里长。2里许塘河蓄水无法向12里长运道储蓄充足水量,因此周家店附近运道经常发生粮船浅阻难行。放水时,七级上、下闸经常同时开启。两闸同时开启,又会将上游蓄水一泄而空。若仅开启七级下闸,又担心2里许塘河蓄水无法给12里长运道提供充足的行船用水。只能采用并塘放水之法——七级两闸下泄两塘水后,周家店闸才开始启闸放船。若仍无法提供充足水量,则七级两闸下泄三塘水后,周家店再放一塘水行船。② 并塘之法对于解决东昌府一带运道缺水,粮船行驶困难,可谓卓有成效。

元代于临清鳌头矶北、城西南3里余建会通闸,又于其东1里余建临清闸。这段河道为卫河顶冲,水势陡峻,不便航行。永乐九年(1411),工部尚书宋礼于东道重建会通、临清2闸。永乐十五年(1417),平江伯陈瑄始于鳌头矶南折,开南道建2闸,相距5里,一采用砖块建造,称作砖闸(位于南部);一采用木料修建,成为板闸。此后,板闸改为石砌,更名南板闸,砖闸改名新开闸。这段运道,"地势颇平,往来船行者也"。天顺初年,东道会通、临清二闸,被卫河泛涨之水冲毁,船只专行西道。弘治二年(1489),户部左侍郎白昂重建东道船闸,但效果并不理想,船行不便,此后仍行西道,东道逐渐淤塞,会通、临清二闸遂被废弃。正德八年(1513)春,农民军起事危及临清,都御史刘恺率军防护运河,议修板闸,并于会通闸底安杉木板9块,垫高闸底,使急流平缓,截南道水流,撤旧板闸,改筑新闸,修补新开闸,于六月初完工。船行南道,

---

① 张伯行:《居济一得》卷4《阿城闸放船法》,《中国水利史典·运河卷二》,第790页。
② 张伯行:《居济一得》卷4《七级放船法》,《中国水利史典·运河卷二》,第791页。

北道成为月河。①

地处闸河、卫河交汇的临清砖闸、板闸，"实为漕运咽喉，最属紧要"②。由于卫河势大，汛期冲击闸板，闸座易损，须周期性的修复。③砖闸建于永乐十五年（1417），宽2丈、高2丈4尺。砖闸灌塘之前，紧邻卫河的板闸需多下闸板，使闸河水不外泄。若板闸下板太少，灌塘时板闸水一泄无余，船只浅阻搁浅。砖闸灌塘时，闸官需认真权衡，砖闸蓄水可过150只船时，刚过100只船，就要送会牌至戴家湾闸。待戴家湾闸再放水满一塘河，砖闸继续放船只过闸。若一次过砖闸的船只过多，闸河蓄水消耗过快，上游的戴家湾闸放水接济也无济于事。④乾隆年间，运河道陆耀发现，戴家湾闸放船时，砖、板闸塘河内水大，却需待戴家湾闸会牌到后方可放船，下闸板又不多，导致水从闸板上溢出。待戴家湾闸放船结束，砖、板闸放水已尽。最后等到会牌到临清，砖、板闸已无水放船。此举导致砖、板闸每日放船仅二三十只，甚至十余只，达不到百余只的预期。对此，陆耀做了改进，临清砖、板闸放水之日，才能放船；放船之日，才能放水。如此操作效果明显，一天过闸船只达到185只之多。⑤

山东运河闸座设置与沿运水文形势变迁息息相关，其中影响比较大的有安山湖水柜功能的废弃。荆口闸至安山闸30里，安山闸至戴家庙闸30里，戴家庙闸至荆门上闸45里，这沿运百余里运道，路途较远，曾赖安山湖水为之节宣蓄水。迨至清初，安山湖已淤为平陆，遇有亢旱之年，水量不足，船只有胶浅之患。济宁道叶方恒建议于安山闸、戴家庙闸、荆门上闸之间的适当之地增设一二闸座，以存蓄水势，缓解运道胶浅之患。安山湖废弃减水闸的石料可回收利用，移建新闸。石料若不敷用，

---

① 谢肇淛：《北河纪》卷4《河防纪》收刘梦阳《修临清州南板闸记》，《中国水利史典·运河卷一》，第312页。

② 张伟仁主编：《明清档案》A65—68《东河总督白钟山等揭报临清闸收解过短载纸价并盈余银两》，第37134页。

③ 黎世序等：《续行水金鉴》卷75《运河水》，《四库未收书辑刊》七辑第7册，第339页。

④ 张伯行：《居济一得》卷5《砖闸放船法》，《中国水利史典·运河卷二》，第793页。

⑤ 陆耀：《山东运河备览》卷7，《中华山水志丛刊》水志第25册，第303页。

可于湖田地租银内动用，不必挪用国库公帑。[1]

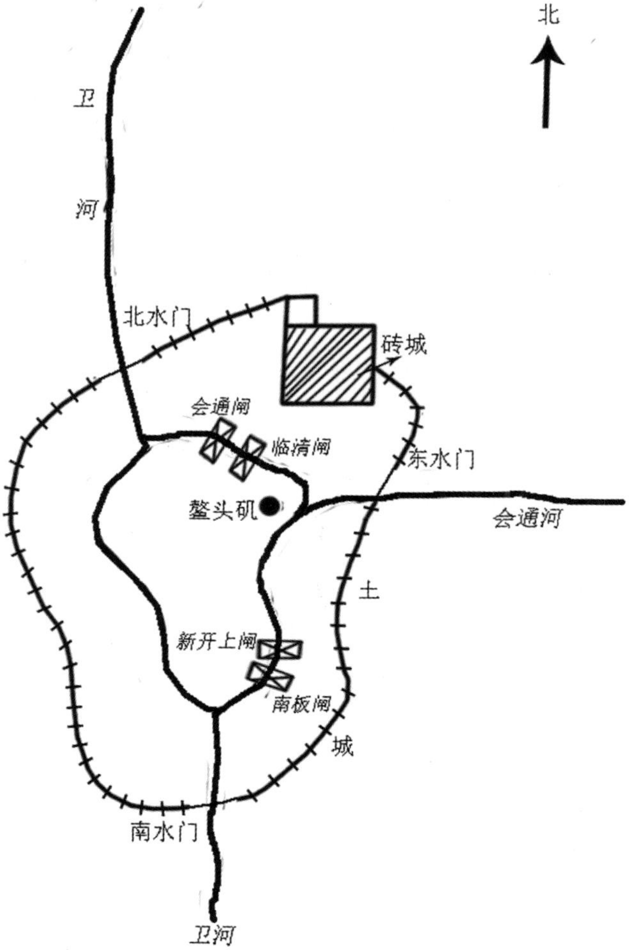

图1—9　明清时期临清砖、板闸间水文形势示意图[2]

---

① 叶方恒：《山东全河备考》卷2《河渠志下》，《四库全书存目》史部第224册，第419页。

② 据姚汉源《京杭运河史》第十八章"明代会通河上的水柜、泉源及沿运设施的变化"，第200页插图改绘。

由于缺少充裕水源补给，南旺分水以北的闸座间的启闭，更应相互配合。如荆门上闸与临清砖、板闸，天井闸，在城闸均为运河水门关键，启闭不慎，就会导致上游之水一泄无余。对此，荆门上、下闸等闸座都实行严格的锁钥制度。荆门上、下闸钥匙直接由捕河厅官员掌握，"一启一闭，缴上闸钥匙，使领下闸钥匙；缴下闸钥匙，使领上闸钥匙，不得混行开放，以泄水势"①。阿城上、下闸也实行类似的锁钥制度，"缴上闸钥匙则领下闸钥匙，缴下闸钥匙则领上闸钥匙，则水有所蓄而不至大泄矣"②。

南旺以北运道最大的问题就是缺水。如何合理调蓄水量，确保船只畅行，是各闸启闭尤为注意的问题。上河厅土桥闸，建于成化九年（1473），金门宽 1 丈 9 尺 6 寸、高 1 丈 9 尺 2 寸。堂邑县境土桥未设闸前，自梁家乡闸至戴家湾闸后，又 40 里至临清上闸，粮船行至土桥经常浅阻难行，只能靠纤夫拉纤艰难行进。成化九年（1473），山东按察使佥事陈善建议于土桥设闸蓄水行舟，东昌府通判马聪等人督工建设完工。③ 土桥闸至梁家乡闸塘河长 12 里，至戴家湾闸 35 里。以 12 里塘河所蓄之水，不足 35 里塘河之用。戴家湾闸上存船只数十只至百余只，可利用此闸存水接济土桥闸运道之水。土桥闸启板放水后，戴家湾闸随后启板，将此前存积的数十只或百余只船只悉数放出，将土桥闸新放出船只存于闸塘之内。待土桥闸再放一塘船只后，然后启板将船只放出，再将土桥闸放出船只存于戴湾闸塘内。④

（四）水利枢纽：戴村坝与金口坝

戴村坝及附属建筑工程，"为东省运河最要关键"⑤。延至清代，此坝规制已固定成熟——通长 126 丈 8 尺，北为玲珑坝高 7 尺、长 55 丈 5 尺；中为乱石坝，高 6 尺 2 寸、长 49 丈 1 尺；南为滚水坝，高 5 尺、长 22 丈 2 尺。汶河汛期水涨，挟沙而来，上清下浊，清水从坝面滚入盐河，沙由

---

① 陆耀：《山东运河备览》卷 6，《中华山水志丛刊》水志第 25 册，第 285 页。
② 陆耀：《山东运河备览》卷 6，《中华山水志丛刊》水志第 25 册，第 285 页。
③ 陆耀：《山东运河备览》卷 7，《中华山水志丛刊》水志第 25 册，第 300 页。
④ 陆耀：《山东运河备览》卷 7，《中华山水志丛刊》水志第 25 册，第 300 页。
⑤ 董恂：《江北运程》卷 15，《四库未收书辑刊》五辑第 7 册，第 769 页。

玲珑乱石洞隙随水滚泄。冬春旱季，汶河水弱，上下俱清，则筑土堰汇流济运。

雍正四年（1726），内阁学士何国宗奉旨巡视河工，于上述 3 坝之内，增筑石坝 1 道，高宽坚实。此举导致汶水"既无尾闾泄水，又无罅隙遏沙"，汶河挟沙流入南旺分水口，南旺一带运道的泥沙淤积日益严重。① 雍正九年（1731），河东总督田文镜奏请拆去新建石坝，并以所拆石料修葺旧坝。总河朱藻认为，新坝桩石坚厚，应因时制宜，改建矶心坝 56 座，中留水窦 55 门，安设闸板，以蓄泄汶水。当时新坝无法正常启闭，遂另筑土堤，名春秋坝。乾隆二年（1737），户部侍郎赵殿最认为，朱藻改建的涵洞泥沙壅塞，无法启闭，建议于中间迎溜之处用灰石填塞，两头各留八洞，下板拦束，春秋坝全部拆除。奏上，部议认为此举会使洪水直射坝身，冲刷堤根，并不可行。乾隆十四年（1749），大学士高斌上奏指出，汶水还未盛涨，就通过玲珑坝走泄，济运之水白白流走，甚为可惜。他建议于玲珑坝两头各留 5 丈、中间 39 丈长的坝身落低 7 寸。②

康熙年间，济宁道张伯行认为，工部尚书宋礼所筑戴村坝并非一项完备工程。此坝只能泄水，不能往下游河道泄沙。他建议将戴村坝仿照元代堽城坝规制，于坝上改建闸门，或三闸，或五闸，"冬春水小而清，则开闸放水以济运；伏秋水大而浊，则闭闸泄水以入海"③。汛期汶水势大，治河官往往将戴村堰口开放泄水，冬季重新堵筑，费时劳力。乾隆四十八年（1783），署河东总河何裕城采纳张伯行设想，提议于戴村坝旁另建闸三座，"水小开板收束入运，水大启板畅泄归海"。他认为，修建闸座可获一举两得之功，"既免骤涨漫堤之患，又省开堰堵筑之劳"。奏上，大学士阿桂等认为，另建闸门会波及汶水济运的大政；设闸泄水，下游大清河可能无法容纳大水，甚至危及百姓田庐。最终，于戴村坝另建闸座泄水的提议未获实施。④

兖州府城东五里为沂、泗合流处，其南为金口坝，坝西偏有黑风

---

① 康基田：《河渠纪闻》卷 18，《四库未收书辑刊》一辑第 29 册，第 387 页。
② 陆耀：《山东运河备览》卷 6，《中华山水志丛刊》水志第 25 册，第 285 页。
③ 张伯行：《居济一得》卷 3《戴村坝》，《中国水利史典·运河卷二》，第 774 页。
④ 董恂：《江北运程》卷 15，《四库未收书辑刊》五辑第 7 册，第 769 页。

口，"二水为坝所过，导入闸口，一支自北而南至鲁桥入运河，以济下八闸之运；一穿城自北而过西流入济宁天井闸以济上八闸之运"。水势建瓴而下，遇河道浅窄，"洪波滋惧"，水涸则蓄聚无资，全赖金口坝启闭调蓄，于民田、运道关系密切。自乾隆三年（1738）稍为修筑后，多年未修，日渐倾颓。遇水溢干旱，"多方挑筑补苴，终归罔济"。乾隆三十四年（1769）冬，兖州知府马家良兴役重修金口坝，动支正项银12967两余。①

总之，山东运河的畅通关键在于各闸启闭得宜。而闸座能否启闭得宜，职掌全在闸官。闸官官位卑微，每每听命于往来差船，宜令厅官插手掌握闸座启闭事宜。② 闸官专掌闸板启闭，位卑权重。为尽早过闸，民船多私下贿赂请求启闸放行。这就需道厅各官不时稽查。如有闸官启闭不时，违反职掌定例，可立即揭发，甚至上报河道总督，将违法条例的闸官惩戒驱逐。最基层的闸夫徇私牟利也不可忽视。闸夫是闸板启闭的直接执行人，有时私自启闸，闸官却不知情，宜令闸夫务必遵依闸规启闭闸板，确保运道畅通无误。为严格闸板启闭秩序，清代实行了严格的会牌制度："遇春夏水微之际，俟上下两闸板紧闭，会牌俱到，始行开闸放船。如会牌未到，催漕各官不得逼勒各启板。会牌已到，该管闸官不得故意迟延。如有违误，指名查参。"③

## 二　保泉济运

散布于沿运十余州县的泉源对于会通河水量补给至关重要。按水系流向，山东运河区域泉源大致可分为五派：

一为分水派。此派泉源出新泰、莱芜、泰安、肥城、东平、平阴、

---

① 觉罗普尔泰等：乾隆《兖州府志》卷26《艺文志二》收马家良《重修金口坝记》，《中国地方志集成》山东府县志辑第71册，凤凰出版社2004年影印本，第386页。

② 柏桦、余同怀对明代闸官的设置以及职权等问题做了研究。参见氏作《明代闸官刍议》，《河北师范大学学报》（哲学社会科学版）2016年第1期。

③ 曹振镛等：嘉庆《钦定工部则例》卷58《漕河》，《故宫珍本丛刊》第294册，第258页。另外可参见窦重沂、郑民德《清代山东运河船闸启闭制度研究——以聊城为例》，《枣庄学院学报》2018年第6期。

汶上、蒙阴之西，以及宁阳之北，汇入汶河，经南旺入分水口；二为天井派。此派泉源出泗水、沂水西下夹流而南出泗水、曲阜、滋阳、宁阳，汇汶水、洸水，汇入元人所筑会源闸；三为鲁桥派。此派泉源出邹县、济宁、鱼台、峄县之西，曲阜之北，流经堽里、黄良诸泉而下，各入鲁桥闸一带漕渠；四为新河派。济宁、鱼台、滕县、峄县诸泉入上沽头，旧为沙河派。自嘉靖四十五年（1566）开挑新河，改从南阳至留城 140 里通运，改将前滕县、鱼台、峄县之泉注之；五为泇河派。沂水、蒙阴及邹县诸泉，旧为邳州派。自开通南阳新河，沂水、蒙阴入沂河诸泉已废。至万历三十二年（1604）开泇河，并废夏镇以南入新河诸泉。此前滕、峄二县诸泉汇入新河以至留城，随之移注昭阳湖东，改入泇河以及南岸徐州、沛县泉出夏镇以南新建张庄等 8 闸济运，为泇河派。[1] 潘季驯认为，这五派泉源中的分水派、天井派、鲁桥派最为漕河命脉，至为关键。每年春夏之交，由司道官员严督管泉官夫疏浚通达，确保泉水源源而出。泉源发自深山，"沙碛颇多"，汇入汶河，泉道多淤垫不通，每年应如期挑浚。[2]

为扩大运河水源，山东沿运州县开掘疏浚数目可观的泉源，汇入汶、泗诸河，确保运道畅行。自永乐年间开通会通河以来，明廷不断对泉源疏浚，泉源数目也随之增加。图 1—10 可见，成化十四年（1478），运河泉源只有 120 余处，至嘉靖二十一年（1542）有 209 处，至万历二十五年（1597）泉源数目增至 311 处，泉源数目呈总体的增长态势。泉水自发源地，流经数里，汇入所属河道。泉流迁曲，需经常疏浚，以免淤塞。明代管泉主事负责泉政，掌握山东 18 州县诸泉源分布处所。每年春初，管泉主事督率泉夫人等操持畚锸，遍及山野挑浚泉道，颇为辛苦。泉源多地处深山，距村落距离较远，管泉主事亲身督率疏浚，为避风雨，便于休憩，往往于较大泉源附近修建亭子等建筑。[3]

---

① 叶方恒：《山东全河备考》卷 2《河渠志上》，《四库全书存目丛书》史部第 224 册，第 402 页。

② 谢肇淛：《北河纪》卷 7《河议纪》，《中国水利史典·运河卷一》，第 355 页。

③ 蔡泰彬：《明代漕河之整治与管理》第四章"山东四大水柜之功能与整治"，第 166 页。

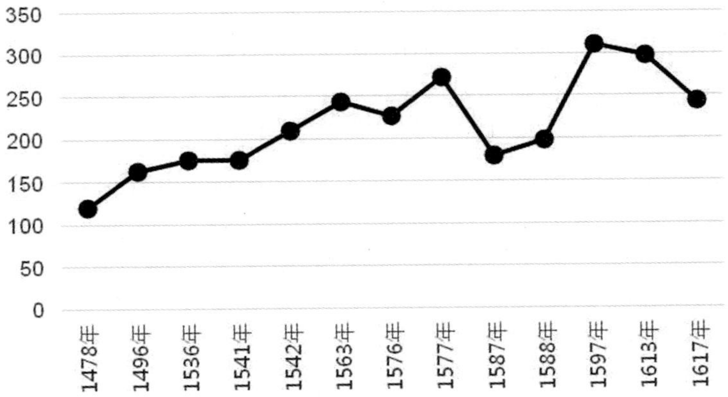

**图1—10　明代山东泉源数目变化图**

数据来源：蔡泰彬《明代漕河之整治与管理》第四章"山东四大水柜之功能与整治"，第159—160页。

　　明代中后期，泉源疏浚工作多荒废不堪。总理河道王廷在巡视山东运河时发现，由于泉源疏浚不及时，汶河至南旺分水南北，水势微弱，每年春夏之交，天旱水涸，阿城、七级一带运道，"舟胶而不可行"。万历十六年（1588），工科都给事中常居敬建议令捞、浅等夫疏浚泉水流经的关键水道。鉴于泉源所在距各州县治所距离较远，管泉官无法亲历勘察。他建议由分司守道兼管泉源，由掌印官员督率夫役按时疏浚泉源，每年年终，分守道会同管泉分司将新挖出泉源若干及旧泉废弃若干的数目，呈报总河并分别奖惩，"人心有所警惕"。①

　　明清鼎革之后，伴随政治局势稳定，漕运恢复畅通，保泉济运的重要性日增，泉源数目稳步增长。除个别州县数目稍有减少外，山东运河区域泉源数目由康熙初年的420眼，增长至乾隆中叶的460眼，幅度比较大（见表1—2）。

_____

① 谢肇淛《北河纪》卷8《河议纪》，《中国水利史典·运河卷一》，第360页。

表1—2　　　　　　　　　　山东运河区域泉眼数目表　　　　　　　　单位：眼

| 州县 | 康熙初年 | 乾隆中叶 | 州县 | 康熙初年 | 乾隆中叶 |
|---|---|---|---|---|---|
| 新泰县 | 36 | 35 | 泗水县 | 82 | 82 |
| 莱芜县 | 46 | 64 | 曲阜县 | 27 | 29 |
| 泰安州 | 64 | 69 | 滋阳县 | 14 | 14 |
| 肥城县 | 9 | 16 | 济宁州 | 4 | 6 |
| 平阴县 | 2 | 2 | 邹县 | 15 | 17 |
| 东平州 | 50 | 47 | 鱼台县 | 20 | 22 |
| 汶上县 | 7 | 11 | 滕县 | 31 | 33 |
| 宁阳县 | 13 | 13 | 合计 | 420 | 460 |

资料来源：《山东全河备考》卷1《图志》；《山东运河备览》卷8《泉河厅诸泉》。

　　明永乐年间于宁阳设管泉分司总管泉源疏浚事务。此后，管泉分司被并入济宁的管河分司。清康熙十四年（1675），裁撤济宁分司，以运河同知兼管泉源疏浚事务。雍正四年（1726），内阁学士何国宗建议设管泉通判一员及佐杂官员数员。他指出，各泉源分布于幅员数百里之内，且多在山沟泥穴之中。管泉通判一人耳目未能周详，故下设管泉佐杂12员，督率泉夫分地疏浚。然而，这些管泉佐杂却并不直接隶属管泉通判，"进退黜陟之权，不由通判"，导致疏浚事务呼应不灵。他建议保持现有人员配置基础，并将12员管泉佐杂直接隶属管泉通判管辖以收臂指之效。[1]

　　到乾隆中叶，山东泉源管理架构渐趋成熟。泉源疏浚事务由管泉通判总司其事，下设县丞、主簿、府经历、州同等佐贰官直接负责（见表1—3）。这些地方佐贰官员于每年三、四月间专司泉务，"地方公务，免其差遣"。泉源疏浚事务完竣，这些佐贰官方可参与处理地方紧急事务。总之，管泉佐贰官首务以泉源疏浚为上，并受管泉通判管辖，"有因

---

[1]　陆耀：《山东运河备览》卷8《泉河厅诸泉》，《中华山水志丛刊》水志第25册，第318页。

循怠惰，泉务废弛，即行参处"。① 鉴于管泉通判下辖地方佐杂官依旧存在呼应不灵的问题，嘉庆十四年（1809）五月，嘉庆帝下旨责成兖沂曹济道以及泰安、兖州、沂州各知府等地方官兼管泉务，督率佐杂官疏浚泉源。工竣，仍由管泉通判查验。②

表1—3　　　　　乾隆年间山东运河区域泉源管理情况一览表

| 序号 | 州县 | 管理官员 | 泉夫（名） | 主要组织架构 |
|------|------|----------|-----------|--------------|
| 1 | 莱芜县 | 泰安府经历 | 90 | 泉老一名，总甲二名，小甲一名 |
| 2 | 新泰县 | 上泗庄巡检 | 75 | 泉老一名，总甲一名，小甲一名 |
| 3 | 泰安县 | 泰安县丞 | 121 | 泉老一名，总甲六名，小甲二名 |
| 4 | 蒙阴县 | 沂州府经历 | 16 | 泉老一名，小甲一名 |
| 5 | 肥城县 | 泰安府经历 | 35 | 泉老一名，总甲一名，小甲一名 |
| 6 | 平阴县 | 泰安府经历 | 10 | 泉老一名 |
| 7 | 东平州 | 东平州州同 | 78 | 泉老一名，总甲一名，小甲一名 |
| 8 | 汶上县 | 汶上县县丞 | 43 | 泉老一名，总甲一名，小甲一名 |
| 9 | 泗水县 | 兖州府经历 | 60 | 泉老一名，总甲一名，小甲一名 |
| 10 | 曲阜县 | 宁阳县丞 | 40 | 泉老一名，总甲一名，小甲一名 |
| 11 | 邹县 | 邹县县丞 | 30 | 泉老一名，小甲一名 |
| 12 | 滋阳县 | 滋阳县县丞 | 36 | 泉老一名，总甲一名，小甲一名 |
| 13 | 宁阳县 | 宁阳县县丞 | 61 | 泉老一名，总甲一名，小甲一名 |
| 14 | 济宁州 | 济宁州州同 | 9 | 泉老一名 |
| 15 | 鱼台县 | 济宁州州同 | 20 | 泉老一名，总甲一名，小甲一名 |
| 16 | 滕县 | 滕县主簿 | 40 | 泉老一名，总甲一名，小甲一名 |
| 17 | 峄县 | 峄县县丞 | 20 | 泉老一名，小甲一名 |

资料来源：《山东运河备览》卷8《泉河厅诸泉》。

────────────

① 文煜等：光绪《钦定工部则例》卷43《河工十三·漕河》，《故宫珍本丛刊》第297册，第343页。

② 曹振镛等：嘉庆《钦定工部则例》卷59《漕河》，《故宫珍本丛刊》第294册，第263页。

明代万历初年，运河泉夫有 902 名。<sup>①</sup>至康熙初年，17 州县额设泉夫减至 659 名，工食银共 8053.312 两。<sup>②</sup>康熙十五年（1676），有泉州县泉夫工食银被全部裁掉。此举直接导致夫役组织涣散，挑渠栽柳诸务废弛。康熙十七年（1678），济宁道叶方恒发现各州县自行召募的民夫挑浚泉源，多草率应付，随即上奏朝廷。群议认为，额设泉夫被裁后，有泉州县只能于泉源附近募夫。近泉百姓也只负责附近泉源，无法做到裹粮前去疏浚源远流长的泉源。因此，清廷最终决定再募民夫。这些召募民夫没有工食银，通过免除差役的方式予以补偿。各设老人、总甲、小甲董率民夫稽查疏挑泉源。叶方恒认为，召募民夫来照管泉源，只能算作权宜之计，恢复常设的泉夫，方为经久之策。<sup>③</sup>

至雍正初年，有泉州县已复设额设泉夫，"所有役食银于帮贴项内给发"。乾隆年间，泉夫数目由清初的 659 名扩充至 784 名（见表 1—4）。雍正十三年（1735），定泉夫每名岁食工食银 10 两，于有泉 17 州县田亩内征帮贴银拨付，"春夏秋三季在本境浚泉栽柳，冬季调赴运河，一例均令浚浅"。<sup>④</sup>乾隆年间，泉河厅额设泉夫 784 名，每名岁支工食银 10 两，改于布政司藩库钱粮支发。沿运的滕县、峄县、鱼台、东平等县泉夫 210 名，除东平州泉夫 8 名拨防戴村坝不参与冬挑外，其余 202 名均于冬季协挑运道。距运河较远州县泉夫 574 名，每年发工食银 4 两，剩余 6 两存贮司库。每年十月冬挑开始后，布政使将这笔余剩银 3444 两转发运河道库，并给发濒河州县募夫挑河。<sup>⑤</sup>

在诸多有泉州县中，莱芜县的泉源对于汶水畅流作用关键，"汶水距

---

① 蔡泰彬：《明代漕河之整治与管理》第六章《漕河之管理组织及其演进》，台湾商务印书馆 1992 年版，第 397 页。

② 叶方恒：《山东全河备考》卷 3《河渠志下》，《四库全书存目丛书》史部第 224 册，第 464—467 页。

③ 叶方恒：《山东全河备考》卷 3《河渠志下》，《四库全书存目丛书》史部第 224 册，第 469 页。

④ 乾隆帝敕修：乾隆《钦定大清会典则例》卷 131《工部·都水清吏司·河工一》，《景印文渊阁四库全书》史部第 624 册，第 154 页。

⑤ 陆耀：《山东运河备览》卷 9《挑河事宜》，《中华山水志丛刊》水志第 25 册，第 342 页；文煜等：光绪《钦定工部则例》卷 43《河工十三·漕河》，《故宫珍本丛刊》第 297 册，第 345 页。

运最远，而泉最旺者，莫如莱芜"①。明代莱芜有泉源35眼，额设泉夫120名。明末泉源枯淤，仅存25眼，泉夫裁至90名。清初，陆续恢复旧有泉眼10处，继续新开泉源11处。至康熙年间，通共存泉源46处。为保护泉源，清朝采取了各种严厉措施。莱芜县山岭有矿山产铁，其中阴凉山又名铜冶山，曾产铜，获利很大。为保护泉源，防止挖伤山脉，泉水枯竭，"故开矿之说，惟莱芜不可行"②。

乾隆二年（1737），清廷规定，每年十月之后，管泉通判率下属官员逐一勘察所辖泉水河道，并置备刮板40具，铁臿百具，揽牌板片600块，"凡浚山泉之河，深五尺者，上口阔三尺，底阔一尺，以为定式"③。但是，此后执行效果并不理想。兖州、泰安等府州县泉源在乾隆中期多达478眼，较之明代220余眼，数目加倍，但遇有水小之年，运道水势匮乏。运河道陆耀指出，泉源疏浚固然重要，泉水流走的渠道也同样重要。泉渠多出于泥穴石罅，稍有淤塞，泉水即断流。因此，有泉之处，必须宽砌泉池，一则可屏障池外泥沙，一则可让泉水有所容蓄。泉渠多数十里长，支流流入干流，最后汇成洪流。必须节节爬梳，相度地势，由高趋下，确保泉水流走无阻。他指出，地方官府不重视泉渠已非一日，若不对此类行为严厉惩处，泉务势必废弛。他强调，运河道差员赴地方会同疏浚泉源，如地方官虚应故事，泉渠仍有壅塞，一经查出必须严参究办。④

### 三　水柜与水壑

分布于山东运河两岸的各个湖泊，按其是否发挥蓄水济运的功用，大致可分为两类——东岸的马踏、蜀山、马场、独山诸湖，地势高于运

---

① 陆耀：《山东运河备览》卷8，《中华山水志丛刊》水志第25册，第424页。

② 叶方恒：《山东全河备考》卷1《图志》，《四库全书存目丛书》史部第224册，第364页。

③ 乾隆帝敕修：乾隆《钦定大清会典则例》卷133《工部·都水清吏司·河工三》，《景印文渊阁四库全书》史部第624册，第180—181页。

④ 魏源全集编辑委员会编：《魏源全集·皇朝经世文编》卷104《工政十·运河上》，岳麓书社2011年版，第578页。

河，蓄水以济运道，可作水柜之用；西岸安山、南旺、昭阳等湖，地势低于运河，仅可泄运河水入湖，无法接济运河，可作水壑之用。[1] 按地理位置界分，以济宁为界，北面安山、南旺、蜀山、马踏、马场五湖，习惯合称北五湖；南面独山、南阳、昭阳、微山四湖，习惯合称南四湖。

（一）北五湖的历史演变

北五湖与鲁西南平原上的巨野泽和梁山泊关系密切。巨野泽，又名大野泽，历史上与黄河变迁关系密切。巨野泽地处山东丘陵西侧，黄河冲积平原的前缘。古时为济、濮二水所汇。汉武帝时河决于瓠子，东南注入巨野泽。至唐代后期，巨野泽水域南北三百里，东西百余里。此后，巨野泽因主要水源济水的枯断，南面水岸线内缩，10 世纪以来河水多次从浚、滑一带决入鲁西南的曹、濮、单、郓州地区，巨野泽的西南部因受黄河泥沙淤高，湖面向北面相对低洼处推移。后晋开运元年（944），黄河于滑州决口，侵入汴、曹、濮、单、郓五州之地，洪水环梁山合于汶水。梁山原在巨野泽北岸陆地上，因巨野泽南部淤高，梁山周围相对低洼，洪水蓄积于此，形成历史上有名的梁山泊。金代黄河逐渐南流，梁山泊水少，淤出滩地逐渐被百姓开垦。至明前期，梁山泊还是一大片浅水洼地，曾被作黄河北决的滞洪区。自弘治年间（1488—1505）刘大夏筑太行堤后，黄河南决入淮，梁山泊来水短缺。至康熙年间，梁山泊周围已成平陆。[2]

北五湖中的南旺三湖，包括运河东岸的蜀山、马踏二湖以及运河西岸的南旺湖。南旺三湖因地处运河水脊——南旺镇，又被统称为南旺湖。关于南旺三湖的起源，学界代表性观点主要有两个。一种观点认为，南旺湖是永乐九年（1411）宋礼重开会通河，听从汶上老人白英建议，引

---

[1] 运河西岸的微山湖为一例外。此湖上承南阳、昭阳、独山诸湖之水，又为运河泄水和黄河泛流之区，并通过湖口闸、滚坝、伊家河及蔺家坝等与运河相连，是清中后期的一个重要水柜。凌滟的《从湖泊到水柜：南旺湖的变迁历程》（载《史林》2018 年第 6 期）指出，水柜是明代河臣建构形成的一个概念，并以此名义排斥湖田，以最大程度保证运河水源。

[2] 邹逸麟：《历史时期华北大平原湖沼变迁述略》，《历史地理》第 5 辑，上海人民出版社 1987 年版。

汶水注南旺高地，围地束水成湖。因运河中贯，将湖分为东西二部，西湖称南旺湖或者南旺西湖，东湖又被汶水划分为南北二部，北湖称马踏湖，南湖称蜀山湖。这种观点代表学者是邹逸麟。[①] 另外一种观点认为，南旺湖由元末明初黄河在济宁路南北漫流汇聚成的马常泊发展而来。这种观点代表学者有姚汉源。[②] 明永乐九年（1411）八月，宋礼开会通河后上言，会通河以汶、泗为源，夏秋霖潦泛溢，马常泊之水也流入，"（会通河）河流浅深，舟楫通塞，系乎（马常）泊水之消长。"他指出，马常泊水势夏秋有余、冬春不足，若不经理河源或引他水接济，必有浅涩之患。汶水上游已由堽城闸坝引水入新河，只有东平州东境有汶河支流沙河一道，至十路口通马常泊。近年来，沙河河口淤塞严重，应尽快疏浚河口3里余，河中应筑堰180丈，引水入马常泊。经批准施行。这段沙河就是戴村坝逼水入南旺的河道，就是后来所称的小汶河。[③] 结合这段史料，笔者认为姚汉源的观点似更为可信。

南旺三湖周围150余里，本受汶水支流之水，自永乐年间筑戴村坝，"全受汶水矣"。[④] 运河运道纵贯南旺湖，汶水又自东向西南流，于南旺分水口入运河，因此南旺湖分为三，即蜀山湖、马踏湖和南旺西湖。明礼部侍郎王道对南旺三湖济运作用评价很高："向非南旺，则会通河虽开亦枯渎耳，乌能转万里舳舻以供亿万年之国计哉！"[⑤] 成化四年（1468），山东按察司佥事陈善因旧土堤易于崩坏，始用石修砌西堤，又负土增筑东堤。[⑥] 嘉靖二十年（1541），定立界石，以杜侵占，周

---

① 邹逸麟：《历史时期华北大平原湖沼变迁述略》，《历史地理》第5辑。

② 姚汉源：《京杭运河史》第十八章"明代会通河上水柜、泉源及沿运设施的变化"，第186页。

③ 《明太宗实录》卷118，永乐九年（1411）八月戊午。

④ 徐宗幹等：道光《济宁直隶州志》卷2《山川二》，《中国地方志集成》山东府县志辑第76册，第97页。

⑤ 叶方恒：《山东全河备考》卷2《河渠志上》，《四库全书存目丛书》史部第224册，第405页。

⑥ 王琼：《漕河图志》卷1，《中国水利史典·运河卷一》，中国水利水电出版社2015年版，第26页。

第一章　河道工程　/　75

围植柳以防盗种。①

运道西岸的南旺西湖，周围九十三里，"多菱芰鱼鳖茭荻蔬蒲，居人食其利"。在陈善修砌石堤基础上，嘉靖二十二年（1543），主事李梦祥续筑湖堤 15600 余丈，并通过挖渠方式强化西湖济运功能。② 嘉靖三十八年（1559），主事陈南金修复湖堤缺口，设立铺舍十铺，设浅夫、巡堤老人等人员。万历十七年（1589），加筑旧堤 12000 余丈，添筑东西子堤 1200 余丈。③ 南旺西湖临运处有十座水闸，自北向南为：关家口、常家口、邢家口、孔家口、彭秀口、刘玄口、张全口、焦栾口、李泰口和田家口。每逢汶水泛涨，运河无法容纳，泄放运道多余河水，开启关家、彭秀等斗门，纳水入湖。

至清代，南旺西湖已无法再作水柜，仅作泄水水壑，但发挥作用不容小觑："（运河余水）泄入南旺湖中，以减运河之势，俾南北闸河上下一带堤工运道藉保无虞，则是南旺一湖泄涨保堤，于漕运民生，大有关系。"④ 雍正四年（1726），加修湖堤，增设斗门闸座，将关家坝、五里坝改建石闸。嘉庆五年（1800），总河王秉韬修南旺湖堤，增加碎石坦坡，重修芒生泄水闸。⑤

运道东岸的蜀山湖，又名南旺东湖，周围 65 里，位于南旺分水口南侧，"坐落汶河之南，运河之东，素名水柜，助济南北运行，实为东省诸湖中最关紧要之区"⑥。湖中央有一座山，"望之若螺髻焉，曰蜀山"⑦。嘉靖二十年（1541），主事李梦祥筑东堤，始蓄水济运。此湖北侧，临近

---

① 徐宗幹等：道光《济宁直隶州志》卷 2《山川二》，《中国地方志集成》山东府县志辑第 76 册，第 97 页。

② 闻元炅等：康熙《汶上县志》卷 1《方域》，《中国地方志集成》山东府县志辑第 78 册，第 245 页。

③ 胡瓒：《泉河史》卷 4《河渠志》，《四库全书存目丛书》史部第 222 册，第 580 页。

④ 中国第一历史档案馆藏档案：《为核议东河总督题请东省运河西岸南旺湖地给民垦种事》，乾隆十四年（1749）十月初八日，大学士兼工部事务史贻直，档号：02 - 01 - 008 - 000780 - 0018。

⑤ 徐宗幹等：道光《济宁直隶州志》卷 2《山川二》，《中国地方志集成》山东府县志辑第 76 册，第 98 页。

⑥ 陆耀：《山东运河备览》卷 5，《中华山水志丛刊》水志第 25 册，第 265 页。

⑦ 谢肇淛：《北河纪余》卷 2，《中国水利史典·运河卷一》，第 388 页。

汶河南岸，有田家楼口、邢家林口两座水闸，收蓄汶水水口。湖西侧，临运道东岸，有金线、利运两座水闸，放水济运，尤以利运闸为湖之门户。蜀山湖一年两次蓄水，一次是在冬季南旺大挑时，在南旺分水口筑水坝，阻遏汶水入运，引汶水由田家楼口、邢家林口汇入蜀山湖，至次年春初开坝，约蓄水二尺；一次是伏秋汛期，汶水大涨，趁机尽由田家楼等水闸纳入蜀山湖，就能凑足九尺八寸的水量。蜀山湖放水济运时，关闭南端的金线、利运二闸，开放北端田家楼等二水口出汶河，南经南旺分水口北流。至清代，此湖中间设一道隔堤，设永泰、永定、永安三闸。隔堤以北湖面为清水湖，以南为浑水湖。[①] 通过永定、永安、永泰三座斗门收水入湖，通过金线、利运两座单闸出水济运。清前期此湖收水尺寸为九尺七八寸。乾隆四十年（1775），议定收水一丈一尺为准。[②] 蜀山湖帮堤属嘉祥县的自冯家坝至孙村 2344 丈；属汶上县的自孙村至南旺分水口南 1500 丈。自冯家坝至苏鲁桥止的湖堤长 3510 丈，负责蓄水济运，历年收蓄汶水，有南月河口、林家村口、田家楼口及胡家楼口，并无子堤。遇有水大难容，泄水出长沟滚水坝入马场湖。蜀山湖石坝自明末以来多破损，清初改从苏鲁桥陈蔡口注入马场湖。长沟滚水坝以北每年修筑一道草坝，接连湖堤。草坝东北种植柳树，防止百姓侵占湖田。

运道东岸的马踏湖，位于南旺分水口北侧，周围 34 里，湖面面积 140 余顷。湖南侧临汶水北岸，有徐俭口、王土宜口二水闸收蓄汶水。湖西侧临运道东岸，有弘仁桥，为放水济运处。此湖未修建子堤，原因在于此湖地势较高，无需防遏，只需于官民界分处种植柳树，竖石碑，防止百姓侵占。马踏湖全蓄汶水，方法与蜀山湖相同，专供北运。马踏湖上源为钓台泊，水涨汇入马踏湖，出开河闸以北，由弘仁桥流入运河。帮湖运堤自禹王庙起，至弘仁桥止，2663 丈；湖堤 3300 余丈。[③]

---

① 中国第一历史档案馆藏档案：《奏为蜀山湖地系济运潴蓄要区圣朝应另行拨补事》，档号：04-01-01-0515-039，山东巡抚吉纶，嘉庆十四年（1809）十一月初十日。

② 康基田：《河渠纪闻》卷 27，《四库未收书辑刊》一辑第 29 册，第 711 页。

③ 胡德琳等：乾隆《济宁直隶州志》卷 4《舆地》，哈佛大学汉和图书馆藏乾隆五十年（1785）刻本，44b.

安山湖在东平州，位于运道西岸，为元末梁山泊湖水下移至安山以东洼地而形成的湖泊。[1] 此湖原本在元代旧运道以东。洪武二十四年（1391）黄河决阳武黑洋山，北流一股冲断运河，淤安山湖。永乐九年（1411），宋礼重开运河，运道改于湖东。明初，安山湖"萦回百余里而不详其界"。弘治十三年（1500），通政使韩鼎勘察安山湖四界：东至马家湖，西至旧东河，南至安山，北至运河。十里铺在湖中界。自十里铺至安山湖广十五里，四围东自马家口，西至戴家庙，长22里6分，自戴家庙北至寿张集长24里3分，自寿张集东至赵家庄长24里7分，自赵家庄南至马家口长8里8分，周围共80里4分。韩鼎在勘察湖四至同时，置立界碑，栽植柳株。[2]

明前期，黄河尚有一支流北流汇入安山湖，蓄水济运。"时荆隆口支流未塞，引由济渎入柳长河为湖原，蓄水最盛，北至临清三百余里资为灌输，称水柜第一。"[3] 正统三年（1438），知州傅霖始于湖口建闸蓄水。[4] 临运处有八里湾和似蛇沟二水闸。此湖之功能与南旺西湖类似，用于收蓄运河多余之水接济运道不足。运道水盛，从八里湾闸（安山湖南端）收蓄湖内，下板堵闭。此湖专备北运，待运道浅涩，可由似蛇沟闸放水济运。弘治八年（1495）刘大夏筑太行堤以前，黄河北流河道并未切断，安山湖可纳汶河、黄河二水。大堤筑成后，安山湖水源大减，渐失水柜蓄水之作用，充作运河泄水湖。明代中后期起，安山湖不断涸出湖田并被垦殖。[5]

马场湖在济宁州西10里，周围40里，位于运道东岸，洸河北侧，又名马常泊、任湖、西湖、莲池陂等。明代马场湖水源主要有二：一是自蜀山湖南流汶水，因马场湖地势低洼，当蜀山湖蓄水充盈时，多余蓄水

---

① 邹逸麟：《历史时期华北大平原湖泊变迁述略》，《历史地理》第5辑。

② 刘天和著，卢勇校注：《问水集》卷2《闸河诸湖》，第39页。

③ 蒋作锦：《东原考古录·安山湖考》，《梁山文史资料》第4辑，内部资料1988年版，第122页。

④ 王琼：《漕河图志》卷2，《中国水利史典·运河卷一》，第39页。

⑤ 关于清前期安山、南旺等无法发挥水柜功能的水壅湖田开发过程，请参见拙文《清代前期山东运河湖田开发的讨论与实践》，《聊城大学学报》（社会科学版）2021年第2期。

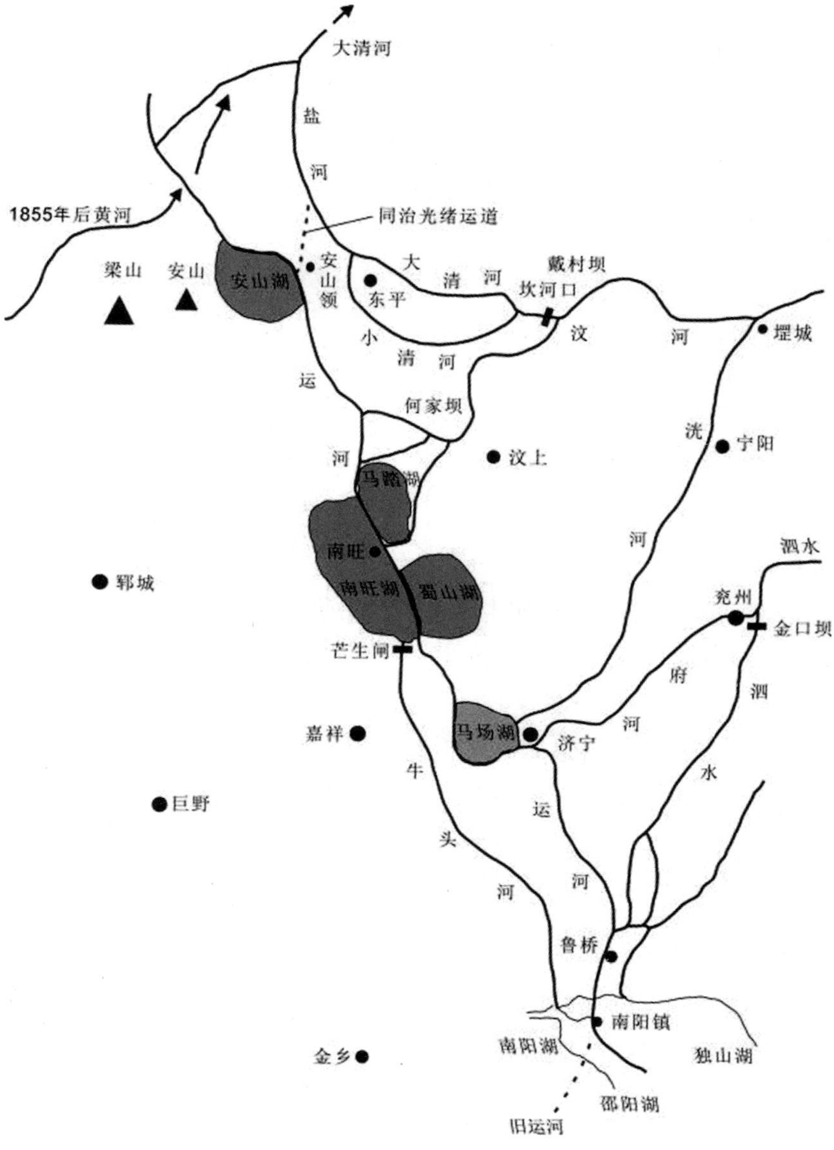

78 / 清代山东运河河工经费研究

**图1—11　明前期会通河上的水柜①**

————————

① 据姚汉源：《京杭运河史》第十八章"明代会通河上的水柜、泉源及沿运设施的变化"，第185页插图改绘。

通过冯家坝南泄入马场湖；二是泗、洸二河水，马场湖东南临洸河，有水口收蓄河水。入清，蜀山湖水涓滴不入马场湖，专蓄府、洸二河之水，汶水不再入此湖。泗水经金口坝分支入府河，西北流与洸河交汇后经夏家桥流入此湖。① 湖北岸设减水闸三座，即五里营、十里铺、安居镇三闸。湖东岸有一条长1600余丈的湖堤，湖西口有长达10余丈的冯家坝宣泄余水。此外，还于湖口上修造一座称为陂石的桥梁，也可蓄泄湖水。②

　　永乐九年（1410）八月，工部尚书宋礼开浚东平州境沙河（汶河支流），于河中筑堰180丈，引水入马常泊，以为运河蓄水。③ 嘉靖十四年（1535）冬，总河刘天和率役夫筑堤60里，湖堤内外植柳株，置减水闸5座。④ 万历十七年（1589），常居敬于大长沟筑冯家石坝，阻蜀山湖湖水南泄。此后，马场湖专蓄汶、泗二水。马场湖西岸临运处自北而南有白嘴、安居、十里铺、五里营等4座水闸。马场湖专济南下运道，济运方法随万历十七年（1589）水源变化而前后不同。在此之前，此湖主要水源来自北方蜀山湖，由于入水口位于此湖之北端，放水济运处位于此湖南端的五里营闸。万历十七年（1589）后，马场湖专蓄汶、泗二水，入水口位于湖之东南端，因此放水济运处，主要在此湖北端的白嘴闸。如此操作的原因是，济运水闸若与进水口太近，或居于湖心，一旦启板放水，将泄水太甚，湖水一泄无余。雍正九年（1731），曾修筑堤岸。乾隆四年（1739），自田宗智起至火头湾北运堤止，增筑圈堤2579丈。⑤ 嘉庆二十二年（1817），山东巡抚陈预、东河总督叶观潮借项修筑湖堤，长2738丈。道光二十年（1840），东河总督栗毓美、运河道徐经捐修马场湖

---

　　① 胡德琳等：乾隆《济宁直隶州志》卷4《舆地》，哈佛大学汉和图书馆藏乾隆五十年（1785）刻本，33a。
　　② 陆耀：《山东运河备览》卷5，《中华山水志丛刊》水志第25册，第264页。
　　③ 《明太祖实录》卷118，万历九年（1581）八月戊午。
　　④ 刘天和著，卢勇校注：《问水集》卷2《闸河诸湖》，第39页。
　　⑤ 胡德琳等：乾隆《济宁直隶州志》卷4《舆地》，哈佛大学汉和图书馆藏乾隆五十年（1785）刻本，33b。

堤，重建涵洞。①

马场湖是接济运道的重要水柜。每年冬季运道挑浚，将鲁桥泗水口内横筑土坝，并将金口坝严闭闸板，遏泗水注黑风口入府河后，收蓄湖内。春夏之交，运道缺水，将此湖安居、十里铺两斗门开启放水济运。②

（二）南四湖的历史演变

南四湖中的昭阳湖地处南阳新河下游，周围180里。元代名刁阳湖或山阳湖，在南四湖中出现最早，"它是由历史上黄河长期夺泗水下游的洪水，在古泗水以东、山东丘陵西侧之间洼地聚集而成湖"。③昭阳湖最初位于运道东侧，可接济运道。明前期，此湖南端有二水闸启闭，出金沟口"济沽头诸闸"。嘉靖七年（1528），黄河冲决东堤入昭阳湖，泥沙淤漫渐高，南端二闸没入泥底不复见，"湖益狭，而金沟口之流亦微，浚湖则淤深费广"。嘉靖年间，总河刘天和认为，昭阳湖水北流通鸡鸣台小河，高仰之地筑横堤，遏湖水由鸡鸣台入运，那么鸡鸣台以至沽头70里运道皆能接济。嘉靖十四年（1535）夏秋，刘天和率众浚鸡鸣台出水入运口，修筑高厚下口湖堤，将湖东新河隔绝的泉横河筑坝引水入湖，昭阳湖蓄水量大增。④嘉靖末年，黄河东决，由运道冲入昭阳湖，阻断漕运。工部尚书朱衡于昭阳湖东开新河以避黄河之险。隆庆六年（1572），于昭阳湖南筑土堤250余丈，后又筑东西决口二堤，以防河患。自新河开通，"运道东徙，汶、泗、沂、潄载之高地而行，西岸诸湖，止以减水而不以进水"，⑤昭阳湖也从最初的济运水柜转变为容纳运河泄水的水壑，"上接南阳湖西北数十州县之坡水"。⑥此湖与北部的南阳湖以马公桥为

---

① 徐宗幹等：道光《济宁直隶州志》卷2《山川二》，《中国地方志集成》山东府县志辑第76册，第97页。

② 觉罗普尔泰等：乾隆《兖州府志》卷18《河渠志》，《中国地方志集成》山东府县志辑第71册，第381页。

③ 邹逸麟：《历史时期华北大平原湖泊变迁述略》，《历史地理》第5辑。

④ 刘天河著，卢勇整理：《问水集》卷2《闸河诸湖》，第39页。

⑤ 觉罗普尔泰等：乾隆《兖州府志》卷18《河渠志》，《中国地方志集成》山东府县志辑第71册，第381页。

⑥ 徐宗幹等：道光《济宁直隶州志》卷2《山川二》，《中国地方志集成》山东府县志辑第76册，第102页。

界。"总体而言，受运河东移，昭阳湖来水条件的改变、黄河泥沙淤积及人工围垦的作用，昭阳湖演变的过程是逐渐缩小的。"[1]

关于南阳湖、独山湖的形成，学界主要有两种代表观点。一为邹逸麟所言："成化年间开永通河将南旺西湖的水引往东南流，至鱼台县东北南阳闸北入运，积水成南阳湖。开始时并不大，以后由于泗水下游三角洲的延伸，南阳湖水不能顺利排入昭阳湖，遂使湖面不断向北扩展。隆庆元年（1567）开南阳新河成，运道改经南阳湖东出，阻截了来自东面的诸山水而形成独山湖。"[2] 一为韩昭庆所言："在明末清初，南阳湖与独山湖却是一地多名，共指一湖，即现在的独山湖"；又据雍正元年（1723）河督齐苏勒及张大有列举山东运河旁蓄水济运的湖泊无南阳之名，"现代意义的南阳湖此时并未形成"。又据乾隆《鱼台县志》注文："按南阳湖旧志所无，今已汇为巨浸，故续入焉"的记载，认为南阳湖大致出现在乾隆初期。[3] 高元杰以王琼的《漕河图志》、叶方恒的《山东全河备考》、靳辅的《治河方略》、张鹏翮的《治河全书》等书所绘地图验证并支持韩昭庆观点，指出独山湖在隆庆元年南阳新河开成为标志而迅速成型，南阳湖的形成应当在乾隆早期左右。[4]

运河东岸的独山湖，周围 196 里。南阳镇东部有座独山，山下有坡地，地势平衍低洼。邹县、滕县沙河以及鱼台各泉水 19 处汇入此地。南阳新河开通后，这处低洼坡地开始有水蓄积逐渐演变为湖，并向运河济水。每年伏秋汛期，湖水涨发，水势浩大，冲毁湖堤。隆庆二年（1568），开始于独山湖修建长 30 余里的坚固石堤，并留水口引水流入运河，宽不过 10 余丈。此湖设有 14 座减水闸，2 座大减水闸各设 3 个流水洞。雍正元年（1723），建束湖土堤一道，留水口 19 处，各筑草坝，以

---

[1] 韩昭庆：《南四湖演变过程及其背景分析》，《地理科学》2000 年第 2 期。

[2] 邹逸麟：《历史时期华北大平原湖泊变迁述略》，《历史地理》第 5 辑。明张纯《南阳减水石闸记》指出，南阳东有独山，山下有地"平衍卑洼"，为"滕鱼诸泉所汇"。自朱衡开新河，坡地汇水成湖，即南阳湖。（乾隆《济宁直隶州志》卷 4《舆地》，哈佛大学汉和图书馆藏乾隆五十年（1785）刻本，58a。）

[3] 韩昭庆：《南四湖演变过程及其背景分析》，《地理科学》2000 年第 2 期。

[4] 高元杰：《明清山东运河区域水环境变迁及其对农业影响研究》第二章"山东运河对区域湖泊的影响"，硕士学位论文，聊城大学，2013 年，第 88 页。

时蓄泄。① 乾隆二十四年（1759），又加修水口18处，涵洞四座。② 但后来运河受汶泗泥沙淤高，运河河底高于独山湖底，独山湖接济运河愈发困难。

在明万历以前，微山湖湖区就存在枣庄、李家、郗山、微山、吕孟、张庄、韩庄等诸多小湖。万历三十二年（1604），迦河修成后，运道东移至微山湖区以东，这些小湖被隔离在新道之西。运东山洪暴发后，通过沿运闸门宣泄于此；黄河东决，洪水以此为壑；南四湖北高南低，独山等湖涨水也下泄至此。这三股水源汇聚至此，很快将这些零星分布小湖连成一片，总称微山湖。③ 此湖上承嘉祥、济宁、金乡等九州县坡水及鱼台、滕县等州县泉水，自北而南分别为南阳、昭阳、枣庄、李家、郗山、微山、吕孟、张庄、韩庄诸湖，汇聚而成大潴。④ 此湖"南则挹注江境，北则擎托汶流"，"东境八闸及江南邳宿运河全赖微湖挹注"，⑤ "为东省最大水柜"。⑥

乾隆三十三年（1768）十一月，河臣张师载等奏定微山湖水志，以湖口闸水深一丈为度。后又定水志为一丈一尺。乾隆五十二年（1787），水志定为一丈二尺。⑦ 为及时了解各水柜蓄水量，嘉庆十九年（1814），嘉庆帝下旨要求河东河道总督将湖水所收尺寸，"于每月查开清单，具奏一次"。⑧ 嘉庆二十一年（1816），微山湖收水更是增至一丈四尺。⑨

---

① 觉罗普尔泰等：乾隆《兖州府志》卷18《河渠志》，《中国地方志集成》山东府县志辑第71册，第371页。

② 和珅等：《大清一统志》卷129，《景印文渊阁四库全书本》史部第476册，台湾商务印书馆1986年版，第551页。

③ 邹逸麟：《历史时期华北大平原湖泊变迁述略》，《历史地理》第5辑。

④ 觉罗普尔泰等：乾隆《兖州府志》卷18《河渠志》，《中国地方志集成》山东府县志辑第71册，第380页。

⑤ 文煜等：光绪《钦定工部则例》卷44《河工十四·漕河》，《故宫珍本丛刊》第297册，第348页。

⑥ 黎世序等：《续行水金鉴》卷123《运河水》，《四库未收书辑刊》七辑第8册，第238页、第303页。

⑦ 韩昭庆：《南四湖演变过程及其背景分析》，《地理科学》2000年第2期。

⑧ 文煜等：光绪《钦定工部则例》卷44《河工十四·漕河》，《故宫珍本丛刊》第297册，第346页。

⑨ 董恂：《江北运程》卷22，《四库未收书辑刊》五辑第8册，第181页。

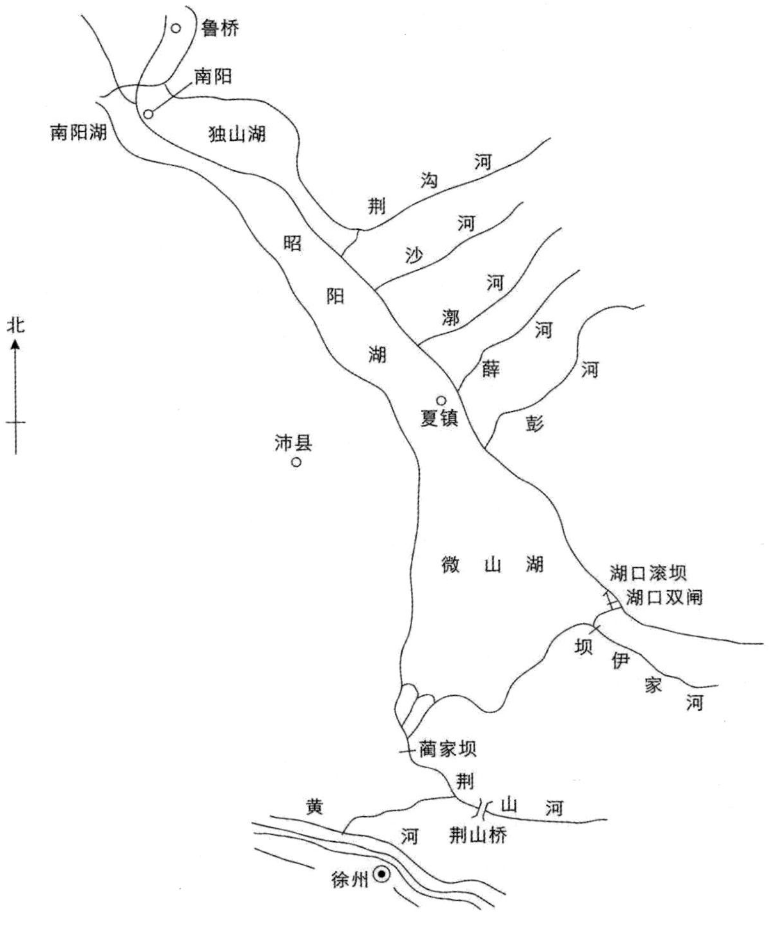

第一章　河道工程　／　83

**图1—12　乾隆间南阳、独山、昭阳、微山四湖示意图**①

　　微山湖西南距黄河较近，"每虑漫泄之患"，需坚筑堤防抵御黄河浊流。黄河水一旦溢入，不仅滕县、峄县沦为巨浸，同时造成运道梗阻。康熙年间，济宁道张伯行建议于微山湖南修筑拦黄坝一道，上接沛县太行堤，下至徐州荆山口。黄河泛涨可使洪水由拦黄坝以南东行入彭家河

────────────

　　①　据姚汉源：《京杭运河史》第二十六章"运河治理完善盛极将衰期的北河"，第411页插图改绘。

至猫儿窝。微山湖清水可由旧河道出荆山口，与彭家河一道至猫儿窝。张伯行认为，堽头湖已被黄河水淤平，微山湖已受淤严重，南岸若不筑堤，不数十年黄河屡屡倒灌微山湖，微山湖不但无法蓄水济运，迦河也被波及，被黄河泥沙淤积。①

### 四　卫河治理

清代，卫河自源头河南辉县苏门山百门泉（又名搠刀泉）南流至新乡境内，水道渐深广，蜿蜒而东，经汲县、淇县、汤阴、安阳、浚县、滑县、内黄、大名、元城，沿途合淇水、漳水，至山东馆陶县北入临清州，与会通河交汇，经德州、沧州合滹沱河，出天津直沽合白河入海。其中山东境内的卫河河段，"自临清板闸，下至德州桑园，计长三百五十里"。②

卫河起源于魏晋时期曹操开挖的白沟。至隋代，隋炀帝继续引沁水、清水、淇水等水源入永济渠，为后世卫河的形成奠定了基础。至宋代，御河（即隋代永济渠）的正源变为百泉河。③元初，南方水运往往由江淮通黄河，至河南封丘中滦镇，再陆运 180 里至淇门（今河南淇县）转水运由御河北上。济州河开通后，自泗、汶运道至东阿转陆运至临清入卫河。随着会通河开通，临清以北的运河就是南运河。元代南运河存在两个突出问题：一是水源缺乏；二是大水决溢堤防。这两个问题一直延续至清代。前者多发生在春旱时，和上游灌溉引水经常发生冲突。历代朝廷均以行漕为先，旱季多禁止上游引水灌溉。④

入明后的永乐元年（1403），都督金事陈俊运淮安、仪真漕粮 150 余石至阳武（今河南原阳）后，经卫河转运至北京。永乐五年（1407），自临清抵渡口驿卫河河堤决口，明廷曾发卒堵塞决口。开通会通河之后，工部尚书宋礼认为，卫河自卫辉至直沽河岸低薄，容易溃决。于是，他

---

① 张伯行：《居济一得》卷 1《微山湖》，《中国水利史典·运河卷二》，第 750 页。

② 岳濬等：雍正《山东通志》卷 19，《文渊阁四库全书》史部第 540 册，第 307 页。

③ 钮仲勋：《卫河的形成及其相关问题》，《河南大学学报》（社会科学版）1985 年第 1期。

④ 姚汉源：《京杭运河史》第十一章《元代的北运河及南运河》，第 99—102 页。

在卫河上游会通河魏家湾段、卫河德州段分别开挖小渠分别泄水入土河、老黄河，减少汛期卫河水量，确保河堤稳固。[1]

（一）卫河水源问题

卫河自发源地太行山区流出后，受地势影响，水流迅速下泄。加之受季风气候影响，经常出现季节性缺水。每当旱季，下游卫河水源不足，"至临清，其流渐细，以故北河一带，每遇天道亢旱，粮船不无浅阻"[2]。据孟祥晓研究，明嘉靖以前，卫河上游水源比较充裕，航运顺畅，水源补给问题尚未突出。在明中后期，尤其是漳河改道不再入卫河后，卫河水源大减，水源补给成为迫切问题。[3]

1. 源头限流

卫河源头百门泉，周围 20 余亩，民间设仁、义、礼、智、信五闸蓄水灌溉。如何处理民间灌溉与蓄水济运的关系是明清两朝密切关注的问题。每年夏秋之交，漕船盛行之时，卫河每患浅涩难行。河臣潘季驯认为，卫河源头所建五闸壅泉灌溉导致下游漕运缺水。他建议分巡东昌道在漕船北上之时，发现卫水水势消落，要及时汇报总河衙门，并告知河南管河道，速将五闸封闭，使泉水尽流卫河。其余月份，卫河水势充盈，仍听任百姓取用泉水灌溉。[4]

清代百门泉水道仍设五闸，并灌溉农田 300 余顷。康熙二十三年（1684），漕船北上期间，多次于卫河浅阻延误。总河靳辅紧急封闭五闸闸板，将两岸泄水渠口尽行堵塞，使泉水全部用来济运。[5] 康熙二十九年（1690），总河王新命开始用竹络装石替代闸板塞渠蓄泄，并题明三日放水济运，一日塞口灌溉，漕务民田，各得裨益。[6]

此后，日久弊生，有守口夫伙同堰长等违禁卖水，导致卫河下游浅

---

[1] 张廷玉等：《明史》卷 87《河渠五》，第 2119 页。

[2] 张伯行：《居济一得》卷 5《引漳入卫》，《中国水利史典·运河卷二》，第 795 页。

[3] 孟祥晓：《从运漕到停漕："保漕"视域下明清卫河地位的变迁》，《南开学报》（哲学社会科学版）2020 年第 3 期。

[4] 付庆芬整理：《潘季驯集·河防一览》卷 3《河防险要》，第 216 页。

[5] 靳辅：《靳文襄奏疏》卷 7《卫河水势疏归漕得运》，《景印文渊阁四库全书》史部第 430 册，第 643 页。

[6] 张鹏翮：《治河全书》卷 15《卫河情形》，《续修四库全书》史部第 847 册，第 685 页。

涩。雍正二年（1724），经副总河嵇曾筠奏明，清廷决定漕船用水之时，令辖境县丞、主簿等亲至水口，秉公启闭，设循环号簿，取消守口夫、堰夫的管水权力。① 原定三日放水济运，一日灌田的旧制也流于形式。雍正四年（1726），经内阁学士何国宗奏请，清廷废弃此制，改于百泉池南等处修建石堰，设三个水渠，中间为官渠，专济漕运；东西各一渠，为民渠，专灌民田。②

为更好分配官民用水量，乾隆二年（1737），户部左侍郎赵殿最建议于下游馆陶、临清各设一水则，以确定河道水量多少。若水量充裕，漕运畅通，则多分水灌田，于百泉官渠、小丹河等处修置办新闸便于百姓灌田。③ 东河河道总督白钟山反对此议，指出卫河下游河道多浮沙，河流湍悍，涨落不常，"难执彼时之尺寸定此日之深浅"。他建议，如雨水调匀年份，运河水势足敷漕船行进，可将百泉等处渠闸照旧例官民分用；若遇雨水缺乏年份，则将民渠民闸酌量暂时关闭以济漕运。④

2. 引漳入卫

漳河源头主要有两个：一为山西潞州长子县，称为浊漳；一为山西定州乐平县（今山西昔阳县），称为清漳。浊漳、清漳流经林县东北，于涉县境内合流，经临漳县又分为两股合流。一条北流进入滹沱河，一条东流经馆陶县流入卫河。总体来看，漳河含沙量较大，决徙不常，与卫河时分时合。合流时，漳河东流入卫河，入卫河处经常变动。分流时常北流入滏阳河汇滹沱河。漳河迁徙不定，泛滥所及甚广，河道也并不稳固。

早在宋代，就曾引漳水注雕马河，经大名府，灌注御河（卫河），以通漕运。⑤ 明初，漳河自临漳县，经魏县北历元城县西店，东注馆陶与卫

---

① 杨锡绂：《漕运则例纂》卷 12，《四库未收书辑刊》一辑第 23 册，北京出版社 1997 年影印本，第 564 页。

② 杨锡绂：《漕运则例纂》卷 12，《四库未收书辑刊》一辑第 23 册，第 565 页。

③ 《清高宗实录》卷 49，乾隆二年（1737）八月乙酉。

④ 白钟山：《豫东宣防录》卷 4《奏覆卫河不立水则》，《中国大运河历史文献集成》第 15 册，第 337 页。

⑤ 顾祖禹：《读史方舆纪要》（2），中华书局 2005 年影印本，第 700 页。

河汇合。① 洪武三十一年（1398），漳、卫河涨溢，冲坏大名府城，被迫向西 8 里迁府治所。永乐九年（1411），漳河北决入滏阳河，又东流卫河，淤塞河道。宣德十年（1435），疏通淤塞的漳河入卫水道。但漳河北流河道似未全断。正统四年（1439），沁河决口，于马曲湾流入卫河，沁、黄、卫三河遂相通，通舟将近半年，后河道淤塞。正统十三年（1448），御史林廷举以漳河常于肥乡等县决口，建议征发丁夫凿通淤塞的漳河河道，设闸座遏漳水以通卫河，再修广肥乡等地堤岸，既可减轻漳河水患，又可接济卫河漕运。②

此后，漳河虽多次决口，但基本维持在大名府元城一带（今属河北大名县）入卫河济运。万历十七年（1589），漳河决口，改由馆陶济运。至万历二十五年（1597），漳河又于高家口决口，经广平、肥乡、永年至曲周入绛水，至青县入运河。这次决口后，漳河不再流入卫河。③ 万历二十八年（1600）九月，工科都给事中王德完指出，漳河高家口决口入滏阳河北流，而滏阳河道窄小，无法容纳漳水，洪水泛溢，为害百姓。他建议堵塞高家口决口，导漳河入小屯河，费少利多，为上策；仍由回龙镇至小滩镇入卫河，费巨害少，为中策；筑吕彪河口岸，漳河筑堤，运河不能资其利，地方也无害，为下策。但其提议未获实施。④ 万历四十八年（1620）三月，巡漕御史毛一鹭提议疏浚自临漳至小滩镇 200 余里淤塞的漳河河道，引漳入卫。但因工程浩繁，他的提议也未得实现。⑤

此后百余年间，漳河不再入卫河济运。至康熙三十六年（1697）六月，漳河决口，冲入馆陶后与卫河汇合。康熙四十七年（1708），漳河入邱县河道淤塞，"全漳入于馆陶"，与卫河交汇。⑥ 在全漳入卫前夕，康熙

---

① 岳濬等：雍正《山东通志》卷 19《漕运》，《景印文渊阁四库全书》史部第 540 册，第 329—331 页。

② 《明英宗实录》卷 164，正统十三年（1448）三月丁亥。

③ 郑民德、李德楠：《明清漳、卫交会及其对区域社会的影响》，《中原文化研究》2017 年第 5 期。

④ 《明神宗实录》卷 351，万历二十八年（1600）九月辛丑。

⑤ 《明神宗实录》卷 593，万历四十八年（1620）三月癸未。

⑥ 岳濬等：雍正《山东通志》卷 19《漕运》，《景印文渊阁四库全书》史部第 540 册，第 329—331 页。

四十五年（1706），济宁道张伯行就建议引漳入卫。他指出，清河县东北境内的漳河距卫河河道仅 10 余里，康熙四十一年（1702）、四十二年（1703）两年漳河大水，洪水曾由此入卫河。此后，这段入卫河道被武城县堵塞。若将漳河入卫河泄洪河道疏通，将漳水由武城西关北引入卫河，卫水大涨，漕运自无浅阻之虞。① 奏上，下河通判与清河、武城两县奉命查勘。他们认为，漳河虽有浊漳、清漳之分，但两支河流最终在河南彰德府合漳村合流，由合漳村东下，流入山东邱县城壕后分为两股。一股自城北分流，经广宗、巨鹿诸县，向西北至宁晋大陆泽，与滹沱、滏阳诸水交汇后，由天津入海。这段河道被称作"清阳江"，又名"黄路河"。清阳江对岸的清河沙土村有一道蔡河，与清阳江相连，可以入卫济运。但是，蔡河仅存干涸的河道，地势又高于清阳江。自张宽村以东全为民田，延袤 20 余里，至武城县北三官庙，才能引水入运。若挑挖蔡河引漳水济运，会破坏很多农田。一旦引漳水汇入，清阳江水势浩瀚，运河无法承担如此大的水势。张伯行此议将漳水由武城引入卫河，只接济武城以北运道，无法做到让河水逆流接济武城以南缺水的运道。直隶成安县柏寺营有一道通漳新河，直通山东馆陶县沙河（即古马颊河），绵长 120 余里，宽自一丈七八尺至二丈四五尺不等，深一丈七八尺至二尺四五寸不等。但这条沙河有河段淤成一片沙坡，新河之水有少量水流入卫河，可尽力疏浚沙河，漳水可畅流入卫河。卫水盛涨，闸河之水不至建瓴而下，一泄无余，临清以北各州县运道淤浅之处，不必疏浚，也可畅流无阻。②

乾隆二年（1737），总河白钟山、部臣赵殿最勘察河道后指出，直隶威县有漳河支流一道，名为清阳江，由东北经直隶清河县归天津入海。清阳江以西有漳河故道一道，由西北经直隶宁晋县大陆泽归天津入海。漳河故道河势浩大，可通舟楫；清阳江水小之时，河宽五六尺。白钟山建议疏浚漳河故道、清阳江两条河道中的一条，使漳河有归海之路。同

---

① 张伯行：《居济一得》卷 5《引漳入卫》，《中国水利史典·运河卷二》，第 795 页。
② 傅泽洪等：《行水金鉴》卷 141《运河水》，《景印文渊阁四库全书》史部第 582 册，第 275 页。

时于馆陶相度地势，修建一合适闸洞。卫河水大，闭闸，任漳河正常入海；卫河水小，开闸，分漳水入卫，以济漕运。[①]

自康熙四十七年（1708）全漳入卫以后，卫河缺水问题得到很好解决。然而，漳河水势难定，一旦涨发，就带来滔滔洪水。临清以北一线运河难以承受汶、卫、漳三水压力，连年泛滥。为分泄盛涨之水，清廷先后于恩县四女寺设减水闸，德州哨马营建滚水石坝，直隶沧州建捷地减水闸，青县建兴济闸，使洪水经老黄河等处河道东流入海。漳河含沙量大，每年各闸河过水之后，溜断沙留，河道淤沙，至六七尺不等，一次疏浚耗费不下万余两。老黄河河道及海岸高于运河几丈，所泄洪水至数十里外就不能倾流入海，入海处壅塞。即便消耗帑金，也无法真正解决运道泄水问题。

乾隆初年，大学士鄂尔泰提出漳河复归故道的建议。他指出，全漳入卫以后，汛期漳水汹涌排荡，河堤淤高，运堤冲决，漕船倾覆，民田庐舍更是动辄漂没，实在堪虞。漳河有两条故道，一条为邱县城东老沙河（即古马颊河），河道宽阔，自二三十丈至七八十丈不等，河身淤积并不严重，挑浚较易。鄂尔泰建议开复这条漳河故道，自和尔寨村东，沿现在漳河北折，往下开挑 10 余里，至漳洞村归入旧河，溜势较顺，能节省经费。同时于新挑河道东流入卫处，审视水文，建闸济运。他认为漳河回归故道有多重利益。首先，自临清以北的山东、直隶境内 600 余里运河，可避免浊水淤垫，百姓田庐永免被淹之患。四女寺、哨马营、捷地、兴济四座减水闸可省去不用，并节省大笔挑河费用。其次，挑挖河道引漳水灌溉，农业获利。河南、直隶沿河州县的粮食贩运将渐次恢复，于运道、民生，均有裨益。[②]

直隶总督孙嘉淦明确反对此议。孙嘉淦指出，鄂尔泰主张漳河归复的河道，乃漳河支派，虽有河形，但河身浅狭，沿河田庐随时有被冲之患。如引漳水全归于此，河道不能容纳，须额外挑浚，所费浩繁。若欲

---

① 陆耀：《山东运河备览》卷 7，《中华山水志丛刊》水志第 25 册，第 308 页。

② 魏源全集编辑委员会编：《魏源全集·皇朝经世文编》卷 105《工政十一·运河下》收鄂尔泰《勘议漳河故道疏》，第 602 页。

防护，势必筑堤，纡回千里，工程浩繁。在未引漳入卫前，山东、河北凡有泉流之处莫不加以疏引，额设浅夫随处挑挖，效果并不理想。全漳入卫之后，漕船始得通行。若漳河归复旧道，则卫水又不足济运。鄂尔泰提出的建闸调控漳水，没考虑漳河浊流汹涌，人为操纵，颇为不易。即便漳水可以人为操纵，仍会淤塞运道，需费力挑浚，所费更为浩繁。①

直隶河道总督顾琮也反对改漳河归复故道。乾隆五年（1740）二月，他指出，漳河故道自魏县北上与滏阳县子牙河交汇的故道悉数埋塞，恢复故道，并不实际，采取分泄防御措施，方为经久之计。元城县和尔寨村北原有一道河沟，经袁尔寨、潘尔庄等处抵达堤上村，与漳河故道相连。而袁尔寨等处村民将河身横截，河渠多被阻截。顾琮建议将此处河道充作天然坝口，饬令地方官严禁百姓于河道筑坝拦水，以分泄漳河水势。自钩盘河入老黄河之处起至海丰小泊头，凡直隶、山东两省地方，一律将子河挑挖深通，以泄漳河暴涨。临清、恩县、夏津、武城、德州一带运道，民间所修堤堰尚未联络整齐，大水泛溢，涌出河漕，难以防护。由于连年被水，民力难以支撑运堤修筑事宜。他建议动国帑兴筑河岸，修建遥堤，以防河水暴涨；狭窄河岸，估筑月堤，以备放淤。工程交由州县官领帑承办，河道官员指示督查。竣工后，仍由民间修守防护。最终，顾琮的折中建议获朝廷允准施行。②

3. 引沁入卫

沁河出山西沁源县绵山东谷，穿太行山东南流，经河南河内、武陟等县后流入黄河。引沁入卫之说，元代就被提及。至元十四年（1277），漕运官提议引沁入卫。卫辉路总管董文用认为："卫为郡地最下，大雨时行，沁辄溢出百十里，间雨更甚，水不得达于河，即浸淫及卫"。③在董文用反对下，此议未付诸实践。

明初，沁水尽入黄河，入卫故道已埋废。宣德九年（1434），沁水决

———————————

① 魏源全集编辑委员会编：《魏源全集·皇朝经世文编》卷105《工政十一·运河下》收孙嘉淦《漳河无庸复故道疏》，第604页。

② 魏源全集编辑委员会编：《魏源全集·皇朝经世文编》卷105《工政十一·运河下》收顾琮《议覆漳河洩涨疏》，第606页。

③ 苏天爵著，姚景安点校：《元朝名臣事略》卷14《内翰董忠穆公传》，第282页。

马曲湾，"经获嘉至新乡，水深成河，城北又汇为泽。筑堤以防，犹不能遏。新乡知县许宣请坚筑决口，俾由故道。遣官相度，从之。沁水稍定，而其支流复入于卫"。此次沁河决口，虽不是有意为之，却在一定程度上补充了卫河的水源。佥事刘清言："自沁决马曲湾入卫，沁、黄、卫三水相通，转输颇利。"① 正统十三年（1448），黄河南徙，背沁而去，于武陟县东宝家湾开引渠30里，引黄水入沁河，抵达淮河。此后，沁河、黄河汇合，水势日大，沁河入卫的河道逐渐淤塞。

景泰三年（1452）七月，河南按察司佥事刘清奏道：沁河于正统年间决马曲湾流入卫河，沁、黄、卫三河相通，船只通行半年。堵筑决口后，卫河水浅，运船经由黄河②，极易沉溺，请勘察沁河原决入卫河处，疏浚河道入卫河。工部请令地方官商议。次年八月，刘清又奏请引沁入卫，既可通运，又可减沁河洪水入黄河。时人王晏也请求于冈头设闸分沁水南流入黄，北流入卫，并随水势涨落节制水闸。③ 但均未付诸实践。

嘉靖年间，左都御史胡世宁再提挑挖沁水支流经武陟入卫河。④ 万历三十二年（1604），茶陵州知州范守己上奏提议引沁入卫。他指出，沁河堤外遗有河形直通卫河，应于原决口处建石闸，分沁水东流汇入卫河，再将原冲河形稍加修浚，两岸培筑纤道，计工费不过银两三万两，用夫不过万余名，可引漕舟自徐邳溯河而上至沁口，由沁水入卫河可达临清，甚至可取代会通河。奏上，朝廷命工部覆议，并转总河及河南巡抚等官勘议具奏。最终，范守己建议也未获施行。⑤ 然而，河臣张国维等人先后支持此说。⑥

与此同时，朝中也有不少大臣明确反对引沁济运之举。万历十六年

---

① 张廷玉等：《明史》卷87《河渠五》，第2120页。

② 当时，黄河于沙湾决口，尚未堵复。

③ 张廷玉等：《明史》卷87《河渠五》，第2122页。

④ 胡世宁：《胡端敏奏议》卷7《陈言治河通运以济国储而救民生疏》，《景印文渊阁四库全书》史部第626册，第667页。

⑤ 万斯同：《明史》卷89《河渠五》，《续修四库全书》史部第325册，上海古籍出版社1995年影印本，第535页。

⑥ 魏源全集编辑委员会编：《魏源全集·皇朝经世文编》卷105《工政十一·运河下》收陆耀《论引沁入卫之患》，第587页。

（1588），沁水于木栾店莲花口东流，总督河道杨一魁奏请导沁水入卫河济运，既可免堵塞，又接济卫河水量。工科都给事中常居敬就明确反对引沁入卫。他指出，"沁水河身宽 1 里有余，卫水河身宽不过三四丈"。早前卫河曾遭沁水冲开木栾店莲花池堤口，附近州县均被淹没，洪水冲入获嘉、新乡一带，淹没农田，漂流民舍，压死百姓百十余口，损失惨重。引沁入卫固然可杀黄河水势，济运利漕，但沁水水势过大，引入卫河，二水河流，势必滔滔为害。沁、卫二河地势高下悬殊，须挑开河身，沿河筑堤，工程浩繁。伏秋水涨，百姓生命、沿线州县城池安危，都遭受威胁。沁水含沙量大，河道善淤，引入漕渠，淤垫闸座。他建议于沁水坚筑堤坝，宽辟河身，确保南行无阻，引沁入卫不可行。① 奏上，总河潘季驯赞同常居敬建议，反对引沁入运。他指出，沁水含沙量大，引浊沁入清卫，临清、德州一带河道将堙塞不通。他批评河臣刘天和提出引沁水至长垣界经张秋出会通闸济运的建议是错误的，认为刘天和不了解沁水是条含沙量大的河流，运河"一沟细渠宁能当此浊流乎？"②

泰昌元年（1620），侍郎王佐也明确反对引沁济运。他指出，引沁入卫后，新乡、汲县一带地方，"邮署相连，庐舍鳞次，必辟渠以受沁，此地不为邱墟乎？"③ 崇祯十三年（1640），河道总督张国维上疏请设专官，管理卫河上源泉源，采取适当办法引漳、沁二河入卫河等。最终也不了了之。可见，明代后期朝廷内外反对引沁济卫的呼声一直很大，沁水补充卫源自然告一段落。

入清之后，关于是否引沁入卫仍存在很大争议。康熙初年，阳武地方官提议开挖沁河支河入卫河济运，并减泄黄河上游水势。河臣崔维雅明确反对此议，指出沁河乃沙土浊流，"激荡性悍"，河岸宽阔，河身高仰。安澜性驯、河身狭窄的卫河无法容受沁河冲击。④ 康熙年间，济宁道张伯行甚至提出开发沁河水利以接济山东运河。他认为，若将沁水引入

---

① 付庆芬整理：《潘季驯集·河防一览》卷 14《查理沁卫二河疏》，第 552 页。
② 付庆芬整理：《潘季驯集·河防一览》卷 2《河议辩惑》，第 176 页。
③ 陆耀：《山东运河备览》卷 7《上河厅道》，《中华山水志丛刊》水志第 25 册，第 302 页。
④ 崔维雅：《河防刍议》卷 4《停导沁》，《续修四库全书》史部第 847 册，第 176 页。

会通河，山东运道将无浅阻之患。他建议于沁水引河河头修建一座水闸，水势小时开闸济运，水势大时闭闸以免危害运道。同时于闸座之外建筑土坝，确保下游无泛滥为害。至于沁水接济会通河的水道位置，张伯行设计出多种挑挖方案。[1] 张伯行将此奏上达康熙帝。康熙帝垂询河道总督张鹏翮。张鹏翮反对此议。淮扬道傅泽洪认为，沁水"本浊且横暴非常，入漕恐反以为害"，并批评张伯行"中州土著，侃侃指陈"。[2]

乾隆二年（1737），安徽布政使晏斯盛建议于武陟县境沁水上建滚水坝泄水入卫河。总河白钟山指出，武陟县境沁河道泥沙虚松，不能签桩下石，难以建设滚水坝。若建设滚水坝分泄沁水，需挖开沁河大堤，沁水穿堤奔注，黄河水随之而来。引沁入卫，"有害于城社民生，有害于漕运，而并有害于黄河"，断不可行。[3]

嘉庆十五年（1810）二月，两江总督松筠再提引沁济运。览奏，嘉庆帝批评松筠"读书泥古"，不与总河商议，就"轻率陈奏"，告诫他为政需慎重熟思。[4] 可见，经过数百年的反复讨论，清廷朝野上下在禁止引沁入卫上最终达成共识。

4. 引丹入卫

丹河发源自山西太行山区，穿山区后南注而下，中间分为多条支河，最终南流汇入沁河。丹河上游多条支河被百姓引水灌溉农田。万历年间，曾有人建议断其入沁河道，以全流汇入卫河，未获施行。康熙初年，总河靳辅幕僚周洽认为，丹河水势迅急，含沙量大，引导入卫，"适为卫害"，"引之易而驭之难"。[5]

康熙二十九年（1690）十月，总河王新命指出，丹河自发源地至丹河口分为九条支河，其中一条大丹河汇入沁河，其余六条支河被百姓引

---

① 张伯行：《居济一得》卷4《开沁河》，《中国水利史典·运河卷二》，第787页。

② 傅泽洪等：《行水金鉴》卷142《运河水》，《景印文渊阁四库全书》史部第582册，第279页。

③ 陆耀：《山东运河备览》卷7，《中华山水志丛刊》水志第25册，第313页。

④ 《清仁宗实录》卷226，嘉庆十五年（1810）二月甲辰。

⑤ 岳濬等：《山东通志》卷19《改丹入卫议》，《景印文渊阁四库全书》史部第540册，第331页。

水灌溉 1400 余顷，仅余小丹、上秦两支河以灌溉所余之水入卫济运。对此，王新命命当地绅民于每年三月初，用竹络装石将大丹河以外的八条支河入小丹河济运。五月底，漕船北上后，开八河渠引水灌溉，并用竹络装石塞小丹河口，防止山水漫溢。此举虽然可带给卫河更多水量，但无疑影响百姓灌溉用水。河南巡抚阎兴邦建议，如雨水匀足，农业灌溉用水不迫切，可照王新命所议方案引水济运；若遇亢旱，请每年三月初一日至五月十五日，三日放水济运，一日塞口灌溉，兼济漕运民生。最终，阎兴邦的题案获准施行。①

（二）下游减水设施

卫河、漳河、沁河等河在夏秋汛期水量暴涨，淹及下游州县，危害很大。在卫河下游河道开挖减河，是明清两朝应对汛期水量暴涨，控制汛期卫河干流水量的主要措施。

永乐十年（1412），工部尚书宋礼重开会通河的次年，卫河就发生决溢。宋礼于清平县魏家湾开挖两条支河泄水入土河（今马颊河），并于德州西北开挖一条支河泄水入老黄河（钩盘河），经海丰（今山东无棣），至大沽口入海。② 学界普遍认为，宋礼于德州西北所开泄水河就是后来哨马营减河的前身。③

弘治二年（1489），都御史白昂在治理黄河荆隆口决口期间，自东平至兴济开凿引河 12 道，流入大清河及老黄河入海泄洪。各引河河口修建石堰，按水势涨落启闭闸堰。④ 清人王履泰、沈联芳均认为，白昂于德州之南开凿的引河就是后来的四女寺支河。⑤

河北沧州、青县先后于成化三年（1467）、弘治三年（1490）出现兴

---

① 张鹏翮：《治河全书》卷 15《卫河情形》，《续修四库全书》史部第 847 册，第 684 页。

② 张廷玉等：《明史》卷 153《宋礼传》，第 4203 页。

③ 郭恒茂：《哨马营减河挑挖年代及相关问题的探讨》，《浙江水利水电学院学报》2018 年第 3 期。

④ 张廷玉等：《明史》卷 83《河渠志一》，第 2014 页。

⑤ 沈联芳：《邦畿水利集说》卷 1，《续修四库全书》史部第 851 册，上海古籍出版社 1995 年影印本，第 128 页；王履泰：《畿辅安澜志》卫河卷 4，《中华山水志丛刊》水志第 3 册，线装书局 2004 年影印本，第 474 页。

济、捷地两座减水闸。① 嘉靖十年（1531）八月，巡按直隶御史詹宽奏请修筑兴济、捷地二闸，"以石甃之，时其蓄泄"。嘉靖十四年（1535）七月，御史曾翀奏请修复四女寺、哨马营、捷地、兴济减水闸。② 嘉靖十五年（1536），工部郎中杨旦于四女寺支河修建减水闸。③

万历年间，漳河北决入滏阳河，不再流入卫河，卫河水势顿减，下游各闸泄水的功能顿减，失修圮废。至康熙三十六年（1697），漳河复入卫河，"一线运河而受汶、卫、漳三水"，下游面临日益严峻的泄水问题。④ 然而，至康熙中期，四女寺、哨马营等泄水闸座早已废坏不存，泄水引河也淤塞不通。济宁道张伯行认为修复闸座容易，但是挑浚早已淤塞的引河甚难。这些引河河道早已淤塞，并被百姓垦殖农作。挑挖引河需面对两大问题，一是来自民间的阻力；二是工程浩大，经费难筹。张伯行不得不呼吁山东、直隶两省各沿运州县通力合作重开泄水引河。⑤

康熙四十四年（1705），清廷照明代旧制修复四女寺减水闸。但是，此次修复草率，泄水支河也淤塞未加挑浚。雍正二年（1724），内阁学士何国宗奏请改建滚水坝，坝身宽 8 丈，两边用石裹头，坝身高出河底 1 丈 7 尺。此后，侍郎赵殿最奏请挑浚自坝口起至德州九龙庙入老黄河的引河河道 2300 余丈。不过，此时挑浚引河并不彻底，大半河道仍淤塞不通。雍正四年（1726），滚坝建成为砖坝，后又议以落低坝身，开宽口门及引河。但久未实施。雍正七年（1729）挑浚引河，自恩县至德州长 548 丈。雍正九年（1731）继续挑浚引河，自德州至老盐河河口，长 1876 丈。大学士朱轼奏请将四女寺滚水坝坝口河身一概落低 2 丈，口门开宽 30 丈，引河开宽 34 丈。总河朱藻认为，运河口面宽 19 丈 5 尺，若将引河开宽

---

① 谭徐明、王英华等：《中国大运河遗产构成与价值评估》第三章"南运河"，中国水利水电出版社 2012 年版，第 67—68 页。

② 王履泰：《畿辅安澜志》卫河卷 4，《中华山水志丛刊》水志第 3 册，第 474 页。

③ 王履泰：《畿辅安澜志》卫河卷 4，《中华山水志丛刊》水志第 3 册，第 474 页。

④ 黎世序等：《续行水金鉴》卷 80《运河水》，《四库未收书辑刊》七辑第 7 册，第 422 页。

⑤ 张伯行：《居济一得》卷 5《四女寺减水闸》，《中国水利史典·运河卷二》，第 797 页。

34 丈，就形成运河河道小，支河河道大的局面，甚至有夺河之患。①

哨马营滚水坝，位于德州城北 8 里许运河东岸。此坝重建的契机是雍正十一年（1733）夏汛大水，由山东巡抚岳濬主持修建。雍正十一年七月，德州境内卫河涨发，漫溢哨马营、老虎仓、第三店、桑园镇等地。山东巡抚岳濬奏称，卫河泛溢决口虽在德州，但洪水在州北灌入直隶吴桥、宁津、东光、南皮、沧州等处，危害邻省。卫河在发源地河南辉县百门泉，东流旁纳滏、淇、洹、漳等河入山东馆陶至临清 900 余里，并无支河旁泄洪水。至临清与汶水合流，折道北行 260 余里，至恩县四女寺运河东岸才有减水闸 1 座，由引河及老黄河入海。又北行 240 余里至直隶沧州砖河驿有减水坝 1 座，又行 70 余里至青县兴济有减水坝 1 座。若遇卫辉上源积水横溢，河水猛涨，下游四女寺滚水坝宣泄不及，泄洪压力巨大。德州上游众多河流汇聚，以老黄河为要津。老黄河在德州城南 20 里，自西南绕城至德州东北，经吴桥、宁津、东光、南皮至海丰大沽口入海。岳濬奏上后，与河东总河朱藻、直隶总督李卫等决定于德州哨马营另开支河，至陈公堤，由曹家决口放水通钩盘河故道东北流至吴桥县玉泉庄老黄河归海。② 哨马营滚水坝宽 30 丈，顶高 1 丈 6 尺，中建矶心坝 12 座，两岸遥堤相距百丈，动帑 92947 余两，于雍正十三年（1735）十月竣工。③

乾隆二年（1737），户部左侍郎赵殿最题请挑浚并扩宽哨马营支河河道，拆除支河上阻水的桥梁，并加固下游陈公堤缺口。此次兴工用银 16966.984 两。④ 乾隆十四年（1749）因泄水不畅，将坝心 20 丈落低 2 尺，使坝脊高于河底 1 丈 4 尺。减河长 1798 丈，与四女寺河合流后，经直隶宁津、南皮、盐山、庆云，山东乐陵、海丰的大沽口入海，共计

---

① 黎世序等：《续行水金鉴》卷 73《运河水》，《四库未收书辑刊》七辑第 7 册，第 313、332 页。

② 岳濬等：雍正《山东通志》卷 35 之 4 收岳濬《请德州哨马营建坝挑河疏》，《景印文渊阁四库全书》史部第 541 册，第 357 页。

③ 黎世序等：《续行水金鉴》卷 77《运河水》，《四库未收书辑刊》七辑第 7 册，第 379 页。

④ 黎世序等：《续行水金鉴》卷 79《运河水》，《四库未收书辑刊》七辑第 7 册，第 403—404、413 页。

320 里。河道淤垫时，各州县负责挑浚。乾隆二十七年（1762），大学士刘统勋奏请将哨马营减水坝口门展宽至 12 丈。修筑事宜交德州粮道就近督率。乾隆二十八年（1763），口门又加宽至 24 丈，并添建矶心闸 5 座。[1]

山东运河沿线的泄水设施，典型的还有张秋城南的五空桥。五空桥专用作泄运河多余涨水经盐河入海的设施。最初为三空桥，建于明景泰五年（1454），运河多余洪水过五空桥后，行经约 30 里至东阿县，至斑鸠店流入盐河归大清河入海。康熙年间，济宁道张伯行建议三空桥每空酌量再低二三尺，桥两旁再凿槽下板，并将三空桥减水坝改建为减水闸。原因在于减水坝坝底太高，泄水困难。改建为减水闸后，闸座启闭有方，运河蓄水泄水更得从容。同时，他还建议于大感应庙以东建一座水闸引水至堤内，再往东挑挖一道引河，至曹家单薄入盐河下海，可以更好蓄泄洪水，作为运河堤岸保障。[2]

# 小　结

为转运江南漕粮，元朝先后开凿济州河、会通河实现了山东段运河的贯通。但是，元代所开运河施工仓促，南北分水点选择不恰当，闸座数量分配不合理，山东段运河未能发挥漕粮运输的关键作用，反而是海运在漕粮转运中发挥更重要的作用。

明永乐九年（1411），工部尚书宋礼重开会通河，修筑戴村坝，将分水点由济宁移至南旺，并将沿运马常泊引水济运，初步奠定此后数百年间大运河山东段的水利格局。在黄运关系处理上，明代维持保漕至上的治河取向。"借黄济运"是明代前期治理黄河的主导思想。从洪武至弘治（1368—1505）138 年间，黄河决溢的年份就多达 59 年，多次冲决山东运道，危及漕运。"北岸筑堤，南岸分流"是明前期的治河策

---

① 陆耀：《山东运河备览》卷 7，《中华山水志丛刊》水志第 25 册，第 317 页。
② 张伯行：《居济一得》卷 4《大感应庙东减水闸》，《中国水利史典·运河卷二》，第 785 页。关于清代会通河北段河道泄水设施建设及实践，请参阅高元杰、郑民德《清代会通河北段运西地区排涝暨水事纠纷问题探析——以会通河护堤保运为中心》，《中国农史》2015 年第 6 期。

略。金纯、徐有贞、白昂、刘大夏等人领导的治河，基本贯彻这一思路，防止黄河北决冲击山东运道，在一定程度上确保了明前期漕运的畅通。明前期在黄运关系处理上，无论采取的"遏黄保运"，还是"引黄济运"，都没有成功解决黄河对运河的侵扰。明代中后期的治河策略改为"避黄行运"和"黄运分立"，先后开凿南阳新河和伽河，最终使运道摆脱黄河的影响。

在黄运关系处理上，明朝最终采取了"避黄行运"和"黄运分立"的治河策略。此举使得山东运河摆脱了黄河的袭扰，却也使山东运河失去了黄河这一重要水源补给。在失去黄河水补给后，围绕扩充水源以及充分利用蓄水这一突出问题，清代山东段运河的各类水工设施建置以及相关管理制度愈益周密严格。运道、水柜出现各类蓄水、减水、调水等功能各异的闸座，闸座功能日趋多元化，闸座分布更加合理，闸座启闭制度化，出现了规范闸官启闭闸座的会牌制度。

为扩充运河水源，明清两朝疏浚的泉源数目稳步增长，由明前期的120余处，增长至乾隆年间的460余处。明代中后期，泉源疏浚工作多荒废不堪。入清后，保泉济运的重要性日增，泉源管理架构也不断成熟，最终形成以管泉通判总司其责，县丞、主簿、州同等佐贰官直接负责的管理体系。

为蓄水济运，明清两朝将运河两岸湖泊辟为水柜蓄水济运。沿运湖泊的形成、演变与运河贯通以及水文形势的变化存在着密切关系。随着湖泊蓄泄功能的不断强化，清代沿运湖泊的闸坝、堤埝、斗门等水工设施愈益完善。为确保水柜蓄水的充裕，清代于关键水柜出台了严格尺寸的蓄水水志。伴随沿运湖泊蓄水量的不断增大，微山、南旺等湖水域面积不断增大，并对沿运生态产生连锁性影响。[①]

自临清板闸至德州桑园镇的350余里卫河下游河道是山东运河的重要组成部分。这一河道存在两大突出问题：一是水源缺乏；二是汛期大水

---

① 例如，与南四湖的塑造过程同步，湖区周边出现面积广大的"水沉地亩"沉粮地。请参阅李德楠、胡克诚《从良田到泽薮：南四湖"沉粮地"的历史考察》，《中国历史地理论丛》2014年第4期。

决溢堤防。卫河水源缺乏问题主要通过源头限流以及引漳、沁、丹等河入卫河的方式解决。而卫河下游河道溃堤问题的解决则主要通过在下游开挖恩县四女寺减河、德州哨马营减河等方式加以解决。

# 第 二 章

# 河政制度

清代河政系统历经工部总其责，到河道总督衙门成为唯一的专管河工修防的机构的复杂过程。随之而来的是河政系统巨大变革——工部对河工经费的管理权和河务的决策权逐渐被削弱，以及工部管河分司逐渐裁并被河道总督下辖的管河道替代。在河工财政系统中，管河道库逐渐成为继户部银库、布政司藩库后，具稳定财源，负责河工财政钱粮出纳的专职机构，意味着河道总督开始具备独立财权地位。[①]

## 第一节 从统摄全局到分区管理：
### 清代河道总督建置沿革

清初，河政机构沿袭明代，设河道总督总理黄河、运河事务，驻济宁。后移驻淮安清江浦，"河道总督专设，自是统摄河道漕渠之政令，以平水土，通朝贡，漕天下"[②]。康熙十六年（1677）二月，靳辅上任河

---

① 张轲风的《清代河道总督建置考论》（《历史教学》2008 年第 18 期），卢勇、王思明的《明清时期黄淮河防管理体系研究》（《中国经济史研究》2010 年第 3 期），贾国静的《清代河政体制演变论略》（《清史研究》2011 年第 3 期）等，从整体探讨河政机制变革，多侧重整体脉络性研究，对下层机构管河道、厅、汛关注较少。江晓成的《清前期河工体制变革考》（《社会科学辑刊》2015 年第 3 期）梳理清前期河工体制的复杂变革，指出了管河分司的裁并归入管河道和将治河权责从工部转移到总河衙门的两大变革。贾国静新著《水之政治：清代黄河治理的制度史考察》（中国社会科学出版社 2019 年版）从制度史探讨清代黄河管理制度的因袭变革，尤其对皇帝、河督、内政大臣围绕河务产生的错综复杂的政治关系进行研究。

② 康基田：《河渠纪闻》卷 13，《四库未收书辑刊》一辑第 29 册，第 160 页。

第二章 河政制度 / 101

道总督，康熙帝对其抱以厚望，专下谕旨对河督应负责的事务做详细说明：

> 凡山东曹、濮、临清、沂州，河南睢、陈，直隶大名、天津，江南淮、扬、徐、颍各该地方，俱照旧督理。尔督率原设管河、管闸、郎中、员外、主事及守巡河道官，将各该地方新旧漕河，及河南、山东等处上源，往来经理。遇有浅涩冲决，堤岸单薄，应该帮筑挑濬者，皆先事预图，免致淤塞，有碍运道。合用人夫，照常于河道项下，附近有司、军卫衙门调取应用。其各省直岁修河工钱粮，但系河道工程，俱照近日新行事例，通融计处支放，务要规画停当，毋得糜费。
>
> ……
>
> 或有土贼不时窃发，虑河运为梗，尔当精选将领，严覆兵马，勤加训练，申明纪律。如遇贼寇窥窃，即督发镇将官兵勦灭，勿使蔓延。如有将领临阵退缩，杀良冒功，及粮运稽迟失误军机者，武官自四品以下，文官自六品以下，会同提督巡抚，准以军法从事。镇道等官，飞章参处，务期消弭乱萌，保安地方。其山东、河南各巡抚，悉听尔节制。河道军务，有开载未尽者，许以便宜举行，不从中制尔以才望简用，须殚竭忠猷，不避劳怨，斯称委任，毋或因循怠忽，及处置乖方，有负委托，尔其勗之。特谕。①

可见，河道总督首先负责山东、河南、江南、直隶四省黄河、运河以及其他重要河流的疏浚治理工作，确保运道畅通，漕运正常。这也是河道总督最基本的职任。

其次，河道总督还要负责沿运社会秩序稳定，平定地方动乱。沿袭明制，清代河东河道总督下辖有中、左、右、城守四营，负责"催重

---

① 傅泽洪等：《行水金鉴》卷47，《文渊阁四库全书》史部第580册，第647页。

偿空，护漕防匪"，并不直接参与河工事务。① 康熙年间，河标马步兵有 2032 名。至雍正年间裁至 1968 名，除 500 余名驻守城内，其余各营河兵主要分布在运河沿线②，"自江南徐州界起，至张秋镇止"③。至道光年间，沿运河驻扎的河标马步兵统共 1248 名，具体分布情况如下：

左营，负责运河河程 150 里，自徐州营界牌起，北至济宁城守营韦驮庙界碑止，分防运河 14 汛——鱼台县河道 5 汛，驻防马兵 32 名，步兵 196 名；济宁州河道 9 汛，驻防马兵 18 名，步兵 154 名。

城守营，负责运河河程 51 里，南自韦驮庙界碑起，北至中营小长沟界碑止，分防运河 7 汛——济宁州河道 3 汛，驻防步兵 21 名；济宁卫河道 1 汛，驻防步兵 8 名；巨野县河道 3 汛，驻防步兵 21 名。

中营，负责运河河程 86 里，南自小长沟起，北至右营王仲口界碑止，分防运河 16 汛——嘉祥县河道 3 汛，驻防马兵 8 名，步兵 50 名；汶上县河道 9 汛，驻防马兵 50 名，步兵 238 名；东平州河道 3 汛，驻防马兵 8 名，步兵 55 名。

右营，负责运河河程 78 里，南自王仲口界碑起，北至张秋寿张营界碑止，分防 12 汛——东平州河道 8 汛，驻防马兵 26 名，步兵 207 名；寿张县河道 2 汛，驻防步兵 44 名；沙湾河道，驻防步兵 45 名；张秋镇河道，驻防马兵 14 名，步兵 53 名。④

此外，河道总督还负责对下辖官员的考核、提拔、举荐以及参奏等方面的职权，确保河务政治系统运转正常。除中央吏部负责铨选和除授官员外，总督和巡抚作为地方一级的最高长官也通过保举和题补的形式，向朝廷荐举人才，升调属吏。同时，督抚对地方官的监察权限也越来越大，权力的界定也以法律条文的形式逐渐制度化。提拔、荐举、考核以

---

① 黎世序等：《续行水金鉴》卷 90《运河水》，《四库未收书辑刊》七辑第 7 册，第 552 页。

② 中国第一历史档案馆编：《雍正朝汉文朱批奏折汇编》第 15 册第 94 号《河东总河嵇曾筠奏报查验河标兵目情形折》，江苏古籍出版社 1991 年影印本，第 130 页。

③ 岳濬等：雍正《山东通志》卷 16《兵防志》，《文渊阁四库全书》史部第 540 册，第 203 页。

④ 徐宗幹等：道光《济宁直隶州志》卷 4 之 5《兵革志》，《中国地方志集成》山东府县志辑第 76 册，第 203 页。

及参奏属员也是河道总督的一项基本职责。[1] 乾隆元年（1736），乾隆帝就下旨要求东河总督白钟山，据实举荐那些尽心河务的下属官员，指名参奏那些侵渔怠玩的失职官员。[2]

康熙十六年（1677），河道总督靳辅开始在黄河中下游兴举河工，全面整顿河务，江南淮安一带工段变得更为紧要。河道总督移驻清江浦就近料理河工，将驻扎地由济宁移至淮安清江浦。由于河道总督移驻江南，河南、山东黄运河工难以兼顾。康熙二十二年（1683），清廷将河南河工交河南巡抚料理。康熙四十四年（1705），清廷又决定将直隶、山东两省治河事宜交由该省巡抚就近料理。张轲风认为，这也是雍正朝河道总督一分为三的前兆。[3]

雍正元年（1723）六月，黄河南岸中牟地方河堤冲决，兵部左侍郎嵇曾筠奉命赴河南督理河工。雍正二年（1724）二月，总理户部事务和硕怡亲王等廷议指出，河道总督管理淮扬至山东一带堤工，无暇顾及河南河工。近年，河南武陟、中牟等处堤口冲决，黄河泛溢，处处为灾。但是，河道总督驻扎清江浦，相距河南千余里，往返远涉，势难兼顾，必须另设一官，分任河务，于运道民生两有裨益。他们建议授予兵部左侍郎嵇曾筠以副总河之衔，专管河南河务，于黄河北岸紧要工所驻扎。他们设想的副总河为总河的下属官员，平时负责黄河修筑挑浚事宜，但遇有动支钱粮事宜，仍需会同总河商议具题。同时，他们提议设置的副总河为临时官职，"俟二三年间，堤工告成，河流安定，即行撤回，仍交总河统辖"[4]。

由和硕怡亲王胤祥等大臣提议于河工事务繁杂的河南增设副总河的主张受到雍正帝的允准。雍正二年（1724）四月，雍正帝下旨命兵部左

---

[1] 刘凤云：《清代督抚与地方官的选用》，《清史研究》1996年第3期；《清代督抚对地方官的监察》，载《明清论丛》第1集，紫禁城出版社2000年版。

[2] 张伟仁主编：《明清档案》A87-32《东河总河白钟山题缴乾隆元年额征贮库河银并做过工程图册》，第49173页。

[3] 张轲风：《清代河道总督建置考论》，《历史教学》2008年第18期。

[4] 中国第一历史档案馆编：《雍正朝汉文朱批奏折汇编》第2册第512号《兵部左侍郎嵇曾筠会议河南豫省河务折》，第626—627页。

侍郎嵇曾筠为副总河，驻河南武陟县，专管河南黄河河务，就近拨河南抚标守备 1 员，千总 1 员，把总 2 员，马步兵丁 100 名，听其差遣，按季更替。① 此外，还征调江南河营千总 2 员，把总 4 员，河兵 1000 名，分驻黄河南北两岸堤防，粮饷由河南藩库支给。同时，添设开封府上南河、上北河、黄沁同知各一员以及沁河主簿一员，协理河务。②

副总河创设之初，只负责河南河务，"山东河务甚属紧要，向系山东巡抚管理"。雍正四年（1726），雍正帝考虑到山东巡抚有地方责任，恐不能专理河务，打算由副总河嵇曾筠兼管河南、山东两省河务。但是此议未获得实施。③ 雍正五年（1727）正月，工部议奏指出，山东河务甚属紧要，向由山东巡抚管理，但巡抚有地方责任，不能专理河务，建议副总河嵇曾筠兼管。此议获雍正帝允准，并下旨"将山东与河南接壤之曹县、定陶、曹州、单县、城武等处附近黄河地方，凡一切修筑堤岸等工，应交副总河嵇曾筠就近管辖"④。值得说明的是，此时的副总河专管河南、山东两省黄河事务，山东"运河工程仍属南河管辖"⑤。

三年后的雍正七年（1729）三月，雍正帝正式下旨任副总河嵇曾筠为河东河道总督，驻济宁，分管河南、山东两省黄、运事务；以江苏巡抚尹继善署江南河道总督，驻淮安清江浦。雍正八年（1730），又增设直隶河道总督，驻天津。"此三河分治之始也。"⑥ 至此，清代河政体制的上层机构建置基本定型。

咸丰五年（1855）六月，黄河铜瓦厢决口的同时，国内太平天国起义到处攻城略地，北方捻军起义趁机蜂起。外国侵略势力也趁火打劫，发动第二次鸦片战争。内忧外患几乎将清王朝逼到死亡的边缘，清廷忙于自保无暇治河。这种内外交困的局面拉开了晚清黄运河政体制解体的

---

① 田文镜等：《河南通志》卷 15《河防四·河防考》，《文渊阁四库全书》史部第 535 册，台湾商务印书馆 1986 年影印本，第 391 页。

② 康基田：《河渠纪闻》卷 18，《四库未收书辑刊》一辑第 29 册，第 375 页。

③ 《清世宗实录》卷 50，雍正四年（1726）十一月庚子。

④ 黎世序等：《续行水金鉴》卷 7《河水》，《四库未收书辑刊》七辑第 6 册，第 147 页。

⑤ 中国第一历史档案馆编：《雍正朝汉文朱批奏折汇编》第 14 册第 527 号《嵇曾筠奏报豫东二省河堤工程情形折》，第 701 页。

⑥ 康基田：《河渠纪闻》卷 18，《四库未收书辑刊》一辑第 29 册，第 419 页。

序幕。① 咸丰十年（1860），御史薛书堂等上疏请裁撤南河河督以及属官。② 疏上，清廷决定裁撤江南河道总督，淮扬、淮海二道员缺亦裁撤，淮徐道改为淮徐扬海兵备道，驻徐州，所有淮海、淮扬两道应管河工事宜，统归该道负责。所有裁撤的运河、中河二厅事务改设徐州府同知一员兼管，裁撤的扬河、江运二厅改归扬州府清军总捕同知兼管。除杨庄等闸官十员专司启闭，未能裁撤外，其余州同、州判、县丞、主簿、巡检等 64 员缺，一并裁撤。③

南河河政机构的裁撤，为清廷节省大量银两。曾国藩认为裁撤南河官缺为"近来大政，此事最有条理"④。时人陈康祺也认为裁撤南河官缺为清廷节省国帑："同治间，奏裁南河各官，计裁去河督一缺、河厅十缺、佐杂六十四缺、武员七十六缺。新添总兵一缺，改二十四营为十营，留旧操防兵二千七百余人，以修防改为操兵五千九百余人。每年省工程银一百三四十万两，省廉俸三万余两。"⑤

自铜瓦厢改道之后，围绕黄河新河道的职责归属问题，山东巡抚、河道总督互相推诿，均不愿接受这个烫手山芋。同治初年，僧格林沁上奏请裁河道总督。清廷发交河南巡抚张之万详加体察后未获允准。同治十一年（1872），山东黄河新河道工程改归山东巡抚兼办，河督职任较轻。河道总督乔松年再次上奏请裁河督，仍未获朝廷允准，"盖彼时河运未废，河臣兼有黄、运两河之责，关系紧要"⑥。

围绕河道总督与山东巡抚在新河道的职权问题，历经数十年的激烈讨论，最终逐渐形成河道总督仅仅负责 200 多里的河南河段，山东巡抚则肩负起新河道的日常修守及另案工程。在庚子事变后，清廷面临向列强

---

① 贾国静：《清代河政体制演变论略》，《清史研究》2011 年第 3 期。

② 刘锦藻：《清朝续文献通考》卷 115《职官一》，商务印书馆 1955 年版，第 8736 页。

③ 《清文宗实录》卷 322，咸丰十年（1860）六月庚辰。

④ 王定安：《求阙斋弟子记》卷 27《吏治一·官常》，《近代中国史料丛刊》第六辑 52 册，台湾文海出版社 1966 年影印本，第 2127 页。

⑤ 陈康祺：《郎潜纪闻二笔》卷 13 "同治间奏裁南河官缺"，中华书局 1984 年版，第 570 页。

⑥ 杨凤藻编：《皇朝经世文新编续集》卷 3《官制》，《近代中国史料丛刊》，台北文海出版社 1966 年影印本，第 246 页。

的巨额赔款，财政体系全面崩溃。[1] 光绪二十七年（1901）七月，东河总督锡良上奏指出，如今，漕粮一律折色，运河丧失漕运功能，河督职任仅为河南黄河堤工，事甚简易，如能筹积料石充足，自可有备无患，"此区区之擘画，俾之抚臣足可兼顾"。因此，他建议裁撤河督，仿照山东成案，将黄河修防事务交由河南巡抚兼办。与此同时，他还针对裁撤东河总督后，运河道、河标以及河南河员属官的去向等问题做了详细规划。[2] 奏上，光绪帝正式下旨裁撤河东河道总督一缺，将河南黄河河工交由河南巡抚兼办，并责成锡良具体经手处置河督裁撤的后续事宜。[3] 至此，河东河道总督被裁撤，清廷经营200余年的河道官政体系最终瓦解。河东河道总督的裁撤对山东黄河治理的影响并不直接，但对山东运河治理的影响显著——山东运河治理进入无专管治理的时代，北段运河运道在短短两三年之内陷入淤塞废弃的平陆状态。[4] 山东运河大半部分的淤塞以及沿海贸易的增加，在山东半岛上造就了新的核心地区，昔日商业繁华的鲁西地区绝大部分成为被国家所忽视的边缘地区。[5]

## 第二节　中层机构变革：从管河分司到运河道

### 一　从管河分司至济宁道

与以河道总督为中心的河政机构变革同步，河政系统中层机构也历经复杂变革。顺治初年，清廷于运河沿线设有工部直属的管河都水分司，其中位于山东运河区域的有北河分司（驻张秋）、南旺分司（驻济宁州）和夏镇分司（驻夏镇），最初设汉司官一员，康熙七年（1668）增设满司

---

[1] 贾国静：《清代河政体制演变论略》，《清史研究》2011年第3期。

[2] 周馥：《秋浦周尚书全集·治水述要》卷10，《近代中国史料丛刊》，台北：文海出版社1966年影印本，第5295—5298页。

[3] 刘锦藻：《清朝续文献通考》卷132《职官考十八》，第8917页。

[4] 高元杰：《东河总督裁撤考述》，《黄河科技学院学报》2020年第9期。

[5] 有关这个问题的精彩讨论，可参阅彭慕兰（Kenneth Pomeranz）：《腹地的构建：华北内地的国家、社会和经济（1853—1937）》，马俊亚译，上海人民出版社2017年版。

官一员，笔帖式二员①，"分管所属境内岁修抢修等事"。②

清初形成以河道总督为中心的管河分司具体负责河道修浚的河工运转机制。有学者在研究清前期河政变革时指出，清初河务官体系中的管河分司以及管河道之下的厅、汛河员为地方佐贰官，位卑权轻，在汛期抢修时召集人夫、置办物料上无法得力。③顺治四年（1647）五月，首任河道总督杨方兴就上奏指出，管河分司职微权轻，"地方夫役、治办物料，皆赖于道府州县正官"。为调动州县正印官主动性，明朝曾经议定：凡有关河务，年终列名考成，如有误工程，一体题参，并移咨吏部，处以失职州县官降调、黜革、戴罪之例。他指出，如今道印等官视河务非己任，"整饬措办之责，全不料理，卸担于分司佐贰"，导致漕河废弛。杨方兴要求敕下山东、河南等省督抚，严行申饬道府州县印官，照明朝旧例，务必协同职权低微的管河分司官员料理河务，"如有仍前故违，许该督抚按即指名题参，请旨治罪"。顺治十年（1653）正月，杨方兴再次上奏，要求地方州县印官负责河工募夫办料，协助河官兴工，不得推诿，"如有故违，听河臣指名参处"。④由此可见，管河分司职权微弱，无法调动沿河州县印官协同治河，是清初河务体制存在一大弊病。因此，裁并管河分司的呼声越来越高。

康熙四年（1665），有朝臣讨论将负责运河事务的工部分司（有通惠河、中河、北河、卫河、夏镇、南旺、南河七分司）裁并至沿河的各道。河道总督朱之锡却明确反对裁革工部分司的提议。他上奏指出，山东河道泉闸地里辽远，必须由工部分司派官亲身料理。若将工部分司并归各道，"东省自裁道缺之后，率一道而任两道之事"，各道明显无法胜任。"若欲归并兼摄，安能以（道）百务纷纠之身，顾此失彼"。最后，朱之锡明确提出："北河、南河、中河、南旺、夏镇、通惠六河差，职司黄、

---

① 伊桑阿等：康熙《清会典》卷139《工部九》，《近代中国史料丛刊》，台北：文海出版社1992年影印本，第6915—6916页。

② 乾隆帝敕修：乾隆《钦定大清会典则例》卷131《工部·都水清吏司》，《景印文渊阁四库全书》史部624册，第139页。

③ 江晓成：《清前期河工体制变革考》，《社会科学辑刊》2015年第3期。

④ 傅泽洪等：《行水金鉴》卷166，《文渊阁四库全书》史部第582册，第571页。

运两河泉源、闸座，各司尚且分身无术，若云归并，各道又兼摄榷税，河务繁巨，原与榷税不同，万难交与地方官管理，合无亦照往例，于工部差遣。"①

至康熙十一年（1672），曾协助两任总河朱之锡、王光裕治河的河臣崔维雅在其关于黄运治理的代表作《河防刍议》中明确主张将管河分司改为道。他指出，南河河工开展十余年来，工部分司官员屡屡因工程质量差而被参处，如清水潭河堤溃决淹没两郡，桃清上下堤岸多次冲决。造成此种局面的原因并非全为工部分司官员不称职，而是因司官"地方之责不专，迁代之期太速"。他主张尽快将工部分司改为道官管理河务。他的理由主要有：（1）道员挨俸升迁，积年在任，任期时间长；工部分司官满轮换，计日更替，任期太短。② 河工、漕运，"非他事可比，其误与不误，所争止在俄顷之间，趋赴稍迟，酿害莫救，而实与不实，所验又在数年以后，责成不久，补苴皆虚"。同时，道官在任年久，利害切身，因此兴工能负责，工程能坚牢。而司官差竣即回，"视同传舍，其为工也，未必巩固"。（2）道员有统辖州县之权，呼之即应；工部分司官无钳束有司的权力，呼应不灵。当河工紧急，必须依赖地方的参与，使州县官"争先而恐后"，"此惟道官能之，司官不能也"。因此，他建议将工部分司官员改为道员，"庶几事权并重，而呼应皆灵，在任俱久，而责成皆实，以之趱漕，则逐步有人，而飞挽必捷，以之防河，则各隄有人，而修筑自坚，较之用暂差之分司，孑处河于，旋至即去者，其事功相去不同远矣"。③

与此同时，河道总督靳辅也意识到清初河政运作制度混乱："职掌之纷淆，事权之杂出，以致掣肘贻误者，皆宜确议厘定也。"他也明确

————————

① 朱中梁等编：《朱之锡文集·河防疏略》卷19《题留河差各分司疏》，中国文史出版社2001年版，第328—335页。

② 最近，有学者持有异说。潘威通过整理顺治朝岁修档案中保留的工部分司和道的任职情况时发现，顺治年间工部分司和道并不存在明显的任职时间长短差别，并没有出现工部分司任职时间短而道任职长的现象。参见潘威《河务初创：清顺治时期黄河"岁修"的建立与执行》，《史林》2019年第3期。

③ 崔维雅：《河防刍议》卷5《改司为道议》，《续修四库全书》集部第847册，上海古籍出版社1995年影印本，第207—208页。

指出，管河分司任职时间短，"三年一换，自以一官为传舍，而他人以客官目之，未免呼应不灵"，同时分司官员无地方钱谷刑名之任，不熟悉地方民情风俗。而道官为久任官员，"凡所举行，必图久远，而又兼管钱谷刑名之事，于地方情形，自能周知，一切调拨协济事宜，庶易得当"。① 协助河道总督王光裕治河的薛凤祚也表述类似观点，兹不赘述。② 至此，朝野上下要求以道官代替工部分司官员来直接负责河工，并达成了共识。

康熙十五年（1676），河道总督王光裕开始大幅改革，裁撤南旺、夏镇二分司，将南旺分司事务归入济宁道，夏镇分司所管"滕、峄二县河道各闸归东兖道管理，沛县河道各闸归淮徐道管理"③。康熙十七年（1678），河道总督靳辅又将北河分司裁撤，相关事务归入济宁道和天津道。④ 同时，将东兖道所并入的夏镇原管山东滕、峄二县河道闸座，归入济宁道；张秋郎中所管河道闸座事务，也归入济宁道。

至此，初步形成了以济宁道专管山东黄河、运河河务的运转格局。河道总督张鹏翮就直言："济宁道一员，专管济南、兖州、东昌三府属黄、运河河堤、闸座、泉源工程。"⑤ 济宁道管辖河道，"南自黄林庄，北至桑园驿，一千二百里之运道，专责之济宁道矣"。济宁道设立于明代隆庆年间，又被称作管河兵巡道，管理山东运道，兼管兵巡，下辖标兵 200 名，有防御守备之责。清顺治年间，济宁道"以兖属中九邑民事隶之"，开始兼管民事，"盖治河不无劳民，使滨河百姓疾苦有所控陈

---

① 靳辅：《靳文襄奏疏》卷 1《经理河工第七疏》，《景印文渊阁四库全书》史部第 430 册，台湾商务印书馆 1986 年影印本，第 471 页。

② 薛凤祚：《两河清汇》卷 8《治河以得人为要论》，《景印文渊阁四库全书》史部第 579 册，台湾商务印书馆 1986 年影印本，第 469 页。

③ 乾隆帝敕修：乾隆《钦定大清会典则例》卷 131《工部·都水清吏司》，《文渊阁四库全书》史部 624 册，第 139 页。

④ 岳濬等：雍正《山东通志》卷 19《漕运》，《文渊阁四库全书》史部第 540 册，第 364 页。

⑤ 张鹏翮：《治河全书》卷 13《官制》，《续修四库全书》史部第 847 册，上海古籍出版社 1995 年影印本，第 612 页。

也"。①

以济宁道专管山东运河事务存在明显局限。济宁道有分巡之责，负责事务繁多，且驻扎济宁，对于张秋、临清等地河道、闸座事务，鞭长莫及，很难照料周详。同时，山东沿运州县泉、闸数百处，"常恐其埋塞不能济运，漕艘每有浅阻之虞，济宁一道任诚重矣"②。

康熙五十八年（1719），济宁道改为兖宁道，"将兖州府二十七属令其管辖"。雍正九年（1731），又将兖宁道专管山东河务，但"运道既远，事务亦繁，尤难兼顾"，于是复增设兖莒沂道一员负责州县事务，并将兖宁道改为曹东道管理河务。③

## 二 运河道及其财政职能

明代河工经费存贮于沿河州县府库。嘉靖十五年（1536）五月，总理河道右副都御史李如圭上奏指出，河道银两散贮沿河州县各衙门，过于分散，管理涣散，容易发生"那借侵欺，无从查考"的问题。对此，李如圭建议将河银集中存放到数个州县府库，"专听河道支用"。④ 此后，明代黄河、运河钱粮事务，专由管河郎中掌管。其中，山东河工钱粮存贮于东昌、兖州、沧州、德州四府州钱库；南直隶存贮淮安、扬州、徐州三府钱库；河南总贮于开封府钱库。除此之外，其余州县钱库"不得有分毫积"。为加强对钱粮出纳的审核，河工经费支销数目详载循环簿册二本，一本交都御史，一本交郎中副使，"各按季倒换稽查，永绝弊源矣"。⑤

入清之后，在河政机构复杂变革之下，山东下辖地区河工经费筹销

---

① 叶方恒：《山东全河备考》卷3《职志制上》，《四库全书存目丛书》史部第224册，第432页。

② 傅泽洪等：《行水金鉴》卷168《官司》，《文渊阁四库全书》史部第582册，第593页。

③ 中国第一历史档案馆藏档案：张廷玉题为遵议山东管河道改为运河道专管运河兖沂曹道改为分巡兖沂曹三府专管黄河事宜事，乾隆五年（1740）四月二十二日，档号：02 – 01 – 03 – 03770 – 015。

④ 《明世宗实录》卷187，嘉靖十五（1536）年五月甲戌。

⑤ 刘天和著，卢勇校注：《问水集》卷2《黄河运河积贮》，第43页。

第二章　河政制度 ／　111

机制如何运转呢？雍正十二年（1734）八月二十日，河东河道总督朱藻对康熙、雍正年间山东河银来源及管理机构做了汇报：

> 窃查东省河工钱粮，自正项河银而外，又有军、徭、浅、溜、闸、坝等兵夫工食之不一，又有帮贴、裁旷，遇闰加增之不同，所收之银则有直隶、江南、山东三省远近不齐，所解之处则有内部南工及东省各衙门多寡不等。而各项钱粮，向例俱解贮运河厅、东昌府两库，名为河库。凡经收支解，俱由该府、厅为政，其余若黄河、泉河以及捕、泇、上、下六河厅兵夫工食并大小挑酌募帮贴银两，亦俱由各该厅支收，俟有盈余，始解河库应用。此东省历来之成规也。①

可见东河辖下的山东省黄运地区河银管理比较混乱。河工钱粮既包括正项河银，还有河兵、浅夫、溜夫、闸夫、坝夫等额设夫役的薪资，以及帮贴银、裁旷银等项目。河银来源尚未固定，主要由直隶、江南、山东三省调拨。河银的收支，基本上以厅（即黄河厅、泉河厅、捕河厅、上河厅、下河厅、泇河厅）为单位，自给自足。河银出现盈余，方才统一解贮运河厅、东昌府两库。朱藻认为这种河银出纳管理机制问题突出：

> 惟是正杂均系钱粮，丝毫悉关国帑。今款项既属繁多，头绪又复百出，而竟听该府、厅之自收自支自解，其中保无有不肖属员轻出重入，克扣侵那，肥私误公情弊。况各员之中，每年不无升迁事故，其间交代盘查文移往返，胥吏乘机舞弊，捏领混冒，俱未可定。是以该府厅，凡有收解动用，即令报明备案。

即便随时申报备案，不时稽查账目，东河总督朱藻仍觉力不从心，

---

①　中国第一历史档案馆编：《雍正朝汉文朱批奏折汇编》第 30 册 472 号《朱藻奏请将东省河工钱粮归并管河道库折》，第 780 页。

强烈建议设立掌管河工钱粮出入的机构河道库，"河库之有河银，犹藩库之有正赋也"。在其设想中，"通省钱粮既以藩司为总汇之地，则通工钱粮亦应以河道为统领之司"。最终，朱藻建议将山东曹东道改为全省管河道，"专管黄运事务，所属曹州改归兖莒沂道，东平州该归济东道管辖"，[1] 同时仿照河南先例，今后将运河厅、东昌府两库及黄河、泉河、捕河等六厅银两，统一归山东管河道管辖。他还详细设计了以管河道为中心的河工钱粮出纳及稽查机制：

> 嗣后，凡有征收河工一切正杂钱粮，饬令径解管河道库存贮。遇有应用之处，各厅具详备领，向河道衙门查明，具详奴才衙门（即河道总督）给咨批解。如此则凡经收支，俱归河道专管，而奴才与河道同城居住，亦得就近查察。倘有侵那克扣等弊，即据实严参，庶几责成既专，稽查亦便，而豫、东两省河库，均归划一矣。

朱藻此奏上达后，很快获工部审议，皇帝批准。[2] 至此，山东管河道成为专管山东河库钱粮的专门机构，与南河河库道职能类似。

然而，此种局面下，山东管河道通管山东河道钱粮，同时兼理黄、运两河工程，南北交驰，东西兼顾，分身无术。乾隆五年（1740）二月，河东河道总督白钟山指出：

> 山东运河南接江南邳州界，北抵直隶吴桥县界，计长一千二百余里；山东黄河西接河南仪封县界，东抵江南砀山县界，计长二百三十余里。两河相隔三四百里，及五六百里不等。若由运河之南北界上至黄河之东西界上，各有一千数百余里，止设管河道一员，当伏秋大汛，黄河工程修防吃紧之时，正运河重空漕船盛行之际，该道如住宿黄河堤岸，则运河以内漕艘经临，设遇天晴水微，或应放

---

① 中国第一历史档案馆藏档案：张廷玉题为遵议山东管河道改为运河道专管运河兖沂曹道改为分巡兖沂曹三府专管黄河事宜事，乾隆五年（1740）四月二十二日，档号：02 - 01 - 03 - 03770 - 015。

② 《清世宗实录》卷148，雍正十二年（1734）冬十月癸卯。

湖水，或应浚泉源，或应建草坝，挨牌以蓄水；或应用倒板借水以放船，无专管大员为之董率调度，必致有误机宜。若遇山水骤发，湖河并涨，盈堤溢岸，又须设法宣泄，加谨防护，稍不如法，即有碍于漕运民田，所关匪细。该道如往来运河上下一带，则黄河曹单二汛险工林立，设有工程险要，亟须抢护，事在呼吸，而该道远在运河，奔驰莫及。此伏秋大汛不得不鳃鳃过虑者。至于冬春之间，运河有大小挑浚工程，及巡防水柜，疏浚泉源，修理闸坝涵洞，并两岸纤道诸事，刻无暇暑。而黄河亦有应行勘估岁抢各工，稽查新旧料物，增培大堤，堵筑支河，以及应修应防之处，俱宜未雨绸缪。该道以一身而南北交驰，东西兼顾，实苦分身无术，势不得不转委属员代为巡查，况河库钱粮出入攸关。[1]

白钟山特以南河为例说明。江南起初由淮徐道兼管河库钱粮，但也存在难以兼顾，雍正八年（1730）特设河库道，专司河道钱粮出入。白钟山认为，山东现有管河道经管黄运两河事务，兼管河库钱粮出入，事务过于繁杂，带来种种不便。但他并不主张增设新道，避免增官添吏，建盖衙署的麻烦，遂开始关注兖沂曹道。该道辖下的曹、单二汛，正是黄河流经之地，管理黄河事务甚为便捷，同时兖沂曹道专司分巡事务，并无钱粮刑名之责，职事稍简，兼管河务并不繁重。白钟山与山东巡抚硕色会商后，将管河道改为运河道专管运河事务，兖沂曹道改为分巡兖沂三府兼管山东黄河修防。这样将运河道从黄河事务中剥离出来，由兖沂曹道专负黄河事务（故兖沂曹道又被称黄河道），"各管各河，事有专责"。虽然治河事务各自独立，但在河库钱粮事务上，兖沂曹道仍隶属运河道管理，运河道财权较重，"驻扎济宁，有收支黄、运两河钱粮之责"。[2] 随之而来的问题：

---

[1] 中国第一历史档案馆藏档案：张廷玉题为遵议山东管河道改为运河道专管运河兖沂曹道改为分巡兖沂曹三府专管黄河事宜事，乾隆五年（1740）四月二十二日，档号：02 - 01 - 03 - 03770 - 015。

[2] 台北"故宫博物院"编辑委员会编：《宫中档乾隆朝奏折》第 7 辑，台北"故宫博物"院 1982 年影印本，第 502 页。

惟黄河道因河库钱粮系运河道经管,所属各厅应支岁、抢、徭
夫钱粮及有核减节省解缴等项,则惟运河道,逐日登记册档为凭。
运河道又因黄河工程系黄河道经营,不便隔属越查。

作为同级机构,运河道掌管兖沂曹道河银出纳,有诸多不便,诸如
在稽查核算上牵扯不清,辗转迟延。乾隆十九年(1754)十一月,白钟
山复任东河总督后,照河南管河、河北二道及南河淮扬、淮徐先例,正
式将兖沂曹、运河二道财务上分管分办。具体运作模式为:

嗣后,于东省州县额解河银内,就近酌拨银一万五千两,并应
解徭夫银两,径解交黄河道收贮。遇有黄河各厅应领工程钱粮,即
便就近支发,如有余剩,存作下年之用,设或不敷详明再拨。其核
减及节省等银,亦听黄河道查明催提解缴,年底按一年所出所入之
数,造册详送河臣,照例饬令盘查,取具该道并无亏空印结加结送
部查核。如此则支放解缴查核,总归一手经理,不但黄运两河分管
分办,可以行之永远,且无彼此牵混耽延之事,实于河工钱粮,均
有裨益。①

至此,初步形成东河总督下辖以运河道、兖沂曹道为中心的山东河
政组织系统(见表2—1)。嘉庆十七年(1812)二月,东河总督李亨特
上奏指出,东河辖下河南开归、河北二道,山东运河、兖沂二道,均有
经管河库钱粮之重任,稽查出纳事务殷繁,虽有所属河工主簿、巡检、
闸官及地方吏目、典史等员兼管,但这些吏员多有防汛要责,以及启闭
闸务等责,难以兼顾。对此,他于道库专设道库大使一员,"专员司钥,
不唯该道公出,可以责令库官住库上,稽查并弹压库书、兵役、库丁等,
可资约束",同时,"有批解河银到道,亦可随时接受存贮内库,益为详

---

① 台北"故宫博物院"编辑委员会编:《宫中档乾隆朝奏折》第10辑,第149—150页。

慎"。① 运河道道库专设道库大使掌管钱粮出纳的提议，未得允准，但嘉庆帝下旨命铸运河道委管钤记一颗，委员管理道库钱粮，显示出运河道财政属性的强化。②

表2—1                            清中期山东河政组织架构表

| | 驻地 | 职能 | 下属机构 |
| --- | --- | --- | --- |
| 运河道 | 济宁 | 山东运河事务 | 运河、泇河、捕河、上河、下河、泉河六厅；运河营 |
| 兖沂曹道 | 兖州 | 山东黄河事务 | 曹河、粮河、曹考三厅；曹考、曹河、曹单三河营 |

资料来源：嘉庆《大清会典》卷689《工部·河工·河员职掌》，第5628—5631页。

在通常情况下，每年冬季，东河总督自河南部署伏秋河汛后返回山东，于岁末年初盘查山东运河道库、兖沂曹道库所存钱粮，将钱粮细数上报朝廷，查明道库钱粮支发有无虚冒。③ 道光二年（1822）正月，东河总督严烺在盘查运河道库钱粮时，发现前任运河道洪范，"发项繁多，调案查对，未能明晰"，随经吏部传令洪范亲往济宁明白交代，"如有牵混虚冒之处，著严烺据实参奏，不可徇隐"。随后开展的盘查程序极为严密。在兖沂曹道讷尔经额、现任运河道觉罗庆善监督下，东河总督严烺派员对前任运河洪范历年经手经发款项，逐款查对，并无虚冒。④ 道光年间，山东运河道库、兖沂道库历年存银两数目可见表2—2。运河道库在这21年间，道光十二年（1832）六月存银最多

---

① 中国第一历史档案馆藏档案：李亨特奏报东河河库钱粮紧要应请添设道库大使事，嘉庆十七年（1812）二月初一日，档号：04-01-35-0772-011。

② 昆冈等修：光绪《大清会典事例》卷322《礼部·铸印·铸造二》，《续修四库全书》史部第803册，上海古籍出版社1995年影印本，第165页。

③ 中国第一历史档案馆藏档案：严烺奏报盘查山东运河道库钱粮事，道光元年（1821）十月十一日，档号：04-01-35-0787-002。另外一种盘查河库钱粮的行为多发生在新旧河督交接之际。

④ 中国第一历史档案馆藏档案：严烺奏报运河道库无虚冒并勒追各员长支银两事，道光二年（1822）正月三十日，档号：04-01-35-0787-030。

149990.436 两，年均存银 82233.368 两。兖沂道库同样于道光十二年（1832）六月存银最多至 100117.813 两，年均存银 46696.1142 两，远远低于运河道库存银。

表2—2　　　　　　　道光年间运河道库历年存银数目表　　　　（单位：两）

| 年份 | 运河道库 | 兖沂道库 | 年份 | 运河道库 | 兖沂道库 |
|---|---|---|---|---|---|
| 元年（1821）正月 | 61785.181 | 24048.293 | 十六年正月 | 92971.432 | 47806.278 |
| 二年（1822）正月 | 62743.501 | 34671.648 | 十七年正月 | 58301.826 | 69355.794 |
| 四年（1824）十二月 | 61366.705 | 24048.293 | 二十年正月 | 47480.118 | 65805.423 |
| 六年（1826）六月 | 58493.515 | 11582.38 | 二十年六月 | 82901.968 | 44409.034 |
| 七年（1827）正月 | 82751.353 | 26628.654 | 二十一年正月 | 55327.982 | 74461.982 |
| 八年（1828）正月 | 87695.12 | 59131.412 | 二十三年正月 | 71321.132 | 33833.845 |
| 九年（1829）正月 | 119329.005 | 27423.747 | 二十四年五月 | 67883.228 | 17830.179 |
| 十年（1830）正月 | 78105.019 | 41306.517 | 二十五年三月 | 65341.753 | 65187.318 |
| 十一年（1831）正月 | 68931.974 | 55682.272 | 二十八年正月 | 92441.799 | 20048.08 |
| 十二年（1832）六月 | 149990.436 | 100117.813 | 二十九年二月 | 84628.999 | 31653.602 |
| 十五年（1835）二月 | 76318.674 | 60050.11 | 二十九年六月 | 135954.998 | 55478.479 |
| 十五年（1835）六月 | 91199.897 | 96265.703 | 三十年二月 | 120335.203 | 33879.88 |

注：运河道库存钱以1：1500比率折算为银。

中国第一历史档案馆档案档号：04－01－35－0949－002；04－01－35－0787－029；04－01－35－0792－040；04－01－35－042－0671；04－01－35－0794－055；04－01－35－0796－024；04－01－35－0798－018；04－01－35－0079－020；04－01－35－0800－026；04－01－35－0802－002；02－01－008－002341－0018；02－01－008－002456－0019；02－01－008－002627－0015；04－01－35－0772－011；04－01－35－0804－039；04－01－35－0804－060；04－01－35－0805－050；04－01－35－0808－038；04－01－35－0809－005；04－01－35－0810－002；04－01－35－0811－008；04－01－35－0812－038；04－01－35－0813－005；04－01－35－0813－049；04－01－35－0815－034；04－01－35－0816－005；04－01－35－0817－063；03－3306－002。

　　运河道主要是由管理山东黄、运事务的兖宁道逐渐演化而来，因此它的基本任务就是专管运河及水柜的启闭蓄泄事宜，确保运河运道畅通，攸关漕运。对此，东河河道总督嵇承志有形象描述："山东运河道一缺，计管河道一千一百余里，蓄泄湖柜，启闭闸坝，疏浚泉源，监挑淤浅，催趱重空粮船。"① 东河总督袁守侗也有类似看法："运河道一缺，专管通省运河一切启闭蓄泄事宜，攸关漕运。"② 具体来讲，运河道在确保运道畅通方面的具体任务有：

1. 负责夏秋汛期间，山东段运河的运道安全

每年夏季，河南黄河防汛形势险重，东河总督照例于伏汛到来前的五月中旬前后赴河南河工专负防汛事务，冬十月中旬秋汛解除，方才返回山东。在此期间，确保山东运河畅通的重任落在运河道身上。

东河河道总督赴河南时，山东多处春旱，降雨稀少，运河运道缺水，北上漕船多会在山东段停阻不前，运河道须设法灌塘蓄水浮送漕船过境。乾隆四十三年（1778）四月夏汛，山东运道即发生此种情况，运河道章辂设法于临清戴湾砖板闸挨次灌塘，将砖、板闸互相启闭，逐渐将漕船放出运河北上。③

到五六月间，华北地区进入夏汛，山东时降大雨，汶河、泗河以及彭口等处山水叠次涨发，各州县坡水汇流运河及水柜，济宁一带运道水势"拍岸盈堤"，土石桩埽等工，多被撞刷残缺，运河及水柜的涵洞、闸坝、水门，乃蓄泄机宜，多有石块脱落，石缝渗漏，破损严重。沿运纤道也被雨淋塌蛰，亟待修复。而此时总河远在河南，运河道须督率额设河兵、河夫防范夏汛冲击，确保夏汛期间运道安全。④

2. "运河挑筑各工，责在运河道一人"⑤

每年伏秋两汛过后，水势汹涌的卫河、汶河以及山泉等挟沙而下南旺、临清、彭口一带运道淤垫严重，漕船经临，浅阻难行，"只有年年挑办，竟无一劳永逸之方"⑥。定期挑浚河道对于保障运道畅通作用极大，

---

① 中国第一历史档案馆藏档案：嵇承志奏请调补山东运河道事，嘉庆八年（1803）十二月初四日，档号：04-01-35-0196-014。
② 中国第一历史档案馆藏档案：袁守侗奏为山东运河道一缺请拣员补放事，乾隆四十四年（1779）八月初三日，档号：04-01-13-0058-007。
③ 台北"故宫博物院"编辑委员会编：《宫中档乾隆朝奏折》第42辑，第713页。
④ 台北"故宫博物院"编辑委员会编：《宫中档乾隆朝奏折》第40辑，第414页。
⑤ 《清穆宗实录》卷162，同治四年（1865）十二月戊戌。
⑥ 黎世序等：《续行水金鉴》卷104《运河水》，《四库未收书辑刊》七辑7册，第771页。

因此定例——山东运河一年一小挑，间年一大挑。河南黄河大工林立，东河总督无法保证每次能按时返回山东督办运河大挑事宜。乾隆四十三年（1778）河南仪封决口，东河总督姚立德督办堵筑事宜，待黄河大工合龙后，方能赴山东督办挑工，运河煞坝前无法返回山东，运河道章辂即督率运河弁兵办理挑浚事宜。①

同时，运河道在大小挑的工程筹划、南北运道勘验，并填报估册上扮演重要角色。每年十一月初，回空漕船驶离山东黄林庄境，运河道奉总河之令，于十一月初一日督率厅汛河兵夫役将南旺大坝堵合断流，将汶水分注蜀山、马踏二湖潴蓄。在将运河南北各闸启放将运漕积水空干的同时，运河道负责将应挑淤浅段落量明丈尺填报估册。随即，召集各厅汛官员调集人夫定限开工，并将估册报送总河和巡漕御史。接到估册后，总河、巡漕御史随后赴现场查验水柜蓄水是否充盈，并持估册将运河估挑工段，按册覆加量验，核对估册上报银两是否属实，同时督促逐段签钉志桩，设立土墩，埋记灰印，以便完工后方便核实量验，杜绝工员浮冒混弊。②

次年正月中旬，运河大小挑结束。东河总督兼管豫、鲁两省河务，事务繁剧，无法保证亲自验收工程，多将验收工作交与运河道和巡漕御史代为验收。运河道和巡漕御史对下属厅汛所挑工段逐段验收，按原立志桩，一一查量，确保挑挖丈尺有盈无绌，并将河堤淤泥土埂、暗桩石块起除净尽。验工完毕，择期开坝将水注入运河，以备漕船北上，通行无滞。③

3. 岁修、抢修、另案的冬估，以及稽查核实费用工程

运河道每年冬季将运河各厅上报岁修工段逐段查勘，确定岁修工段所需银两后备造清册，交由东河总督核查批减，上交工部审核，即所谓"冬估"。运河道估册详细开列工段兴工原因、规格、所估银两，以及道库拨发款项数目等内容，在通过工部核查后拨款兴工，并于次年四月工

---

① 台北"故宫博物院"编辑委员会编：《宫中档乾隆朝奏折》第 45 辑，第 158 页。
② 台北"故宫博物院"编辑委员会编：《宫中档乾隆朝奏折》第 45 辑，第 517 页。
③ 台北"故宫博物院"编辑委员会编：《宫中档乾隆朝奏折》第 46 辑，第 459 页。

竣后题销。①

运河道还负责运河及支线湖、河各项工程的验收核实工作。除验收按时举办的大小挑工外，还对各厅汛每年固定的岁修、抢修及另案工程逐段勘察，对各厅上报的工程清册仔细核实，严防下属指旧作新，以少报多，冒销钱粮之发生，并将工程进展造册绘图上报总河进一步会核题估。② 可以讲，运河道对山东运河及支线的河、湖"做过工程，用过银两，照例切实具题造册"，转送河道总督核实后，最终交由工部核销。③ 要之，运河道稽查各厅汛工程，核查各厅汛经费清册，是山东河工经费奏销系统运作的基础单位。

光绪二十八年（1902），东河总督锡良奉旨裁汰河东总督及下属员弁。锡良认为，河运已停，山东运河道1员，同知2员，通判4员，佐贰杂职52员，额夫2700余名，几成虚设，应予裁汰。但是，山东运河虽丧失漕运功能，"闸坝甚多，专司蓄泄，以通商运而卫民田"。他将兖沂曹济道移驻济宁，兼办运河事务；运河岁修河工，归地方会办，并由山东巡抚专派委员经理，免致岁修经费，落入州县官私囊，最终将运河道及属员予以裁撤。④

## 三 厅汛官员

清初，山东运河基层河政机构基本延续明代中后期的管理架构。在经历南旺、北河两工部分司裁撤以及东兖道归并改革，济宁道成为专管山东运河河务的核心机构（见表2—3）。济宁道下辖河务同知2员，通判3员，相应的驻扎点以及负责河段为：兖州府黄河同知1员，驻扎曹县，负责曹州、定陶、城武、金乡、曹县、单县等县黄河事务；兖州府运河

---

① 中国第一历史档案馆藏档案：白钟山题请核估乾隆十九年山东运河道运捕二厅岁修各工需用工料银两事，乾隆十九年（1754）十月初九日，档号：02-01-008-001010-0006。

② 中国第一历史档案馆藏档案：栗毓美题请核估山东运河道光十八年岁修埽工各工需用工料银两事，道光十八年（1838）十月二十八日，档号：02-01-008-003953-0017。

③ 中国第一历史档案馆藏档案：严烺据山东运河道详报上项工程完竣造册结送核题销一案事，道光二年（1822）十一月初八日，档号：02-01-02-3177-021。

④ 周馥：《秋浦周尚书全集·治水述要》卷10，《近代中国史料丛刊》，第5298页。

同知 1 员，驻扎济宁州城，负责鱼台以北至汶上的运河事务，兼管泉源事务；兖州府捕河通判 1 员，驻扎张秋，负责东平以北至阳谷的运河事务，兼管张秋城池；兖州府迦河通判 1 员，驻扎夏镇，负责南阳以南至黄林庄的运河事务；东昌府运河通判 1 员，驻扎东昌府城，负责聊城以北至德州境内的运河事务，兼管直隶清河县河段。①

表 2—3                                        康熙前期济宁道下辖属官结构表

| 属官 | 驻地 | 下辖属官 |
|---|---|---|
| 兖州府黄河同知 | 曹县 | 曹县县丞、曹县主簿、安陵司巡检、单县主簿 |
| 兖州府运河同知 | 济宁州 | 济宁州判、鱼台主簿、巨嘉主簿、汶上主簿 |
| 兖州府捕河通判 | 张秋 | 东平州判、阳谷主簿、寿张主簿 |
| 兖州府迦河通判 | 夏镇 | 滕县主簿、峄县县城 |
| 东昌府运河通判 | 府城 | 聊城主簿、临清州判、德州州同、武城县城等 |

资料来源：靳辅《治河奏成绩书》卷 2《职官考》。

作为济宁道下辖的属官，东昌府运河通判管辖聊城主簿 1 员，临清州州判 1 员，德州州判 1 员，武城县县丞 1 员，故城县管河典史 1 员，甲马营巡检 1 员，清平县典史 1 员，夏津县主簿 1 员，堂邑县主簿 1 员，清河县典史 1 员，共计 10 员属官。东昌府运河通判统共负责运河及卫河河道 600 余里，"道里绵长，不能分身兼顾"。康熙三十一年（1692）十二月，原任河道总督靳辅上奏指出，德州管河州判 1 员，所管河道仅 18 里，可将此官缺裁撤，改由德州州同代管。他主张将德州州同改为下河通判，管辖德州一州二卫，恩县、夏津、武城，以及直隶清河、故城 8 州县的卫河河道，驻扎武城县；将东昌府运河通判，改为上河通判，管辖聊城、堂邑、博平、清平、临清、馆陶 6 州县河道，驻扎东昌府城。② 至此，山东运河基层河政已初具运河、捕河、迦河、上河、下河五厅的雏形。

————————

① 傅泽洪等：《行水金鉴》卷 167《官司》，《景印文渊阁四库全书》史部第 582 册，第 584—585 页。

② 傅泽洪等：《行水金鉴》卷 166《官司》，《景印文渊阁四库全书》史部第 582 册，第 576 页。

第二章　河政制度　/　121

　　至乾隆初年，伴随管河道向运河道、黄河道的职能演化，山东运河河政中层机构最终稳定下来，运河道成为管理通省运河事务的核心机构。运河道下设六厅，分别为运河、迦河、捕河、上河、下河、泉河六厅（见表2—4）。厅汛官员包括同知、通判、县丞、主簿等构成。这些厅汛佐贰官员，"向例于效力人员内拣选衔缺相当之员题请补授"①。

表2—4　　　　　　　　　乾隆年间运河道下辖六厅河官构成表

| 厅首官 | 河程 | 属官 |
|---|---|---|
| 迦河厅同知 | 195 里 | 县丞 1 员，主簿 2 员，千总 1 员，闸官 6 员 |
| 运河厅同知 | 275 里余 | 州判 1 员，主簿 3 员，守备 1 员，千总 2 员，闸官 8 员 |
| 捕河厅通判 | 155 里 | 州同 1 员，州判 1 员，主簿 2 员，所官 1 员，闸官 6 员 |
| 上河厅通判 | 177 里 | 州判 1 员，主簿 4 员，闸官 6 员，馆陶汛把总 1 员 |
| 下河厅通判 | 303 里余 | 州同 1 员，县丞 1 员，主簿 1 员，千总 1 员，巡检 1 员 |
| 管泉通判 | 不详 | 府经历 3 员，州同 2 员，县丞 7 员，主簿 1 员，巡检 1 为 |

　　资料来源：陆耀《山东运河备览》卷3—8 的相关数据。

　　由表2—4 可知，地方府州县的同知、通判以及州判、州同、县丞、主簿等佐杂官员②担任了山东运河河工基层官员。因此，我们在下面结合地方州县官以及佐贰官参与河工的过程讨论一下运河河工厅汛机构的沿革。

　　清前期，地方州县正印官，虽"有催征、缉捕等事"，事务繁杂，但依旧参与黄、运河工事务。③ 康熙年间，协助总河王光裕治河的薛凤祚就指出，正印官职掌守土，在征调夫役以及措置河工物料上，较河官更为

———————

　　① 张伟仁主编：《明清档案》A126 – 82《东河总河完颜伟揭报署任河工佐杂人员年满称职请准实授》，第 70953 页。

　　② 同知、通判品级高，是佐贰官中最高的，比知县还高，不能归入佐杂官之内。其他的县丞、主簿、典史等官员可归入佐杂官之内，因此本书以佐贰官统称这些参与河工的同知、通判、州判、县丞、主簿等官员。参见杜家骥《杜家骥讲清代制度》，天津古籍出版社 2014 年版，第 47 页。

　　③ 《清圣祖实录》卷 96，康熙二十年（1681）六月甲申。康熙年间，河道总督张鹏翮在《治河全书》卷 13《官制》中列举直隶、山东、河南、江南四省府、州、县正印官兼管辖境黄、运等河河工的内容。参见《续修四库全书》史部第 847 册，第 610—623 页。

得力。因此，他提议遇有河工抢修，"令印官亲赴工次，不得安居私署"，并将州县正印官的治河表现纳入每年考核。[1] 河臣崔维雅也指出："佐贰官虽有管河之责，而威令不行，召集人夫，或多阻挠。动用钱粮，非其经管，全赖正印官悉心料理，咄嗟可办。"他甚至提议将黄、运等沿河州县正印官，遇有员缺，准令总河照例选补。如此，总河治河得沿河州县正印官支持，收臂指之效，"其有补于河政非细故也"。[2]

雍正初年，朝中舆论发生转向。河南布政使田文镜上奏指出，沿河州县官"一半工夫在工上，一半工夫在地方"，地方事务难免迟误。他建议由新设副总河及河道官员、效力人员分修分管，各司其事，将州县官从繁重的河工事务中解脱出来。奏上，雍正帝将此奏转给副总河稽曾筠。稽曾筠认为，每年常规性的岁修抢修工程的募夫办料以及修防诸务，可由河汛各官专司其事。若遇有河势危急以及伏秋汛涨，陡发大工，仍需沿河州县正印官与河汛官员分段协力修筑抢护。此议将州县官从常规性的岁修抢修等河工事务解放出来，"不必久驻工所，俾在署日多，一切刑名钱谷事件可以料理无误矣"。雍正帝同意稽曾筠观点，特留朱批：此奏甚公当。[3]

乾隆年间，清廷采取强化州县同知、通判、州同、主簿、典史等佐贰官员河政职能，将其从繁杂的地方事务中脱离开来，形成一批专注河工基层事务的常备官员群体，最终也使得地方州县官员摆脱了烦琐的河工事务。

起初，地方佐贰官兼管河道，事务繁杂，难以专属河务。如东昌府上河通判兼管运河河道 170 余里，卫河河道 180 余里，工长汛远。同时，还兼管东昌府属各州县漕粮收兑事务，"河工漕务，兼顾实难"。至乾隆六年（1741），经河东总河白钟山上奏，将东昌府清军水利同知兼管漕粮

---

① 薛凤祚：《两河清汇》卷 8《治河以得人为要论》，《景印文渊阁四库全书》史部第 579 册，第 469 页。

② 崔维雅：《河防刍议》卷 5《要地印宜择议》，《续修四库全书》史部第 847 册，第 209 页。

③ 中国第一历史档案馆编：《雍正朝汉文朱批奏折汇编》第四册 205 号《稽曾筠等奏陈州县帮修河工管见折》，第 277 页。

事务，上河通判专管河工。① 乾隆二十年（1755），东平州州判改为河缺，分管运河事务，仍兼管地方事务。② 山东沿运各通判、同知等佐杂官负责运河河工事务的属性不断强化。乾隆二十四年（1759），捕河、迦河、泉河各通判加水利衔，发给关防。③ 管河佐贰官员的薪俸待遇也获得改善。乾隆三年（1738）十二月，河东总河白钟山疏称：管河州同等佐贰官，"在黄河则防守堤埽，在运河则挑浚河道，护重偾空"，每员岁给养廉银60两，按季支领。④

至此，河务成为运河道厅汛佐贰官专责。嘉庆四年（1799）五月，嘉庆帝下旨指出，地方守令无兼河工之责，原不准派令办理河务。但是，近来遇有堵筑挑浚大工，河道官员多借帮办为名，调派州县官贴解银两，并将上司应赔工程银两交由地方州县代赔，导致派累百姓，且地方职守也多旷废。因此，嘉庆帝再次强调办理河工只准丞倅佐杂等官专负其责，不准派令州县官参与。⑤

与此同时，清廷对河务佐贰官的考核渐趋制度化。对河务佐贰官的考核主要由河东总督负责："佐杂等官，历俸六年，该督抚调取验看，详加甄别；其未满六年不可姑容者，随时咨革，不得据定年限，仍专折具奏。"⑥

## 第三节　河员廉俸

### 一　河官俸禄⑦

顺治元年（1644），清廷首次议定在京文官俸禄，主要沿袭明代官员

---

① 《清高宗实录》卷 137，乾隆六年（1741）二月乙丑。

② 《清高宗实录》卷 485，乾隆二十年（1755）三月壬寅。

③ 《清高宗实录》卷 580，乾隆二十四年（1759）二月丙辰。

④ 黎世序等：《续行水金鉴》卷 10《河水》，《四库未收书辑刊》七辑第 6 册，第 198 页。

⑤ 黎世序等：《续行水金鉴》卷 106《运河水》，《四库未收书辑刊》七辑第 7 册，第 799 页。

⑥ 台北"故宫博物院"编辑委员会编：《宫中档乾隆朝奏折》第 74 辑，第 277 页。

⑦ 关于中国官员俸禄制度，以黄惠贤、陈锋主编的《中国俸禄制度史》（武汉大学出版社 1996 年版）为代表。其中第九章"清朝俸禄制度"为陈锋撰写，关于清代官员俸禄制度的研究，内容翔实。

俸禄标准。在议定俸禄标准的同时，还议定了汉官"柴薪银"数额："一二品汉官岁给柴薪银一百四十四两，三品一百二十四两，四品七十二两，五六品四十八两，七品三十六两，八品二十四两，九品十二两。在俸银之外。"① 顺治十年（1653），清廷对先前所定俸禄标准做了调整，议定："旗员每俸银一两，给银一斛；汉官不拘品级，岁支米十二石。"②

表 2—5                         清在京文官俸禄定例表

| 品级 | 俸银（两） | 俸米（斛） | 品级 | 俸银（两） | 俸米（斛） |
|---|---|---|---|---|---|
| 正从一品 | 180 | 180 | 正从六品 | 60 | 60 |
| 正从二品 | 155 | 155 | 正从七品 | 45 | 45 |
| 正从三品 | 130 | 130 | 正从八品 | 40 | 40 |
| 正从四品 | 105 | 105 | 正九品 | 33.11 | 33.11 |
| 正从五品 | 80 | 80 | 从九品 | 31.52 | 31.52 |

资料来源：嘉庆《清会典事例》卷 249《户部·俸饷》。

参考表 2—5，根据河员品级，我们大致可以了解各个品级的河员俸银数目：河道总督，正二品，155 两；管河道，正四品，105 两；同知，正五品，80 两；通判，正六品，60 两；州同，从六品，60 两；州判，从七品，45 两；县丞，正八品，40 两；主簿，正九品，33.11 两；巡检，从九品，31.52 两。

在外文官俸禄，其俸银部分与京官一例按品级发放，除少数官员仍支少量俸米外，绝大多数外官不支俸米。与京官差别较大的，是薪银、蔬菜烛炭银、心红纸张银、案衣什物银、修宅什物银的给发。这些银两的支发均在正俸之外。③

顺治四年（1647），清廷详细规定各直省文官岁给薪银、蔬菜烛炭、

① 昆冈等修：光绪《大清会典事例》卷 249《户部·俸饷·文武京官俸禄》，《续修四库全书》史部第 802 册，第 28—30 页。

② 昆冈等修：光绪《大清会典事例》卷 249《户部·俸饷·文武京官俸禄》，《续修四库全书》史部第 802 册，第 30 页。

③ 黄惠贤、陈锋主编：《中国俸禄制度史》第九章"清朝俸禄制度"，第 542 页。

心红纸张、案衣家具、修宅等各项银两。具体规定如下：

在外文职，照在京文职各按品级支给俸银外，总督岁支薪银一百二十两，蔬菜烛炭银一百八十两，心红纸张银二百八十八两，案衣什物银六十两；兼副都御史衔巡抚，岁支薪银一百二十两，佥都衔七十二两，蔬菜烛炭银，均一百四十四两，心红纸张银均二百十有六两，案衣什物银均六十两；织造官，照品支薪银外，岁支蔬菜烛炭及心红纸张银各百有八两，案衣什物银六十两；学政及巡按、巡盐、巡茶、巡仓御史，均岁支薪银三十六两，蔬菜烛炭银一百八十两，心红纸张银三百六十两；左布政使岁支薪银一百四十四两，蔬菜烛炭银八十两，心红纸张银一百二十两，修宅什物银四十八两，案衣银五十二两；右布政使，岁支薪银一百四十四两，蔬菜烛炭心红纸张什物案衣银各四十两，按察使，岁支薪银一百二十两，蔬菜烛炭银八十两，心红纸张银一百二十两，什物银四十八两，案衣银五十二两；参政道，岁支薪银一百二十两，副使道、参议道七十二两，佥事道四十八两，蔬菜烛炭、心红纸张、修宅什物银，均各五十两；布政使司经历、理问，岁支薪银四十八两，都事，三十六两，照磨，二十四两，检校十有二两；按察使司经历，三十六两，知事，二十四两，照磨、检校，各十有二两。知府，岁支薪银七十二两，心红纸张、修宅什物银各五十两，案衣银二十两，府同知、通判，均岁支薪银四十八两，心红纸张银二十两，什物案衣银各十两；推官，岁支薪银三十六两，心红纸张银二十两，什物案衣银各十两。府经历，岁支薪银二十四两；知事、照磨，各十有二两。知州、州同，四十八两，州判，三十六两，吏目，十有二两，知县三十六两，心红纸张银均三十两，修宅什物银均二十两，迎送上司伞扇银均十两；县丞，岁支薪银二十四两，典史，十有二两；运使，岁支薪银百二十两，心红纸张、蔬菜烛炭、修宅什物银，各四十两。运同，岁支薪银七十二两，运判、提举，岁支薪银四十八两，心红纸张、修宅什物银，均各二十两，伞扇案衣、烛炭银，均各十两；运使、经历，岁支薪银三十六两，知事，二十四两，提举司、吏目，薪银十有二两；按察使司、司狱、各府司狱库大使、巡检、税课大使、驿丞、牐官、河泊所官，均各岁支薪银十有二两。①

由此可见，各级官员支发的蔬菜烛炭、心红纸张、案衣家具、修宅等各项银两，甚至超过正俸银两。如总督，官居二品，正俸银155两，但薪银、蔬菜烛炭、心红纸张、案衣什物等各项银两多达648两，是正俸银的近4倍。按以上规定，除去俸银外，各级河道官员每年领取的薪银、蔬菜烛炭、心红纸张、修宅什物银依次为：河道总督648两，管河道270两，管河同知88两，管河通判96两（含迎送上司伞扇银均10两），管河县丞144两，管河主簿、管河巡检岁支薪银12两。据陈锋等人研究，清朝初期实行的柴薪银、蔬菜烛炭银、心红纸张银、案衣什物银等项，构成了官员常规俸银之外的重要补充。但是，这一俸银外的重要补充却因康熙年间日益庞大军费支出而取消。此举直接导致官员的正常收入与生活日益困窘。②

乾隆五年（1740），经东河总督白钟山奏请，清廷决定在山东管河道之下新设曹仪通判一员，专管曹县曹家庄起至仪封县界的黄河河道工程，除给新官修建衙署外，每年支给该通判俸银60两。除下设典史2名无工食银外，新设门子2名，皂隶12名，步快8名，轿夫4名，伞扇夫3名，每岁连闰月，各给工食银5.863两，共工食银170.027两。新设曹仪通判连通下辖属员每年俸禄工食银合计230.027两，由曹县每季抽地丁银解送曹仪通判。③ 可见，管河通判下辖的门子等吏胥工食银每年仅5.863两，尚不足运河闸夫工食银14.4两的一半。这种低微的收入也导致他们百般浮冒趁机捞取额外收入。

---

① 乾隆帝敕修：乾隆《钦定大清会典则例》卷51《户部·俸饷上》，《文渊阁四库全书》史部第621册，第585页。
② 黄惠贤、陈锋主编：《中国俸禄制度史》第九章"清朝俸禄制度"，第545页。
③ 张伟仁主编：《明清档案》A105－8《山东巡抚朱定元揭报曹州府添设曹仪通判应给俸工银两事》，第59027页。

## 二 河官养廉银

美国学者曾小萍（Madeleine Zelin）研究清前期地丁钱粮在中央、地方的分配时指出，所有地丁钱粮平均21%留给各省以供地方之用，官员俸禄也在这笔存留银内解决。然而，这笔官俸数目太小，既不敷生活之需，也不足行政之用。[①] 地方官员的俸禄很低，他们不得不通过各种办法增加额外收入。[②]

河道官员的俸银分配也存在着类似问题。没有养廉银前，河道官员"一切薪水之需，向年俱系各厅供应"。河道总督下属各官薪水每年约有1.3万余两。河道官不经手赋税收支，"既无钱粮之火耗，又无杂税之羡余"。河道官员只能通过接收下属馈送，甚至将"修防之公帑分作馈送之私情"。在未分立南河、北河之前，河道总督及其属官公开收受的资金有两淮运司及淮安、宿迁等运河闸关抽水2万两，两淮盐商陋规银2000两等。因此，河道官员在没有养廉银的情况之下，收取下属馈送银以及各种陋规银两，已是司空见惯的常例。如果不收授各种陋规银，河道官员仅仅仰赖薪俸银，个人生活都会陷入困境。东河总督每年冬季需赴河南勘察河南黄河防险，每次随行人员及物资，就需调用驴马车辆"百数十辆不等"，仅仅仰赖官员薪俸远远无法担负这笔费用。[③]

齐苏勒为政清廉，上任河道总督伊始，就将"四季节礼"等陋规银均行裁革。然而，齐苏勒很快发现如果不收取各类陋规银，个人生活及办公费用都无法维持。齐苏勒在奏折里向雍正帝谈到，他携带家属30余人赴任总河，自己的薪俸可以维持家属日用所需。但是，身为总河，与坐省督抚不同，每年有查勘河道和调度修防之责，必须往来亲历河干。每年伏秋汛期，河道总督必须驻扎河南、山东、江南三省适中之地，上下策应，"是以在署之日少，在外之日多"。河道总督各地勘察时，随从

---

① 曾小萍：《州县官的银两：18世纪中国的合理化财政改革》，董建中译，中国人民大学出版社2020年版，第40页。

② 岩井茂树：《中国近世财政史研究》，付勇译，江苏人民出版社2020年版，第45页。

③ 潘守廉等：民国《济宁直隶州续志》卷4《风土志》，《中国地方志集成》山东府县志辑第77册，第309页。

员役以及书吏卷案、车马舟楫以及日用米蔬之需,"远行多至数百金,近者亦非一二百金不能"。由于为政清廉拒绝收各种陋规银,河道总督齐苏勒很快陷入"拮据万难之势"。雍正三年(1725)春,齐苏勒自徐州赴河南勘察河工,经费捉襟见肘。淮扬、淮徐二道见此情形,只好资助船只车辆等费。齐苏勒方才渡过窘境。因此,齐苏勒指出,各省州县官经手赋税钱粮,有火耗羡余可作养廉银,河库道衙门每年经收各省额解钱粮并有随平余银4000余两。他建议将平余银内1000两充作河道总督衙门日用及各项工食银杂费,将剩余银3000余两充作勘察河工的船只车马等费。此议很快获雍正帝允准。①

雍正五年(1727)十二月,雍正帝下旨令河南、山东二省各于公用银两内移3000两,给予副总河嵇曾筠作为养廉银。②雍正六年(1728),定总河养廉银6000两,副总河养廉银3000两。雍正八年(1730),新设北河河道总督后,直隶总督刘于义上奏建议北河总督议给养廉银6000两,副总河3000两,营田观察使2400两。雍正帝认为数额过多,改为北河总督每年给养廉银4000两,副总河2000两,营田观察使1600两,于司库存公银内拨给。③此后,河官养廉银数目略微变化,基本维持在南河总督8000两,东河总督6000两,直隶总督兼北河总督1000两。④

雍正十二年(1734)八月,定副总河白钟山养廉银。此时,新设副总河专司河务,往来勘工以及日用薪水需费之处,酌定每年支给平余银3000两,盐规银1000两,共计4000两,作为副总河白钟山养廉之资。⑤

在河道总督等上层河员有养廉银之后,管河州同、州判等佐贰官的养廉银发放逐渐提上日程。乾隆元年(1736)二月,乾隆帝下旨定江南

---

① 中国第一历史档案馆编:《雍正朝汉文朱批奏折汇编》第6册第448号《齐苏勒奏请恩赏随平余银以充看工盘费折》,第597—599页。

② 黎世序等:《续行水金鉴》卷10《河水》,《四库未收书辑刊》七辑第6册,第151页。

③ 中国第一历史档案馆编:《雍正朝汉文朱批奏折汇编》第22册第33号《刘于义奏请酌设河道总督等人养廉银折》,第33页。

④ 于敏中等:《钦定户部则例》卷92《廪禄·河道各官养廉》,《故宫珍本丛刊》第284册,海南出版社2000年影印本,第457页。

⑤ 中国第一历史档案馆编:《雍正朝汉文朱批奏折》第26册643号《嵇曾筠等酌议支给新添副总河白钟山养廉银折》,第770页。

管河州同、州判以及县丞、主簿、巡检、闸官等佐杂官养廉银60两。乾隆三年（1738），河东河道总督白钟山上奏指出，河东佐杂河员，需委署试用一年至二年，经题请后方准实授。实授佐杂官，"俸微力薄，尚有俸薪可支"；署理试用河员，"例不准支薪俸，衣食甚觉艰难"。运河佐杂河员需挑浚河道，宣蓄水势，催趱漕船，经年奔走于河干，"较之地方佐杂在署办事，偶一差遣者尤为劳苦"。他建议将河东管河佐杂等官照江南河员之例，每年每员酌给银60两作为养廉银。据白钟山统计，河南、山东两省管河州同、州判、县丞、主簿、巡检、闸官等佐杂官共94员，除郑州州判等9员已有养廉银外，余剩85员佐杂官，每员养廉银60两，共支银5100两，于该省司库存公耗羡银内支给，"以乾隆四年为始，布政司按季支领，汇入通省各官养廉项下造册报部"。①

至乾隆中期，河道各级官员养廉银数额已经固定成型。我们可以依据有关史料，对山东文职河道官员俸禄、养廉银数额进行估算（见表2—6）。

表2—6　　　　　　　　　山东运河文官俸廉数额表　　　　（单位：两）②

| 职衔 | 乾隆员缺 | 嘉庆员缺 | 同治员缺 | 俸薪 | 养廉 |
|---|---|---|---|---|---|
| 总河 | 1 | 1 | 1 | 150 | 6000 |
| 运河道 | 1 | 1 | 1 | 105 | 4000 |
| 管河同知 | 2 | 2 | 2 | 80 | 800 |
| 管河通判 | 4 | 4 | 4 | 60 | 600 |
| 管河州同 | 2 | 2 | 2 | 60 | 60 |
| 管河州判 | 3 | 3 | 3 | 45 | 60 |
| 管河县丞 | 2 | 4 | 4 | 40 | 80 |
| 管河主簿 | 12 | 12 | 11 | 40 | 60 |
| 管河巡检 | 1 | 1 | 1 | 31.5 | 60 |
| 闸官 | 26 | 31 | 28 | 33.114 | 60 |

资料来源：李大镛：《河务所闻集》卷6《东河文武职官录》；于敏中等：《钦定户部则例》卷92《廪禄》；陆耀：《山东运河备览》卷3—9 相关数据；嘉庆《大清会典事例》卷689《工部·河工·河员职掌》。

① 白钟山：《豫东宣防录》卷4《奏请汛员养廉》，《中国大运河历史文献集成》第15册，第354页。

② 乾隆年间，管泉通判辖下各州县佐杂官多为兼职，未列入考察范围。

我们分别选取乾隆四十年（1775）的运河道陆耀的《山东运河备览》、嘉庆年间的官修《大清会典事例》以及同治十二年（1871）李大镛的《河务所闻集》所载山东运河文职官缺员数，结合相应官缺的正俸及养廉银数据，可以得出：乾隆年间山东运河文职员缺共54员，嘉庆年间61员，同治年间57员。与之相应，乾隆年间山东运河文职员缺俸廉银总计19162.464两，嘉庆年间为19868.034两，同治年间为19488.692两。需指出，在个别年份清廷可能会新设的官职，并有一定数目的俸薪银。如嘉庆十九年（1814）五月，清廷新设河东副总河一职，以巡漕给事中李鸿宾担任，岁支养廉银4000两。① 不过，至嘉庆二十年（1815）正月，李鸿宾升任河东总河一职，河东副总河一职后被裁撤，未形成常设官缺。

清代绿营将领的俸薪定额较低，很难维持他们的家庭用度。在清前期，朝廷主要通过默认绿营将领影占虚冒兵额的途径解决武职将领低薪的问题。康熙、雍正年间，清廷逐步施行"亲丁名粮"制度，试图把武官虚冒兵额限定在一定范围之内。运河道陆耀的《山东运河备览》详载乾隆中前期的运河营将领俸薪：河营守备1员，俸薪90.07两零，马干银45.6两，养廉银2分；管河千总4员，内泇河厅属3员，各于本管河兵内拨给养廉2分；管河把总2员，分拨养廉银各3分；德州管河千总每年银80.84两，自行赴司库请领。②

至乾隆四十六年（1781），乾隆帝下诏废除绿营的名粮制度，议照文职养廉例实行武职养廉，以养廉银额代替了亲丁名粮银额。③ 绿营的武职养廉银额，各省的定例为：提督2000两，总兵1500两，副将800两，参将500两，游击400两，都司260两，守备200两，千总120两，把总90两，外委千把总18两。④ 在实行养廉银制度之前，武职官员在领俸薪的

---

① 《清仁宗实录》卷291，嘉庆十九年（1814）五月戊午；同书卷297，嘉庆十九年（1814）九月癸丑。

② 陆耀：《山东运河备览》卷9《官役俸工》，《中华山水志丛刊》水志第25册，第344页。

③ 陈锋：《绿营的低薪制与清军的腐败》，《武汉大学学报》1989年第2期。

④ 陈锋：《清代绿营"名粮"制度述论》，《社会科学辑刊》1992年第6期。

同时，额外支领守粮。乾隆初年，山东黄、运河营千总每员岁支领 87.84 两。乾隆九年（1744），下辖无河兵的德州卫南北管河千总 2 员，亦照黄运河营千总之例，每员额外岁领守粮 87.84 两，"在于司库存公银内，按季支领，汇入河兵册内报销"。①

绿营的武职养廉银改革之后，山东省内平年十二个月的黄河营养廉银为 313.846 两，运河营养廉银为 677.538 两；闰年十三个月的黄河营养廉银为 340 两，运河营养廉银为 734 两。② 以嘉庆四年（1799）为例，该年河东河道总督下辖的山东黄河营共支养廉银 312.5 两，运河营共支养廉银 662 两。③

表 2—7 　　　　　　嘉庆以降运河营武职俸廉银数目表 　　　　（单位：两）④

| 职衔 | 员缺 | 俸薪银 | 养廉银 | 其他 |
|---|---|---|---|---|
| 守备 | 1 | 66.705 | 200 | 24 |
| 协备 | 1 | 无 | 100 | 无 |
| 千总 | 2 | 48.269 | 120 | 无 |
| 把总 | 2 | 36 | 90 | 无 |

资料来源：嘉庆《大清会典事例》卷 689《工部·河工·河员职掌》；李大镛《河务所闻集》卷 6《东河文武职官录》；裴丹青：《清代河工研究》第三章"河员廉俸、书役工食与河员选任"。

嘉庆以降，山东运河营武职将领员缺数目相对稳定。表 2—7 可见，运河营主要武职将领俸薪、养廉两银合计 979.243 两。需指出的是，除上述守备、协备、千总、把总四种主要武职员缺外，嘉庆年间的运河营尚有外委 3 人，额外外委 6 人。⑤ 而到同治年间，除表中所列四种主要武职

——————

① 张伟仁主编：《明清档案》A252－27《大学士管户部和珅题覆山东黄运河营支过武职养廉银应准开销》，第 142143 页。

② 张伟仁主编：《明清档案》A252－27《大学士管户部和珅题覆山东黄运河营支过武职养廉银应准开销》，第 142143 页。

③ 张伟仁主编：《明清档案》A303－32《署户部尚书成德题覆山东黄运河营武职支过养廉银两开销事》，第 171629 页。

④ 注："其他"一栏是指蔬菜烛炭银和心红纸张银。

⑤ 托津等：嘉庆《大清会典事例》卷 689《工部·河工·河员职掌》，《近代中国史料丛刊》三编第 687 册，第 5629—5630 页。

员缺外，尚有泇河汛分防、济宁汛分防等9人。① 表中养廉银总额 510 两较嘉庆四年（1799）运河营武职实际领取的养廉银 662 两，要少 152 两。因此，山东运河营各类武职将领实际所得的俸薪银要高出表中所得的 979. 243 两，大致维持在 1300 两。

至嘉道年间，河道总督、管河道等河员的养廉银数目有所增加。据清抄本《文武职养廉俸薪表》② 可知，北河河道总督每年养廉银 10000 两，永定河道等到员养廉银均为 2000 两，知府每年养廉银 2000 两。

有学者研究指出，由于清代养廉银制度中公私界限模糊，使得制度自建立伊始官员的养廉银便充当着"地方财政储备银两"的角色。③ 清代山东运河河官养廉银被朝廷克扣挪用的问题也比较突出。如乾隆五十一年（1786），山东运河营武职养廉银共支 734 两，其中扣留 51. 173 两，"留作武职修理衙署并署员额外养廉用"。④

光绪二十八年（1902）四月，裁撤运河道及辖下闸官、主簿等官，将各官俸食银、养廉银全行裁汰，共节省银 12170. 686 两，拨作共巡营兵饷之用。⑤

### 三　河员办公经费

清前期，河员奉命兴举河工，缺少办公经费，只能通过挪动河银的方式来弥补空缺。乾隆十八年（1753）九月，策楞、富勒赫上奏指出，岁修抢修等工，"一切办料收料，做工查工以及物料价值并办工杂费，陋例甚多"。在工文武官员及效力员弁，"有薪水饭食之需，有棚厂灯烛之

---

① 李大镛：《河务所闻集》卷 6《东河文武职官录》，《中国大运河历史文献集成》第 11 册，第 174—183 页。

② 此书收入《四库未收书辑刊》十辑第 4 册，第 97—114 页。此书系抄本，不著撰者名氏，据内容可推测为清中期直隶各类官员薪俸及养廉银的统计册。

③ 刘凤云：《养廉银无以养廉：以乾嘉时期摊捐官员养廉银为中心的考察》，《史学月刊》2020 年第 11 期。

④ 张伟仁主编：《明清档案》A252－27《大学士管户部和珅题覆山东黄运河营支过武职养廉银应准开销》，第 142143 页。

⑤ 山东清理财政局：《山东财政说明书》第六款《裁节各款》，陈锋主编：《晚清财政说明书》第 2 册，湖北人民出版社 2015 年版，第 230 页。

费，办料收料有暗中折扣虚出之弊"。这些消耗均是河工兴作所产生的经费，由于缺少专项资金，这些河员只能将"种种消耗，总入于工料之中"。竣工后，将这些经费算入河工总费，虚捏造册完成报销。此举容易导致河员任意浮冒之弊，"积弊相沿，由来已久"。①

乾隆二十三年（1758）五月，河东河道总督嵇璜上奏建议朝廷确定河员办公经费。奏上，乾隆帝深以为然，并下旨指出河员承办工程，雇船、堆料、犒赏等费势所必需，因未定有章程，"辄于领帑办料银内，通融费用"。由于缺少额定办公经费，河员不得不于河银覆销时，"为伊等稍留余地"，甚至出现挪移帑项等情弊，非慎重覆实之道。对此，乾隆决定明定章程，"按厅分之大小，工段之多寡，严定其应用实数"确定河员办公经费数目，于公私两有裨益。②

乾隆帝将此任交与河道总督白钟山、尹继善、高晋三人会商妥议。经南河河道总督尹继善等议定：江南省河工同知、通判等官，共十七厅，分大、中、小三等，酌给经费银两——大厅 2000 两，中厅 1500 两，小厅 1200 两，动支河库银两，在各厅每年岁修抢修册内报销，"以为每年雇募船只、修建厂房并办料管工、幕友脩金、家人工食、河兵犒赏、抢险灯烛等项之费"③。

## 第四节　编额外群体：效力人员研究

为实现护漕通运，清廷对黄河、运河及关系密切的河、湖兴办了各类大型工程，设立了上至河道总督，下至厅、汛员弁的官制系统，河政参与者包括有正式官缺的现任官和没有官缺的效力人员。④ 学界较多关注

---

① 黎世序等：《续行水金鉴》卷 13《河水》，《四库未收书辑刊》七辑第 6 册，第 234 页。

② 黎世序等：《续行水金鉴》卷 14《河水》，《四库未收书辑刊》七辑第 6 册，第 258 页。

③ 康基田：《河渠纪闻》卷 24，《四库未收书辑刊》一辑第 29 册，第 607 页；曹振镛等：嘉庆《钦定工部则例》卷 48《河工》，《故宫珍本丛刊》第 294 册，第 223 页。

④ 文献中多处提及河工效力人员。如《世宗宪皇帝朱批谕旨》卷 30 载："桃汛在即，一切工程事宜，有嵇曾筠亲督印河各官、效力人员办理，无烦睿虑。"同书卷 174："目前正当夏汛，于现任及效力各员中，求其能胜任此任者，实鲜其人。"

河政体制中有正式官缺的在籍官员，对扮演重要角色的效力人员及相关运作机制，却鲜有涉及。[1]

## 一 效力制度目的与沿革

弥补实缺河道官员不足是效力制度直接出发点。黄河、运河两岸堤工绵亘数千里，汛远工多，名色繁多（有岁修、抢修等），工程浩大，修守防险，纷繁复杂。大汛经临，修防更为吃紧，需充足人力，投身防险，奔走效劳，方不致贻误。然而，领取俸禄的实缺河道官员，江南 89 缺，东河 113 缺[2]，凭这些力量无法开展大规模河工，急需人员补充。副总河嵇曾筠深有感触，谈到河南"南北两岸，堤长一千三百余里，其间工程遥远，河务浩繁，固非臣所能独办，亦非寥寥十数河员，便能分理，一应奔走往来，不得不收效力微员，以供驱使，以资防护"[3]。南河工程更为浩繁，更需广收效力人员充实队伍。黄、运河工修防繁重，治河人员须掌握水利知识，娴习治河技术，才能胜任。然而，在科举取才导向下，读书人娴熟儒家经典，多不习水利知识、治河技术。吸纳读书人效力河工，参与河工修防，掌握治河技能，也是效力制度推行初衷。一言以蔽之，"河工效力人员，重在储材备用"[4]。

康熙中后期，河道总督开始使用效力人员协助治河。此举最初是河道总督私人行为，后逐渐获朝廷认可，并予推广。康熙三十八年（1699），总河于成龙治理高家堰河工时，身边除幕僚外，吸纳大量效力人员。康熙三十九年（1700），康熙帝巡视永定河工，见工程浩大，倚赖

---

① 这方面代表成果有：卢勇、王思明：《明清时期黄淮河防管理体系研究》，《中国经济史研究》2010 年第 3 期；贾国静：《清代河政体制演变略论》，《清史研究》2011 年第 3 期；江晓成：《清前期河工体制变革考》，《社会科学辑刊》2015 年第 3 期等。

② 《南河成案》卷 5，《中华山水志丛刊·水志》第 26 册，线装书局 2004 年影印本，第 216 页。南、东、北三河实缺官额数后有所变动。乾隆年间，南河额设厅、汛佐杂各官 100 缺，东河 104 缺，北河 87 缺。（《题为甄别留工效力人员以重河防事》，中国第一历史档案馆藏档案：档案号：02 - 01 - 03 - 05129 - 015）

③ 中国第一历史档案馆编：《雍正朝汉文朱批奏折汇编》第 3 册 335 号《嵇曾筠奏请造就河工人才折》，第 461 页。

④ 康基田：《河渠纪闻》卷 18，《四库未收书辑刊》一辑第 29 册，第 494 页。

现有河务人员，难以竣工，遂下旨准许革职官员等投工效力，公开推行效力之制。① 此后，永定河大工，效力人员自愿捐资，赴工出力，未动国库帑金。后经费不足，难以竣工，康熙帝特下谕旨，免除效力人员赔补的责罚。在康熙帝允准下，效力人员数额越来越大。康熙四十二年（1703），永定河两岸，除分司 2 员、正笔帖式 18 员、副笔帖式 18 员等正额官缺外，情愿在工效力之人数额庞大，超过正额官缺，渐呈冗滥之势。② 效力人员冗滥，导致"缺少人多"，题补正缺越来越难，竟有人提议效力人员通过掣签方式，"各听天命"，题补正额官缺。③

雍正登基后，继续在河工中扩大使用效力人员，并逐步规范相关效力程序。雍正元年（1723）六月，雍正帝特下谕旨，"八旗汉军、现任官员、捐纳候选及违误革职官员"，有情愿效力河工者，可尽速递呈工部审核，工部负责将其中家道殷实人员挑选 10 余人进行引见，之后交总河、副总河带往工地使用。④ 在此，效力人员涵盖旗人、捐纳候选官、现任官及革职官员，还开始实行引见制度。

雍正年间，针对河工效力人员出台一项基本限定条件——身家殷实。效力人员科考出身要求并不严格，"多有捐职、考职，本属虚衔，原以河务需人，不拘资格，准其收录"⑤，但对身家要求极严。原因是河工差繁费重，遇紧要工程，效力人员不仅没俸禄⑥，还要捐部分家资资助河工，分段承办部分工程，完成稍不如意，就要被罚参赔，数额比较浩大。这种负担远非一般家庭所能承受，因此家境殷实是基本要求。况且效力人

---

① 雍正帝敕编：《圣祖仁皇帝圣训》卷 35《治河三》，《景印文渊阁四库全书》史部第 411 册，台湾商务印书馆 1986 年影印本，第 561 页。

② 李光地：《榕村集》卷 27《请汰河工冗员疏》，《景印文渊阁四库全书》集部第 1324 册，台湾商务印书馆 1986 年影印本，第 902 页。

③ 傅泽洪等：《行水金鉴》卷 169《官司》，《景印文渊阁四库全书》史部第 582 册，第 614 页。

④ 乾隆帝敕编：《世宗宪皇帝上谕内阁卷》卷 8，《景印文渊阁四库全书》史部第 414 册，台湾商务印书馆 1986 年影印本，第 83 页。

⑤ 《清高宗实录》卷 117，乾隆五年（1740）五月丙辰。

⑥ 雍正初年，山东巡抚陈世倌曾支给河工效力人员每月每员薪水银四两。雍正帝闻知此事，认为此举与情愿效力的初衷不符，即停发此项银两，并著陈赔补从前发放银两。（《世宗宪皇帝跌批谕旨》卷 26，《景印文渊阁四库全书》史部第 417 册，第 568 页。）

员一旦选用河工，有时经手钱粮，"若非身家殷实之人，难免亏挪，及工程不固之弊"。① 为确保效力人员出自殷实家庭，清廷出台了严格措施。雍正年间规定，效力人员在部选环节，须出具同乡中主事以上的京官（微末京官无此资格）担保身家殷实的印结，审核通过才能赴河工效力。到任后，上司官员还要继续审核，"将果否家道殷实之处，行文移查本籍地方"，实力盘查。若查明存在舞弊造假，将本人及出结之同乡官，一并革职；若有贿赂等情况，严厉审明，按律治罪。②

乾隆年间，效力制度最显著变革——效力人员定额。最初，对效力人员没有严格的数额限制，河督多据当年汛期河工规模，酌量征聘一批人员效力，人数较为随意，缺少限制，后来开始呈泛滥之势。总河齐苏勒在雍正二年（1724）前，拣选题留 210 员后，又陆续留工或 70 余员，或四五十余员，随意性很强③。雍正二年，副总河嵇曾筠一年内题留候补州同范昌治等 56 人留工效力，随后四年间，题补、革退 29 人，剩余人员不敷差委，又陆续容留年富力强的效力人员 25 人。④ 南河总督孔毓珣也直言效力人员，"河臣每次酌量保题，原无定额"。⑤ 乾隆五年（1740）五月，管理江南水利德尔汪滩一次题请留工人员竟多达 129 人！⑥

效力人员大量壅滞导致补缺差遣遥遥无期，效率低下。针对此问题，乾隆五年（1740），吏部左侍郎蒋溥上奏朝廷，建议皇帝下旨，饬令河道总督就所在河工规模，设定需用人员的数额，并将此数额予以固定。同时，他还建议对现在河工效力人员，仔细甄别，剔除不合格人员。今后，

---

① 中国第一历史档案馆编：《雍正朝汉文朱批奏折汇编》第 17 册 332 号《孔毓珣奏请拣发出仕候补人员并降调河工效力人员折》，第 435 页。

② 《清世宗实录》卷 79，雍正七年（1729）三月丁巳。

③ 《南河成案》卷 5《请定河工效力文员额数停止武职投效缘由》，第 216 页。

④ 嵇曾筠：《防河奏议》卷 2《续留效力人员》，《续修四库全书》史部第 494 册，上海古籍出版社 2002 年影印本，第 53 页。

⑤ 中国第一历史档案馆编：《雍正朝汉文朱批奏折汇编》第 17 册 722 号《孔毓珣奏请将夏建寅等三员留工委任折》，第 919 页。

⑥ 中国第一历史档案馆藏档案：《题为遵议东河总督白钟山所请河工效力人员定额事》，档案号：02 - 01 - 03 - 03824 - 004，乾隆五年（1740）十一月二十日。

容留效力人员，只能照确定数额收录，不得于额外滥收。① 此折上达后，朝廷高度重视，经数月讨论，南河总督高晋、东河总督白钟山等各据河工情形，确定南河以 150 员、东河 60 员、北河 70 员为定额，经吏部议覆，最终固定下来。将效力人员定额，很大程度上能限制总河随意题留人员效力河工，亦可避免人员壅滞，补缺遥遥无期。乾隆十八年（1753），进一步裁员，河工效力人员最终定额——南河 60 员、北河 35 员、东河 30 员，幅度很大。②

## 二 效力人员的出身和选任

地方府州县的各类候补候选官是效力官员主要来源。③ 雍正八年（1730），汛期吃紧，河东总督田文镜请"于候选候补同知、通判、知州、知县内简发十员，赴北河效力"④。东河总督朱藻直言效力人员"不论满汉，凡候选微员及生监，例得许其投工效力"⑤。乾隆七年（1742），吏部强调"于候补候选人员内拣选才具精明，身家殷实者，带领引见，命往河工，以备修防之用"。⑥ 这些候补候选官，多非科甲正途出身，通过捐纳、荫叙及就读国子监等途径获得官员身份，未授实职，升迁途径有限，向上难度较大，遂投效河工，有更大把握早日补授实缺。当然，朝廷为筹集治河经费，储备治河人才，也乐意从候补候选官中选择投效人员。雍正八年规定，拣发河工效力人员，于候补、候选人员内，由三品以上京官，"保其才可办事，身家殷实者，送部引见候简"。此后，挑选河工效力人员基本照此例行事。乾隆元年（1736），东河河道总督白钟山于候

① 琴川居士辑：《皇清奏议》卷 36 收蒋溥《请定河员额数疏》，《续修四库全书》史部第 473 册，上海古籍出版社 2002 年影印本，第 300 页。

② 《清高宗实录》卷 450，乾隆十八年（1753）十一月庚午。

③ 包括府属同知、通判，直隶州州同、州判，州属州同、州判，县属县丞、主簿等。候补官员群体代表研究，参见肖宗志：《候补文官群体与晚清政治》，巴蜀书社 2007 年版。

④ 《世宗宪皇帝跌批谕旨》卷 126，《景印文渊阁四库全书》第 421 册，第 633 页。

⑤ 中国第一历史档案馆编：《雍正朝汉文朱批奏折汇编》第 24 册 67 号《朱藻奏请恩准旗员白树屏等人留工效力等事折》，第 89 页。

⑥ 中国第一历史档案馆藏档案：题为遵议东河总督白钟山题请补额河工效力人员事，档案号：02-01-03-03986-006，乾隆七年（1742）九月初四日。

选州县同知、通判中挑选 10 员发往河工效力，很快得到吏部核议准许。① 浙江钱塘人监生王林，于康熙五十五年（1676）得授候补州同，后于康熙六十年（1721）捐纳，得补授实职。雍正二年（1724）主动自荐，最终得效力河工。②

八旗子弟投效河工，令人瞩目。一些科甲不顺的八旗子弟，常规方式进入仕途，难度较大。效力河工，积累经验，表现卓异，几年后进入官场，也为不错选择。不少子弟自幼随父兄外任地方，生活优渥，安逸游荡，多荒废无成，败坏八旗声名，影响恶劣。对此，雍正帝专下谕旨规定，年满十八岁的旗人外官子弟，"悉令归旗，或读书肄业，或披甲食粮，使之各有成就，不致荒废"。③ 为逃避归旗，部分旗人子弟选择效力河工，学习河务，逐步进入仕途。东河总督朱藻（汉军镶白旗）建议简化旗人效力河工程序，认为汉军旗人"多以官为家，凡有人口，俱随任养赡，在京置产者甚少，其家道是否殷实，本旗无由察知，是以不便出结"，简化程序，不必出具殷实印结。④

革职官员效力河工，也不容忽视。清中后期，大工频兴，事故频发，负责官员备受牵连，动辄被处罚。轻者罚款赔修，重者革职流放，甚至付出生命。遭革职官员，多有治河经历，累积丰富治河经验。朝廷遂将其免于流放，发往河工，戴罪立功。此举既能发挥其治河专长，让其感念皇上"破格施恩，自应感激愧奋，力图报效"。⑤ 革职官员效力河工相当普遍，仅革职河道总督中，就有姚立德、李亨特、康基田、徐端、叶观潮等。一些地方大员，曾参与河工，革职后，也被发往河工效力，如直隶总督姜晟、山东巡抚陈世倌、山西巡抚同兴等。除督抚大员外，革职管河道员及佐杂等官，发往河工，也甚为普遍。嘉庆十六年（1811）

---

① 《清高宗实录》卷 11，乾隆元年（1736）正月癸亥，第 346 页。

② 中国第一历史档案馆编：《雍正朝汉文朱批奏折汇编》第 34 册 82 号《王林》，第 94 页。

③ 中国第一历史档案馆编：《雍正朝汉文朱批奏折汇编》第 23 册 264 号《鄂弥达奏缴朱批折》，第 316 页。

④ 中国第一历史档案馆编：《雍正朝汉文朱批奏折汇编》第 24 册 67 号《朱藻奏请恩准旗员白树屏等留工效力折》，第 89 页。朱藻子候选州同朱腾龙，就是南河效力人员。

⑤ 《清仁宗实录》卷 209，嘉庆十九年（1814）夏四月庚午。

九月，马港口漫口工程，动用帑金340余万两，花费浩大，水利官办事草率，新挑河道很快淤塞，皇帝震怒，下旨将出险河段官员革职，但令留任河工效力赎罪。①

革职官效力河工，意味政治生命未完全终结，表现卓异，仍有机会重返仕途，甚至官复原职。如嘉庆十二年（1807）三月，王营减坝大工合龙，皇帝闻之欣喜，将革职效力的兵部侍郎江兰等人重任要职。② 再如，革职临清直隶州知州杨嗣曾，因谙练河务，被发往东河效力。嘉庆帝赏识其治河才能，表示若能始终奋勉出力，三年考察期满，定官复原职，毋庸出赀捐复。③ 革职官效力表现决定今后能否重入仕途，故而积极性很高。雍正三年（1725）四月，革职官胡期恒"蒙皇上天高地厚之恩"，发往河南堤工效力，到工后，就将随身盘缠4000两，悉数交与河库道。此举引来河东总督田文镜关注，并将期恒表现上报，以求嘉奖。④ 革职官效力河工，虽有起复可能，但效力河工是份苦差，须付出很大代价。署兖宁道徐德俶因办工不力，被罚"出资数万金效力"，恰逢临河大堤卑薄残缺，亟须加帮高厚。此项河工需银"四万一千余两"，除沿线州县筹集款项及山东布政司库动拨帑银外，夫役工食银有很大缺口，这些钱直接落到徐德俶头上，由其出资填补。⑤

挑选效力人员的途径，大致可分为三类——总河题留、吏部拣选、皇帝命往。

1. 总河题留⑥。制度实行初期，在选用效力人员上，总河具较多自主性，每年视河工难易程度，及在工人员多寡，酌情录用效力人员。雍正

①《清仁宗实录》卷248，嘉庆十六年（1811）九月丁丑。

②《清仁宗实录》卷176，嘉庆十二年（1807）三月戊申。

③《清仁宗实录》卷304，嘉庆二十年（1815）三月癸丑。

④ 中国第一历史档案馆编：《雍正朝汉文朱批奏折汇编》第4册667号《田文镜奏请指示胡期恒等如何在工效力赎罪折》，第835页。

⑤ 中国第一历史档案馆编：《雍正朝汉文朱批奏折汇编》第9册351号《稽曾筠奏请动拨帑银备料确保河工折》，第459页。

⑥ 运河沿线地方督抚，从乾隆年间开始不断深度介入河工事宜，直接就治河发表意见，随之也具部分题留权。但题留效力人员，主要由总河掌握。请参见刘凤云《两江总督与江南河务——兼论18世纪行政官僚向技术官僚的转变》，《清史研究》2010年第4期。

初年规定，总河须查明效力人员身家是否殷实，是否熟悉河工，酌量选用合格人员，同时须详开效力人员履历，将当年留工人员名数、信息造册，送与吏部存案，待今后题补正缺，再次覆查。总河上报殷实印结、捐册、考册后，吏部加以审核，若事实相符，一般不会驳斥；如与吏部存案矛盾，吏部发回重审，乃至否定总河决定。乾隆四年（1739），北河总督顾琮题留效力监生王聚岚，身份为捐纳监生，与吏部存册记载考授吏目不符，吏部遂驳回，令顾琮查明王聚岚身份后，重新上报。①

定额化前，总河选用效力人员缺少额数限制，以致出现人员壅滞，补缺遥遥无期（见上文）。乾隆五年（1740）定额化改革后，总河自主题留效力人员开始受到一定限制。然而，在既定额数内，如有丁忧等项事故以及不肯实心办事被驱逐，总河少人差遣，"若仍等待汇题，则额缺日久，差遣乏人，若收录一员，即行具题，又不免繁渎"。改革后，总河题留效力人员的具体程序改为："嗣后额设效力人员内，遇有丁忧等项事故缺额，随时补录，一面即造具履历清册，咨部存案，仍于年底汇疏具题，似觉妥便。"②

总的来看，总河题留的效力人员，多谙习河务，能收臂指之效。不足在于，这部分人出身鱼龙混杂，"俱系不应选用之人"，冀图效力题补正缺。③

2. 吏部拣选。吏部最初主要负责审核总河题留人员的履历名册，将不合格者予以除名，部分限制总河权力。④ 乾隆年间开始，吏部逐步参与到拣选效力人员，甚至权重于总河。⑤

---

① 中国第一历史档案馆藏档案：《题为核议效力人员事》，档号：02-01-03-03832-001，乾隆五年（1740）四月初三日。

② 中国第一历史档案馆藏档案：《题为核实朱万斛等由部拣发河工效力人员定额以慎河防》，档号：02-01-03-04365-006，乾隆十年（1745）十二月十九日。

③ 中国第一历史档案馆藏档案：《奏为遵旨核议酌减南河效力人员定额等情事》，档号：04-01-12-0058-081，乾隆十三年（1748）四月十七日。

④ 雍正年间，吏部拣选尚未普遍，雍正帝在谕旨中，将效力人员分为"无论命往（皇帝命往）及在彼处拣选（总河题留）"两类，未曾提及吏部拣选。[中国第一历史档案馆所藏档案，《题为核议效力人员事》，档号：02-01-03-03832-001，乾隆五年（1740）四月初三日]

⑤ 据中国第一历史档案馆所藏档案统计，南河自乾隆五十四年（1789）至嘉庆二年（1797），共四次拣选效力人员，其中三次均为吏部拣选；东河自乾隆五十八年（1793）至嘉庆二年（1797），共三次拣选效力人员，均为吏部拣选，总河未参与。

拣选程序：首先，总河上报效力官职衔品级；其次，吏部从候补候选官员内拣选符合要求的官员发往河工。乾隆五十九年（1794）十一月，南河总督兰第锡上奏南河缺人，请求吏部于候补候选佐杂人员内拣选七品官四员、八品官四员、九品以下十二员，引见后发往河工。① 这些愿往河工效力的官员，需提前取得本籍地方官开具的身家殷实印结，赴吏部投递验看，合格后于吏部注册，以备拣选。此法与旗员一体办理。② 吏部拣选对效力人员官品针对性强，为之后题补官缺提供了便利。乾隆初年，东河总督完颜伟题留人员约六七十员，但均属微末小官，缺乏可委用的同知、通判大衔官员，遂请旨命吏部拣选"候选候补同知、通判、知州、知县十员，来工效力"③。

乾隆三十年（1765）五月，南河总督李弘曾对吏部拣选与总河题留两种途径的优劣做了总结。他讲，效力人员报效河工，最初由总河保题留工，"嗣因投效人员过滥，改为由部拣选引见"。接着话锋一转，谈到吏部拣选的官员，"多系地省候补候选人员，并未到工，不知防水事务"，导致总河难收臂指之效。④ 可见，吏部拣选人员，多为正途出身，但多不谙河务，需耗时间去学习培养，地方督抚一时不能得力使用。乾隆五十六年（1791），兼管北河的直隶总督梁肯堂就抱怨部选官员初到河工，不谙河务，就上奏推荐跟随自己十余年的捐职主簿吴兆熊发往直隶河工效力。⑤

3. 皇帝命往。皇帝亲下谕旨特命官员前赴河工效力，此举多见于革职官员效力上，上文已涉及，不再详述。皇帝也通过此举赏赐功臣、宠

---

① 中国第一历史档案馆藏档案：《奏请饬部拣发河工效力人员事》，档号：04-01-13-0096-013，乾隆五十九年（1794）十一月二十九日。

② 中国第一历史档案馆藏档案：《题为河工效用人员宜核实定额以慎河防以重名器事》，档号：02-01-03-04611-013，乾隆十三年（1748）十一月十一日。

③ 中国第一历史档案馆藏档案：《题为核实朱万斛等由部拣发河工效力人员定额以慎河防》，档号：02-01-03-04365-006，乾隆十年（1745）十二月十九日。

④ 中国第一历史档案馆藏档案：《奏请河工效力人员仍照例在外拣选事》，档号：03-0115-036，乾隆三十年（1765）五月。

⑤ 中国第一历史档案馆藏档案：《奏请将吴兆熊赏发直隶河工效力事》，档号：04-01-13-0088-024，乾隆五十六年（1791）九月二十四日。

臣，让官员家属赴河工效力。雍正初年，湖南辰沅靖道王柔身荷经营西南重任。雍正帝特下旨将王柔弟王机发往河工效力，赐予入仕机会。获悉此事，王柔将其视作家族荣耀，特上奏叩谢天恩。①

### 三　效力人员的职责和上升途径

最初，河工效力人员分到的差使多样，有"查料防险""催漕防汛""承修承办工程"，甚至捕蝗等项杂差，② 且不乏"经手钱粮工程"的核心事务。江南河道总督孔毓珣直言"河工效力人员，凡有委用，多系工程钱粮"。③ 效力人员虽家境殷实，但毕竟没薪俸，有时为好好表现获得升迁，甚至自掏腰包捐助河工。受利益驱使，经手钱粮，"势必竞事欺朦，指平为险，惟冀添筑工程，恣其浮冒"。雍正四年（1726）就发生候选知州郎迼侵蚀帑银，捏报被窃案。④ 一些官员意识到这点，认为效力人员掌握河工钱粮事务，"误工亏帑，皆若辈为之"，加剧河务腐化。对此，乾隆十八年（1753），皇帝专下谕旨，对效力人员职责做明确界定：

> 查估验工程物料，应河臣暨该管道员，亲身督率；修防工程，系厅员专责，均不应委之效力人员。⑤

此规定旨在将效力人员排除于河工核心事务，尤不准经手钱粮，仅起"差遣备用"之作用。

除差遣备用外，乾隆三十年（1765），又增一项任务，即效力人员须及时汇报河工进展，起到监督河厅、河营。做法是：河道总督派出干练的效力人员，分驻相应的管河厅、汛，"除帑料不准经手外，凡该厅汛水

---

① 《世宗宪皇帝朱批谕旨》卷142，《景印文渊阁四库全书》史部第422册，第390页。

② 中国第一历史档案馆藏档案：《奏为酌定周学健河工效力额数事》，档号：02-01-03-04852-013，乾隆十六年（1751）二月初四日。

③ 中国第一历史档案馆编：《雍正朝汉文朱批奏折汇编》第17册332号《孔毓珣奏请拨发曾经出仕候补人员并降调河工效力人员折》，第435页。

④ 《世宗宪皇帝上谕内阁》卷46，《景印文渊阁四库全书》史部第414册，第405页。

⑤ 《清高宗实录》卷450，乾隆十八年（1753）十一月庚午。

消长，溜势迁移，工程丈尺，用料多寡，取土难易，皆令该员按日禀报"。① 此举既能考验效力人员是否具备相应治河才能，又能让河厅、河营有所顾忌，防止虚报浮冒。

清中后期，河工开销逐渐增大，岁修抢修层出不穷，定额经费不敷使用。河工经费日益膨胀，带给国家财政很大压力。② 为缓解财政负担，朝廷开始让效力人员出资承办一段或数段工程。具体做法：按候补、候选官的职衔大小，认办工程，"其出资数目，咨部核定，以归划一"。效力人员，自掏腰包，承办河道工程，能部分减轻政府沉重的财政负担。若承办工程在要求年限内质量可靠，河道总督可将出力人员职衔开列清单，送交吏部，并授适当官衔。③

效力人员，自备资斧，不辞辛苦，出力行走，最主要目的，无非是早日补授实缺。为调动投身河工积极性，朝廷刻意迎合此类要求，对表现卓异人员，授予实缺，起激励作用，使其"知进身有阶，自能人人奋勉"。④

提到效力人员补授河缺⑤，就不得不涉及政绩考核方式。在康熙末期，效力人员数额剧增，缺少人多，有人建议以掣签方式，补用河缺。淮扬道傅泽洪严厉批评这种做法，主张按各自功绩大小，分列等次，依次补用，并提出一套完整方案：

> 伏祈本部院，按册稽核，将功绩之最大最多者列为上等，其次列为中等。而防险、催漕、水报杂差各功绩，则量其久暂、远近、大小，或以二三次准作中等功绩，依次分别叙用。其中有功绩相等者，则又以效力年分相较久近，以定后先，注明宪册，并将各员名

---

① 《清高宗实录》卷747，乾隆三十年（1765）十月辛未。
② 陈桦：《清代的河工与财政》，《清史研究》2005 年第 3 期。
③ 黎世序等：《续行水金鉴》卷106，《四库未收书辑刊》七辑第 7 册，第 795 页。
④ 中国第一历史档案馆编：《雍正朝汉文朱批奏折汇编》第 3 册335 号《嵇曾筠奏请造就河工人才折》，第 461 页。
⑤ 以南河为例，每年空出河缺，"十余缺，或二十余缺不等，均可以效力人员遴选委用"。（中国第一历史档案馆藏档案：《奏为酌定周学健河工效力额数事》，档号：02－01－03－04852－013。）

下功绩等第，开列晓谕。此等人员中，如有后奉差委，实心效力，著有功绩者，则又按明更定示知，许其越班叙用。若始终挂名河员，并不在工效力者，概不准用。①

此后，雍正帝专下谕旨强调须对效力人员划分等级："河工效力人员，须分三等，看有实心效力勇往无前的，有平常效力循分供职的，有竟不效力随班逐队的。"② 对河工人员的奖惩，清廷出台了具体措施：相应人员所管汛内，一切堤埽工程，修防保固平稳，且经手钱粮没有差错，厅汛河员三年限满，准照原衔升补，并由河道总督具疏保题，送吏部引见，请旨定夺。此举将表现优异者升衔留任，将修防忝误人员严行题参，"如此则事例化一，现任者升转无滞，效力者补用有阶"，使其鼓舞奋力，争先出力。③

总河保奏荐举扮演重要角色。乾隆四十九年（1784），山东运河堤工稳固，办理完整妥协，东河总督兰第锡在竣工后，一次就保举候选知州许承苍等三十员题补正缺，或留河工委用，或留地方差遣。④ 在考核中，总河甄别效力人员贤愚，并出具考语上交吏部，作为补缺重要依据。具体程序为：

该督（河道总督）将命往人员并现任及从前题准留工之员，择其对品，或应升者，遇有缺出，拣选题请委署。俟一年后经历三汛，果能胜任，出具考语，保题送部引见，恭请实授。如不胜任，不必拘定年限，立即调回，另行遴员题署等语。⑤

---

① 傅泽洪等：《行水金鉴》卷 169，《景印文渊阁四库全书》史部第 582 册，第 614 页。

② 中国第一历史档案馆藏档案：《圣谕》，档号：04 - 01 - 30 - 0115 - 025，雍正元年（1723）六月二十日。

③ 中国第一历史档案馆编：《雍正朝汉文朱批奏折汇编》第 23 册 713 号《嵇曾筠奏请照直隶豫省现行之例准江南河员三年限满以省衔留任折》，第 878 页。

④ 高晋等：《钦定南巡盛典》卷 50《河防》，《景印文渊阁四库全书》史部第 658 册，台湾商务印书馆 1986 年影印本，第 776 页。

⑤ 中国第一历史档案馆藏档案：《题为遵议南河效力知县蒋尚宪准其署理徐州府丰砀河务通判事》，档号：02 - 01 - 03 - 04786 - 003，乾隆十五年（1750）四月初六日。

除河道总督保题具奏外，吏部则希望建立制度化的运作模式。具体做法：每届三年，照外官三年大计之例，"将在工效力人员，分别勤惰，及曾否委办河务，详注明白具题，交部察核。嗣后，河员缺出，即在一二等人员内，陆续题补，以昭劝惩，以示鼓励"①。此举将判定效力人员等级的权力，从河道总督手中，收归吏部。不过，此奏上达后，并未引起中央重视。乾隆二十二年（1757），朝廷才对河道总督拣选效力人员升补河缺的制度，做了调整。此次调整改变之前的选官方式——不经吏部审核，督抚权力过大，将官吏任免权，大部收归吏部。②

除补授河缺外，效力人员还有机会升补州县官缺。雍正十年（1732）十二月，高家堰石工告成。南河总督嵇曾筠鉴于承修工程的效力人员（出身多为候补候选知府、知县以及佐贰等官），效力三载，办运木石，遍及黄运湖河，娴习河务，立下大功，应拣选"明晰河务，且谨慎明敏者，堪膺民社之员，如遇沿河州县缺出，详加选择，咨送督抚各臣验看"，升补沿河州县官缺。③ 此奏上后，吏部很快批准施行。

在效力人员升补州县官缺上，雍正年间，地方督抚有很大决定权。皇帝开始流露出顾虑：效力人员娴熟河务没有问题，但"果否能胜任民社之事，难以遽定"。对此，胤禛想出补救之法，要求地方督抚将效力人员升补州县官缺前，须要将效力人员留心试用一年，看能否胜任地方事务，期满后合格，方准任职地方。④

乾隆登基后，对河工效力人员填补沿河州县官缺高度重视。他对效力人员的出身心怀芥蒂，认为此类人员缺乏科考业绩，"多有捐职、考职，本属虚衔"，因河务需人，不拘出身，才得以收录。如此一来，众多效力人员通过此种途径，陆续补授州县实缺，"是名为效力河工，实则为此等人员，开一补用地方官之捷径"。对此，乾隆帝下旨明令限制效力人

---

① 琴川居士辑：《皇清奏议》卷 36 收蒋溥《请定河员额数疏》，《续修四库全书》史部第473 册，第 301 页。

② 《清高宗实录》卷 552，乾隆二十二年（1757）十二月庚午。

③ 嵇曾筠：《防河奏议》卷 6《石工人员补用沿河州县》，《续修四库全书》史部第 494 册，第 155 页。

④ 《清世宗实录》卷 72，雍正六年（1728）八月丙申。

员题补州县实缺。①

### 四 效力制度弊病和改进措施

相较常规途径，效力河工有较多机会、较快速度题补实缺。定额化改革后，效力人员数额激增得到一定遏制，但实际上，受利益诱惑，效力人员规模再呈泛滥之势。嘉庆十六年（1811），李家楼大工告成，黄河复归故道。两江总督百龄一次保奏的出力人员，就有600多人（含大批效力人员）。皇帝览奏震惊，训斥河道总督对效力人员，"不加选择，任意收录"，以致人数众多，不得不下谕旨重申效力人员限额："江南六十员，直隶三十五员，河东三十员。"②

除人员泛滥外，效力人员多非科甲出身，个人素质良莠不齐，加之没有薪俸，甚至要自掏腰包报效河工。有时难免利用职权贪污腐化，如承包工程，相互欺瞒，指平为险，浮冒钱粮，误工亏帑。③与附近州县豪绅劣监，勾结往来，"无事之时，酒食征逐，一遇差遣，挪钱借贷巧为营取"。他们相互联络，出入衙署，包揽词讼，招摇过市，贻害乡曲，劣迹斑斑。④还如，效力人员多出身豪富，生活奢靡，夤缘投效，向上司违禁馈送，以求发达，对后来"珠玉玩好，群相矜尚"的河务积习，起到推波助澜的作用。⑤

效力制度在运作中，存在一个突出问题——对效力人员科考出身要求不严，但对身家要求却很严。效力人员必须持有原籍地方官（或本旗都统）出具身家殷实印结，如无印结，即便如何谙练河务、品行端正，不仅无法题补正缺，还要面临被清退境地。因此，能否出具证明身家殷实的印结，直接关系到效力人员能否效力，以及将来的政治前途。这给

---

① 《清高宗实录》卷117，乾隆五年（1740）五月丙辰。

② 《清仁宗实录》卷255，嘉庆十七年（1812）三月己亥。

③ 中国第一历史档案馆藏档案：《奏议酌定河工效力人数事》，档号：030087－093，乾隆十八年（1753）十一月十六日。

④ 《清高宗实录》卷20，乾隆元年（1736）六月癸酉。

⑤ 《清宣宗实录》卷101，道光六年（1826）七月丙午。

一些具备出具印结资格的官员，上下其手，借端勒索的机会。①

　　针对制度运作中出现的问题，朝廷逐渐意识到严重性，采取防范措施。如乾隆五年（1740），停止武职人员效力，减轻人员冗滥问题。② 除对效力人员严厉管控外，清廷开始推行新政策，比较突出的就是——派科甲出身人员赴河工学习河务，逐步冲淡效力人员在治河中所扮演的角色。

　　早在康熙四十年（1701），张鹏翮在总河任上，专折上奏皇帝，建议从进士、举人中遴选"年力英敏者"，发往河工效力，待卓有成效，遇缺题补。出人意料的是，此折上后，却得到皇帝明确否决。③ 乾隆六年（1741），河南巡抚雅尔图再次上奏，要求效力河工人员俱用科甲中人。这次，弘历给了委婉否决，还做耐心解释——效力人员改用科甲中人，虽属公正之论，但一旦实行，会堵塞大批非科甲出身人员进入仕途，阻力很大，反对声音很高，"怨汝者必多，汝担不起"④。可见，效力人员已形成一个不能忽视的既得利益集团。

　　在不引起既得利益集团激烈反对下，又能逐步起用科甲正途人员，可谓一波三折。雍正帝采取折中措施。在推行效力制度同时，要求内阁每年在中央各部院拣选贤能勤慎司官二员，带领引见，赴南河学习河务，参与河工，两年后考核合格，直接补授河缺。⑤ 不过，此举推行没几年，就不了了之。直到道光十二年（1832），道光帝阅读实录，受曾祖启发，此举才重新实行——在内阁、翰詹、六部、都察院各衙门，选择科甲正途出身，清慎勤敏人员，每部保送一员，发往东河、南河学习，两年后合格，即补授河缺。⑥

　　随着科考举行，举人数额愈发膨胀，入仕极度壅滞。嘉庆二十二年

---

　　① 中国第一历史档案馆编：《雍正朝汉文朱批奏折汇编》第 31 册 521 号《石文焯奏陈杜绝发往河工效力旗员借端在外逗留之弊折》，第 570 页。

　　② 康基田：《河渠纪闻》卷 20，《四库未收书辑刊》一辑第 29 册，第 494 页。

　　③ 张鹏翮：《治河全书》卷 1《题为淮黄交会谨陈善后二策》，《续修四库全书》史部第 847 册，第 302 页。

　　④ 《清高宗实录》卷 141，乾隆六年（1741）夏四月癸亥。

　　⑤ 《清世宗实录》卷 137，雍正十一年（1733）十一月己亥。

　　⑥ 《清宣宗实录》卷 222，道光十二年（1832）九月丙申。

（1817），朝廷开始于大挑举人一等人员内拣选，分发河工学习，定额为：南河30员、东河20员、北河10员。举人发往河工后，试用期二年，六汛过后，由总河秉公察看他们是否能通晓河务。如能谙练河务，即留工补用河缺；如不谙练河务，但通晓州县事务，即以知县补用；如才识迂拘，就以教职补授。① 此次大挑之后，分发河工之例，一直存在，直到咸丰十年（1860），南河总督裁汰，才将此例停止。②

总之，河工效力制度的实行，一方面很大程度上，提供给未经科甲出身人员补用实缺，进入仕途的机会；另一方面效力人员不领薪俸，有时还要捐款报效，对缓解紧张的河工经费，也起到一些作用。通过此制，培养了大批谙练河务的人才，缓解了治河人才的短缺。后来，针对效力制度运作中出现的系列问题，朝廷开始拣选科甲出身人员，前往河工学习。但从整体看，河工效力制度存在时间长，运作具制度化，是清代河工的一项特色制度。

# 小　结

清代设河道总督督理黄河、运河河工，并负责沿河社会秩序，平定地方动乱等事务。河道总督一职经历了总司黄、运河工事务，再到副总河协助处理河工事务，最后形成划区治理，一分为三的统治格局。这种稳固的河政上层统治格局，在晚清时期内外交困以及河督与地方督抚之间的职责推诿下，最终走向崩解。

清代河政中层机构也经历着复杂变化。清初实行以工部管河分司具体负责河道疏浚事务的河政运作机制。管河分司职权微弱，无法调动沿河州县印官协同治河，后被裁撤，几经变革后，最终形成以运河道为中心的运河河工运作机制。明代河工钱粮并无专属的钱库。至清代，随着河东河道总督辖下以运河道为中心的河政组织系统定型，运河道银库成

---

① 黎世序等编：《续行水金鉴》卷34《运河水》，《四库未收书辑刊》七辑6册，第671页。

② 张振国、王月：《再论清代的举人大挑制度》，《历史档案》2012年第2期。

为专管山东运河河银的钱粮存贮部门，标志着河道总督开始具备一定的财权。

清代山东运河河工基层官员由地方府州县的同知、通判以及州判、州同、县丞、主簿等佐杂官员构成。至乾隆年间，这些河工佐贰官员彻底从繁杂的地方事务中解脱出来，形成一批专注于河工基层事务的常备官员群体，标志着河工事务专业性的强化。

自河道总督以至基层河工佐贰官员的河道官员群体均领取不同数额的俸银以及柴薪银、心红纸张银、蔬菜烛炭银等。至雍正年间，随着耗羡归公改革的完成，各级河道官员开始有一笔数额不等的养廉银。依据相关史料所载的山东运河文职官员员缺数以及相应官缺的正俸及养廉银数据，我们可以得出——乾隆年间山东运河文职员缺俸廉银合计19162.464两，嘉庆年间为19868.034两，同治年间为19488.692两。与此同时，参与运河河工事务的运河营也领取俸薪银和养廉银。清中后期，山东运河营各类武职将领俸薪银及养廉银两项维持在1300两上下。

为弥补实缺河道官员力量不足，同时储备一批娴习河务的后备人才，清代在河工运作中实行了较为完备的效力制度。地方府州县的各类候补候选官员、八旗子弟以及革职官员等群体是效力人员的主要来源。河工效力人员从事河工事务，却无薪俸补助，有时为了获升迁，甚至自掏腰包捐助河工。效力人员有时难免利用职权贪污腐化，浮冒钱粮，对"珠玉相尚，群相矜尚"的河务积习的形成，起到推波助澜的作用。

# 第三章

# 河夫征调

黄河、运河等大型河工开展，离不开数目庞大的河夫征调与参与。本章讨论明清运河河工夫役的设置、因袭，尤其对清代山东运河河工开展所需河夫的用银成本做详细的研究。

## 第一节　夫役之设

根据不同的水文地势，明清两朝于黄河、运河河段设置了类型多样的河夫。明工部都水郎中徐标提到河夫名目繁多，"河夫之役，名目至不一矣，以标所隶者，有浅夫，有闸夫，有堰夫；以标所闻者，有溜夫，有洪夫，有堤夫，有堡夫，有铺夫，有泉夫，有坝夫、徭夫、白夫、游夫、桥夫之类。或捞浚，或修筑，或防守，或挽拽，皆河上所急需者也"[1]。清承明制，黄河、运河常见夫役也有堡夫、徭夫、浅夫、桥夫、闸夫、坝夫、渡夫、埽夫、浅夫等十余种类型。[2]《清会典》对各地域的夫役类型做了介绍：

江南、山东、河南设堡夫；山东、江南设闸夫；直隶、山东设浅夫；河南设柳船长夫、桩埽夫；山东设徭夫、泉夫、坝夫、军夫、桥渡夫；直隶设汊夫、防夫。各随其地之宜，其食于官也，则视役

---

① 朱国盛、徐标：《南河志》卷9《河夫议》，《中国水利史典·运河卷一》，中国水利水电出版社 2015 年版，第 1102 页。

② 乾隆帝敕修：《清朝文献通考》卷21《职役考一》，商务印书馆 1936 年版，第 5046 页。

之轻重以为差。山东运河届疏濬之年，按其工之大小，别募夫役，工竣则止。①

王琼《漕河图志》介绍了运河（漕河）的主要夫役类型：

> 漕河夫役，在闸者，曰闸夫，以掌启闭；溜夫，以挽船上下；在坝者，曰坝夫，以车挽船过坝；在浅铺者，曰浅夫，以巡视堤岸、树木，招呼运船，使不胶于滩沙，或遇修堤浚河，聚而役之，又禁捕盗贼；泉夫，以浚泉；湖夫，以守湖；塘夫，以守塘；又有捞沙夫，调用无定；挑港夫，征用有时，若计工重大，则发附近军民助役，事毕释之。定役夫，自通州至仪真瓜洲，凡四万七千四人。②

## 一 夫役类型

### 1. 浅铺夫和捞浅夫

浅铺夫，又称浅夫，"列铺居之，使习浅阻，招呼运卒，不胶于沙"③，即负责挑浚运道，防止漕船搁浅的夫役类型。浅夫之设，始于永乐十三年（1415）平江伯陈瑄所置，自淮安至通州修铺舍 568 座，"舍置卒，导舟避浅"④。此后，除挑浚河道外，浅夫职能多样化，包括巡视河堤树木，甚至包括维护沿运治安。王琼说："在浅铺者，曰浅夫，以巡视堤岸、树木，招呼运船，使不胶于滩沙；或遇修堤浚河，聚而役之，又禁捕盗贼。"⑤

明代浅铺组织主要包括两种形式：一种常见的是老人制（见表3—

---

① 允祹等：乾隆《钦定大清会典》卷74《工部·都水清吏司·河工》，《景印文渊阁四库全书》史部第619册，台湾商务印书馆1986年影印本，第681页。

② 王琼：《漕河图志》卷3，《中国水利史典·运河卷一》，中国水利水电出版社2015年版，第69页。

③ 胡瓒：《泉河史》卷10《夫役志》，《四库全书存目丛书》史部第222册，齐鲁书社1996年影印本，第628页。

④ 张廷玉等：《明史》卷153《陈瑄传》，第4206页。

⑤ 王琼：《漕河图志》卷3，《中国水利史典·运河卷一》，第69页。

1）；一种是小甲制。① 明代中期山东运河沿运 26 个州县卫所浅铺夫中，仅德州卫、平山卫等 5 个卫所实行小甲制的组织形式，其余 21 个州县均为老人制浅铺组织。老人制浅铺组织，一般是一个浅铺有老人 1 名，管理 10 名左右的浅夫。入清后，伴随侧重赋役征发的里甲组织解体，原先以劳役征派河夫的浅铺，逐渐走向雇募，小甲、老人的组织管理模式失效，逐渐形成地方佐杂官直接管理负责的组织形式。

表 3—1　　　　　　　　　明浅夫构成表　　　　　　　（单位：名）

| 州县 | 浅铺 | 老人 | 浅铺夫 | 捞浅夫 | 州县 | 浅铺 | 老人 | 浅铺夫 | 捞浅夫 |
|------|------|------|--------|--------|------|------|------|--------|--------|
| 德州 | 7 | 7 | 70 | 0 | 东阿 | 9 | 9 | 45 | 79 |
| 德州卫 | 10 | 10 | 100 | 0 | 寿张 | 5 | 5 | 25 | 46 |
| 德州左卫 | 6 | 6 | 60 | 0 | 东平 | 13 | 13 | 75 | 91 |
| 恩县 | 7 | 7 | 35 | 0 | 东平所 | 4 | 4 | 40 | 0 |
| 武城 | 29 | 29 | 174 | 0 | 邹县 | 0 | 0 | 0 | 10 |
| 夏津 | 8 | 8 | 40 | 10 | 汶上 | 14 | 14 | 70 | 226 |
| 临清 | 12 | 11 | 95 | 39 | 嘉祥 | 4 | 4 | 20 | 69 |
| 馆陶 | 12 | 12 | 72 | 0 | 巨野 | 5 | 5 | 25 | 123 |
| 清平 | 9 | 9 | 45 | 66 | 济宁卫 | 5 | 5 | 50 | 91 |
| 堂邑 | 7 | 7 | 36 | 66 | 济宁 | 12 | 12 | 60 | 218 |
| 博平 | 6 | 6 | 30 | 66 | 滋阳 | 15 | 0 | 25 | 0 |
| 聊城 | 23 | 23 | 115 | 85 | 鱼台 | 21 | 21 | 105 | 110 |
| 阳谷 | 12 | 12 | 60 | 244 | 合计 | 260 | 239 | 1521 | 1639 |
| 平山卫 | 5 | 0 | 50 | 0 | | | | | |

资料来源：万历《大明会典》卷 198《河渠三·运道三·夫役》。

说明：卫所为小甲、军夫，职能与浅夫同，列入一表。

明代山东运河尚有职能类似浅夫的捞浅夫。其职责如《漕河图志》所言："又有捞沙夫，调用无定。"② 景泰六年（1455），黄河冲决沙湾淤塞山东运道，都御史徐有贞奉命治河。事后，他建议以沿河州县百姓设

————————

① 吴欣：《明清时期京杭运河浅铺研究》，《安徽史学》2012 年第 3 期。

② 王琼：《漕河图志》卷 3，《中国水利史典·运河卷一》，第 69 页。

捞浅夫，"免其徭役牧养之事，使专事于此，付管河官督领，役小则量数起之役，大则举户皆行"①。作为疏挑运道淤沙的机动力量，捞浅夫并没有系统的组织，听州、县、卫河官征调派遣，无固定服役河道，有事则集，无事则散。弘治九年（1496）《漕河图志》载山东捞浅夫3890名，隆庆初年3644名②，后经裁革、停役、折征，至万历四年（1576）捞浅夫数额已降至1614名（见表3—2）。入清，山东运河不再有捞浅夫这种职役。

**表3—2**　　　　　　　　**明清漕河夫役类型数目表**　　　　　（单位：名）

| 类型 | 漕河图志 | 明会典 | 全河备考 | 运河备览 |
|---|---|---|---|---|
| 浅夫 | 2445 | 1521 | 1453 | 1372.5 |
| 闸夫 | 1192 | 1008 | 1309 | 1776.5 |
| 溜夫 | 2625 | 1809 | 250 | 0 |
| 捞浅夫 | 3890 | 1614 | 0 | 0 |
| 坝夫 | 1005 | 299 | 154.5 | 81 |
| 泉夫 | 882 | 869 | 754 | 784 |
| 其他 | 196 | 203 | 49 | 2 |
| 合计 | 12235 | 7323 | 3969.5 | 4016 |

资料来源：《漕河图志》卷3"漕河夫数"；《明会典》卷198《河渠三》；《山东全河备考》卷3《职制下·夫役定制》；《山东运河备览》卷9《挑河事宜》。

### 2. 闸夫和溜夫

闸夫是负责启闭闸座的职役类型。每一闸座闸夫编制人数不等，一般在20—30人上下。弘治九年（1496）《漕河图志》所载额定闸夫1192名，至万历四年（1576）闸夫数目降至1008名。入清后，闸夫数额不降反增。康熙十九年（1680）《山东全河备考》载额定闸夫1309名，至乾隆四十年（1775）《山东运河备览》闸夫数额已增至1776名半（见表3—2）。

---

① 《明英宗实录》卷251，景泰六年（1455）三月乙丑。
② 香港中文大学历史系编：《山东经会录》卷7，齐鲁书社2017年影印本，第538页。

溜夫是"挽船上下"①的职役类型。船只过闸,除闸夫启闭闸座外,在水势落差较大的闸座,需溜夫协助闸夫操作绞关牵拉绳缆挽运船只过闸。溜夫在明代大量存在。弘治初年额编溜夫 2625 名,至万历四年(1576)降至 1809 名。入清,康熙年间仅余 250 名,至乾隆年间此夫役类型已悉数裁撤(见表 3—2)。

3. 泉夫

山东闸河倚赖沿运 18 州县百余泉源灌注济水。这些泉流可分分水派、天井派、鲁桥派、新河派及泇河派五派。② 泉夫是山东运河所特有的夫役类型,"于有泉之十七州县,额设泉夫,岁以春夏秋三季,在本境浚泉栽柳,冬季调赴运河,均令濬浅"③。可见,泉夫除挑浚泉源、泉路,确保漕河给水外,还负责于泉道两侧栽植柳树。

明永乐年间,设管泉分司于宁阳,管河分司于济宁,后裁宁阳分司归并入济宁。明前中期,每一泉设一小甲管理泉夫,小甲之上再设老人提督。东平州曾设老人一员提督八小甲,宁阳以老人三员提督七小甲。老人之上再设泉官一员。④ 万历三年(1575),管泉主事余毅中指出,此种运作模式下,掌印官督率官泉官老及甲夫疏浚泉源济运。但各该正官无暇督率,虚文塞责;管泉老人,因循旷闲。他建议将管泉老人裁撤,于有泉州县增设管泉判官、县丞等专理泉政。⑤ 入清,康熙十四年(1675),又裁济宁管河分司,以运河同知兼管。雍正四年(1726)九月,内阁学士何国宗议添设管泉通判一员,驻扎南旺分司,专理有泉州县道厅官员督率泉夫疏浚泉源泉道。⑥

---

① 王琼:《漕河图志》卷 3,《中国水利史典·运河卷一》,第 69 页。
② 叶方恒:《山东全河备考》卷 2《河渠志上·泉源诸派考》,《四库全书存目丛书》史部第 224 册,第 402 页。
③ 乾隆帝敕修:《清朝文献通考》卷 21《职役考一》,第 5046 页。
④ 蔡泰彬:《明代漕河之整治与管理》第六章《漕河之管理组织及其演进》,第 399 页。
⑤ 胡瓒:《泉河史》卷 10《夫役志》,《四库全书存目丛书》史部 222 册,第 631 页。
⑥ 黎世序等:《续行水金鉴》卷 74《运河水》,《四库未收书辑刊》七辑第 7 册,第 331页。

表 3—3　　　　　　　　　　明清山东运河泉源、泉夫数目表

| 州县 | 漕河图志 | | 山东全河备考 | | 山东运河备览 | |
| --- | --- | --- | --- | --- | --- | --- |
| | 泉源 | 泉夫 | 泉源 | 泉夫 | 泉源 | 泉夫 |
| 泰安 | 48 | 193 | 65 | 121 | 69 | 121 |
| 新泰 | 25 | 99 | 36 | 75 | 35 | 75 |
| 莱芜 | 24 | 120 | 46 | 90 | 64 | 90 |
| 肥城 | 9 | 47 | 13 | 35 | 16 | 35 |
| 东平 | 22 | 59 | 38 | 78 | 47 | 78 |
| 平阴 | 2 | 10 | 2 | 10 | 2 | 10 |
| 汶上 | 6 | 22 | 7 | 43 | 11 | 43 |
| 宁阳 | 13 | 100 | 15 | 93 | 13 | 61 |
| 泗水 | 58 | 79 | 79 | 60 | 82 | 60 |
| 曲阜 | 22 | 34 | 28 | 26 | 29 | 40 |
| 滋阳 | 8 | 13 | 14 | 29 | 14 | 26 |
| 邹县 | 13 | 31 | 15 | 24 | 17 | 30 |
| 济宁 | 4 | 9 | 4 | 9 | 6 | 9 |
| 鱼台 | 15 | 14 | 20 | 11 | 22 | 40 |
| 滕县 | 19 | 31 | 31 | 29 | 33 | 40 |
| 蒙阴 | 5 | 16 | 4 | 16 | 5 | 16 |
| 峄县 | 5 | 5 | 10 | 5 | 13 | 10 |
| 合计 | 288 | 882 | 427 | 754 | 478 | 784 |

资料来源：《漕河图志》卷 3；《山东全河备考》卷 3；《山东运河备览》卷 8—9。

　　入清，泉夫挑泉机制延续明代，"如一泉阻塞，则众夫齐集应役，互相帮助"，泉夫"数额少而工无误"。康熙十五年（1676），17 州县泉夫工食银悉数全裁，"夫役涣散，挑渠栽柳诸务废弛"。康熙十七年（1678），济宁道叶方恒勘察诸泉无人挖浚，水道阻塞，遂向河道总督靳辅上奏。[1] 清廷决定"量泉之大小，度渠之远近"，复设泉夫，免除五顷地的杂差。[2]

　　到乾隆年间，泉夫数目由清初的 659 名扩充至 784 名（见表 3—4）。乾隆年间，一个显著变化是，各州县所管泉夫一定程度上重新设立，并

———————

[1]　康熙《鱼台县志》卷 12《赋役》，中国国家图书馆藏康熙三十年（1691）刻本，32a。

[2]　叶方恒：《山东全河备考》卷 3《职制志下》，《四库全书存目丛书》史部第 224 册，第 469 页。

配有固定工食银。此时，泉河厅额设泉夫784名，每名岁支工食银10两，例于司库支发。其中距运河较远州县泉夫，每年只发工食银4两，剩余6两存贮司库，十月大小挑开始后，余剩银转发运河道库，给发濒河州县代为募夫挑河。

表3—4　　　　　　　乾隆年间山东运河区域泉源管理架构表

| 序号 | 州县 | 管理官员 | 泉夫（名） | 主要组织架构 |
|------|------|----------|-----------|--------------|
| 1 | 莱芜县 | 泰安府经历 | 90 | 泉老一名，总甲二名，小甲一名 |
| 2 | 新泰县 | 上泗庄巡检 | 75 | 泉老一名，总甲一名，小甲一名 |
| 3 | 泰安县 | 泰安县丞 | 121 | 泉老一名，总甲六名，小甲二名 |
| 4 | 蒙阴县 | 沂州府经历 | 16 | 泉老一名，小甲一名 |
| 5 | 肥城县 | 泰安府经历 | 35 | 泉老一名，总甲一名，小甲一名 |
| 6 | 平阴县 | 泰安府经历 | 10 | 泉老一名 |
| 7 | 东平州 | 东平州州同 | 78 | 泉老一名，总甲一名，小甲一名 |
| 8 | 汶上县 | 汶上县县丞 | 43 | 泉老一名，总甲一名，小甲一名 |
| 9 | 泗水县 | 兖州府经历 | 60 | 泉老一名，总甲一名，小甲一名 |
| 10 | 曲阜县 | 宁阳县丞 | 40 | 泉老一名，总甲一名，小甲一名 |
| 11 | 邹县 | 邹县县丞 | 30 | 泉老一名，小甲一名 |
| 12 | 滋阳县 | 滋阳县县丞 | 36 | 泉老一名，总甲一名，小甲一名 |
| 13 | 宁阳县 | 宁阳县县丞 | 61 | 泉老一名，总甲一名，小甲一名 |
| 14 | 济宁州 | 济宁州州同 | 9 | 泉老一名 |
| 15 | 鱼台县 | 济宁州州同 | 20 | 泉老一名，总甲一名，小甲一名 |
| 16 | 滕县 | 滕县主簿 | 40 | 泉老一名，总甲一名，小甲一名 |
| 17 | 峄县 | 峄县县丞 | 20 | 泉老一名，小甲一名 |

资料来源：《山东运河备览》卷8《泉河厅诸泉》。


4. 其他夫役类型

坝夫，"以车挽船过坝"。[①] 弘治初年，东平州戴村坝坝夫300名（含汶上协济150名）；滋阳县金口坝坝夫440名；宁阳县堽城坝坝夫200

――――――――――

① 王琼：《漕河图志》卷3，《中国水利史典·运河卷一》，第69页。

名。① 至万历初年，坝夫设置呈两大特点：一是通过裁革、折征等方式，现有坝夫数目大幅缩减。戴村坝坝夫降至 24 名。滋阳县金口坝坝夫由弘治年间 440 名降至 10 名。二是出现新设坝夫，新增巨野县蓬子山坝夫 30 名，滕县东邵等坝坝夫 110 名。② 入清，坝夫大量裁撤。至乾隆年间，仅余滕县坝夫 81 名。③

湖夫，汶上县蒲湾湖、武家湖设湖夫 30 名。④ 至万历年间，此 30 名湖夫仍存。⑤ 入清后，被裁。

桥夫，济宁大南门等桥五座，每桥设 10 名，共 50 名。⑥ 至万历年间，济宁大南门等处桥夫裁至 20 名。又新增临清桥夫 20 名，共 40 名。⑦ 至康熙年间，又新增七级上下闸桥夫 8 名，增至 49 名。⑧

修堤夫，弘治年间，夏津、武城等处设沙湾修堤守口大户夫 106 名。⑨ 万历年间此夫沿袭存在。并增至 131 名。⑩ 至清不存。

值得注意的是，按河夫征调来源有另外的划分方式。万历初年，总理河道万恭从征调方式划分黄运两河的夫役类型："差役编设曰徭夫，库银召募曰募夫，郡县借派曰白夫。徭夫出于民，募夫出于官，有名也。白夫，额外之征，不堪命矣，罢之。"⑪ 两种征调的夫役中的白夫属额外征派，多兴于明初。此种夫役征调负担过于沉重，被罢，未能兴于明

---

① 王琼：《漕河图志》卷 3，《中国水利史典·运河卷一》，第 74—75 页。
② 申时行等：万历《大明会典》卷 198《河渠三·运道三·夫役》，《续修四库全书》史部第 792 册，上海古籍出版社 2002 年影印本，第 362—365 页。
③ 陆耀：《山东运河备览》卷 9《挑河事宜》，《中华山水志丛刊》水志第 25 册，第 340 页。
④ 王琼：《漕河图志》卷 3，《中国水利史典·运河卷一》，第 74 页。
⑤ 申时行等：万历《大明会典》卷 198《河渠三·运道三·夫役》，《续修四库全书》史部第 792 册，第 361 页。
⑥ 王琼：《漕河图志》卷 3，《中国水利史典·运河卷一》，第 75 页。
⑦ 申时行等：万历《大明会典》卷 198《河渠三·运道三·夫役》，第 363 页。
⑧ 叶方恒：《山东全河备考》卷 3《职制志下》，《四库全书存目丛书》史部第 224 册，第 463 页。
⑨ 王琼：《漕河图志》卷 3，《中国水利史典·运河卷一》，第 72 页。
⑩ 申时行等：万历《大明会典》卷 198《河渠三·运道三·夫役》，第 365 页。
⑪ 万恭著，朱更翎整编：《治水筌蹄》一《黄河》，水利电力出版社 1985 年版，第 58 页。

朝。① 因此，徭夫、募夫成为明清两朝最主要的两项夫役。

## 二 专业河兵

### 1. 创设河兵

为更好整顿河务，康熙十七年（1678），总河靳辅题请设江南河营，并将衙署从济宁移驻清江浦。不久，针对如何治理河患，他接连向康熙皇帝上奏治理方案。在《第八疏》里，他向皇帝提出创设河兵的方案——于黄河（自清口经云梯关至入海口）、运河（自徐州南至邵伯镇）大堤两岸，每里设河兵3—6名不等，每隔二里半或五里设一墩，附近居住15名河兵，栽柳蓄草，维护大堤，其中以云梯关至海口，任务最重。这段河道是黄河、运河"朝宗要道"，要求一名河兵，管堤30丈，"堤根栽柳务活，蓄草务茂，堤内则乘暇添土，逐渐帮宽"。每墩还给浚船一只，各系两个铁帚帚，定期往来上下河道，溯流刷沙。靳辅这套方案，拟设六营河兵5860名，从江苏巡抚辖绿营军调2000名，剩余3860名由靳辅负责召募，每年饷银约49000余两。除裁撤淮、扬、徐三府额设浅夫外，剩余经费从河库道内动款协计，年终报销。同时，建立严格的赏罚制度，"使各弁兵人人警畏，不敢稍弛"，如此则"保全河道之人多，而阴谋废坏之徒无可逞其奸计"。②

疏上，靳辅主张创设河兵的构想很快获得康熙帝允准。其间，在黄河、运河沿线总共设八营，分别为：徐属河营、邳睢灵璧河营、宿虹河营、桃源河营、山清外河营、山安河营、山清盱眙河营、扬属河营。③ 从驻防位置看，八营河兵驻扎"黄河自海口以至徐州，运河自清口以至江都，并高家堰一带临湖堤岸"，徐州以上直到河南一带黄河堤岸，尚未设

---

① 李彩凤：《明代漕河夫役研究》第二章《明代漕河夫役的运作机制》，辽宁师范大学2013年硕士学位论文，第19页。

② 靳辅：《靳文襄奏疏》卷1《经理河工第八疏》，《景印文渊阁四库全书》史部第430册，第475—477页。

③ 靳辅：《治河奏绩书》卷2《职官考》，《景印文渊阁四库全书》史部第579册，第661—663页。

兵驻守。①

靳辅创设河兵后，形成的夫役协助河兵治河模式，发挥重要作用。在给皇帝上奏提出的方案中，靳辅准备在江南设河营后，将淮、扬、徐三府额设浅夫全部裁撤，以节省经费。然而在实际治河中，逐渐形成夫役协助河兵治河的动员机制——"架船装料，铺埽签桩，收放揪头缆绳，巡查堤岸，看守料物，修补水沟，填塞浪窝獾穴等，一切紧急诸务，俱有河兵力作"，"至于纫褛打缆，搬运草柳，拉埽抬梯，挑土帮修埽台等，一切杂作，则用岁修人夫"。②每年河工大兴，朝廷从徐州、宿迁、扬州一带，每年征调岁夫6950名，协助河兵治河。沿线百姓每派岁夫一名，约费银20两，加之河棍人等在其中上下其手，扰累百姓。康熙三十八年（1699）四月，总河于成龙坚持将徐属等州县岁夫，尽行裁撤，并将这笔岁夫银编入地丁银内征收，同时扩编河兵3030名，以裁夫银两，充作俸饷。③

康熙年间创设的河营，集中驻扎在徐州以下的黄、运河道，其他地区尚未有专业河兵出现。特别是河患重灾区的河南，缺乏熟练桩手、埽手，每大工频兴，修筑黄河，征用河夫动辄"或万余，或七八千名，自二三月起，直至十月终止"，规模大，耗时长。④雍正初年，总河齐苏勒曾试图从江南抽调谙练河兵80名来训练河南的堡夫，但效果不佳。为解决此种困境，雍正二年（1724）四月，兵部侍郎嵇曾筠被授副总河，驻河南武陟县，就近拨河南巡抚辖下的绿营兵100名，听嵇差遣，管辖河南黄河各工。之后，又从南河调河兵1000名赴豫，驻扎黄河堤岸。⑤自此，

---

① 靳辅：《靳文襄奏疏》卷2《经理七疏未尽事宜疏》，《景印文渊阁四库全书》史部第430册，第493页。

② 靳辅：《靳文襄奏疏》卷5《全河归故疏》，《景印文渊阁四库全书》史部第430册，第516页。

③ 傅泽洪等：《行水金鉴》卷52《河水》，《景印文渊阁四库全书》史部第580册，第705页。

④ 田文镜等：雍正《河南通志》卷15《河防四·河防考》，《文渊阁四库全书》史部第535册，第394页。

⑤ 田文镜等：雍正《河南通志》卷15《河防四·河防考》，《文渊阁四库全书》史部第535册，第397页。

河南出现专业化的河兵。

紧随河南，不久之后，山东运河沿线也开始出现专业化的河兵。山东1200余里运道，额设浅、溜、闸、坝、谣、铺等夫2000余名，"专司挖浅、帮堤、挽溜启闭之事"，遇有紧急工程及运河冬挑，则动用州县额解帮贴银添雇人夫捞泥挑土，"原无住守防险钉桩下埽之工"，因此并没有改河夫为河兵之举。然而，此后山东运河兴挑河段，"彭口添有截沙埽工，沙湾有护堤埽工，微山湖有新设防风等工，独山湖有拦湖草坝等工"。这些工段对施工人员技术性要求较高，山东额设河夫不熟谙桩埽，需调江南河兵前来，尤其雇募江南河兵中年老退伍者前来山东教习河夫学习桩埽技术。鉴此，雍正四年（1726）七月，总河齐苏勒上奏建议山东运河应添设河兵，"住守修防，以保永久"。齐苏勒指出，彭口、沙湾、微山湖、独山湖等四处，原有额夫438名，应将额夫内拣选200名改为河兵，"仍拨江南老练桩埽手，每处各二名随工教习"。安山、南旺、马踏、蜀山、马场五处水柜，新修堤工闸座，有关蓄泄事务，均应添修防风埽工之处。这五处也需于额设夫役内拣选该设河兵200名，仍拨江南老练桩埽手，每处各2名随工教习，分汛修防。河兵可居住于现有的窝铺，不必另造营房，统听兖宁道管辖。①

与此同时，雍正六年（1728），山东境内黄河也增设河营，设曹县千总1员，驻芝麻庄，河兵120名；单县把总1员，驻诸望坝，河兵80名，分防黄河险工，统归黄河同知管辖。②

2. 管理架构

至雍正末年，山东运河厅汛驻河兵210名，捕河厅汛90名，泇河厅汛100名。雍正十二年（1734）十二月，副总河朱藻认为，这400名河兵并未设专门官员管辖，而由管河道兼管，但管河道驻扎济宁，鞭长莫及，各河兵画地分防，四散居住，很难兼顾，同时管河道乃文职官员，不通兵事，由其兼顾，甚为不便。于是，他题请于运河厅汛添设千总一

---

① 黎世序等：《续行水金鉴》卷74《运河水》，《四库未收书辑刊》七辑第7册，第329页。

② 黎世序等：《续行水金鉴》卷7《河水》，《四库未收书辑刊》七辑第6册，第157页。

员，把总一员，管理河兵 210 名；捕河厅汛、泇河厅汛各添设把总一员，管理余剩河兵 190 名，最终统归山东运河道管辖。他建议所添设把总、千总于河南、山东两省河营熟练桩埽事务的弁兵内拣选拨补充。至于添设千把总薪俸马乾银两发放，朱藻并未提出明确方案。①

雍正十三年（1735）闰四月，总河白钟山上奏指出，运河厅汛济宁卫管河千总 2 员、捕河厅东平所管河千总 1 员，均无管辖兵丁，也无押运及应官卫所事务，只负责一年内两三月的运河挑浚，乃闲旷职衔。对此，白钟山认为再添设千把总管辖，需筹措新俸饷，不如将运河厅汛河兵 210 名归并济宁卫管河千总二员管辖，每员各管 105 名；捕河厅汛河兵 90 名，归并东平所管河千总管辖。该二厅所属河道工程一切修守事宜，均由该管河千总董率管辖，并统一隶属山东管河道管辖。白钟山认为此举一举多得：

> 以本汛原有之河弁管辖本汛之河兵，事属甚便；以汛少事简之弁员归并管束河兵之营务，亦属甚易。在河兵既有管辖，而两汛千把三员可以不必添设俸饷马乾银两及跟役守议，均可不必动拨增置，于营制经费，均有裨益。

除运河、捕河二厅千总 3 员，直接由济宁卫、东平所现有千总就近管辖不必添设外，泇河厅添设把总 1 员，可于河南、山东两省河营弁兵内拣选拨补。同时，他指出东昌卫千总 1 员，只负责三里河道，军夫 7 名，无埽坝工程，实属冗员，可将其裁撤，所裁千总俸饷马乾银两，除给泇河厅汛添设把总外，余银充饷，每年奏销归山东巡抚衙门会题。②

乾隆元年（1736），东河总督白钟山继续上奏指出，山东黄、运两河向设千把总 8 员，河兵 600 名，并无守备管辖约束，猝然遇有险工，无法

---

① 中国第一历史档案馆编：《雍正朝汉文朱批奏折汇编》27 册 207 号《朱藻奏请允准运河厅属添设千总把总管理河兵折》，第 240 页。

② 中国第一历史档案馆编：《雍正朝汉文朱批奏折汇编》28 册 221 号《白钟山奏请指令管河弁员管辖河兵以省添设折》，第 260 页。

应付，遂设河营守备一员，隶属山东管河道管辖。① 此后，又设协备一员，协助河营守备管理山东黄、运两河河兵。河营守备最初衙署位于曹县望鲁集地方，协备无衙署。乾隆四十七年（1782），清廷决定河营守备专管山东运河河兵，协备专管山东黄河河兵。于是，山东河营守备将驻所移至济宁州城内，建设衙署。原曹县望鲁集衙署，改为黄河协备衙署。②

山东运河北段的上河、下河二厅较晚出现河兵。乾隆二十七年（1762），河东总河张师载奏请抽拨 40 名河兵归下河厅南北汛千总管理。③乾隆五十四年（1789），运河营添设协备一员，驻扎临清，分管上河、下河两厅的河道"修防、疏浚、催趱事宜"，下设河兵 50 名。嘉庆二十四年（1819），添设额外委一员，驻防堂博汛河道。④

3. 河兵俸饷

雍正四年（1726）七月，总河齐苏勒新设 400 名河兵所需粮饷，由以前所改的额设河夫工食银拨给，不足粮饷在额解帮贴银内补给。⑤

雍正六年（1728）三月，山东巡抚塞楞格上奏指出，山东运河、泇河、捕河等厅由原先的磘、坝、浅等夫役改设河兵 400 名，每名每年发给饷银 14 两 6 钱，统共饷银 5840 两，其中工食银 3874.415 两由原先额设工食银拨给，不足饷银 1965.584 两由沿河州县以帮贴银的方式找给。⑥雍正七年（1729）十二月，清廷再定 400 名河兵，"每名岁给工食银十四两六钱四分，量给器具银八钱"，"其应支工食银两在于东省司库支

---

① 《清高宗实录》卷 32，乾隆元年（1736）十二月戊辰。

② 《清高宗实录》卷 1230，乾隆五十年（1785）五月癸丑。

③ 陆耀：《山东运河备览》卷 9《挑河事宜》，《中华山水志丛刊》水志第 25 册，第 345 页。

④ 黎世序等：《续行水金鉴》卷 74《运河水》，《四库未收书辑刊》七辑第 7 册，第 322 页。

⑤ 黎世序等：《续行水金鉴》卷 74《运河水》，《四库未收书辑刊》七辑第 7 册，第 329 页。

⑥ 张伟仁主编：《明清档案》A55-47《山东巡抚岳濬揭请核销改设河兵支过饷米并动支工食找给帮贴银两》，第 31405 页。

领"。① 据此可知，河兵每年岁需工食银 5856 两，器具银 320 两，合计6176 两。

清代河兵内有专门负责下埽签桩的桩手，从事的工作危险异常，较普通河兵出力更多。乾隆元年（1736），乾隆帝下旨将江南额设河兵 9145名，按战二守八比例，设战粮 1829 名，守粮 7316 名，其中桩手领食战粮，每月薪俸较普通河兵多银 5 钱。次年，乾隆帝下旨将山东河兵也改按战二守八比例，设桩手 80 名，享受战粮待遇。②

乾隆九年（1744）五月，护理山东巡抚喀尔吉善上奏指出，山东新设河兵 400 名，分隶济宁卫、东平所、东昌卫各千总管辖，其中济宁、东昌二卫千总所食俸饷银两在于各该卫所支领，东平所千总所食俸饷银两则在司库小建银③内动支。而河兵所食饷米银两，"在于浅夫工食银内动支，其不敷银两于拨动司库地丁银内支给，又加增战饷银两，亦系在于司库地丁银动支"。他认为，河兵俸饷来源，"各处支领不一，甚属繁杂"。他建议自乾隆十年（1745）春季开始，河营官兵俸饷统一于布政司藩库该年地丁银内动支，并于年底核明报销。他对河营官兵所收俸饷的去处也提出处理方案："运、泇二厅管河千总所遗俸薪银两仍归于起运项下解司，捕河厅管河千总所遗俸薪银两亦归原款项下解部，河兵所遗饷米银两仍存道库以备挑河之用。"④

乾隆九年（1744）七月，喀尔吉善继续上奏指出，济宁卫、东平所千总俸饷银两已改于司库地丁银内动支，但其辖下牢役、马夫等工食银两，仍在各原款项下支领，"官俸改归司库地丁，而役夫仍在卫编存留及在司库

---

① 张伟仁主编：《明清档案》A275-13《署工部尚书福长安题覆山东运河挑河工程支给夫役工食银两应准开销》，第 155259 页。

② 乾隆帝敕修：乾隆《钦定大清会典则例》卷 131《工部·都水清吏司·河工一》，《景印文渊阁四库全书》史部第 624 册，第 144 页。

③ 中国农历每年十二个月中，有大建月和小建月之分，前者每月三十日，后者每月二十九日。清制，国家发放俸薪、兵饷、工食等项银两，大都是以按日计算的，若遇小建月时，则扣留一日，存储藩库，称之小建银。参照李鹏年等编著《清代六部成语词典》，天津人民出版社 1990年版，第 97 页。

④ 张伟仁主编：《明清档案》A144-38《工部尚书哈达哈题覆乾隆十年东省运捕泇三厅改设河兵给过饷米等项应准开销》，第 80777 页。

小建项下给发，官役不划一，相应将各弁廪给工食银两，统于司库地丁银内，按季支发，循照旧例，按年在于地丁奏销册造报户部查核"①。

乾隆十年（1745），山东运河道下辖运、捕、泇三河厅 400 名河兵饷米银两 6334.6 两。② 至乾隆四十年（1775），运河营 400 名河兵，内战兵 80 名，守兵 320 名，战兵工食银 20.64 两，守兵工食银 14.64 两，河兵工食银 6336 两，均由布政司藩库地丁银内拨付。③

山东黄河、运河区域河兵 600 名，习练桩埽事务。与东河总督辖下的济宁中、左、右及城守四营兵丁相比，两支队伍虽均驻山东运河区域，但两者功用有别，一为黄、运桩埽河兵；二为"马步战守之兵"。济宁河标四营军曾获雍正帝恩赏银 6000 两，交与济宁州当商营运生息，每年获利息银 4920 两。山东新设桩埽河兵 600 名，虽驻扎山东，总河朱藻认为他们"与济宁四营战弁兵丁不同"，"实与河南一千一百名河兵，皆习练桩埽之兵丁"。因此，山东新设河兵并没有随济宁河标兵丁一起领取赏银利息，而是"拨归河南河兵内，共计并一千七百名，在河南利银内一体领赏"，"吉礼赏银四两，凶礼赏银八两"。④ 这说明，新设河兵虽驻扎山东，但与总河辖下的河标截然不同，更侧重从事桩埽河工事务。

# 第二节　赋役制度变革下的河夫之役

## 一　河役折银与东西府之争

明朝初年，百姓所承担的徭役分为里甲正役和杂役两大类。里甲正役以十年一轮的方式轮充，杂役则按丁粮多寡佥点。里甲正役负责催征

---

① 张伟仁主编：《明清档案》A144－38《工部尚书哈达哈题覆乾隆十年东省运捕泇三厅改设河兵给过饷米等项应准开销》，第 80779 页。

② 张伟仁主编：《明清档案》A144－38《工部尚书哈达哈题覆乾隆十年东省运捕泇三厅改设河兵给过饷米等项应准开销》，第 80780 页。

③ 陆耀：《山东运河备览》卷 9《挑河事宜》，《中华山水志丛刊·水志》第 25 册，第 339—341 页。

④ 黎世序：《续行水金鉴》卷 77《运河水》，《四库未收书辑刊》七辑第 7 册，第 373 页；中国第一历史档案馆编：《雍正朝汉文朱批奏折汇编》24 册 68 号《朱藻奏报开赏河南山东河兵营运生息银两折》，第 90 页。

钱粮、勾摄人犯以及承办词讼买办之类的公务。杂役则包括禁子、弓兵、马夫、水夫、铺兵等为官府服务和维持社会治安的差役，以及修城、浚河等劳役。[1] 伴随商品经济发展，使得以自然经济为基础的徭役征发的基本单位——里甲组织受到极大冲击，供应夫役运作的里甲制度病日益显露。

明中叶开始，徭役征发制度开始进行改革。正统（1436—1449）以后，里甲正役外的"杂役"中一些经常性的差役被划分出来纳入"均徭"，与里甲正役相同的方式，十年一轮的方式编派。同时将这些经常性的差役名额确定，折合为固定银两，作出固定的开支细数，以免临时金点的弊病。[2] 在均徭派役过程中，华中和华南地区，编派主要依据是田土或税粮，而在华北则重视丁与门，门即户的资产。[3]

明朝前期，无论里甲正役还是杂役，征发的主要方式都是由应役者亲身当差。[4] 随着均徭法的陆续推行，以及白银使用的广泛，徭役折银的趋势进一步发展。[5] 据申斌研究，徭役编银的方式有明编、暗编两种方式。他指出："明编即每项差役所编银额等于对承担该项差役的民户所征银额，也就是银差的编银办法；暗编即每项差役所编银额远小于代役之人向承担该项差役的民户索取的银额，即打讨银额，这是力差的编银办法。"[6] 这里的打讨银就是亲身承役的正户私下雇人代役，并向代役者交

---

① 刘志伟：《关于明初徭役制度的两点商榷》，《北京师范学院学报》（社会科学版）1982年第4期。

② 梁方仲：《论明代里甲法和均徭法的关系》，《明代赋役制度》，中华书局2008年版，第456—483页。

③ 申斌：《明朝嘉靖隆庆时期山东均徭经费初探：基于〈山东经会录〉的分析》，载陈春声、刘志伟主编《遗大投艰集：纪念梁方仲教授诞辰一百周年》，广东人民出版社2012年版，第550页。

④ 刘志伟：《明代均徭中的银差与力差》，载氏著《贡赋体制与市场》，中华书局2019年版，第61页。

⑤ 刘志伟：《明代均徭中的银差与力差》，载氏著《贡赋体制与市场》，中华书局2019年版，第61页。

⑥ 申斌：《明朝嘉靖隆庆时期山东均徭经费初探：基于〈山东经会录〉的分析》，载陈春声、刘志伟主编《遗大投艰集：纪念梁方仲教授诞辰一百周年》，第562页。

纳的代役银两。《山东经会录》① 中所见力差项目里记载的"打讨若干两"的银额。作为重要的省级财政册籍《山东经会录》为何会详细登载每项力差的打讨银额？申斌指出，通过在由帖内注明打讨银额，规范民间代役人与正户之间的雇佣工价，以保障差役的顺利完成。②

**表3—5　　　　　　嘉靖年间兖州、东昌府属州县差银表**　　　（单位：两）

| 州县 | 夫银 | 打讨银 | 力差银 | 比率（%） | 州县 | 夫银 | 打讨银 | 力差银 | 比率（%） |
|---|---|---|---|---|---|---|---|---|---|
| 泰安 | 600 | 0 | 1957.9 | 31 | 宁阳 | 314.5 | 600 | 1097.8 | 83 |
| 德州 | 176 | 528 | 3903 | 18 | 滋阳 | 109 | 156 | 2080.5 | 13 |
| 肥城 | 150 | 0 | 1217.2 | 12 | 金乡 | 763 | 1524 | 1437.1 | 159 |
| 莱芜 | 390 | 0 | 1354.8 | 29 | 定陶 | 335 | 540 | 1133.8 | 77 |
| 新泰 | 366 | 0 | 833.1 | 44 | 峄县 | 230 | 84 | 995.5 | 32 |
| 曹州 | 690.5 | 972 | 2337 | 71 | 平阴 | 78 | 156 | 821.8 | 28 |
| 汶上 | 2259 | 4508 | 4408.8 | 154 | 寿张 | 465 | 892 | 1141.1 | 119 |
| 济宁 | 1034 | 2064 | 5445.6 | 57 | 泗水 | 430 | 600 | 901.9 | 114 |
| 单县 | 2087 | 4014 | 2795.7 | 219 | 曲阜 | 120 | 240 | 515.4 | 70 |
| 曹县 | 390 | 884 | 3528.6 | 36 | 嘉祥 | 160 | 320 | 435 | 110 |
| 东平 | 1167 | 2136 | 4959.6 | 67 | 临清 | 1184 | 2758 | 3796.7 | 104 |
| 阳谷 | 1865 | 3744 | 2578.4 | 218 | 濮州 | 340 | 680 | 2280.2 | 45 |
| 东阿 | 759.5 | 1480 | 2976.9 | 75 | 恩县 | 168 | 336 | 2099.9 | 24 |
| 滕县 | 396 | 588 | 3365.8 | 29 | 冠县 | 232 | 490 | 1537.2 | 47 |
| 邹县 | 170 | 300 | 2337.6 | 20 | 馆陶 | 244 | 488 | 1435.2 | 51 |
| 鱼台 | 2394 | 3240 | 2725.8 | 207 | 朝城 | 140 | 280 | 904.4 | 46 |
| 城武 | 1393 | 2786 | 1955 | 214 | 堂邑 | 876 | 1712 | 1454.6 | 178 |
| 巨野 | 1116 | 2232 | 1857.3 | 180 | 聊城 | 290 | 650 | 2144.5 | 44 |
| 郓城 | 924 | 1804 | 1580.4 | 173 | 夏津 | 168 | 420 | 908.4 | 65 |
| 莘县 | 172 | 344 | 947 | 55 | 清平 | 618 | 1236 | 1211.6 | 153 |
| 武城 | 344 | 688 | 882 | 117 | 博平 | 296 | 592 | 845.6 | 105 |
| 范县 | 80 | 160 | 600.4 | 40 | 合计 | 26483.5 | 47226 | 83726.1 | 88 |

数据来源：《山东经会录》卷5《均徭横图》。

---

① 此书是隆庆五年（1571）四月十一日至七月二十七日间由山东布政使司主持修纂，根据历年赋役簿册和公牍编纂，于隆庆五年十月正式刊行，包括税粮、均徭、里甲、驿传、马政、盐法六部分内容，每一部分内又分横图、总额、因革、附录四部分。

② 申斌：《明朝嘉靖隆庆时期山东均徭经费初探：基于〈山东经会录〉的分析》，载陈春声、刘志伟主编《遗大投艰集：纪念梁方仲教授诞辰一百周年》，第563页。

据《山东经会录》卷5《均徭横图》，我们可将承担运河夫役的兖州、东昌二府43州县力役折银以及打讨银两列表如表3—5。由表3—5可见，距运河较远的肥城、莱芜、泰安等州县，只有泉夫一项，且无打讨银，力役负担相对较轻外，其他运河沿线的阳谷、鱼台等县运河力差负担已达到所有力役额银的两倍以上。而运河未流经的城武、巨野、郓城等县，需协济运河沿线州县劳役，无法亲身前往，打讨银数额庞大。以城武县为例。该县协济济宁州一带运河闸夫、溜夫、捞浅夫46名，承担的力差银及打讨银就多达4179两。[①]

嘉靖三十二年（1553），山东布政司官员对山东六府银、力二差原额数据进行详细对比。据此，我们可列表如表3—6：

表3—6　　　　　嘉靖年间山东六府银、力二差表　　　　（单位：两）

| 府 | 力　差 | 银　差 |
|---|---|---|
| 济南 | 67847.3 | 108019.96 |
| 兖州 | 109414 | 60721 |
| 东昌 | 49726.5 | 37237.62 |
| 青州 | 32280.7 | 59305.94 |
| 莱州 | 12682.6 | 16701.52 |
| 登州 | 16464.9 | 14357.31 |

数据来源：《山东经会录》卷7《均徭因革上》，第556页。

在详细对比山东六府均徭的力差、银差数据后，布政司官员会议指出，"六府之中，兖州府力差居三之二，东昌府次之，余皆银差浮于力差。莱州最轻，青州次之，济南、登州又次之"[②]。申斌进一步将人口、耕地两个因素纳入考量指标，也发现山东东昌府、兖州府所承担的均徭

————————

[①] 香港中文大学历史系编：《山东经会录》卷5《均徭横图》，第398页。

[②] 香港中文大学历史系编：《山东经会录》卷7《均徭因革上》，第556页。

银额比例较重，济南府、登州府大体相当，青州府、莱州府的负担较轻。[1] 而东昌、兖州二府均徭负担沉重的原因，与承担差役繁重的运河劳役不无关系。

兖州、东昌二府"力差独浮于他郡"，徭役沉重逐渐引起朝廷重视。正德十三年（1518）七月，总河龚弘上奏指出，东昌、兖州二府工役繁重，建议将劳役负担分派山东六府。奏上，工部会议指出，山东河工夫役，原有定额，"难以别议"。如遇河患紧急，可斟酌由其他州县协济。工部将兖州、东昌二府劳役负担分摊至山东六府的建议暂时被搁置下来。[2]

嘉靖初年，有监察御史赵某建议于岁运漕米 400 万石，每石加派银 2 分，随漕银解送漕运都察院后转交河道衙门雇募河夫缓解兖州、东昌二府河役负担。这项提议虽被《山东经会录》编者赞为"大公经久之策"，但未付诸实践。

嘉靖三十二年（1553），监察御史陈某上奏指出，兖州府土旷人稀，抛荒遍野，又有沉重河役，百姓穷困逃亡，建议"于山东五府均徭内，量加银两，解发兖州府收贮雇夫"。这项提议引起山东巡抚都御史沈应龙重视，并行文布政司商议实施方案。山东布政司商议指出，将河役摊派负担较轻的登州、莱州诸府，距运河路途遥远，不适宜编力差，"千里裹粮食，尤为不便"。劳役的折银化变革为河役负担摊到其他州县创造了便利条件。他们提出，统计运河所用河夫数目，"岁该若干名，共银若干两"，然后照山东六府所属徭役多寡，"州县大小，分别上、中、下三等，及银力二差轻重，通融酌量分派"。山东运河河夫银数，闸、坝、泉、堤、浅铺、捞浅、桥、溜、守口等项夫役共 14323 名，每名编银不等，共 56488.5 两。其中见役夫 13356 名，共银 56005 两；停役夫役 967 名，每名银 5 钱，共银 483.5 两。他们建议酌量山东各府州县所属门丁多寡，将各州县分别上、中、下三等，通融均派。山东六府具体分配方案如下：

---

① 申斌：《明朝嘉靖隆庆时期山东均徭经费初探：基于〈山东经会录〉的分析》，载陈春声、刘志伟主编《遗大投艰集：纪念梁方仲教授诞辰一百周年》，第 563 页。

② 《明武宗实录》卷 164，正德十三年（1518）秋七月己亥。

青州府上等四县，中等四县，下等一州五县，该银七千二百八十八两一钱；莱州府上等一州一县，中等三县，下等一州一县，该银四千七十二两五钱；登州府上等一州一县，中等二县，下等四县，该银四千六十二两四钱；济南府上等一州五县，中等三州十五县，下等六县，该银一万七千一百七十四两八钱，内除泰安州、肥城县、新泰县见编各项河夫银三千七十七两外，少编银一万四千九十七两八钱；东昌府上等一州三县，中等二州七县，下等五县，该银一万九十八两，除见编各项河夫一万二十八两，少编银七十八两；兖州府上等一州五县，中等八县，下等三州十县，该银一万三千八十七两七钱，该府见编各项河夫银四万三千八十三两五钱，内除应该一万三千七百八十七两七钱外，多编银二万九千二百九十五两八钱，内再除一万一千五百九十六两抵作先年改派五府料银之数，尚多编银一万七千六百九十九两八钱，应合分派各该府属。①

此一方案旨在大规模减除兖州府过于繁重的均徭负担，仅河役一项，就缩减兖州府编银17699.8两。山东布政司官员并未止于此，更对六府每个州县所承担的均徭银两制定了数目精确的数据。兹以登州府为例，各州县增加银两情况，可列表如表3—7。

表3—7　　　　　　　　登州府所属各州县加银表　　　　（单位：两）

| 等级 | 州县 | 加银 | 等级 | 州县 | 加银 |
|---|---|---|---|---|---|
| 上等 | 莱阳 | 391 | 下等 | 蓬莱 | 186 |
| | 宁海 | 466 | | 栖霞 | 186 |
| 中等 | 黄县 | 280 | | 招远 | 186 |
| | 文登 | 280 | | 福山 | 186 |

数据来源：《山东经会录》卷7《均徭因革上》，第561页。

表3—7可见，登州府增加均徭银2161两。包括登州府在内济南、青

---

① 香港中文大学历史系编：《山东经会录》卷七《均徭因革上》，第557页。

州、莱州、登州四府共加银 16076 两余。总之，将沉重河役负担分摊到无役地区，进而减轻沿河州县的负担，已成为朝野上下共识。隆庆六年（1572）十一月，河道侍郎万恭在上奏中谈及河夫工食银时指出，吕梁、徐州二洪及山东兖州、东昌二府闸、溜、浅夫额 12700 余名，每名工食银12 两，岁该 153000 余两（不含桩草银）。万恭指出，运河乃"朝廷之咽喉，当以朝廷之力治漕，不当以濒河之民力治漕"。他强调，"今运道工役十倍于前，民力凋敝十倍于旧，竭疲民以事弊河，亟宜改辙"。① 在万恭等大臣建议下，明廷下诏书明言："均派两直隶、山东、河南河夫于各州县，不得偏累濒河地方。"②

将兖州、东昌二府河役负担分摊至登州、莱州、青州三府的提议，很快遭到青州、登州、莱州三府人士的强烈反对。嘉靖四年（1525），莱州府掖县人大学士毛纪就写书与山东巡抚王尧封反对将河夫分派给东三府：

　　近闻建议者，欲以修河夫役，分派东方。仆土人也，颇知其详，敢为执事告之。修河之设夫久矣，止于近河，而不及于近海者。前人自有所见耳。盖东方濒海，土多沙碱，军灶半于民户，起运粮重，邑无不税之田。而僻在一隅，不通舟车，民鲜生理，与西府风土，大有不同。如沿海二十四卫所递年修城之夫，不知几千万。此又西府之所无者，亦可分之于西乎？往年尝以养马之事，俗均之于东方，累经奏议，竟不行者。以此凡地方事务，行之年久者，前人皆有定议，若狥一人之见，少有纷更，恐此未必受利，而彼先受其害矣。况河道之利，他处不可得沾，而河道之害，顾欲遗之他处可乎？此殆不通之论也。昨者执事发下各府查议，意已有在。仆林下人，不敢与闻，但本土休戚所关，不忍默默而已。今郭守所议，亦不出此。守，有才干者，似非偏于一方之意也，惟高明体察而酌量之，斯为

---

① 《明神宗实录》卷7，隆庆六年（1572）十一月丙申。
② 《明神宗实录》卷3，隆庆六年（1572）七月乙未。

一视之仁也。僭言惶悚。①

在毛纪看来，东三府地处海滨，土质贫瘠，军户、灶户居半，起运漕粮，负担沉重，反对分摊河役负担。在信里，他还提及反对分摊兖州、东昌、济南三府河役负担的"郭守"。② 可见反对声音除来自毛纪这样的本土人士外，还有一批地方官员。

在摊派河银至山东六府的提议受抵制后，明代中后期起开始大规模裁革河夫（见表 3—2 明清漕河夫役类型数目表）。嘉靖三十四年（1555），将兖州、东昌二府所属经河地方见役、停役闸、溜、捞浅、浅铺、桥、渡、泉、坝等夫 12763 名，酌量各处州县负担多寡，斟酌损益，削减十分之一后为 1463 名，留编夫 11300 名，并制定每个州县详细的削减名额。③

明代中后期裁革大批额夫，导致突发性河役不得不通过金派的方式征调河夫，直接加剧了沿河百姓负担。万历年间，工科都给事中常居敬上奏指出，兖州府属汶上、巨野、嘉祥、鱼台诸县原额设捞浅、浅铺、堤夫等数目不等，共 2452 名，后裁革 1133 名，"扣银入官，以备支用"，现存见役夫 1319 名。裁革河夫出发点虽着眼于减轻沿河州县负担，但事与愿违，"不知扣存有节省之名，而雇募起无穷之弊"。同时导致河道淤浅需调度夫役修浚河道，但额夫人手不足，"调度征发为难，工之弛废久矣"。对此，他建议于汶上县复设捞浅夫 74 名，浅铺夫 30 名，巨野、嘉祥二县复设捞浅夫 38 名，浅铺夫 5 名，济宁卫复设捞浅夫 11 名，济宁州复设捞浅夫 32 名，浅铺夫 12 名，鱼台县复设捞浅夫 10 名，浅铺夫 20 名，南阳、利建二闸各复设堤夫 8 名，东平州复设泉夫 20 名，东昌府通

---

① 毛纪：《鳌峰类稿》卷 18《与巡抚王伯圻书》，《四库全书存目丛书》集部第 45 册，齐鲁书社 1996 年影印本，第 151 页。康熙、乾隆《莱州府志》及乾隆《掖县志》所收毛纪《与夏德树论河夫书》，是一条广为学界引用的史料。据李波考证，这条史料乃清人在修康熙《莱州府志》时误将毛纪所作两书信《复天台夏德树》和《与巡抚王伯圻书》混为一封书信，并将两封书信起名《与夏德树论河夫书》。参见李波《明代山东东、西三府间的赋役之争》，硕士学位论文，山东大学，2012 年。

② 据李波考证，为莱州知府郭五常。

③ 香港中文大学历史系编：《山东经会录》卷 7《均徭因革上》，第 584 页。

济桥闸增添闸夫 10 名，确保挑河浚泉有充足河夫应役。①

入清后，继续大规模裁革额设夫役。康熙十五年（1676）因三藩之乱，军需浩繁，总河王光裕具题酌停运河夫役，裁减浅铺、闸、溜诸夫工食银，抽调为军需之用。此次大规模裁革运河额夫，直接导致运河大挑年份夫役人手不足，需额外追加募夫。②迨至乾隆年间，山东运河各段继续削减额设长夫数目，由康熙初年的 3226.2 名降至 3158.5 名，其中运河厅浅、闸军等长夫 1037 名，捕河厅 532 名，泇河厅 666.5 名，泇河厅 666.5 名，上河厅 703.5 名，下河厅 279.5 名。③乾隆年间，一个显著变化是，各州县所管泉夫一定程度上重新设立，并配有固定工食银。此时，泉河厅额设泉夫 784 名，每名岁支工食银 10 两，例于司库支发。其中距运河较远州县泉夫，每年只发工食银 4 两，剩余 6 两存贮司库，十月大小挑开始后，余剩银转发运河道库，给发濒河州县代为募夫挑河。④

## 二　协济之弊

运河贯通之初，调发河夫秉持就近佥派的原则，距运河较远州县较少参与河工。⑤如运河没流经的巨野县，自明景泰年间始参与运河劳役。县志言："昔之工作董于河官，以滨河之民趋滨河之役，其地近其事，习其施力又甚便，故官不劳而民不怨。"⑥再如濮州。弘治末年，兖州府属县濮州始"代输观城闸夫，聊城薪隶，高唐京隶，临清、东昌之牌夫银，总四千六百余两"。协济外地河役加重了濮州百姓负担，"濮之人始告困，

---

①　付庆芬整理：《潘季驯集·河防一览》卷 14 收常居敬《钦奉敕谕查理漕河疏》，浙江古籍出版社 2018 年版，第 602 页。

②　马得祯：康熙《鱼台县志》卷 12《赋役》，中国国家图书馆藏康熙三十年（1691）刻本，31a。山东沿运各州县夫役裁减情况，请见叶方恒：《山东全河备考》卷 3《职志制下·夫役定制》，《四库未收书辑刊》史部第 224 册，第 457—469 页。

③　陆耀：《山东运河备览》卷 9《挑河事宜》，《中华山水志丛刊》水志第 25 册，第 338—341 页。

④　陆耀：《山东运河备览》卷 9《挑河事宜》，《中华山水志丛刊》水志第 25 册，第 342 页。

⑤　参见凌滟：《河夫之役与山东省财政变革》，《人文论丛》2018 年第 1 期。

⑥　黄维翰等：道光《巨野县志》卷 22《金石》收龚廉《免河工夫役碑略》，《中国地方志集成》山东府县志辑第 83 册，凤凰出版社 2004 年影印本，第 497 页。

其力不支，则相率弃其室庐墟垅而逃，入他邑者八百余户"。①

协济河役带来的沉重负担引起濮州人士的强烈反映。嘉靖三年（1524），新任知州张寰上任伊始，问及民生疾苦，百姓皆以河役沉重上告。张寰遂将此情况上诉途经山东视察河道的工部侍郎李瓒。同时，濮州籍按察使高显咨文山东巡抚王尧封，诉以濮州之沉重河役。上诉巡抚王尧封后，濮州人对免除协济外地河役期望甚深。张寰主持编修的嘉靖《濮州志》② 谈及此事："濮之人翘企以望，厥议行则其人可以息肩矣。"③由此可见，包括濮州在内的兖州府下属州县以沉重河役向山东巡抚王尧封等要官上书。来自兖州府属州县的压力，或许是山东巡抚王尧封主张将河役分摊给登州、莱州、青州三府的直接推动力。但后来此一主张又遭东三府人士一致反对而未获推行。

对于被迫协济县境外河役，被金州县希望能解除协济县境外的河役。如德胜、万年二闸坐落峄县县境，却由滕县出闸夫 22 名协济。滕县人认为，此闸"与滕毫无干涉"，乃明时夏镇分司偏听峄县之言，"视滕为壑"，"峄岁借滕县，详情支银，不以为德而反噬之"。滕县人呼吁能将"此二十二名闸夫，终当归峄"。④ 然而，峄县人却要协济济宁师家庄闸闸夫。峄县人明言："峄之累，莫如协济师家庄闸夫为甚，闸属济宁，在西北，而驱东南之民远供其役，在西者反舍近而协济于东，殊为未便。"⑤

清初，堂邑知县张茂节曾说："堂民之不堪命者，莫若夫役，而夫役之至苦累者，莫若协济"。堂邑县于清初协济聊城李海务闸夫 20 名，后裁至 18 名；协济聊城永通闸夫 28 名，共 46 名。堂邑县人认为，聊城县大地广，24 里河道，设闸仅 3 处；堂邑县小地窄，17 里河道，已设闸 2 处，原本负担沉重，却协济 24 里聊城河道，河役负担严重不均，呼吁解

① 邓钹等：嘉靖《濮州志》卷 2《食货志》，《天一阁藏明代方志选刊续编》第 61 册，上海书店出版社 2014 年影印本，第 336 页。

② 刘永之等：《河南地方志提要》，河南大学出版社 1990 年版，第 530 页。

③ 邓钹等：嘉靖《濮州志》卷 2《食货志》，《天一阁藏明代方志选刊续编》第 61 册，第 336 页。

④ 王政等：道光《滕县志》卷 4《赋役》，《中国地方志集成》山东府县志辑第 75 册，凤凰出版社 2004 年影印本，第 85 页。

⑤ 赵亚伟主编：乾隆《峄县志》卷 5《漕渠志》，长城出版社 2014 年版，第 76 页。

除此役。①

为推卸协济外地河役的沉重包袱，有的州县甚至不惜编造各种借口。据《山东经会录》载，郓城于隆庆年间协济济宁枣林等闸夫23名，协济济宁在城等闸溜夫140名，捞浅夫济宁、嘉祥二县41名。② 然而，至康熙年间修志，郓城人却言："郓从无河夫也，有之自顺治二年乙酉始。"更可笑的是，郓城人将协济济宁、嘉祥河役的责任推给巨野："因巨野臧公与本邑闵公为翁婿亲，借郓民四十名，代巨往役。"郓城知县闵某为巨野知县女婿这样一种姻亲关系，使郓城百姓承担沉重协济河役。郓城以此来质疑协济济宁、嘉祥河役的合法性，"但以私情，非由朝旨"，进而希望取消或降低河役的职任负担。③

表3—8　　　康熙十五年（1676）山东运河浅夫协济概况表

| 州县 | 额夫（名） | 额银（两） | 协济情况 |
|---|---|---|---|
| 鱼台 | 91 | 1092 | 单县23.5名282两 |
| 济宁 | 123 | 1476 | 金乡10.5名126两；郓城20.5名246两；城武5名60两 |
| 济宁卫 | 39 | 463.68 | 单县5.5名66两；金乡6.5名78两；曹县6.5名78两；巨野6.5名78两；定陶7.5名87.84两；曹州6.5名75.84两 |
| 嘉祥 | 48 | 491.721 | 郓城9名108两；巨野12.5名118.91两；曹州4名38.905两 |
| 聊城 | 97 | 1040.297 | 冠县9.5名99.54两；濮州47.5名497.087两；莘县7名71.1两 |
| 堂邑 | 51 | 544.636 | 冠县8名85.44两 |
| 合计 | 449 | 5108.334 | 196名2196.662两 |

资料来源：叶方恒《山东全河备考》卷3《河渠志下》。

---

① 卢承琰等：康熙《堂邑县志》卷5《赋役下》，中国国家图书馆藏康熙四十九年（1710）刻本9a。

② 香港中文大学历史系编：《山东经会录》卷5《均徭横图》，第400页。

③ 张盛铭等：康熙《郓城县志》卷3《田赋》，中国国家图书馆藏康熙五十五年（1716）刻本，13a。

第三章　河夫征调　/　175

仅以浅铺夫为例（见表3—8）。清初沿运河24州县（含4军卫）中6州县的浅铺工食银有外州县协济。6州县额设浅铺夫449名，外地协济196名，占比将近一半；协济工食银也占全部工食银的一半。协济外地河役解银后，往往在应役地雇募"土著之民惯习河务者充役"①。

在清初，因赋税难征，多地金派百姓亲身赴应役地服役，积弊丛生。曹州协济济宁州天井闸闸夫、济宁卫浅铺夫、嘉祥县浅铺夫、鱼台县闸夫74名。明代曹州将协济银两，"每名额征十两八钱，解赴济宁运河厅收贮，支给各夫"。清初，因赋税难征，知州段缙金派百姓赴济宁等地应役闸、溜等夫役，远途赴役，守候终年。曹州人不得不私下雇人应役，河棍垄断勒索，抑勒百端，曹州人困苦不堪。② 再如，宁阳协济东平州靳家口闸夫九名，共银100.44两。顺治四年（1647）改提本色，金夫亲身应役，百姓困苦不堪。康熙二十六年（1687），州县陈学夔具呈山东巡抚钱钰乞改提银钱，并愿加倍协济，原额工食银100.44两升至200.88两，解至东平州，由东平州官府觅夫应役。至康熙二十八年（1689），宁阳又改提本色，金人赴役，"宁民之累，不知何所底止？"③ 清初堂邑县协济聊城李海务、永通闸夫46名，每年亲身赴聊城应役，受聊城闸夫刁难，不得不私下雇募当地民夫应役。堂邑人呼吁将新加的永通闸夫18名，立行豁免；或将协济聊城募夫工食银两，照数解至聊城，由聊城官府就近召募。④

在协济他县河役无法豁除情况下，各县呼吁将亲身应役改为解银协济，免除河棍胥吏的中间盘剥。濮州协济聊城浅铺、闸夫百余名。自明代至清初，"亘系解银协济聊城雇募畚锸"。顺治四年（1647）至九年（1652），兵荒马乱，濮州连年赋税难征，协济银两，"未免催呼不应"。同时，南旺冬挑河工急迫，聊城县上诉总河要求濮州人亲身前往协济河

---

①　佟企圣等：康熙《曹州志》卷8《赋役志》，中国国家图书馆藏康熙十三年（1674）刻本，18b。

②　佟企圣等：康熙《曹州志》卷8《赋役志》，中国国家图书馆藏康熙十三年（1674）刻本，18b。

③　刘兴汉等：康熙《宁阳县志》卷4《赋役》，中国国家图书馆藏康熙十一年（1672）刻本，32b。

④　卢承琰等：康熙《堂邑县志》卷5《赋役下》，中国国家图书馆藏康熙四十九年（1710）刻本9a。

役。濮州被迫佥派守城民夫、上等富户前去应役，"以二百余里外之民，裹粮担囊，奔走河干"，艰辛万难。① 直至康熙三十九年（1700），知州宋汝为认为，濮州百姓远赴二百里外聊城亲身服役，劳役沉重，上奏总河张鹏翮，改亲身服役为协银至聊城雇募。②

有的州县地方官亲赴劳役地征夫，以减轻百姓远程赴役之苦。如巨野县距运河较远，却需协济河役，"既苦于跋涉孔艰，而力作生疏，复苦于经历未惯"。乾隆五年（1740），州县士民曾上书地方官府请求免除协济之苦，"业已格于成例，未邀允准"。乾隆六年（1741），运河大挑，知县李乔年赴运河河干，就地召募当地土著代役，免除吏胥等中间盘剥，减轻县民河役负担，"于民称便，于公无误，而近河之夫亦得借此以营日食，洵一举而三善备焉"。③

## 第三节　夫役动员：从佥派走向雇募

### 一　明代河夫佥派

明初运河开通之后，大量服务于运河的差役被纳入杂役范畴，均派差役的标准以民户人丁事产的等级服劳役。一般而言，户等高者服重役，户等低者服轻役。至正统年间，运河差役作为一种经常性的服差形式，逐渐从各类杂役中独立出来，成为均徭的一种重要组成方式。包括山东在内的运河沿线地区，均徭派差以门（户的房屋、牲畜等资产）与丁为重。万历元年（1573），御史谭鲁上奏指出，河南、山东佥派修河人夫，"每岁以数十万计，皆近河贫民，奔走穷年，不得休息"。奏上，朝廷再次强调佥派河夫均派上、中二则人户。④

---

① 张实斗等：康熙《濮州志》卷2《赋役志》，中国国家图书馆藏康熙十一年（1672）刻本，31a。

② 郅价等：康熙《濮州续志》上卷《赋役志》，中国国家图书馆藏康熙五十一年（1712）刻本，8a。

③ 黄维翰等：道光《巨野县志》卷22《金石》收龚廉《免河工夫役碑》，《中国地方志集成》山东府县志辑第83册，第497页。

④ 嵇璜等：《续文献通考》卷16《职役》，《景印文渊阁四库全书》史部第626册，第362页。

万历十二年（1584）十一月，礼部仪制司主事陈应芳在奏折简要介绍河夫金派从里甲派拨走向均徭科派的简要过程：

> 河工之举，抚按下之司道，司道下之州县，州县下之里甲。里甲不足，于是以家资之上下为出夫之等第，籍名在官而趣之，役牌票追呼之。①

明代包括河夫在内的各类夫役，金派非常普遍。正如南京都察院都御史何瑭所言："近年以来，则常役之外，杂派夫役纷纷而出，如斫柴夫、抬柴夫、修河夫、修仓夫、运料夫、接递夫、站夫、铺夫、闸夫、浅夫之类，因事编金，盖有不可胜数者矣。"何瑭还介绍了金派夫役的征调方式：

> 除役占优免外，每人五丁编夫一名，岁役不过一月，每丁各该六日。不行者，贴工食银一钱二分。南方以田起夫者，则每田百亩作人一丁，计数编夫，俱准前例。或本处工多夫少，如其工可缓者，令挨年次第举行。如紧急不可缓者，令将邻近州县夫，通融协济。②

金派河夫数目浩大。永乐九年（1411），工部尚书宋礼重开会通河，征派山东济南、兖州、青州、东昌四府丁夫 15 万，外有登州、莱州二府丁夫 1.5 万人自愿赴工。③ 景泰六年（1455），运河沙湾至临清段被黄河冲淤，徐有贞奉旨金派河南、山东殷实民夫 2 万人赴工疏浚。事后，徐有贞复设旧例捞浅夫，"唯用沿河州县之民，免徭役牧养之事，使专事于此"，"其非近河之人，皆休放使力农，如此将远者得安生业，近者甘事河道"。④

---

① 《明神宗实录》卷 155，万历十二年（1584）十一月丙戌。

② 何瑭著，王永宽点校：《何瑭集》卷 1《民财空虚之弊议》，中州古籍出版社 1999 年版，第 11 页。

③ 王琼：《漕河图志》卷 2《诸河考论》，《中国水利史典·运河卷一》，第 60 页。

④ 《明英宗实录》卷 251，景泰六年（1455）三月己巳。

可见，明前期金派河夫秉持就近金派的原则。① 至明中期，伴随黄运河工频繁兴举，金派河夫数目愈发浩繁。嘉靖元年（1522）九月，南京贵州道御史谭鲁上奏指出，河南、山东修河人夫，"每岁以数十万计"。但这些河夫却为"近河贫民，奔走穷年，不得休息"。他建议将河役负担均派地方，并以"上、中二则人户征银雇役"。此议获朝廷允准。②

明中后期一条鞭法在全国推广后，州县均徭、杂役"已征银输官，官为募矣"。然而，在运河沿线州县闸、浅铺诸夫，"仍踵故弊"，金派盛行。一条鞭法推行的徭役折银并未推及河役，仍金派里甲头户，其他中下户朋充津贴，"每夫一名即日岁给工食银七两二钱"。被金里户无法亲身赴役，不得不私下雇役，但代役人员额外索取过多，"一役而倾中人十金之产，一岁而耗小民四千余金"。③

河工金派夫役就是一大弊政。自明代中后期以来，捞、浅、闸、坝等夫，名为雇募，实际上却向里民私自加派银每名夫役二三十两不等。州县官为逃避加派之名，不肯制定统一标准，导致差役恣意勒索。恶习相沿十余年，沿线百姓苦累难堪。④

万历年间，礼部仪制司主事陈应芳曾对金派制下种种弊病有深刻揭露。他在上奏指出，金派河夫之弊主要有二：一是扰害百姓。出夫之家，"籍名在官而趣之，役牌票追呼之，扰遍于闾阎，叫号怨谤之声盈于道路，其状有不可言者"。二是加重负担。被金人户，出夫一名，"远者月有一两二钱之值，近者月有九钱之值"，"以安家之值，以一家为率，办夫五名，则月几十金之费矣"。如此沉重负担，直接导致应役人家"倾资

---

① 凌滟：《河夫之役与山东省财政变革》，《人文论丛》2018 年第 1 期。此文也指出明初河夫金派遵循就近编金的原则。

② 《明世宗实录》卷 18，嘉靖元年（1522）九月丙辰。

③ 罗士学等：万历《沛县志》卷 8《赋役志》，万历三十七年（1609）抄本，无页码。

④ 王道亨等：乾隆《德州志》卷 12《艺文·蠲免挑河浅夫钱碑记》（《中国地方志集成》山东府县志辑第 10 册）载德州于崇祯三年（1630），"皇帝惠我东人，尽蠲丁地之赋；适河当疏浚，当事者患夫力无出，因散派民间，按亩敛钱；盖一时权宜之计耳，后遂沿以为例。比年征民钱六十余万，至三年则又征民钱百有余万，民皆病焉"。金派夫役的银钱，"有权力者率不与，有明于国家律令者亦不与，吏亦不敢至其门；其出钱者，特仁弱农民耳"。这笔钱并未真正用于浚河，"某所奉应若干，某所规例若干矣。下而为同事之蚕食，又下而为胥役之中饱"。

以偿其费，不则鬻产又卖子女"。①

明末济宁百姓就饱受佥派河夫之苦。济宁籍官员徐标巡视经过故土，父老数十人下跪马前痛诉佥派之苦：

> 济宁去黄河三百余里，夫役佥派里下，俱系百姓帮贴盘费，食用必不能继，势必逃走。一夫逃则一夫补，捉逃之令未已，而补夫之役，及门小民，终岁遑遑，无一息安枕，（佥派夫役）是剜肉之计也。②

明后期，朝廷已意识到佥派河夫的危害。隆庆、万历年间曾有募夫之议。万历《沛县志》指出，黄、运河工，动辄需河夫数万，运河闸、浅铺诸夫，无法全部赴役，"即使得掣，数亦不足也"。每逢河工，一邑征派河夫，"多则二三千名，少亦不下五六百名"。官府却认为召募的河夫，"涣而无统"，不如里甲制下佥派为便。他们认为，里甲制下佥派河夫，"勾摄易集，脱逃无患"。被佥河夫赴工，官府日发工食银，"多则五分，少亦不下三分，非为空役吾民也"。若被佥之民无法亲身赴役，势必私雇"有力者代之"。由此带来两大弊病：一是加重被佥里户负担。代役一名，"度路远近，月给工食银多至三两，少亦不下二两。是夫百名，月费小民二百金，千名则月费小民二千金，积至数月，费且逾万。"二是工食银层层克扣。赴工人员，虽日给工食银，但多为半月至十日一次发放，"官银自上而下，经数手，始及诸役，侵渔减缩，所得几何？"代役者驻工却无法及时获工食银，"例以下民帮贴为不易之数"。因此，每兴大工，"国家费一万，即郡邑费且不止二（万）"。而一州县差役总额不过二万余两，"一河堤之役，几与之埒"。沿运州县百姓，不得不承受如此重役，"逃之则乡土难移，应之则膏血易竭"。③

---

① 《明神宗实录》卷155，万历十二年（1584）十一月丙戌。

② 廖有恒等：康熙《济宁州志》卷9《艺文志》收徐标《陈济宁驿马河夫苦累疏》，中国国家图书馆藏康熙十一年（1672）刻本，40a。

③ 罗士学等：万历《沛县志》卷8《赋役志》，万历三十七年（1609）抄本，无页码。

## 二 清初河夫佥派

清初，山东运河周边州县，设捞、浅、闸、坝等额设夫役，每年拨发固定款项，俱有额设工食银两，与州县雇募的轿夫、伞夫等项相同，例应由官府雇募，不应科派乡里。负责协济的州县也多携银至应役地，由官府出面雇募当地惯习河务的土著代役（见协济一节）。正如清初济宁人黄敬玑①所言："沿漕河一带州县各设捞浅夫及牐夫等项，岁有常额，载在经制，原与州县青白夫轿伞夫等项相同，各有额设工食，例应官为雇募，不当派之里下者也。"②

然而，由于清初黄运河工频兴，佥派河夫仍旧盛行。顺治十年（1653），顺治帝下旨明言："如或工程浩大，人力不敷，照旧量起附近丁民赴工，事毕即放，不许耽延。"③ 至于官府佥派百姓的原因，与明清之际战乱田地荒芜，条鞭赋役银两无法确保足额征收有关。顺治十六年（1659）正月，总河朱之锡在上奏中就指出，山东济南、兖州、东昌三府，设有泉、闸、浅、溜等夫，按例于条鞭银内，日给工食银 3 分零，但因各州县"除荒数多，夫食不足"，其中顺治十四年（1657）河夫工食银缺额银就高达48284两零。为解决河夫工食银不足问题，朱之锡给出的方案是："凡本州县夫食，仍听本州县增出地亩补给，如犹不足额，即于本府内邻近州县拨补，解府转发。"④ 直到康熙初年，河夫工食银仍无法确保足额发放。靳辅给出的解释是："向来设有夫役疏防修补，随时用工，惟是工食无多，各夫不足糊口，往往潜逃贻误，故定有按地佥派土著之例，行之已久。"⑤ 同时，靳辅描述清初佥派之苦："全河之事，间有兴举，无不勒之州县，派募里民，在司诸臣，固得坐享安逸，而凡所派

---

① 黄敬玑，生卒年不详，顺治四年（1647）进士，后官安庆府推官、云南道御史等职。

② 徐宗幹等：道光《济宁直隶州志》卷4《兵革》，《中国地方志集成》山东府县志辑第76册，凤凰出版社2004年影印本，第223页。

③ 阎廷谟：《北河续纪》卷1，《中国水利史典·运河卷一》，中国水利水电出版社2015年版，第436页。

④ 朱中梁等编：《朱之锡文集·河防疏略》卷4《酌议拨补夫食疏》，第89页。

⑤ 傅泽洪等：《行水金鉴》卷173《夫役》，《景印文渊阁四库全书》史部582册，第658页。

之州县，用一费十，民不胜其苦累矣。"①

清初，淮河同知纪元对当时的河工夫役金派缘由及运作实态有形象叙述：

> 若夫工食之积弊，尤甚于料价。按夫一名，官给工食银十两八钱，因不足用，里下议出贴费，各县照里均差，约田数十顷，派夫一名，田多者应夫，田少者贴费，此徐属历年定例也。但有田之人，非属绅衿，即各衙门吏书人役，本身不能应夫，势必雇人替代。即百姓之少有身家者亦然。是里下出夫之人，并非河上作工之人也。其间有名虽雇人代役，而实无人上工者矣；有本身原无夫役，而以一人而包充数夫者矣。州县止送花名一册，其事已完，真假替冒，何从诘辨？于是规避私逃等弊，不能免矣。是纸上之人夫，半属虚名，而河干之修筑全为故事也。②

可见按田亩金派人夫原因在于官方发给的工食银十两八钱，"因不足用"，才导致不得不采用金派之法。康熙《鱼台县志》也明言：一条鞭法改革后，徭役折银征收，"民间已无差役之扰"。但鱼台濒临运河，"有河夫一项，虽有额编工食，不足供用，雇募不前"，不得已采取金派河夫应役。具体金派方式："岁照地亩按数金派，其地亩多者金点夫头，余户按亩帮贴，除额编工食外，仍帮贴食米，每名一十八两、二十两不等。"③ 金派百姓应役，以地亩多者应役，地亩少者出帮贴银，弊窦丛生。以金乡为例。被金百姓不谙河务，被迫私雇当地谙习河务者代役，"始而勒雇，继而逃役，仍提正身，累害不浅"④。

---

① 靳辅：《靳文襄奏疏》卷8《重堤预给夫食疏》，《景印文渊阁四库全书》史部第430册，第939页。

② 魏源：《魏源全集·皇朝经世文编》卷103《工政九·河防八》，第530页。

③ 鱼台县地方志编纂委员会编：康熙《鱼台县志》卷12《赋役》，山东人民出版社1997年版，第343页。

④ 李垒等：咸丰《金乡县志》卷3《食货》，《中国地方志集成》山东府县志辑第79册，凤凰出版社2004年影印本，第404页。

182   /   清代山东运河河工经费研究

金派制下的额夫工食银发放程序如何呢？以夏镇工部分司为例。夏镇工部分司下辖一年夫食银 8400 余两，"旧例州、县解厅，厅转解夏镇工部，就近发主簿给散各夫"。但在工食银发放中，百弊丛生。再以南河为例：

> 至于给散夫食，旧例州、县解银到厅，收贮徐库，徐库不敷，又领诸淮库。先呈中河工部验封，然后按季发之河判，河判分发夫头，以及散夫。其中蠹役克收，以及夫头冒销等弊，又倍于料价。甚至无夫之积棍，反受多金；而应役之贫民，纤毫无得者矣。

然而，淮河同知纪元并没给出替代金派夫役的方案，只是提出对金派夫役程序加以改善的措施：

> 此后解夫之日，严责印官，不得以花户虚册塞责，必令详开应值夫役本户何人，实系何人代役，注明各夫年貌。如有代包规避等弊，立拿本户重惩。及按季放发夫食之时，仍令印官亲同河判照原册按名给发，仍具公同放过领状，并各夫领银甘结，报上开销。倘有给放不实，与包夫规避等情，一经发觉，官即题参，蠹役、势恶，立置严法。庶人夫方得实用，而雨露不致空施矣。①

康熙《郓城县志》详细介绍该县的金派河夫的程序：

> （知县）陈侯于万不容已之中行法外解悬之术，条详河院，照地金夫，每地一百二十余顷，出夫一名，供役一年。除额领工食外，每亩贴银二厘三毫。从前里书金报卖富差贫之弊，四季金解之扰悉杜矣。②

由此可见，清初河工金派河夫极为频繁。在一些州县已经形成了制

---

① 魏源：《魏源全集·皇朝经世文编》卷 103《工政九·河防八》，第 531 页。
② 张盛铭等：康熙《郓城县志》卷 3《田赋》，中国国家图书馆藏康熙五十五年（1716）刻本，14b。

度化的施行程序。如此频繁的河夫佥派势必成为一项沿河州县的沉重
包袱。

### 三　佥派苦累

地方文献关于清初佥派之苦累的形象记载比比皆是。佥派河夫带给
峄县百姓痛苦极深。方志中明言："国初，有司不考故牒，猥以佥派塞
责，后遂成例，为闾阎入骨之痛。"① 滕县佥派河夫，"民多倾产"。康熙
二十四年（1685），"岁增夫二百名"。士绅孙之庾坚持不懈地上书上级官
员，最终获其他七州县分摊此役。② 曹州佥派百姓赴济宁等运河州县应
役："曹地距运河二百余里，终年守候，既不能裹粮远役，启闭疏浚，尤
所未谙，势不得不仍私雇代役，河棍因而垄断为奸，百端抑勒，相沿至
今，曹民实为苦累焉。"③

单县本县有徭夫、铺夫，另有协济外地闸夫、浅夫，胥隶为奸，小
民多破家。沈之奇《翟公碑》记载佥派制度下弊窦颇详：

> （河夫）按阖邑粮地派拨，以大户为首，管小户。而舍富役贫，舍
> 多役少，胥役既因缘为奸，势恶豪强复肆把持，偏枯不均之弊，难更
> 仆数。狡狯者恣为奸利，愚善重累不堪。至有破家者，为民害久矣。

康熙二十五年（1686），知县翟尧佐改按地输钱，官府雇募河夫，
"每亩才数文耳"，"民之乐之，如释远途重任"。④

济宁州地处运河要冲，"州为运道咽喉，夫役日不暇给，额设之外，
向派里甲，每因一夫而扰及一里"。康熙初年，济宁知州李顺昌并未废止

---

① 赵亚伟主编：乾隆《峄县志》卷5《漕渠志》，第71页。
② 王政等：道光《滕县志》卷8《儒林传》，《中国地方志集成》山东府县志辑第75册，
第199页。
③ 佟企圣等：康熙《曹州志》卷8《赋役志》，中国国家图书馆藏康熙十三年（1674）刻
本，18b。
④ 项葆桢等：民国《单县志》卷21《艺文志·翟公碑》，《中国地方志集成》山东府县志
辑第81册，凤凰出版社2004年影印本，第575—577页。

金派，而是施行均输之法，"先定保甲，按日而递役之，公不误而民不扰，书役无所容其奸"。①

卫河沿线重镇德州承担的金派河银，"南北运河岁征浚浅夫钱六十七万有奇"，每年冬季官府派吏征派百姓银钱，状极悲惨。方志中也有形象描述：

> 每届三冬，而浚河之征出，催钱之吏日咬吾门，索酒醴，食鸡豚。吾村之鸡犬不宁焉。汝曹伐薪樵粥，米布以足之。不能，则又出子钱贷豪右以足。否则，笞朴不汝免也。迫钱足付吏，并不给寸纸之符以为验。恐吾辈执以闻于上。官征耶？吏征耶？吾侪皆不得而知也。②

康熙九年（1670）九月，河道总督罗多上疏，修河大工，需额用协夫 34800 余名，于山东、江南两省金派协济。与此同时，江南各府却遭受严重的水旱灾害，正项钱粮尚须蠲免救济，沿运百姓无法承担这种额外负担。刑科给事中张惟赤建议停止金派百姓，改为官府雇募，并将募夫待遇从每日 4 分，升至 6 分。③

在此形势之下，沿运州县要求以雇募代替金派的呼声越来越高。康熙八年（1669），济宁人云南道监察御史孙敬玑认为，捞、浅、闸、坝等夫，州县具有额设工食银，"岁有常额，载在经制"。这些额设河夫与州县青白夫、轿伞夫等相同，"各有额设工食，例应官为雇募，不当派之里下"。但自晚明以来，河夫征调却采取金派里民的方式，被金百姓不谙河务，无法亲身赴役，私下雇人代役，"而里民每名私帮银二三十两不等"。在明代中后期官府曾明定打讨银数额，后来官府"不肯定其数目，以致差役肆意勒索，相沿十数年来，小民之苦累不可胜言。"对此，他主张各州县夫役工食银，"不许本官剋减，不许衙役侵渔，不许夫头扣除，俱令

---

① 岳濬等：雍正《山东通志》卷 27《宦迹志》，《景印文渊阁四库全书》史部第 540 册，第 644 页。

② 王道亨等：乾隆《德州志》卷 12《艺文·蠲免挑河浅夫钱碑记》，《中国地方志集成》山东府县志辑第 10 册，第 390—391 页。

③ 《清圣祖实录》卷 34，康熙九年（1670）九月丙辰。

官为雇募，勿得累及小民"。为加强监管，他主张地方州县官每年向河道总督上交没有私下雇役的甘结一份，并将"经制止外"添设的"无益夫役"，尽行裁去，以宽解民力。孙敬玑强调指出，运河一带有大量河滩土地，旧例发给夫役耕种，作为糊口资产，后被前任河督禁止耕种，实为可惜。他建议将河滩土地发给每名额夫若干亩，免除赋税。如此则召募夫役渐成土著，而被佥百姓私下雇役的弊政，也可以从根本杜绝。[①]

峄县佥派河夫早已是该县民怨沸腾的一项沉重负担。县志云："国初有司不考雇牒，猥以佥派塞责，后遂成例，为闾阎入骨之痛。"[②] 康熙十年（1671），峄县知县田显吉上书河道总督王光裕请求停止佥派河夫。他指出：

> 峄民之困于河夫，三十年于兹矣。查明季旧制，每夫工食之外，给地四十亩，以为糊口之资，闸夫加给住房二间，以为栖身之所。近阖邑绅衿土民，控请查复旧制，倍地给夫。职复细加筹划，而知给地募夫之举，诚永利于夫，永利于民，而更永利于国者也。盖河夫之不应募，皆由俯仰之不给，今每夫给地百亩，即宽然而有余，给房二间，自安居而可久。且岁领工食，俯仰无虞，此夫之永利者一。峄民一籍河夫，纷纷滋扰。今募夫皆土著，岁无佥派之扰，户享安逸之休。此民之永利者一。抑峄地多荒芜，民多逃亡。今垦地俱不充夫则流亡渐集，流亡渐集则田畴日辟，田畴日辟则赋税益充。此国之永利者一。

为了让募夫更具操作性，田显吉还提出六项针对性措施，涵盖三方面内容：第一，提高募夫待遇，并免除赋税。募夫一名，此前虽给地 40 亩，免除赋税，无法保证衣食充裕，现改为给地 100 亩。其中闸夫于闸口工作，分发土地不能距闸太远，应就近分给；徭夫工所不定，分地不用就近原则。募夫待遇得到提高，自然人人踊跃争先应募。闸夫守闸，昼夜不

---

① 廖有恒等：康熙《济宁直隶州志》卷 9《艺文志》，中国国家图书馆藏康熙十一年（1672）刻本，50a – 50b。

② 赵亚伟主编：乾隆《峄县志》卷 5《漕渠志》，长城出版社 2014 年版，第 71 页。

离，服役艰苦，应给每夫房一间，"就闸居住，以司启闭，呼吸立应"。第二，须数人应募一夫。河夫专力劳役，没有多余劳力耕种发给田地，造成田地荒芜。他建议，召募闸夫、徭夫等夫，须父子三四人，或兄弟二三人，不然得异姓二人以上，方准应募一夫。第三，河夫连保，以防逃旷。召募劳夫，必须是土著百姓，且逐名取保，五人连名串保，互相牵制，以防他日逃脱。他特别指出，劳夫因特殊缘故，不能上工服役，但是房屋、田地、工食银，颇为优厚，募补其他劳夫，也会很简单。田显吉建议上达总河部院后，引起治河官员注意，却没能在实践中得到贯彻。①

### 四　雇募代替佥派

在地方上强烈呼吁取消扰民已久的呼声之下，朝廷最终意识到佥派百姓参与工程的弊病。康熙十二年（1673），河南巡抚佟凤彩率先于河南试点雇募河夫制度。他认为，河南佥派夫役，虽经朱之锡划定地界，远近百姓一体承担河役，但佥派河夫妨碍农时，胥吏趁机勒索，他主张"每岁豫估用夫若干，需夫价若干，官为雇募，所需夫价，通省均摊，俾民得安心畎亩，无河夫之累"。②

康熙十六年（1677）十二月，廷议决定由总河酌量就近募夫参与河工。然而，河道总督靳辅却明确反对推广募夫，"就近召募，断不可能取"。他的理由有二：一是若施行募夫，提高募夫工食银，"动须增费数十万两"，对原本窘迫的财政形成压力。二是当年淮扬一带，连遭灾荒，百姓困苦，"除死亡卖身之外，其逃散四方者，一时不能聚集，应募者少，必至误工"。靳辅给出一个折中方案，在河工中广泛使用驴驼替代人力，同时宽限工程时限，"原限二百日完工者，改为四百日完工"，"前拟每日用夫十二万有奇者，今止须用夫三万余名，并驴三万余头足矣"。③

不少大臣对靳辅反对募夫的做法持有异议，其中以大臣崔维雅为代表。崔维雅指出，动用正项钱粮募夫，"真浩荡之仁也"，从事河工有固

---

①　赵亚伟主编：乾隆《峄县志》卷5《漕渠志》，第77页。
②　康基田：《河渠纪闻》卷14，《四库未收书辑刊》一辑第29册，第218页。
③　傅泽洪等：《行水金鉴》卷49《河水》，《景印文渊阁四库全书》史部580册，第664页。

定工食银，百姓积极性增长，免除地方官科派之弊，并建议将募夫之举从河南推广到淮扬河工。[①]

在外部压力下，靳辅"几经筹虑"，逐步改变想法，"乃易派募而为雇募"。他意识到佥派河夫已成为百姓的沉重负担，"州县派募里民，凡所派之州县，用一费十，民不胜其苦累"。靳辅支持的黄、运两河河工，"日需人夫十余万"，若仍循旧的佥派，"必半壁号呼矣"。同时，他指出，在佥派制下，所派人夫"率皆老弱不堪之辈，而又每每逃逸"，素质低下，"大抵坊里夫十名不敌募夫三四名之用"。[②] 在长达十余年的治河实践中，靳辅治河最终"大功告成"，其中雇募的高素质的河夫起到关键性作用。对此，靳辅描述道：

> 所募之夫，远近不一，率皆江南淮徐之属，山东东兖等府之属，河南开归等府之属，甚至有直隶大名等处之人，闻风而来，乐于趋事，然皆各有父母妻子，则安家有费；奔走道途，则食宿有费；力作器具，则置办有费。是每夫一名，受雇之始，即预给银数两不等，以资诸费，而后始得到工。到工之后，仍复按工支给。彼夫也者，恃其筋力之强健，奋其畚锸，截长补短，筑成千百土方，然后照题定每方给银若干之数，扣除找给，期于银工相抵而后已。[③]

山东沿运州县的河夫由佥派走向雇募也有一个曲折过程。康熙二十七年（1688），山东巡抚钱钰上奏，佥派河夫累民，且河棍包揽指勒，题请改佥派为官雇河夫。康熙帝下旨命河道总督、山东巡抚会议决定是否可行。但不久钱钰因事遭革职，此事暂告一段落。续任巡抚佛伦会同总河王新命合奏指出，河夫若改归官方雇募，"募觅维艰，且有逃散等弊，

---

① 崔维雅：《河防刍议》卷5《酌动钱粮》，《续修四库全书》史部847册，上海古籍出版社2002年影印本，第201页。

② 靳辅：《靳文襄奏疏》卷1《经理河工第五疏》，《景印文渊阁四库全书》史部第430册，第466页。

③ 靳辅：《靳文襄奏疏》卷8《重堤预给夫食疏》，《景印文渊阁四库全书》史部第430册，第487页。

贻误河工，不如仍旧金派"。奏上，部议遵行，但朝廷下文已意识到按亩金派河夫，"终为民累"，告诫地方官能采取适当措施，"使民累得苏"。①

虽然，山东的地方要员在是否将河夫征调方式由金派改为雇募的问题存在各种分歧。但是，以雇募替代金派的改革实践率先在地方州县上试点实施。康熙三十六年（1697），金乡绅士张霖等人建议定均徭之法雇募河夫，以缓解百姓困苦，仿照周边各县做法，改官雇河夫。但行之未久，地方官担心有额外科派，照旧金派。康熙三十八年（1699），生员刘允泗等认为金派河夫苦累已极，并将情况上呈布政司。经布政司允准，金乡县始行雇募河夫，免除金派。具体方法为："以合邑行粮内，除圣府庄地免派外，其余每亩派钱三文，遇大挑之年加六毫，按数征解，支给各夫。"各类河夫帮贴数额如下：

浅、溜夫二十四名，每名十六千，共钱三百八十四千；

卫浅夫六名半，每名十八千，共钱一百一十七千；

闸、溜夫六十二名，每名十八千，共钱一千一百一十六千；

徭夫一百八十四名，每名五千五百文，共钱一千零一十二千；

大挑夫八十六名，每名六千三百文，共钱五百四十一千八百文，间年一派。

以上各夫帮贴银最初议定时，田亩摊派征铜钱，每钱 1000 文折银 1 两，"后因钱价低昂不等，难以画一"，始易钱征银，但造报仍具开钱数。②

康熙三十九年（1700），滕县也开始改金派河夫为雇募，按田亩输钱，官征官雇。雇募征银方法如下：

滕邑议定，行粮地一万二千九百五十一顷一十三亩六分零，遇

---

① 鱼台县地方志编纂委员会编：康熙《鱼台县志》卷 12《赋役》，第 343 页。

② 沈渊等：康熙《金乡县志》卷 3《赋役》，中国国家图书馆藏康熙五十一年（1712）刻本，8a–11b。

大挑之年，每亩派小钱二文八毫，小挑之年每亩派小钱二文，亦照滚单法，八月后散单，十月收齐，十一月解给。河官义民雇工。民夫每名贴钱九千，闸夫、溜夫每名贴钱一十六千，泉夫、募夫每名贴钱五千。按在工人夫，日给现钱八十文。人人踊跃趋事，上不累官，下不病民，有济河道，无亏夫役，业与丁地钱粮，并勒诸石，永垂定例。①

郓城县河夫金派严重。县志言：“郓城县河夫历年变更不一，累莫累于指名金报。”康熙三十四年（1695），郓城士庶公议雇募河夫，关键在于确定额夫工食银外帮贴银的数额。具体如下：

闸、桥夫除额设工食外，每名愿贴食米钱二十五千；浅、溜夫除额设工食外，每名愿贴食米钱二十千。照地均轮，官收官雇，总计阖县行粮地一万六千零五十五顷九十六亩，令每顷量轮钱一百二十文五毫二丝。逢大挑之年，加添募夫一百三十八名，每名雇价六千，并挑木等项，亦在阖县地亩，总计均轮，每顷共轮钱一百八十三文，遴选殷实乡约，共收贮库，先期雇募，取具认保二状，当堂验明，按季领给，责令总甲押赴工所。既无逃旷偏累之虞，并杜包揽浸渔之弊，夫沾实惠，民得安农。

可见，此举旨在明确各类挑河所需河夫各类银两的具体数额，同时以乡约等民间自主力量介入，最大可能杜绝包揽侵渔之弊端，从而很大程度上缓解河役负担。此次郓城县民自发的改金派为雇募，行之三年。至康熙三十七年（1698），兖州府照旧金派。郓城全县上下“恐州县借此营私多派病民”，县生员高璞等赴省呈控申诉，由指名金派河夫改为官收官雇。诉求获准，“士民照地均轮，永无河夫之累”。②

---

① 王政等：道光《滕县志》卷4《赋役》，《中国地方志集成》山东府县志辑第75册，第85页。

② 毕炳炎等：光绪《郓城县志》卷14《艺文·奏疏》，《中国地方志集成》山东府县志辑第85册，凤凰出版社2004年影印本，第231页。

至雍正初年，河役雇募制已经推广开来。正如太仆寺卿唐执玉所言："每有兴作，必动正项钱粮雇觅民夫，按丁给发。"① 甚至在灾荒年份可募灾民应役救荒。雍正元年（1723）正月，山东连年灾荒歉收，雍正帝下谕旨告诫山东巡抚黄炳动用正项钱粮雇募灾民，给发工食，挑浚运河，"于兴役之中，即寓赈济之意"②。接旨后，黄炳动支藩库银二万两赴张秋运河淤浅处，雇灾民昼夜挑浚，一律深通，不误漕运。③

此后，伴随摊丁入亩赋役制度改革的完成，此前各类力役折银摊入地亩征收，官方雇募河役最终定型。《峄县志》谈到摊丁入亩改革与河役雇募间的关系时说："自乾隆四十一年丁役摊入地亩，向之奔走河干者，皆得尽力阡陌，而额夫有数，仰食于官，永不扰及闾阎，乐利之宜，可以知所自矣。"④

## 第四节　夫役运作与区域社会

清初诗人唐孙华曾赋长诗形象描述河工征派河夫严重骚扰百姓正常农耕作业，以及河夫应役工地的艰辛：

朝开河暮开河，要令斥卤回盘涡。朝点夫暮点夫，里胥追捕如亡逋。当今圣主仁如天，浚河本为利农田。兴作兼存救荒计，鸠工尽发水衡钱。嗟此河夫多菜色，晨馁何能待日昃。五月官钱半未颁，尔有肉糜从尔食。千锹万锸听鼛鼓，三丈河身八尺土。不辞霑体遍涂泥，可奈淋头逢冻雨。树上愁看逐妇鸠，桑间已有催耕鳲。历久河工未告成，农事匆忙渐旁午。纵得青钱给一餐，待铺不救妻孥苦。

---

① 中国第一历史档案馆编：《雍正朝汉文朱批奏折汇编》32 册 595 号《唐执玉奏请均摊力役之征以宽民力折》，第 576 页。

② 乾隆敕编：《世宗宪皇帝圣训》卷 15，《景印文渊阁四库全书》史部第 412 册，台湾商务印书馆 1986 年版，第 212 页。

③ 黎世序等：《续行水金鉴》卷 73《运河水》，《四库未收书辑刊》七辑第 7 册，第 304 页。

④ 赵亚伟主编：光绪《峄县志》卷 12《漕渠》，线装书局 2007 年版，第 166 页。

更遭官长日巡工，箠挞疲民恣诃怒。非关民力怠工程，自为皇天不肯晴。未看翠毯盈畦阔，早见红榴照眼明。尚作官身絷河上，何时陇畔得归耕。昔闻周夏①两名臣，疏浚川渠决滞堙。遍从水道访曲折，轻舟屏从泊河滨。时入茅檐谘利病，村农共许话艰辛。泽被东南三百载，到今功德未全湮。呜呼大贤久不作，尔曹谁复知经纶。今日河夫尽茕独，背似土牛耐鞭扑。几回持橐请官粮，官粮早饱官胥腹。重腿方忧疫疠生，独漉水深泥又浊。自是农夫性命轻，谁能久候官仓粟。但愿功成早放归，急向田间驱黄犊。②

我们在前三节讨论河夫应役形制演变等内容时已涉及征派河夫对运河区域社会的骚扰。本节结合具体事例进一步讨论明清运河劳役河夫的待遇、工作条件以及对区域社会产生的影响等问题。

## 一　河夫待遇及职责

明代额设河夫是有工食银两补助的。明代曹州协济济宁天井诸闸夫，鱼台南阳诸闸夫以及嘉祥浅铺夫等夫役银额征 965 两 7 钱，外加闰月银 32 两 1 钱 9 分，合计 997 两 8 钱 9 分，解赴济宁运河厅库贮存，"按季支给各夫"。③

嘉靖十三年（1534），黄河决口淤塞运道鲁桥至徐州 220 里，总理河道刘天和征调山东、河南及北直隶浅铺、闸、溜等河夫疏浚淤塞河道。这些额设河夫④工食银源自被金里甲下户帮贴银，"不须官给工食"，但每半月据河工难易，酌发犒赏银。同时，征调附近府、州、县人夫于正月间赴工，"工食日给银一分五厘"。另外雇募的人夫日给银 3 分。这些河夫挑挖淤泥

---

① 唐孙华注"周夏两名臣"，即明初治河名臣周忱、夏元吉。

② 张应昌辑：《国朝诗铎》卷 4 收唐孙华《开河行》，《续修四库全书》集部第 1627 册，上海古籍出版社 1995 年影印本，第 435 页。

③ 佟企圣等：康熙《曹州志》卷 8《田赋》，中国国家图书馆藏康熙十三年（1674）刻本，18a。

④ 刘天和在疏浚被塞运河工成，指出："兖州一府所属闸溜浅铺等夫、曹县等处黄河堤白夫、直隶大名府堤白等夫、河南河夫，俱均徭编，各令自备工食，但量加赏劳。"可见额设夫役工食银源自里甲编派所得，官府并不发放工食银。刘天和著，卢勇校注：《问水集》卷 5《治河功成举劾疏》，第 101 页。

装筐，每筐泥 100 斤，"通融每夫每日可抬泥七十筐"，持续 60 工日。①

个别州县还有另外的补助。如巨野县本县额设捞浅夫 125 名，又协济济宁、汶上等处闸、溜、浅夫 79 名，"每夫一名，除给河道工食外，给湖地五十亩以为糊口之资"。至清初，总河杨方兴严禁开发湖田，河夫失去糊口之资，工食银不足谋生，于是帮贴随之而兴。后来，额设河夫裁减至 156 名，"皆由本县照地派夫"。大小挑河工紧急，夫价腾高"以致一倍三倍"，且河夫上缴草束，"以致一倍十倍"。额设工食银，"尽支于代役，而本夫毫无所得"，苦不堪言。总河张鹏翮上任，"将衙门占役并打草陋规，尽行革除"，清厘诸弊。张鹏翮此举"虽帮贴之累，因循已久，目下尚未能免"，亦在很大程度上减轻额夫负担。②

河夫还负责栽柳护堤。明代兖州、东昌二府各州县卫管河闸官下属民铺夫，每名种柳 20 株，军铺夫 15 株。其他捞浅、闸、溜、堤、坝诸夫 18 株。每铺卧柳需植 300 株，"与高柳相兼"。每年总河派官通行查勘，"但有枯损空缺去处，俱责令立春后补栽，不如数者，扣旷工银入官，盗拔者问罪"。③

河工额夫还需置办桩木、草束、麻斤、石料等治河物料。弘治年间成书的《漕河图志》指出，漕河贯通初期，"修理闸坝之类应用物料，取给有司库藏，或概征于民多。至后期，其岁用桩草、苘麻就令闸、浅人夫采办。因所费甚多，有一夫岁征草千束者，后袭为例"。此制固定之后，缺乏变通，有废弃闸坝，但匹配的桩草仍办原数，导致桩草物料堆积腐败。且桩草、苘麻收支之际，胥吏作弊侵吞，弊窦丛生。成化年间，漕运总兵官平江伯陈锐、工部郎中郭昇修理闸坝，易换闸板，地方官府经费匮乏，遂将各夫应办桩草内减半折收银钱，以备河道之用。此后，官府擅自将河夫应办桩草物料折钱。成化十三年（1477），敕工部管河郎中："凡河道兴利除害事务，可为经久便益者，悉听从宜处置。"此后，官府所征桩草、苘麻不拘泥所定常额，"量用多寡，定拟征派，本色但取

---

① 刘天和著，卢勇校注：《问水集》卷 3《修浚运河第一疏》，第 69—71 页。

② 黄维翰等：道光《巨野县志》卷 4《山川》，《中国地方志集成》山东府县志辑第 83 册，第 91 页。

③ 谢肇淛：《北河纪》卷 6《河政纪》，《中国水利史典·运河卷一》，第 327 页。

足用，折色惟务从轻"。① 再以浅夫为例。明后期山东沿运 24 州县（含 3 军卫）额设浅夫 2226 名，每年需办桩木 1210 根，草 53100 束，麻 425 斤，其中嘉祥、巨野二县办治河石料 36 万斤（见表 3—9）。

表3—9　　　　　　　　　明后期山东运河浅夫置办物料表

| 州县 | 浅夫（名） | 桩木（根） | 草（束） | 麻（斤） | 树（株） |
|---|---|---|---|---|---|
| 鱼台 | 120 | 80 | 2400 | 无 | 多寡不一 |
| 邹县 | 120 | 50 | 3000 | 无 | 508 |
| 济宁 | 120 | 50 | 2000 | 无 | 多寡不一 |
| 巨野 | 50 | 办桩草折石 20 万斤 | | 无 | 多寡不一 |
| 嘉祥 | 40 | 办桩草折石 16 万斤 | | 无 | 多寡不一 |
| 汶上 | 140 | 50 | 3000 | 无 | 多寡不一 |
| 东平 | 120 | 50 | 3000 | 无 | 多寡不一 |
| 寿张 | 50 | 50 | 3000 | 无 | 多寡不一 |
| 东阿 | 80 | 50 | 3000 | 无 | 多寡不一 |
| 阳谷 | 100 | 50 | 3000 | 无 | 多寡不一 |
| 聊城 | 230 | 50 | 2000 | 50 | 多寡不一 |
| 平山卫 | 25 | 25 | 500 | 25 | 多寡不一 |
| 博平 | 60 | 50 | 2000 | 50 | 多寡不一 |
| 堂邑 | 70 | 50 | 2000 | 50 | 多寡不一 |
| 清平 | 90 | 50 | 2000 | 50 | 多寡不一 |
| 临清 | 110 | 50 | 2000 | 50 | 多寡不一 |
| 清河 | 80 | 50 | 2000 | 50 | 多寡不一 |
| 夏津 | 80 | 50 | 5000 | 无 | 多寡不一 |
| 武城 | 260 | 50 | 2000 | 50 | 多寡不一 |
| 恩县 | 50 | 50 | 2000 | 50 | 多寡不一 |
| 故城 | 30 | 50 | 5000 | 无 | 多寡不一 |
| 德州 | 66 | 55 | 2200 | 无 | 多寡不一 |
| 德州卫 | 72 | 100 | 1000 | 无 | 多寡不一 |
| 德州左卫 | 63 | 100 | 1000 | 无 | 多寡不一 |
| 合计 | 2226 | 1210 | 53100 | 425 | |

资料来源：杨宏、谢纯《漕运通志》卷 2《漕渠表》。

至清代，额设河夫已有固定的额设工食银两，主要由周边州县地丁银支给。雍正七年（1729）十二月，清廷对各类河夫所需工食银两的数

---

① 王琼：《漕河图志》卷 3，《中国水利史典·运河卷一》，第 79—80 页。

目做了细致规定："浅、溜、徭、坝等夫，每名岁给工食银十二两，量给器具银八钱；闸夫每名岁给工食银十四两四钱，量给器具银八钱。"① 雍正年间，山东运河下辖运河、捕河、泇河、上河、下河五厅额设浅、溜、桥、闸等长夫共计3333名，每年支发工食银32240.96两零。②

乾隆五十九年（1794），除400名额设河兵外，山东运河、泇河、捕河、上河、下河五厅额设浅、闸、徭、坝等长夫共2718名半，其中闸夫1359名，每名应支工食连闰银15.6两，合计工食连闰银21200.4两；浅、桥、徭、坝、军、渡等夫1357名半，每名应支工食连续闰银13两，合计工食连闰银17648两；德州桥夫2名，不参与挑河，合计工食连闰银24.932两。以上浅、闸、桥、徭、坝、军、渡等夫共2718名半，共应支工食连闰银38848.4两。此外，每名长夫岁支器具银8钱，通共器具银2173.2两。可见，乾隆中后期闰年的山东运河额设长夫工食银、器具银两项合计41021.6两。额设长夫主要由沿运州县地丁银支给，不敷银8804.484两，"在于东省司库找领"。③

平年12个月。山东运河闸夫1359名，每名岁给工食银14.4两，合计工食银19569.6两；浅、桥、徭、坝、军等夫1357.5名，每名岁给工食银12两，合计工食银16290两；德州桥夫2名，不参与挑河，合计工食银23.6两。以上浅、闸、桥、徭、坝、军、渡等夫共2718名半，平年共应支工食银35883.2两。同样，每名长夫岁支器具银8钱，合计2173.2两。可见，平年山东运河额设长夫工食银、器具银两项合计38056.4两。④

闸夫负责"蓄泄启闭"，"牵挽漕舟"，"岁时之依期浚导"。⑤ 由

---

① 张伟仁主编：《明清档案》A275 - 13《署工部尚书福长安题覆山东运河挑河工程支给夫役工食银两应准开销》，第155259页。

② 张伟仁主编：《明清档案》A41 - 57《东河总河嵇曾筠揭报酌定夫役工食银两》，第23221页。

③ 张伟仁主编：《明清档案》A275 - 13《署工部尚书福长安题覆山东运河挑河工程支给夫役工食银两应准开销》，第155259页。注：浅、桥、徭等夫1357名半，每名应给工食连闰银13两，照此计算，共应给工食连闰银17647.5两，但史料却记为17648两。姑从史料所载数据。

④ 文煜等：光绪《钦定工部则例》卷43《河工十三·漕河》，《故宫珍本丛刊》第297册，第342页。

⑤ 赵亚伟等整理：光绪《峄县志》卷12《漕渠》，第176页。

表3—10可见，乾隆年间，山东运河区域闸（含桥 1 座）46 座，各闸配备的闸、桥、溜等夫计 1540.5 名，由运河区域各州县支给工食银15981.937 两。直接管理闸座的闸夫在运河闸座启闭上发挥的作用重大。例如，南阳闸官掌管南阳、利建、邢庄三闸，"此三闸最关紧要"，如下板稍不严密，鲁桥、枣林一带运道就会缺水，船只浅阻难行。这三闸必须与枣林闸须待会牌到后，上下两闸关闭同时，中间一闸才可启板，则蓄水不致走泄，粮船也就无浅阻之患。①

**表3—10　　　　　乾隆年间山东运河额设闸夫等工食银数目表**

| 闸名 | 夫役构成 | 每夫工食银（两） | 合计工食银（两） | 工食银出资方 |
|---|---|---|---|---|
| 台庄闸 | 闸夫 30 名 | 9.83 | 294.923 | 额编峄县支给 |
| 侯迁闸 | 闸夫 30 名 | 9.83 | 294.923 | 额编峄县支给 |
| 顿庄闸 | 闸夫 30 名 | 9.83 | 294.923 | 额编峄县支给 |
| 丁庙闸 | 闸夫 10 名 | 9.83 | 98.3 | 额编峄县支给 |
| | 闸夫 20 名 | 10.8 | 216 | 额编滕县支给 |
| 万年闸 | 闸夫 30 名 | 10.8 | 324 | 额编滕县支给 |
| 张庄闸 | 闸夫 30 名 | 9.83 | 294.923 | 额编峄县支给 |
| 德胜闸 | 闸夫 30 名 | 10.8 | 324 | 额编滕县支给 |
| 韩庄闸 | 闸夫 30 名 | 9.83 | 294.923 | 额编峄县支给 |
| 夏镇闸 | 闸夫 40 名 | 10.8 | 432 | 额编丰县支给 |
| 杨庄闸 | 闸夫 30 名 | 10.8 | 324 | 额编砀山县支给 |
| 珠梅闸 | 闸夫 30 名 | 10.8 | 324 | 额编萧县支给 |
| 邢庄闸 | 闸夫 5 名 | 10.8 | 54 | 额编鱼台县支给 |
| | 闸夫 19 名 | 10.8 | 205.2 | 额编曹州支给 |
| | 溜夫 23.5 名 | 12 | 282 | 额编鱼台县支给 |
| 利建闸 | 闸夫 22 名 | 10.8 | 237.6 | 额编鱼台县支给 |
| | 闸夫 5 名 | 10.8 | 54 | 额编曹州支给 |
| | 溜夫 23 名 | 12 | 276 | 额编鱼台县支给 |
| | 堤夫 1.5 名 | 12 | 18 | 额编曹州支给 |

---

① 张伯行：《居济一得》卷 1《南阳闸官》，《中国水利史典·运河卷二》，第 752 页。

续表

| 闸名 | 夫役构成 | 每夫工食银（两） | 合计工食银（两） | 工食银出资方 |
|---|---|---|---|---|
| 南阳闸 | 闸夫 7 名 | 10.8 | 75.6 | 额编鱼台县支给 |
| | 闸夫 9 名 | 10.8 | 97.2 | 额编曹州支给 |
| | 闸夫 5 名 | 9.479 | 47.396 | 额编阳谷县支给 |
| | 闸夫 8 名 | 10.8 | 86.4 | 额编单县支给 |
| | 闸夫 3 名 | 10.8 | 32.4 | 额编曹县支给 |
| 枣林闸 | 闸夫 16 名 | 10.8 | 172.8 | 额编鱼台县支给 |
| | 闸夫 8 名 | 10.8 | 86.4 | 额编单县支给 |
| 鲁桥闸 | 闸夫 12.5 名 | 10.8 | 135 | 额编单县支给 |
| 师家庄闸 | 闸夫 8 名 | 10.8 | 86.4 | 额编济宁州支给 |
| | 闸夫 17 名 | 10.8 | 183.6 | 额编单县支给 |
| | 溜夫 1 名 | 12 | 12 | 额编济宁州支给 |
| | 溜夫 11.5 名 | 12 | 138 | 额编邹县支给 |
| 仲家浅闸 | 闸夫 7 名 | 10.8 | 75.6 | 额编金乡县支给 |
| | 闸夫 8 名 | 10.8 | 86.4 | 额编城武县支给 |
| | 闸夫 9 名 | 10.8 | 97.2 | 额编单县支给 |
| | 溜夫 4 名 | 12 | 48 | 额编阳谷县支给 |
| 新闸 | 闸夫 21 名 | 10.8 | 226.8 | 额编金乡县支给 |
| | 闸夫 4 名 | 10.8 | 43.2 | 额编单县支给 |
| | 溜夫 6.5 名 | 12 | 78 | 额编金乡县支给 |
| | 溜夫 6.5 名 | 12 | 78 | 额编单县支给 |
| | 溜夫 11.5 名 | 12 | 138 | 额编滕县支给 |
| 新店闸 | 闸夫 17 名 | 10.8 | 183.6 | 额编金乡县支给 |
| | 闸夫 8 名 | 10.8 | 86.4 | 额编单县支给 |
| | 溜夫 18.5 名 | 12 | 222 | 额编城武县支给 |
| | 溜夫 6 名 | 12 | 72 | 额编单县支给 |
| 石佛闸 | 闸夫 9 名 | 10.8 | 97.2 | 额编济宁州支给 |
| | 闸夫 16 名 | 10.8 | 172.8 | 额编金乡县支给 |
| | 溜夫 11.5 名 | 12 | 138 | 额编城武县支给 |
| | 溜夫 7.5 名 | 12 | 90 | 额编单县支给 |
| | 溜夫 5.5 名 | 12 | 66 | 额编定陶县支给 |

续表

| 闸名 | 夫役构成 | 每夫工食银（两） | 合计工食银（两） | 工食银出资方 |
|---|---|---|---|---|
| 赵村闸 | 闸夫 16 名 | 10.8 | 172.8 | 额编曹州支给 |
| | 闸夫 9 名 | 10.8 | 97.2 | 额编单县支给 |
| | 溜夫 3 名 | 12 | 36 | 额编郓城县支给 |
| | 溜夫 7.5 名 | 12 | 90 | 额编单县支给 |
| | 溜夫 8.5 名 | 12 | 102 | 额编曹县支给 |
| | 溜夫 3.5 名 | 12 | 42 | 额编定陶县支给 |
| | 溜夫 2.5 名 | 12 | 30 | 额编巨野县支给 |
| 在城闸 | 闸夫 25 名 | 10.8 | 270 | 额编济宁州支给 |
| | 溜夫 5 名 | 12 | 60 | 额编金乡县支给 |
| | 溜夫 21 名 | 12 | 252 | 额编郓城县支给 |
| 下新闸（废） | 闸夫 4 名 | 10.8 | 43.2 | 额编定陶县支给 |
| 天井闸 | 闸夫 25 名 | 10.8 | 270 | 额编曹州支给 |
| | 溜夫 2 名 | 12 | 24 | 额编金乡县支给 |
| | 溜夫 5 名 | 12 | 60 | 额编郓城县支给 |
| | 溜夫 20 名 | 12 | 240 | 额编单县支给 |
| 南门草桥 | 桥夫 1 名 | 10.8 | 10.8 | 额编金乡县支给 |
| | 桥夫 1 名 | 10.8 | 10.8 | 额编郓城县支给 |
| | 桥夫 2 名 | 10.8 | 21.6 | 额编单县支给 |
| | 桥夫 19 名 | 5.4 | 102.6 | 额编曹县支给 |
| 上新闸（废） | 闸夫 6 名 | 10.8 | 64.8 | 额编单县支给 |
| 通济闸 | 闸夫 17 名 | 9.612 | 163.404 | 额编巨野县支给 |
| | 闸夫 8 名 | 10.8 | 86.4 | 额编郓城县支给 |
| | 闸夫 2 名 | 10.8 | 21.6 | 额编曹州支给 |
| | 闸夫 1 名 | 10.8 | 10.8 | 额编嘉祥县支给 |
| | 溜夫 13.5 名 | 9.602 | 128.421 | 额编巨野县支给 |
| | 溜夫 7 名 | 12 | 84 | 额编郓城县支给 |
| | 溜夫 3 名 | 11.101 | 33.305 | 额编曹州支给 |
| 寺前铺闸 | 闸夫 18 名 | 10.476 | 188.568 | 额编汶上县支给 |
| | 闸夫 8 名 | 8.795 | 70.368 | 额编东阿县支给 |
| | 溜夫 21 名 | 9.512 | 199.767 | 额编巨野县支给 |

续表

| 闸名 | 夫役构成 | 每夫工食银（两） | 合计工食银（两） | 工食银出资方 |
|---|---|---|---|---|
| 南旺上闸 | 闸夫 18 名 | 10.476 | 188.568 | 额编汶上县支给 |
| | 溜夫 9 名 | 12 | 108 | 额编汶上县支给 |
| 南旺下闸 | 闸夫 18 名 | 10.476 | 188.568 | 额编汶上县支给 |
| | 溜夫 9 名 | 12 | 108 | 额编汶上县支给 |
| 开河闸 | 闸夫 17 名 | 10.476 | 178.092 | 额编汶上县支给 |
| | 闸夫 9 名 | 10.68 | 96.12 | 额编曹县支给 |
| 袁口闸 | 闸夫 26 名 | 10.476 | 272.376 | 额编汶上县支给 |
| 靳家口闸 | 闸夫 10 名 | 10.167 | 101.678 | 额编东平州支给 |
| | 闸夫 9 名 | 8.796 | 79.163 | 额编东阿县支给 |
| | 闸夫 9 名 | 10.8 | 97.2 | 额编宁阳县支给 |
| 安山闸 | 闸夫 28 名 | 8.796 | 246.288 | 额编东阿县支给 |
| 戴家庙闸 | 闸夫 28 名 | 10.167 | 284.698 | 额编东平州支给 |
| 荆门上下闸 | 闸夫 47 名 | 9.479 | 445.524 | 额编阳谷县支给 |
| 阿城上下闸 | 闸夫 46 名 | 9.479 | 436.045 | 额编阳谷县支给 |
| 七级上下闸 | 闸夫 19 名 | 9.479 | 180.105 | 额编阳谷县支给 |
| | 闸夫 28 名 | 10.8 | 302.4 | 额编寿张县支给 |
| | 桥夫 8 名 | 5.28 | 42.24 | 额编阳谷县支给 |
| 周家店闸 | 闸夫 9 名 | 10.8 | 97.2 | 额编濮州支给 |
| | 闸夫 10 名 | 9.612 | 96.12 | 额编朝城县支给 |
| | 闸夫 9 名 | 9.443 | 84.994 | 额编范县支给 |
| 李海务闸 | 闸夫 10 名 | 8.855 | 88.553 | 额编聊城县支给 |
| | 闸夫 18 名 | 9.612 | 173.16 | 额编堂邑县支给 |
| 永通闸 | 闸夫 28 名 | 9.546 | 267.307 | 额编堂邑县支给 |
| 梁家乡闸 | 闸夫 28 名 | 9.612 | 269.136 | 额编堂邑县支给 |
| 土桥闸 | 闸夫 28 名 | 9.612 | 269.136 | 额编堂邑县支给 |
| 戴家湾闸 | 闸夫 18 名 | 9.612 | 173.016 | 额编清平县支给 |
| | 闸夫 10 名 | 9.612 | 96.12 | 额编冠县支给 |
| 新开南板二闸 | 闸夫 17 名 | 9.612 | 740.124 | 额编临清州支给 |
| | 桥夫 18 名 | 6 | 108 | 额编临清州支给 |
| 合计 | | 1540.5 | 15981.937 | |

资料来源：《山东运河备览》卷 9《挑河事宜》。

漕河浅铺的设置，始于永乐十三年（1415）平江伯陈瑄疏通漕河淤浅。当时，自通州至仪真，每5里设1浅铺，计有586座。清初，山东浅铺组织延续明代架构，浅铺夫额设3919.4名。康熙十五年（1676），山东运河河道多处裁减浅铺夫数量，降到1685.7名，所需工食银18107.398两，通计山东运河段额设长夫3226.2名。① 由表3—11可见，乾隆年间山东运河设浅、坝等夫1715余名，合计工食银18107.398两。

表3—11　乾隆年间山东沿运州县浅、坝等夫役构成及工食银表

| 河道位置 | 夫役构成 | 每夫工食银（两） | 合计工食银（两） | 工食银出资方 |
|---|---|---|---|---|
| 滕县 | 坝夫153名 | 10.8 | 1652.4 | 滕县 |
| 峄县 | 徭夫115.5名 | 10.8 | 1247.4 | 峄县 |
| 鱼台县 | 浅夫68名 | 12 | 816 | 鱼台县 |
| | 浅夫23.5名 | 12 | 282 | 单县协济 |
| 济宁州 | 浅夫87名 | 12 | 1044 | 济宁州 |
| | 浅夫10.5名 | 12 | 126 | 金乡县协济 |
| | 浅夫20.5名 | 12 | 246 | 郓城县协济 |
| | 浅夫5名 | 12 | 60 | 城武县协济 |
| 济宁卫 | 浅夫5.5名 | 12 | 66 | 单县协济 |
| | 浅夫6.5名 | 12 | 78 | 金乡县协济 |
| | 浅夫6.5名 | 12 | 78 | 曹县协济 |
| | 浅夫6.5名 | 12 | 78 | 巨野县协济 |
| | 浅夫7.5名 | 11.667 | 75.84 | 定陶县协济 |
| | 废闸闸夫1名 | 10.8 | 10.8 | 曹州协济 |
| | 河夫25名 | 7.2 | 180 | 济宁卫 |
| 巨野县 | 浅夫83名 | 9.602 | 798.261 | 巨野县 |
| 嘉祥县 | 浅夫23名 | 9.824 | 225.906 | 嘉祥县 |
| | 浅夫9名 | 12 | 108 | 郓城县协济 |
| | 浅夫12.5名 | 9.602 | 118.91 | 巨野县协济 |
| | 浅夫4名 | 9.726 | 38.905 | 曹州协济 |

———————————

① 叶方恒：《山东全河备考》卷3《职制志下》，《四库全书存目丛书》史部第224册，第464—467页。

续表

| 河道位置 | 夫役构成 | 每夫工食银（两） | 合计工食银（两） | 工食银出资方 |
|---|---|---|---|---|
| 汶上县 | 浅夫 152 名 | 11.597 | 1762.8 | 汶上县 |
| 东平州 | 浅铺夫 78 名 | 10.167 | 793.089 | 东平州 |
| 东平所 | 军夫 20 名 | 12 | 240 | 东平所 |
| 寿张县 | 浅铺夫 27.7 名 | 11.985 | 332 | 寿张县 |
| | 沙湾小闸夫 1 名 | 10.8 | 10.8 | 寿张县 |
| 东阿县 | 浅铺夫 58.5 名 | 9.77 | 571.739 | 东阿县 |
| 阳谷县 | 浅铺夫 121.5 | 9.384 | 1140.2 | 阳谷县 |
| 聊城县 | 浅铺夫 33 名 | 11.29 | 372.57 | 聊城县 |
| | 浅铺夫 9.5 名 | 10.477 | 99.54 | 冠县协济 |
| | 浅铺夫 47.5 名 | 10.465 | 497.087 | 濮州协济 |
| | 浅铺夫 7 名 | 10.157 | 71.1 | 莘县协济 |
| 平山卫 | 捞浅夫 7.5 名 | 7.2 | 54 | 平山卫 |
| 堂邑县 | 浅铺夫 43 名 | 10.679 | 459.196 | 堂邑县 |
| | 浅铺夫 8 名 | 10.68 | 85.44 | 冠县协济 |
| 博平县 | 浅铺夫 40.5 名 | 10.68 | 432.54 | 博平县 |
| 清平县 | 浅铺夫 47 名 | 10.68 | 501.96 | 清平县 |
| 临清州 | 浅铺夫 74 名 | 10.663 | 789.12 | 临清州 |
| 馆陶县 | 浅铺夫 30.5 名 | 10.68 | 325.74 | 馆陶县 |
| 夏津县 | 浅铺夫 25.5 名 | 10.679 | 272.335 | 夏津县 |
| 武城县 | 浅铺夫 73 名 | 10.68 | 779.64 | 武城县 |
| 恩县 | 浅铺夫 26.5 名 | 10.68 | 283.02 | 恩县 |
| 德州 | 浅铺夫 29.5 名 | 10.68 | 315.06 | 德州 |
| | 桥夫 2 名 | 6 | 12 | 德州 |
| 德州卫 | 捞浅夫 50 名 | 7.2 | 360 | 德州卫 |
| 德州左卫 | 捞浅夫 30 名 | 7.2 | 216 | 德州左卫 |
| 合计 | | 1715.7 | 18107.398 | |

资料来源：《山东运河备览》卷9《挑河事宜》。

从事河工的夫役，劳作条件艰辛倍极。万历六年（1578），户科给事中李涞奏言：

河工之苦，胼胝狂澜之中，跋涉淤淖之上，且地皆荒野滨海。凡饔飧等需，有费二钱，不得一钱之济者。①

汶上南旺大小挑是沿河州县繁重劳役，除额设河夫赴南旺参加挑河外，还需雇募河夫参与兴工。挑河时届寒冬，工期紧迫，参与河夫备极艰辛。万历年间，北河郎中谢肇淛作《南旺挑河行》对南旺大挑的辛苦悲惨之状有形象描述：

堤遥遥河㳽㳽，分水祠前卒如蚁。鹑衣短发行且僵，尽是六郡良家子。浅水没足泥没骭，五更疾作至夜半。夜半西风天雨霜，十人九人趾欲断。黄绶长官虬赤须，北人骑马南肩舆。伍伯先后恣诃挞，日昃喘汗归蘧蒢。伍伯诃犹可，里胥怒杀我。无钱水中居，有钱立道左。天寒日短动欲夕，倾筐百反不盈尺。道傍湿草炊无烟，水面浮冰割人膝。都水使者日行堤，新土堆与旧崖齐。可怜今日岸上土，雨来仍作河中泥。君不见会通河畔千株柳，年年折尽官夫手。金钱散罢夫未归，催筑南河黑风口。②

康熙十年（1671）冬，南旺大挑除额设河夫赴工外，东昌、兖州、济南三府共募夫1143名。兖州府张秋通判林芃率所属河夫赴南旺参与挑河，住宿河堤之上，风餐露宿，但工期限十八日，因此自官员至河夫均不敢松懈日夜挑河。林芃对此有形象描述：

于是昼既靡遑，夜尤业业，非漏下二鼓弗休，灯影煌煌，照彻上下，灿若明星，邪许之声相闻数里，仿佛元夕之龟山也。然时已冷寒，越日而霾发，兴同云布，微霰先集，滕六大作，花飘飘然自半空飞下，淤泥亦成坚冰矣。众丁率多茕穷碩尾之子，非有绵缊厚

---

① 《明神宗实录》卷71，万历六年（1578）正月庚午。
② 谢肇淛：《小草斋集》卷1《挑河行》，《续修四库全书》集部第1366册，上海古籍出版社2002年影印本，第224页。

缯，沾手涂足，尽皆皴裂。予虽力勤王事，顾此能不恻然哉？

工期紧迫，挑河昼夜不歇，身着破衣的河夫，又逢"深且盈尺"的大雪，可谓至惨。为赶工期，总河王光裕捐钱煮姜汤分给河夫取暖。张秋通判林芃等属官纷纷捐俸买米熬粥分给河夫食用救济。他还特纪此事，告诫后来者能在兴工挑河之际爱惜民力。[①]

城武知县刘佐临亲临河工现场，目睹河夫劳役之苦，描述颇详：

> 两岸间千百为群，有负土者，有没水者，有执火具者，问其人彼此莫识，甘苦罔共，甚至竟日不得食，中夜不得休，种种可怜之状。未尝不慨然叹曰：我服轻煖而犹寒，而彼之鹑衣百结者何如也？我食甘旨而由饥，而彼之半菽不饱者何如也？我乘车马而犹劳，而彼之眠食无暇者何如也？浩浩河工，既不能止哀哀兆姓，情所难堪，惟有抚膺叹息而已。[②]

诗人朱一蜚曾作歌谣描述河夫开河被河官执鞭逼催，五更赴工劳作，日暮被霜而归的场景：

> 朝开河，暮开河。朝开一尺深，暮开一丈多。一丈无奖劝，一尺有鞭呵。嗟哉民力能几何？五更往役霜满衣，日暮不归妻啼饥。河夫河夫尔诚苦，督工掌家不须怒。官作有程限，河夫岂敢误。长官袭马不知寒，可怜河夫衣服单。力役本是小人分，冻死河头不敢恨。[③]

应役河夫还遭受各种压迫："应雇之夫，而往即工所，也多方影射，

---

① 林芃等：康熙《张秋志》卷9《艺文志一》收林芃《南旺纪事》，《中国地方志集成》乡镇志辑第29册，江苏古籍出版社1992年影印本，第120—121页。

② 袁章华等：道光《城武县志》卷11《艺文志中》收刘佐临《上陆河部书》，《中国地方志集成》山东府县志辑第82册，第579页。

③ 张应昌辑：《国朝诗铎》卷8《力役》收朱一蜚《河夫谣》，第503页。

百计索求，一不遂则挞鞭之。"① 闸夫本职原本是启闭闸座，牵挽漕船，以及每岁定期浚河。但实际上每每遭受过往官船的各种压迫。如乾隆《峄县志》所言：

> 过往差航，络绎旁午，每闸辄须纤夫数十名不等，兼之苞苴薪粲，逼索重重。供应少稽，豪奴舟子驾虎威而棰楚交加，甚且有鞭毙水滨而草菅弃之者。前差未过，后差随至，南下方去，北上复来。即令一夫之躯分作数夫，益以卖儿贴妇，不能供此无涯之求也！②

### 二　河役弊端与区域社会

运河沿线百姓承受的各类河役是一沉重负担。正如康熙《郓城县志》所言："然而百里裹粮以供挑浚，河棍包揽为害无穷，且也飞差至则有纤夫，河工上则派办苘麻，挽输河干更有大挑小挑之徭役。嗟此穷黎何以勘命？"③ 在以上几节叙述赋役制度变革下的河夫征调以及河夫动员方式等内容时，我们已清楚了解到河役征调运转中的诸多弊窦以及带给沿运的百姓的痛苦。以下我们再据具体史料事例，将河役运转中的弊窦诸问题历数如下：

（一）河棍把持包揽，吏胥肆意为奸

晚清河臣周馥回顾黄、运河工开展时的诸多问题时就明言："胥役土棍最为河工一蠹。"④ 明代后期，北河郎中谢肇淛就强调，管河同知、通判等官要严加稽查，打击河棍包揽等行为。⑤ 在河夫佥派制下，所佥人夫多"系乡鲁愚夫"，不通河务。他们若亲身赴工，"每被夫蠹凌虐，始而逼使逃，旋复指逃勾诈"，不得不私下雇觅代役。代役人等又多为游棍，"或纵酒聚赌，虚应逍遥；或昼事奋锸，暮为穿窬"，极大地威胁社会稳

---

① 《明神宗实录》卷 155，万历十二年（1584）十一月丙戌。

② 赵亚伟等：乾隆《峄县志》卷 5《漕渠志》，第 79 页。

③ 张盛铭等：康熙《郓城县志》卷三《田赋》，中国国家图书馆藏康熙五十五年（1716）刻本，14a。

④ 周馥：《秋浦周尚书全集·治水述要》卷 5，《近代中国史料丛刊》，第 4600 页。

⑤ 谢肇淛：《北河纪》卷 7《河议纪》，《中国水利史典·运河卷一》，第 357 页。

定。因此，官府默许夫头、歇家等中间势力出面雇募，要求这些中间势力在雇夫时，"各俱甘结，内开某系某处人，现住某处，或下某店，并无奸匀等情"①。官府对歇家、夫头等中间势力参与私雇代役河夫的承认，更进一步加剧了包揽之弊。诗人张朝桂对胥吏居中抽剥有形象描述："谁知胥吏贪更甚，安坐欲食夫头肉。土丈加二钱折七，夫头再扣十存六。钱少雇夫夫不来，掊向泥中受鞭扑。胥吏腰丽夫误工，东家卖田西卖屋。吁嗟乎！卖田卖屋偿不足，夫头纷纷入牢狱。"②

清代诗人马骏作诗形象描述吏胥半夜执鞭捉河夫从事艰苦的河工，导致村落百姓一空的惨景："得已之役役不已，里胥夜半鞭夫起。脚踏层冰手抔土，髀肉冻裂黄河里。可怜民命等鸿毛，哀怨无声霜月高。孟冬捉人季冬放，尚说翻工到河上。河上河徙河岸决，惊涛一片喷黄雪。千村万落窜烝黎，河伯为灾里胥悦。里胥悦，金钱竭。"③ 乾嘉年间的诗人刘嗣绾赋诗描述吏胥于农忙时节捉夫赴工，百姓视吏胥如畏虎："吏胥起夫聚锣鼓，拦街捉人入官府。人畏吏胥如畏虎，吏胥捕人如捕鼠。吏胥十钱不给五，纷纷欲逃路途阻。此时田功正劳苦，田中亦有虎，田中亦有鼠。田中无人鼠食黍，哀告吏胥胥不许，朝来便是催租人，鞭扑相看泪如雨。"④

河棍把持，包揽成风，尤其在协济外地河役上表现突出。宁阳协济东平州靳家口闸夫九名，共银 100.44 两。顺治四年（1647）改提本色，佥夫亲身应役。被迫异地应役，宁阳人"生手疏拳，充应固难"，不得不采取私下雇人代役的方式摆脱远途劳役之苦，最终落入地棍等中间势力之手，"地棍包揽成风，伙党挤之，势必入彼牢笼，竟而觅役，刁难勒索"。私下雇役，除给代役者编银工食外，尚费二三十金不等，"是以签

---

① 盘峤野人辑：《居官寡过录》卷4《安插河夫》，《官箴书集成》第5册，黄山书社1997年影印本，第114页。

② 张应昌辑：《国朝诗铎》卷8《力役》收张朝桂《伤夫头》，第503页。

③ 张应昌辑：《国朝诗铎》卷8《力役》收马骏《里胥叹》，第504页。

④ 张应昌辑：《国朝诗铎》卷8《力役》收刘嗣绾《起夫叹》，第506页。

报一人而家产顿倾，押解甫毕而逃窜旋闻"①。

再如郓城县协济济宁、嘉祥、巨野浅、溜、闸、桥诸夫90名半。被佥正身人户，"不谙挑浚启闭之事"，势必雇募代役，"遂有一种河棍钻谋包应，任意苛求"。河棍所出代役人员，"工未竣而役已逃，以致有提拿正身补功纳旷之累"。②

定陶协济济宁赵村、石佛等闸、溜、浅等夫50余名。应役地远在一二百里之外，县人无法亲身应役，只能雇募他人代役。但多募之人，多为异乡之人，"有衣食不充而逃者，有水土不服而毙者"。一旦发生这种情况，官府又得重新征夫，"里长重复科征，以至讨保押差，投文挂号，不知费几番周折，又不啻什倍矣"。县民不得不向熟悉内情的河棍求助。但河棍把持包揽下，索价更高，"揽头需索一夫有至百金者，其较额设河夫，又不啻什倍矣"。因此，定陶人将河夫之役视作极为沉重的负担，"雪上加霜，骨中取髓，其今日夫役之谓也"③。

金乡协济济宁州和济宁卫闸、溜、浅铺诸夫百余名。县志中关于夫役征调引发的民怨沸腾也有详细描述：

> 金点之役，每年以地多者点头，少者帮贴。其间避重就轻，索多指少，弊且丛生。又金民不谙赴工力役，势必雇代。彼河棍者始而应雇，继而逃旷，仍提正身累，害且不浅。④

（二）私征滥征，负担沉重

在佥派制下，官府摊派至各里佥派，并设夫头给发帮贴银，更是百弊丛生。宁阳额设泉夫94名，协济东平闸夫9名。三藩之乱期间，将泉

---

① 刘兴汉等：康熙《宁阳县志》卷4《赋役》，中国国家图书馆藏康熙十一年（1672）刻本，32b。

② 毕炳炎等：光绪《郓城县志》卷14《艺文志》，《中国地方志集成》山东府县志辑第85册，第232页。

③ 冯麟溎等：民国《定陶县志》卷10《艺文》，《中国地方志集成》山东府县志辑第85册，凤凰出版社2004年影印本，第466页。

④ 沈渊等：康熙《金乡县志》卷3《赋役》，中国国家图书馆藏康熙五十一年（1712）刻本，9b。

夫工食银裁掉抽调兵饷。然而，每年仍需泉夫浚泉挑浅。泉夫工食靠田亩帮贴，"帮贴八两一名"。协济东平闸夫工食未裁，但宁阳人不谙闸务，雇东平土著代役，"闸人高索其价"，"闸夫每名帮贴至三十四两之多"，形成"泉夫无工食而帮贴，闸夫有工食而亦帮贴"。此外，又有三年大挑，宁阳募夫118名，每名帮贴银5两。帮贴银滥征是宁阳县的沉重负担：

> 夫宁阳弹丸小邑耳，行粮田亩止二千八百余顷，又皆附丽山陬沙田，方虑正供不足，而力役之繁，至于如此，民将何以应上命乎？

泉夫浚泉之役、协济东平闸夫、运河冬挑募夫三种劳役并行。宁阳县境孔氏、颜氏两族以及县境有权势的人通过各种手段巧妙规避这三种劳役，沉重负担最终落在无权无势的平民头上。此后，山东巡抚佛伦具疏上奏将孔、颜等六氏族众与百姓一体分摊帮贴银。这项改革推行之后，百姓负担稍减。但泉夫浚泉、代编东平闸夫、冬挑募夫，"三役之需，俨同正项，实亦宁邑之害，不能遽更而即除者也"①。

如上所述，在河夫征派过程中，尤以帮贴银的滥征，最为随意。定陶县负担的协济河夫工食，"多则十二两，寡则十两八钱，绰乎有余，应而不缺"。然而，通过"计地派夫，计夫贴费"，加征帮贴银后，"所费之物，或至六七十金"②。明末，山东运河南段河段原设徭夫514名，"供浚筑之役"，每名工食银10两8钱，于兖州府库按季支领，后将这项徭夫之役拨归峄县县民承担。峄县山民不习河务，不得不私雇徭夫赴工代役，"法久弊滋，复索帮贴"。索取帮贴银无固定标准，"河棍且结党雄行，翼虎食人"，成为一项峄县百姓怨声载道的沉重负担。③

在河夫佥派制下，地处运河要冲的济宁州被佥里民多不谙河务被迫

---

① 刘兴汉等：康熙《宁阳县志》卷4《赋役》，中国国家图书馆藏康熙十一年（1672）刻本，30a。

② 冯麟淮等：民国《定陶县志》卷10《艺文》，《中国地方志集成》山东府县志辑第85册，第467页。

③ 赵亚伟等整理：乾隆《峄县志》卷5，第77页。

私自雇募，缴纳帮贴银两，"名为雇募，而里民每名私帮银二三十两不等"。而官府为避免加派之名，刻意不去额定帮贴银数额，导致差役恣意勒索，"相沿十数年来，小民之苦累，不可胜言，则疾苦诚莫甚于此矣"①。济宁诗人徐骏伟曾形象描述深冬征发河夫，百姓含泪置办夫钱的惨景：

> 漕挽东南急，征徭齐鲁艰。泥沙高覆屋，冰雪冻盈川。岂不怀民力，何由竭地泉。村村烟火寂，洒涕办夫钱。②

天启二年（1622），白莲教徒徐鸿儒率众起事，很快攻破鲁西南各州县，"漕运梗塞，数年迟滞"，滕县等县一片凋敝，民生艰难。但滕县濒临运河，设有河夫，朝廷私征不已，"自前岁加派，今岁又加"。更有奸胥人等将此视作利薮，更使百姓生活更加困苦不堪，"残邑人淹稀少，灾异频仍，即加意生聚，尚需数年，何堪疮上加疮，痛上益痛？"③ 康熙三十九年（1700），滕县已改金派为雇募，以县境田亩派钱征收，官征官雇。但至康熙四十七年（1708），官府借大钱改折银两之际，"每钱十文，多加六文，兼之预借，贻害无穷"④。

（三）官员徇私，负担不均

在金派制下，派夫原以田亩多寡为派夫数目的依据。然而在实际运转中，势要豪强，"种地数十顷以及数百顷，抗不出夫"。州县官徇隐私情，不敢派夫，从而将派夫负担压至穷民身上，"小民有地五亩，即派夫

---

① 廖有恒等：康熙《济宁州志》卷6《艺文》，中国国家图书馆藏康熙十一年（1672）刻本，50b-51b。

② 廖有恒等：康熙《济宁州志》卷6《艺文志》，中国国家图书馆藏康熙十一年（1672）刻本，43a。

③ 王政等：道光《滕县志》卷12《艺文中》，《中国地方志集成》山东府县志辑第75册，第364页。

④ 王政等：道光《滕县志》卷4《赋役》，《中国地方志集成》山东府县志辑第75册，第85页。

一名"。①

在河夫征调改行雇募之后，百姓仍不愿充役。究其原因，"或地方官奉行不善，克扣工价，严督工程，愚民视为畏途，规避者众"。为征派河夫，地方官"不能不按亩摊拨，以示均平，田多者，一户独出数丁；田少者，数户合充一役"。然而，绅衿儒户却另立儒图，享受优免待遇，"民间之狡黠者复将自己田亩诡寄绅衿户内，规避差徭，相习成风，为弊滋甚"。雍正初年，太仆寺卿唐执玉上奏，请限制官绅的工役优免特权："生监免夫一名，举贡免夫二名，已就官职者，视其品级高下，递加优免，以示圣主优恤绅衿之至意"。优免之外，所余田亩，悉与民间一体摊拨，不得阴为规避工役。②

（四）滥派纤夫，百姓困苦

山东运河沿线，兵船往来频繁，势必抽调百姓拽纤。沿运"如张秋、东（平）、汶（上）、济宁、峄县"，均有佥派纤夫指标，其中鱼台额派1000名纤夫。逾出此额，佥派单县、金乡二县，各协济纤夫300名，"必先赴河干交付鱼台，伺候船到，即行结题，倘弱迟误，责有攸归"。③滥派纤夫是沿运州县百姓沉重负担。寿张主簿马之骦曾赋诗道尽拉纤之苦："舟胶力挽重如山，百指千呼未转湾。蜀道艰难宁过此，劳歌一曲自凋颜。"④宣德四年（1429）二月，德州百姓上疏朝廷道尽滥派纤夫之苦：

> 本州路当冲要，每遇运物官船经过，例给丁夫。而督运者多不守法，威逼有司，以一索十，以十索百，前者未行，后者踵至。本处丁夫不敷，有司无计，或执商贩、行道贫人，以足其数。督运者中路逼取其资，无资者至解其衣而纵之。有为所逼迫不胜而赴水

---

① 魏源：《魏源全集·皇朝经世文编》卷103《工政九·河防八》收贾汉复《严厘河工积弊檄》，第528页。

② 中国第一历史档案馆编：《雍正朝汉文朱批奏折汇编》32册595号《唐执玉奏请均摊力役之征以宽民力折》，第576页。

③ 鱼台县地方志编纂委员会编：康熙《鱼台县志》卷13《政事》，第380页。

④ 林芃等：康熙《张秋志》卷12《艺文志四》收马之骦《小挑诗》，第162页。

死者。①

延至在清初，滥抓纤夫仍旧严重。顺治十六年（1659），兵船行经山东，仅纤夫就需用1万名。七月十三日，兵船行抵至德州，就下令滕县、峄县、沂州等州县务必于二十五日前照数点齐，"不许短少一名"。若至期纤夫不能全到，"严责各役拘拿"。金派纤夫急迫，峄县责令出夫1700名，到期仅1050名，其中含不少"老幼不堪人夫"。滕县奉命抓派纤夫1700名，临期仅派940名，派差役押赴县城。至夜，"无知小民，乘夜逃去夫六百六十名"。被抓纤夫拖船自南阳至宿迁数百里，"饿死、打死、淹死，沿河不绝，闻之凄惨"。费县知县程九万向上官汇报抓派纤夫的惨状：

> 卑县（费县）备夫一千一百名，卑职于二十三日点过纤夫六百名。委捕官押发前行，停宿南乡中村，听候查点。忽接捕官差役具报，于二十四日晚二更已尽，突然鼓噪四起，连冲呐喊，合村男妇惊窜。嗣后于二十五日天明，捕官查点纤夫已逃去二百三十七名。②

清初诗人陶季赋诗描述滥抓田间农夫拉纤，遭受官员吏胥催逼拉船，甚至被鞭笞棍打的惨状：

> 前月驰檄来，尽说兵船回。上官号令殷如雷，舆儓驿吏纷相催。城中壮夫应入选，千钱百钱俱得免。蚩蚩只有田间氓，带索驱来似牵犬。台前点唱各应声，分曹逐队城中行。羁縻不得暂归去，待食可怜双目瞠。此时茫茫断消息，半月一月那有极。鹑衣蓬首面黧黑，耕获无人思如织。才闻鼓角临风前，城中叫呼声彻天。十人共索聚城下，计取百人牵一船。船中贵官意殊别，不事风帆事牵拽。沙胶水浅船不行，到处鞭笞背流血。迢遥百里见淮阴，明日牵船更有人。

---

① 《明宣宗实录》卷51，宣德四年（1429）二月乙巳。

② 朱中梁等编：《朱之锡集·河防疏略》卷8《题参失误纤夫各官疏》，第140—146页。

吹角插旗城下住，看尔辛勤逆前去。①

朱之锡上任总河后考察沿运民情，百姓皆以金派纤夫苦累上报，"民应一夫，犹如赴汤蹈火，情愿每名纤夫出银三千，以贴船家盘费"。他指出，经运船主多不遵礼法，驾船水手多无赖之徒，"或倚恃气焰，或挑拨兵丁，凌辱乡愚，姿行鱼肉，以致沿河州县皮骨仅存，其苦有非一言尽者"。朱之锡详细剖析了滥征纤夫之苦，"驱无罪之民，就必死之地"：

一曰守候之苦。沿河驿站大约相去百里之间，如用夫数千，除本州县外，仍须邻封协济。十余日前，縶系成群，封锁古庙，卧眠饮食，不得自由。糇粮几何，又将垂尽。其不堪者一。

一曰赶纤之苦。每船之夫，绳索相连，伛偻邪许，无分昼夜。饥不得食，劳不得休，船上之人方且轮番持棍，任情鞭挞；至于折肢体丧残生者，在在有之。其不堪者二。

一曰越站之苦。各夫筋力有限，盘费有限，万一前路纤夫未集，竟将旧夫打过。饥饿困惫，残喘如丝，幸而得归，乞食无所。其不堪者三。

一曰顺水之苦。黄、运两河水势建瓴，顺流直下，夫虽疾驱，不及船速，反曳纤索随后，奔追涉水而行。一夫失足，众夫随之，捞救无人，竟委鱼腹。其不堪者四。

一曰攘夺之苦。纤夫跋涉远道，携带衣粮，以备往返。间有水手跟役恃强勒取，以困顿之余生，加饥寒之迫体，其不为沟中之瘠者几何？其不堪者五。

一曰强带之苦。前途驿夫更换已足，复有狠毒船棍，擅留旧夫，勒其银钱，资其气力。或盛夏而幽藏之船底，或风雨而驱之当先。逾越数站，归者无几。其不堪者六。②

———————————

① 陶季：《舟车集》卷5《牵船苦》，《清代诗文集汇编》第57册，上海古籍出版社2010年影印本，第529页。

② 朱中梁等编：《朱之锡集·河防疏略》卷8《议恤纤夫苦累疏》，第147页。

滥金派纤夫，骚扰百姓极重。清初济宁人黄敬玑直言："近来派夫，官吏不惟不恤民隐，或反乘以为利，以致积弊多端，其苦累有不可言者。"兵船来临，地方官往往多金纤夫，并与吏胥私自折银钱征收，通同分肥，"乡愚不无知，不得不听其鱼肉"。船只未到州县，"恐临期有误，或十日半月之前，将夫拘齐，盈千累百，索禁寺庙之中，寒天有冻馁之忧，暑天有疫疠之患，且有离家三十里者，有离家五七十里者，家属馈送饭食，以致农务尽废……沿河一带地方，田荒民逃，有不可知者矣"①。

隆庆、万历年间河臣万恭曾言："沿河夫役，出之农家，彻骨矣！"一语道出频繁征调河役带给沿运农家百姓彻骨之痛。同时，河工夫役征派还伸向沿运商铺，强迫铺行上缴河工官价，致使"市且散矣，滨河萧条"②。除沉重河役负担外，运河贯通后来往官船对沿运百姓骚扰严重。万恭就指出：

> 沿河市民之不安也，由于借办。如按临期驻扎宴享，则厄盂、屏几、帐幔、盘杓，高之为金银，次之为锡铜，卑之为瓦为木，一物不具，捕地方若星火焉！③

在沉重劳役下，遇有灾荒年份，沿运州县就会有大量灾民抛荒逃难他乡被迫成为流民。单县王夺标在《感河患次陈雪石韵》中写道："琴台四望水中天，遥忆宣房汉武年。渔父扁舟来泽国，农氓离井去乡田。民间供亿车牛绝，官令征输羽檄传。纵使绘图图不出，千村日暮起波湮。"④东平州也因农民逃亡而土地抛荒，"东平、汶上之间，抛荒地土不知几千百万顷，即安山湖外荒地亦不知几千百顷。而东平、汶上之民，必欲舍

---

① 徐宗幹等：道光《济宁直隶州志》卷4《兵革》，《中国地方志集成》山东府县志辑第76册，第223页。

② 万恭著，朱更翎整理：《治水筌蹄》一《黄河·水政及其他》，第59页。

③ 万恭著，朱更翎整理：《治水筌蹄》二《运河》，第123页。

④ 项葆桢等：民国《单县志》卷12《艺文志》，《中国地方志集成》山东府县志辑第81册，凤凰出版社2004年影印本，第415页。

彼而就此者，以民田纳粮养马当差，宁抛荒而不顾"①。

由此可知，运河贯通在加强了运河沿线南北物资循环交流，带动沿运城市繁荣同时，它所带来的加重沿运百姓负担等负面内容，也是我们在全面考量运河在历史进程中扮演的角色时需要注意的。

# 小　结

根据不同水文地势，明清两朝于黄河、运河不同河段设置了堡夫、徭夫、浅夫、桥夫、坝夫、泉夫等十余种类型的河夫。明前期，河夫的征发均需应役者亲身当差。随着均徭法的推行以及白银的广泛使用，河役折银趋势得进一步发展。隆庆年间，山东布政使司主持编纂的《山东经会录》更是详细登载每项力差的打讨银数额，规范民间代役人与正户之间的雇佣工价，以保障差役的顺利完成。山东运河各类差役主要由运河沿线的东昌、兖州二府承担。明代中后期，不断有大臣希望将这二府劳役负担分摊到山东六府。但是，这项提议很快因遭到远离运河的青州、登州、莱州三府人士的强烈反对而未获得付诸实施。

明代包括河夫在内的各类夫役应差主要通过佥派的方式征调运转。明代中后期，在一条鞭法的赋役改革推广之后，一般性的均徭、杂役均以征银输官，官为代募。但是，山东沿运州县的各类闸、浅诸夫劳役，仍以佥派里甲的方式，成为一大弊政。在地方民怨沸腾的呼声之下，康熙年间清廷开始将河夫佥派改为雇募应役。改行雇募之初，河夫工食银主要由沿运州县按田亩数量摊派的方式筹集代募银两（即帮贴银）。伴随摊丁入亩的赋役制度改革，包括河役在内的各类力役摊入地亩征收，官府雇募河役最终成型。

清代额设河夫有固定的工食银两，主要在沿运州县地丁银内支给。雍正年间，山东运河辖下运河、捕河等五厅额设浅、溜、闸等夫共计3333 名，每年支发工食银 32240.96 两。至乾隆年间，山东运河闸夫 1359 名，每名岁给工食银 14.4 两，合计工食银 19569.6 两；浅、溜、桥、坝

---

① 杨宏、谢纯：《漕运通志》卷 8《漕例略》，方志出版社 2006 年版，第 214 页。

等夫 1357.5 名，每名岁给工食银 12 两，合计工食银 16290 两；德州桥夫 2 名，不参与挑河，合计工食银 23.6 两。以上浅、桥、徭、坝等夫共 2718.5 名，平年 12 个月合计支工食银 35883.2 两。每名长夫岁支器具银 8 钱，合计 2173.2 两。可见，平年山东运河额设长夫工食银、器具银两项合计 38056.4 两。闰年河夫工食银略有增加，工食银、器具银两项合计 41021.6 两。沿运州县百姓承受的各项劳役是一项沉重的负担。在河役征调运转中存在诸多弊窦，更是进一步加重了百姓负担。

清康熙年间，总河靳辅整顿江南河务期间，在其主持之下，江南地区最早出现了专业化的河兵，并形成了河夫协助河兵的治理模式。至雍正四年（1726）七月，总河齐苏勒将江南河兵的建置模式移至山东运河，于彭口、沙湾、微山湖等运河要工地段添设河兵 400 名。这支新设河兵由各厅汛千总、把总等武职官员统辖，并最终统归运河道管辖。这支运河道下辖的 400 名河兵，每名每年饷银 14.64 两，统共饷银 5856 两，连同器具银，统共 6176 两。至乾隆中叶，这支河兵按战兵、守兵区分工食银后，粮饷、器具二银统共 6336 两，均于藩库地丁银内拨付。

# 第 四 章

# 河工经费支出

清初，黄、运河工统一归河道总督管辖，实行以河道总督为中心的河工财政收支运作体系。此后，河道总督衙署迁至江南后，这套河工财政运作体系依旧保留下来，山东、河南等省均需额解河银解交江南。康熙《清会典》载："黄运两河需用钱粮，由直省征解河道总督及各分司支用，年终稽核完欠，分别奏销。"① 各直省征解河道总督河库的河银数目分别为：直隶布政司所属河银 11577.67 两，江南安徽布政司 23446.09 两，江南江苏布政司 82148.55 两，浙江布政司 10525.24 两，山东布政司 40538.24 两，河南布政司 90983.18 两。除以上各省布政司藩库拨银外，沿运各州县也需缴纳数量不等的河银及治河物料。②

至雍正年间，各省仍需征解河银至江南省河库，"以供岁修抢修及兵饷役食之用"。其中江苏每年征解河银 112237.5 两有余，安徽 23453 两有余，浙江 10525.2 两有余，淮安税关 26824.8 两有余，山东盐运司 7000 两等，统共库存银 670536 两有余，河道总督需将每年用过河银数目上报工部。③

雍正七年（1729），新设河东河道总督专管山东、河南两省黄、运河工，两省岁修抢修及大工等钱粮均于本省动支开销。但是，山东、河南

---

① 伊桑阿等：康熙《清会典》卷 139《工部九·河渠三·河道钱粮》，《近代中国史料丛刊》三编，台北文海出版社 1992 年影印本，第 6905 页。

② 伊桑阿等：康熙《清会典》卷 139《工部九·河渠三·河道钱粮》，第 6905—6909 页。

③ 昆冈等：光绪《大清会典事例》卷 904《工部·河工·河工经费·岁修抢修一》，《近代中国史料丛刊》三编，台北文海出版社 1992 年影印本，第 19 页。

及直隶等省仍需额解河银至江南河库。其中，河南每年额征江南河工堡夫等银 90900 余两，而山东每年起解江南河库银 18900 余两。此举直接导致山东、河南本省河工用银短绌，不得不动支其他银两弥补河工缺额。而且，河南、山东距江南路途遥远，钱粮运解往往不能如期运至，影响江南河工进度。转运巨额河银，路途遥远，往返资费成为沉重负担。乾隆十一年（1746）二月，河南巡抚雅尔图上奏要求河南额解河银免解江南。此奏很快引起直隶总督高斌、河东河道总督完颜伟的呼应。在各省强力要求下，乾隆帝下旨停止直隶、山东、河南三省每年协济江南河工银两，山东每年起解江南的 18900 余两河银留作本省抢修工程之用。①

此举意义重大，清代河工至此形成相对独立的以省为单位的河工银两筹销运作机制。本章就以山东一省为单位，讨论山东运河的主要河工类型及所需河银问题。

## 第一节　岁修抢修

### 一　岁修抢修的制度内涵

按河工工程性质不同进行划分，清代河工可分为岁修、抢修和另案等。岁修是指每年对河工进行的常规性的全面检查和维护，以确保黄河、运河的堤坝稳固以及运河运道畅通。康熙年间，治河名臣靳辅曾对黄河、运河的岁修工程开展时限、用银数目以及奏销时限做了介绍：

> 凡大溜直冲堤根，搜刷堤底，必须长桩大埽，抵敌洪流，以免夺河成决之患。且下埽之后，每年自春至冬，有时而折陷，有时而冲损，尤须随折随套，随冲随补，刻刻守护，时时修防，每一工而费帑在五百两之外，并至数千两以及万余两不等，必须逐案预为题估，俟部议允，估奉有俞旨之后，又复驳查核减，造册奏销者，谓之岁修。又如石岸、石闸、石坝等项，或数年一修，或一二十年一

① 黎世序等：《续行水金鉴》卷 12《河水》，《四库未收书辑刊》七辑第 6 册，第 218—219 页。

修。其费俱在数千金，或一二万金之外者，亦应预先题估，工完奏销者，亦俱谓之岁修。

靳辅同时也对抢修工程也做了介绍：

> 若河道偶然变迁而未成大险，堤岸闸坝偶被损伤而未至大坏，彼时若稍稍迟慢，则工程渐损，而需费愈繁，是以该管厅员，一面详明臣衙门，一面飞星运料，随机修防，每一工而费帑或数两，或数十两，或二三四百余两，总在五百两之内者，将用过钱粮册，详臣衙门确核删减，造入岁报册内汇题开销者，谓之抢修。又如上年原系大险，费过钱粮甚多，而次年忽然平缓，用料无多，计值不出五百两之内者，亦归抢修案内销算。①

嘉庆《大清会典》中对岁修的解释："凡旧有埽工处所，或系迎溜顶冲，或因年久旧埽腐坏，每岁酌加镶筑，曰岁修。"河工岁修侧重于对黄河、运河的埽坝工程每年举行的定期镶筑。抢修是指在河工出现紧急险情，所进行的抢救性修理。嘉庆《大清会典》中抢修的解释："河流间有迁徙，及大汛经临，迎溜生险，多备料物，昼夜巡防抢护曰抢修。"② 由此可见，岁修侧重的是每年对黄、运河工进行常规性的检查及维护，强调的河工常态化、固定化维护。而抢修更强调险情的突发性及应对临时性。③ 从重要性上讲，岁修更属基础性工作。清廷历来强调"以岁修为最要"。抢修只能"补救于临时"；而岁修之工，"预防于先事"。以黄、运

---

① 靳辅：《靳文襄奏疏》卷6《请循定例疏》，《景印文渊阁四库全书》史部第430册，第541页。

② 托津等：嘉庆《大清会典》卷47《都水清吏司》，《近代中国史料丛刊》三编，台北文海出版社1997年影印本，第2194页。

③ 嘉庆二年（1797）四月，河东总河李奉翰汇报上年山东运河抢修工程时明确列出当年的抢修工程："汛水盛涨，风浪撞击，纤道堤工摧残卑狭，引渠月河淤垫，埽坝蛰陷，在在须抢办。或镶修防风埽工，或加帮纤道，筑做挑水草坝，挑挖引渠月河，俾水势顺轨畅流，得保平稳。"（参见张伟仁主编《明清档案》A277-9《东河总河李奉翰请核销山东东省运河抢修工程钱粮》，第156417页。）

河埽工为例。每年水落归槽之后，河道官员需通查各厅境内新旧埽工，将应行补厢、加厢、拆厢各处，逐一估计册报工部，并于桃汛之前一律修浚。如果春修过后，埽工偶有蛰陷，仍需河道官员随时厢垫。如果岁修工程能确保实估实修，毫无偷减，那么大汛经临，埽工自可抵御大水，而"抢修之费无多"。①

明代前期，黄、运河工迟迟未能建立起制度性的岁修。对闸坝工程的不定期修缮所需物料，"取给有司库藏，或概征于民"。后来，修缮闸坝所需桩草、苘麻等强令闸、浅等夫采办，"有一夫岁征草千束者"。② 这无疑成为沿运百姓的一项沉重负担。制度性的河工岁修制度开始出现是在明万历年间以后。学者潘威在研究黄河岁修制度建立过程时指出，万历七年（1579）潘季驯大兴黄淮大工后，"束水攻沙，蓄清刷黄"的格局正式形成。不久，朝中官员就提出建立起对黄河稳定的日常维护制度，包括每年筹集固定修河银两、组织固定额度的劳力等。但是，这些河工岁修制度设计并未在明代的治河实践中获得施行。在结束黄河下游分流状态后，入清后的顺治初年，黄河岁修制度开始由黄河下游的徐州等处出现。③

清代河工的岁修抢修最初推行于黄河下游河道地区，有着程式化的发银、施工以及事后奏销的程序："上年冬间发银备料，经过本年桃、伏、秋汛之后，于水落工平之际，河臣核实题估，次年造册题销。"④ 在清初，河南、山东两省的黄、运河工尚未建立起制度性的岁修抢修制度。随着黄河中上游水势泛涨，险工不断出现，至雍正初年河南、山东两省才开始出现岁修工程，"照依江南岁抢修之例，按年估修，以资巩固"。制度创立初期，并没有额设办料银两。在雍正二年（1724）河南的岁修抢修工程，总河齐苏勒先于雍正元年（1723）十二月内结合河势情形，

---

① 魏源全集编辑委员会编：《魏源全集·皇朝经世文编》卷103《工政九·河防八》，第517页。

② 王琼：《漕河图志》卷3《漕河经用》，《中国水利史典·运河卷一》，第79页。

③ 潘威：《河务初创：清顺治时期黄河"岁修"的建立与执行》，《史林》2019年第3期。

④ 稽曾筠：《防河奏议》卷1《豫拨岁抢修银两》，《续修四库全书》史部第494册，第21页。

酌量险要处所，题估河银 5.9 万余两，由司库拨解购料。雍正三年
（1725）河南黄河岁修抢修开始前，副总河嵇曾筠希望继续仿照江南河工
岁修抢修之例：

> 照江南估修发帑之例，敕部于司库内先行拨银五万两移解河道，
> 及时分发备料，统俟经过桃、伏、秋汛之后，将用过料物银两核定
> 实数，照例于本年十月内题估，次年四月内题销。如有余剩料物，
> 仍令加谨收贮，以充下年修防止用。倘有不敷，再行题明拨给。①

可见，直至雍正初年，河南、山东黄、运河工才开始仿效江南河工
岁修抢修制度，并在每年筹集一定数目的修河银两。此时河南、山东岁
修抢修工程银额主要由总河或副总河酌定所需银两。

清代河工开展最大的特色就是对白银的依赖性更大。白银的筹措在
治河物料的调集，治河劳力的征派等一系列环节上发挥关键性作用。至
康熙年间，黄、运河工岁修估银已经形成严密的制度。康熙初年，参与
治理河漕的薛凤祚在《两河清汇》一书中就介绍了清初黄河岁修估银的
程序：

> 每岁冬末春初，沿河厅印河官，公同沿堤查勘，除河流安澜离
> 远者不议外，如河势顶冲，临河堤防，不能与水敌者，应行议埽，
> 以俟伏秋水发，相机堵御。再视河如日侵刷，其堤低薄朽坏者，当
> 估另帮。万一河势顶冲危险，即前堤修筑又不足恃，查后有旧堤一
> 并估修。如无旧堤，议筑新堤，务保无虞。至于河势湾曲，淘刷无
> 所底止，除修筑堤埽外，仍于堤岸相河头上流议挑新河，分引水势，
> 全河之水尽入新河，可保无虞。查估用埽料，除堡夫课程，及夫采
> 苇、芟榄、橛石不计钱粮外，如用不敷，始估动用河银，呈请题估。

---

① 嵇曾筠：《防河奏议》卷 1《预拨岁抢修银两》，《续修四库全书》史部第 494 册，第 22
页。

工竣，核算报销。①

由此可见，至康熙初年黄运岁修工程已有了制度性的事前预估银两的制度。至康熙十八年（1679），抢修工程也开始具备事前岁估银两的制度。这年，清廷题准抢修工程，事前虽难以预定，"照岁修例估计具题，其费以五百两为率，别项大工不在此限"。康熙二十四年（1685），清廷对抢修工程的监管力度加强，要求河道总督开列当年耗银 500 两以内的抢修工程各工细数，造报工部审核。②

除泉河厅无岁修抢修工程外，清代山东运河的岁修、抢修工程集中在迦河、运河、捕河、上河、下河五厅。③ 山东运河的岁修、抢修规定的工程内容有一个逐渐完善成型的过程。以运堤的岁修制度的成型为例。关于黄、运堤工岁修的推行最初始于雍正七年（1729）。雍正帝下旨指出，黄河两岸堤身在一年之内，经风雨淋漓，车马践踏，难免侵蚀，若每年按丈加修五寸，每年耗银不过三四万两；若常年不修，"一年剥削四五寸"，十年一修的话，修缮河堤之费远远多于定期的岁修。在皇帝直接过问之下，雍正八年（1730），南河地区的黄、运河堤最早出现制度性的岁修。而山东运河堤工的岁修直到乾隆二十三年（1758）才开始出现。河东总河张师载上奏指出，每年重运漕船往来施犁下橇，运堤难免被损；伏秋汛期，河湖两面汕刷，运堤尤易蛰坏。然而，山东运堤却没有制度性的岁修，"日事因循，待其大坏重修，动盈数万"。对此，他建议于当年对山东运堤大修，"三年之内，自有工员保固"，三年之后，仿照南河河堤岁加五寸之例，于每年霜降后，运河道逐加履勘，"将通堤长宽高厚丈尺，并地名、段落编列字号，先行分析造报工部备查"。工竣后，由河

---

① 薛凤祚：《两河清汇》卷 1《黄河每岁估修之例》，《景印文渊阁四库全书》史部第 579 册，台湾商务印书馆 1986 年影印本，第 357 页。

② 昆冈等：光绪《大清会典事例》卷 904《工部·河工·河工经费岁修抢修》，《续修四库全书》史部第 811 册，第 11 页。

③ 台北故宫博物院编辑委员会编：《宫中档乾隆朝奏折》7 辑，第 359 页。

督核实验收，并将所用银两上奏工部核验。[1] 具体来说，除运河厅属南阳以北至石闸西堤，上河厅属聊城堂邑、博平二汛堤工归入抢修案内办理外，运河道属各厅东西两岸堤工，照南河堤工之例，每岁加培五寸，额限拨银7358.417两，于山东司库地丁银内动支，归入岁修案内报销。[2]

## 二 岁修抢修河银的定额化历程

清廷对山东运河具体工程的岁修及抢修所用银两有严格的限额。雍正五年（1727），规定鱼台县境内修筑长堤，每年给岁修银1000两。雍正十年（1732），规定汶上县南旺分水口束沙草坝，每年给岁修银1500两，岁修余剩银留为下年岁修之用。南旺分水口束沙草坝岁修经费于布政司藩库地丁银内动拨。[3]

乾隆元年（1736），议定山东运河抢修办料银3000两，山东黄河抢修办料银7000两，"于山东司库田赋内拨给"[4]。乾隆三年（1738），议定山东河工岁修拨银："黄河二千两，运河束沙坝一千五百两，隔堤水口一千二百两，捕河沙湾埽工三千两，分为三年之用。"同时，还议定抢修银两："黄河抢修七千两，运河抢修三千两"。此外，还规定加增料价银三千两，其中一千两为岁修，二千两为抢修，以上各款统计豫拨银18700两，永为定额。[5] 每年春夏之交，山东运河需建筑草坝收束水势。乾隆四

---

① 张伟仁主编：《明清档案》A242-40《工部尚书复兴题覆山东运河各厅岁加帮培堤工应准动项办理》，第136475页。

② 托津等：嘉庆《大清会典》卷47《都水清吏司》，《近代中国史料丛刊》三编，第2197页；文煜等：光绪《钦定工部则例》卷45《河工十五·漕河》，《故宫珍本丛刊》第297册，第355页。黎世序等：《续行水金鉴》卷90《运河水》载：山东运河堤岸岁修：运河堤工在三年保固之后，照江苏堤工每岁加高五寸之例，派运河道逐加履勘，如有坍卸卑薄之处，确估帮培。（《四库未收书辑刊》七辑第7册，第553页）

③ 乾隆帝敕修：乾隆《钦定大清会典则例》卷132《工部·都水清吏司·河工二》，《景印文渊阁四库全书》史部第624册，第164页。与山东运河不同，清代前期永定河的岁修、抢修经费，直接由中央户部拨付。参见许存健《清后期永定河治理经费研究（1820—1911）》，《北京社会科学》2018年第12期。

④ 乾隆帝敕修：乾隆《钦定大清会典则例》卷132《工部·都水清吏司·河工二》，《景印文渊阁四库全书》史部第624册，第166页。

⑤ 托津等：嘉庆《钦定大清会典事例》卷691《工部·河工·经费》，《近代中国史料丛刊》三编，第5748页。

年（1739），清廷将建筑草坝工程归入岁修案内题销。①

至清中期，河工制度渐趋完备，山东运河道下属各厅岁修抢修工程已经固定下来，所用银两逐步定额化。为控制用银规模，乾隆二十八年（1763），清廷规定："岁修工程除与常年报销银数不相上下者，照常办理外，倘该年需费倍加，应令该督抚将该年必须倍费情形专折奏请。"②

运河道下属六厅主要岁修抢修工程及额银如下：

运河厅：在山东运河治理中占据关键地位。乾隆中期，运河道陆耀曾直言："运河厅二百七十五里之河湖既治，即通省一千二百里之闸漕无不治也。"③ 该厅岁修工程主要有三处，分别为鱼台汛十八水口中心草坝工程一案，岁需用银1900余两；汶上汛南旺分水口束沙坝工程一案，岁需用银1900余两；运堤岁加五寸土工一案，岁需用银4600余两。抢修各工每年需用银14900余两。

下河厅：岁修工程有德州哨马营、恩县四女寺支河挑浚。抢修工程有夏津、武城、恩县等处卫河防风埽工10余段，每年拆修加镶，"分别估详请帑，抢办完成，护民通纤"。

上河厅：岁修工程四段，每年例准销银1300余两；单薄堤工88段，每年择要帮修，例准销银900余两。抢修埽工33段，每年相机拆镶，例准销银4600余两。

捕河厅：岁修埽工3段，每年例准销银1000两以内。抢修埽工24段，每年相机拆镶，例准销银4800两有奇。单薄堤工91段，每年择要帮修，例准销银870两。

迦河厅：无岁修工程，抢修工程有峄汛、滕汛等处埽工、裹头等20处左右，每年动用抢修项下银10160余两。

---

① 乾隆帝敕修：乾隆《钦定大清会典则例》卷133《工部·都水清吏司·河工三》，《景印文渊阁四库全书》史部第624册，第177页。

② 托津等：嘉庆《钦定大清会典事例》卷691《工部·河工·经费》，《近代中国史料丛刊》三编，第5754页。

③ 陆耀：《山东运河备览》卷4《运河厅河道上》，《中华山水志丛刊·水志》第25册，第233页。

222 / 清代山东运河河工经费研究

泉河厅：无岁修抢修工程。①

除对各厅用银数目有严格限定外，对各厅汛每年兴办的具体工程岁
修抢修也有明确数额银两的限定。鱼台县运河东岸独山湖隔堤水口，共
19 处，乃湖河关键工程，"河水微弱，则放水入河，以利漕运；湖水浩
瀚，则将湖水泄入运河，以保堤工"。每年回空漕船过后，又将 19 处水
口堵闭蓄水以待来年新漕北上。② 因此，必须每年定期修缮，确保水口泄
水正常。雍正四年（1726），经山东巡抚陈世倌等题定鱼台汛独山湖隔堤
水口工程岁修银限额 2000 两。③ 此后，隔堤水口的岁修用银均维持在
2000 两以内（见图 4—1），严格执行了限额规定。

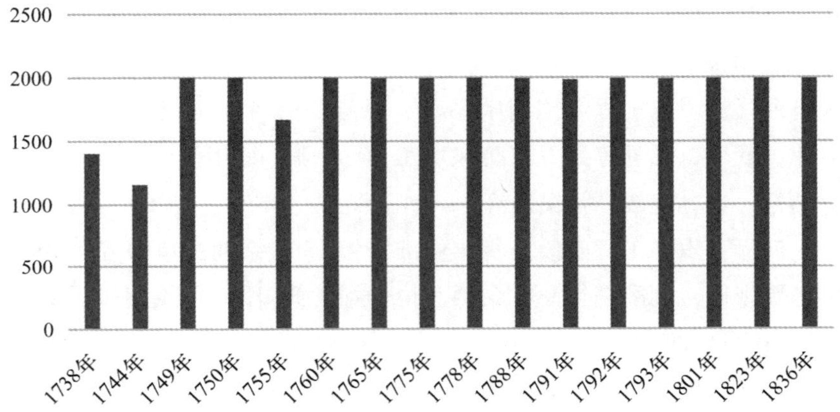

图 4—1　鱼台汛隔堤水口历年岁修实耗银（单位：两）

资料来源：中国第一历史档案馆藏档案 02 - 01 - 008 - 000255 - 0003、02 - 01 - 008 - 000664 -
0001、02 - 01 - 008 - 000905 - 0010、02 - 01 - 008 - 001126 - 0007、02 - 01 - 008 - 001321 - 0018、
02 - 01 - 008 - 001533 - 0017、02 - 01 - 008 - 001948 - 0005、02 - 01 - 008 - 002078 - 0021、02 -
01 - 008 - 002261 - 0012、02 - 01 - 008 - 002338 - 0020、02 - 01 - 008 - 002366 - 0018、02 - 01 -
008 - 003468 - 0017、02 - 01 - 008 - 003946 - 0001；《明清档案》A171 - 46、A310 - 109。

---

①　黎世序等：《续行水金鉴》卷 128—129《运河水》，《四库未收书辑刊》七辑第 8 册，第
316—357 页。

②　张伟仁主编：《明清档案》A93 - 74《东河总督白钟山揭报岁修鱼台县隔堤水口工程用
过银两》，第 52707 页。

③　张伟仁主编：《明清档案》A310 - 109《东河总河王秉韬请核销山东鱼台汛岁修独山湖
隔堤水口工程用过银两》，第 176111 页。

第四章 河工经费支出 / 223

乾隆十八年（1753），运河道下属五厅岁修银3330余两，抢修银21320余两。① 同年，兖沂曹道所属山东境内曹单、曹仪两厅岁修抢修估银14339余两，历经三汛后，两厅共领岁修抢修银17140两。此时，兖沂曹道尚未有专属库贮，需在运河道库支领。② 乾隆二十八年（1763），清廷规定：岁修工程定额后，如奏销银数在额定内，即照常办理。倘该年需费倍增，需河督专折奏请，方准奏销。③

除具体工程有明确限额外，运河道属各厅岁修项目比较稳固，岁修耗银数目浮动不大。运河、捕河二厅岁修耗银一直维持在3000—4000两上下（见图4—2），岁修项目一直是运河厅属汶上汛南旺分水口束沙南坝埽工，捕河厅属寿张汛曹家单薄埽工、沙湾子堤埽工、鸡嘴坝埽工、沙湾埽工。④

岁修抢修施工河段及用银数目有着严格的审核程序。乾隆十九年（1754），钦差刘统勋上奏建议，每年秋汛结束，各厅、营勘察所管黄、运河段工程后，需将逼临黄河大溜者为一等，次险者为一等，并确估岁修各工段兴工所需工料，上报该管河道覆核。在每年十月底前，各管河道确定下辖工段来年的岁修工程后上报河道总督。经河道总督审核通过后，限正月内兴工，三月内告竣。至于黄、运抢修工程，"难以豫定"，应令该管河段文、武汛员不时巡查，遇有抢修工程，厅营即动已准备好的物料抢险修筑。同时，要将核实的用银数目上报。该管河段大员，必须亲赴抢修河段查验，确保河银无虚糜之弊。此外，如黄河产生新生大工，不在岁修抢修范围之内，必须该管河段道员会同参将、游击等确估河银。河臣务必亲赴覆勘核实，动支布政司藩库银两委员赶办。大工完

---

① 台北"故宫博物院"编辑委员会编：《宫中档乾隆朝奏折》7辑，第503页。
② 台北"故宫博物院"编辑委员会编：《宫中档乾隆朝奏折》7辑，第600页。
③ 托津等：嘉庆《大清会典则例》卷691《工部·河工》，《近代中国史料丛刊》，第5754页。
④ 董恂：《江北运程》卷16记载运河厅汶上汛南旺束沙坝的形制与规格："南旺分水口束沙坝二道，共长一百六十一丈，内南岸束沙坝工长八十六丈，宽一丈二尺，高一丈八尺；北岸束沙坝工长七十五丈，宽一丈二尺，高一丈七尺。"陆耀：《山东运河备览》卷6《捕河厅河道》记载捕河厅岁修各工的形制与规格："曹家单薄鸡心坝长八十一丈，又沙湾子坝、贴心埽坝长六十一丈，又接连鸡嘴坝长十九丈。康熙六十一年，河南武陟县黄水漫溢，建筑断流。该坝顶冲迎溜，兼以沙、赵二河汛水异涨，危险堪虞，历年加镶，高厚不一。"

224 / 清代山东运河河工经费研究

竣之后，河臣造册题销。①

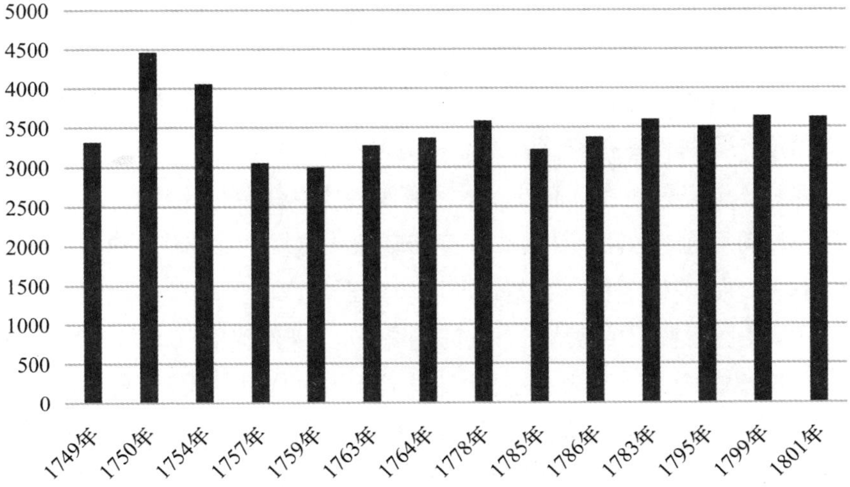

图4—2　运河、捕河二厅历年岁修耗银数目（单位：两）

资料来源：中国第一历史档案馆藏档案02－01－008－001047－0021、02－01－008－001156－0008、02－01－008－001242－0012、02－01－008－001396－0010、02－01－008－001434－0006、02－01－008－002009－0022、02－01－008－002337－0024；《明清档案》A177－106、A245－51、A247－111、A271－7、A301－33。

此后，山东黄、运河工岁修抢修用银制度略有变革。嘉庆十八年（1813），山东黄河抢修报用银数较历年准销成案大相悬殊。工部认为亟须对东河岁修抢修用银规模加以限制，"恐逐岁加增，何所底止？"嘉庆二十一年（1816）五月，经工部商议后，决定山东黄河抢修工程酌定不得过45000两，同时将山东运河、河南黄河、直隶南北运河的岁修抢修，"各工一概定以限制，以归划一"。最终议定：山东黄河抢修工程每年不得过45000两，山东运河岁修抢修每年不得过45000两，河南黄河抢修不得过23万两，南运河抢修不得过6000两，北运河抢修不得过17000两。同时，工部告诫各河督要随时察看工程平险情形，核实工程予以修办，

①《清高宗实录》卷454，乾隆十九年（1754）春正月乙丑。

"毋得以岁有定额，任听承办工员等尽数报销，以归核实"①。

岁修抢修定额后，如山东运河河工奏销银数在额定45000两内，即照常办理，准予奏销。超过限额部分，则"动用司库地丁银两"②。如嘉庆二十一年（1816），在议准南、东、北三河岁修抢修限定银两的当年，河南河工"每年于藩库地丁内拨银三十万两，另款存贮，以为抢险之用"。这笔抢修银30万两很快用尽。清廷不得不令东河河道总督根据河势情形，添拨若干工程，会同河南巡抚覆明具奏，由布政司拨款应急。霜降后，如河库仍有余存银两，奏明归还布政司借款，核实报销③。与河南类似，山东运河河工在用尽额定抢修银的情况下，也不得不从布政司借款兴工。如道光八年（1828）山东运河道属各厅共抢修160工，耗银48220两余，内除节省秸秸八束银7501两余，实请耗银40718两余，加上当年运河道属岁修工程耗银4281两余，岁抢修合计耗银44999两余，"核与额定岁抢修四万五千两之数，有减无增，应准其开销"④。倘该年需费倍增，河督需专折奏请，方准奏销⑤。

除各厅汛河工外，河兵河夫居住的堡房也被纳入岁修。乾隆十七年（1752），除高阜民居外，山东运河堤岸，"自黄林庄至柘园"⑥，每2里修建堡房一座，共建堡房298座。每年伏秋汛期，派拨兵夫住宿堡房防险。修建堡房每座耗银5.045两，由地方官赴司库领银修盖，并题定每座堡房岁修银0.5两⑦。此后，堡房数目略减。至乾隆四十年（1775），堡

---

① 黎世序等：《续行水金鉴》卷125《运河水》，《四库未收书辑刊》七辑第8册，第266页。工部在对南河、东河黄河、运河岁抢修用银限额时指出："山东省运河岁抢修历年需银自四万二千六百余两至四万七千五百余两不等，应酌定嗣后每年不得过四万五千两。"

② 白钟山：《豫东宣防录》卷1《请募长夫工食银两分案报销》，《中国大运河历史文献集成》第15册，第247页。

③ 《清仁宗实录》卷316，嘉庆二十一年（1816）二月庚申。

④ 中国第一历史档案馆藏档案：曹振镛为核议东河总督题请核销山东运河道道光八年抢修工程用过银两事，道光九年（1829）八月十五日，档号：02-01-008-003612-0016。

⑤ 托津等：嘉庆《大清会典则例》卷691《工部》，《近代中国史料丛刊》三编，第5754页。

⑥ 陆耀：《山东运河备览》卷9《挑河事宜》，《中华山水志丛刊》水志第25册，第345页。

⑦ 黎世序等：《续行水金鉴》卷90《运河水》，《四库未收书辑刊》七辑第7册，第552页。

房数目减至 280 座。① 山东运河堡房岁修由沿河州县官承担，"岁修银五钱，于藩库存公银内动支"。若堡房坍漏倾圮不堪栖止，除责令所在州县官赔修完固外，"照例查参议处"②。

### 三　岁修抢修物料的购置

岁修抢修的顺利开展离不开足额河工物料的供应。③ 清初岁修工程物料的置备，主要通过动支河库钱粮发给民间承包商进行办料下埽。这种物料的购置机制存在明显的弊窦。有一批河棍自称木商、草户、柳户等名目，赴河库领取钱粮试图获利。钱粮到手后，他们却任意花销，"险工立等料物，而任催不前，贻误不可胜言"。对此，河道总督靳辅专门上疏，要求此后办理河工桩木，必须确保是有身家的木商，才能预先发给一半帑银，待木株交工完毕，方准找给足额帑银。河工其他物料，如草束、苘麻等料，也需确保为殷实人家领帑办料。其中柳枝、草束，大多产自民间，工程紧急时，多要求百姓交工。此前，多预发钱粮，却被衙役中饱侵贪。靳辅任上对这种物料购置机制进行改革，不再给百姓发放帑金，改为先收民间物料，计算物料价值后，抵充正赋钱粮。此举一行，"小民最沾实惠"④。

康熙初年，曾协助河道总督王光裕治河的薛凤祚曾对岁修物料购置过程中容易滋生各类弊病有深刻分析。他强调物料置备在岁修抢修工程中的重要性，"河防全在岁修，岁修全在物料"。然而，州县官、河道官员却将岁修银两视为奇货。岁修抢修预估河银数目后，他们却将岁修银两贪冒进入私囊，括取里甲草束，派遣河夫攀折柳梢，遮掩一二，便为了事。对此，薛凤祚提议每年十一月间岁估河银完毕，司道官确定岁修

---

① 陆耀：《山东运河备览》卷 9《挑河事宜》，《中华山水志丛刊》水志第 25 册，第 345 页。

② 曹振镛等：《钦定工部则例》卷 45《河工》，《故宫珍本丛刊》第 294 册，第 213 页。

③ 据李德楠的研究，明中叶以前，河工物料的置办主要采取佥派的方式，此后逐渐改为拨发官银购置。明清时期，河工物料的购置方式可分为官办、商办和自办三种。参见氏作《清代河工物料的采办及其社会影响》，《中州学刊》2010 年第 5 期。

④ 靳辅：《靳文襄奏疏》卷 6《请循定例疏》，《景印文渊阁四库全书》史部第 430 册，第 541 页。

所需银两，各掌印官领银置备物料期间，河道总督应专门委派廉能官员一二员，专门负责河银收支。岁修完竣，委派的官员将卷筑埽坝收支物料数目，详细开报河道总督衙门查考，以防钱粮冒破的发生。为节省岁修钱粮，薛凤祚建议在冬季河防修守闲暇时，管河官督催河夫采集野草，"每束十斤者，每夫每日可采四十束，积至百万，可省千金，裨益非小"。他认为，此举可准备充足草料，岁修埽坝修护必然周全，可防河水冲决之患，更可节省岁修银两，"此河道第一吃紧工夫"。①

随着岁修抢修的制度化，清代河工物料置备逐渐由基层的各厅汛官员负责。每年霜降之后，河势平稳，河道总督就督促各厅领银置办来年所需物料。置备物料的多寡数目，以当年已用物料数目为据，根据物料价值，发给各厅河银，"此工务稍暇之时，分头购办，早运贮工，以备明春开工应用"。如若各厅河员领帑后却未能办足物料导致延迟误工，一经查出，将会遭惩处。然而，此后在预备物料银两时，各道发给下属各厅银两，"有不及一半者，有仅及三分之一者"。康熙六十年（1721），淮扬道傅泽洪就指出，各厅即便领取充足物料银两，"已恐工用不敷"，而今却无法领到足额银两，导致各厅官束手无策，无法购足岁修物料。对此，朝廷强调于每年霜降之后，确保发放足额的购料帑银，以免延误河工。②

在清中期以后，清廷出台了关于岁修抢修物料的置备的各种细致规定。乾隆二十八年（1763），规定河工岁修物料统一于夏秋核准数目后发银交州县领办，限年底全数贮工。逾期未完，将承办物料官员，降三级调用例参处；将该管道府罚俸一年。③

嘉道年间，物料价格上涨，清廷最初规定的例价银已不足购买充裕物料，遂准许河道官员加价购买物料，购买物料耗费银两数目猛涨。嘉庆十六年（1811）十二月，嘉庆帝下旨南河、东河河道总督严饬所属道厅将秸料束数、斤数务必按奏定章程核实采买。道厅官员购买物料齐全

————————

① 薛凤祚：《两河清汇》卷8《岁办物料》，《景印文渊阁四库全书》史部第579册，第470页。

② 傅泽洪等：《行水金鉴》卷55《河水》，《景印文渊阁四库全书》史部第580册，第743页。

③ 《清高宗实录》卷682，乾隆二十八年（1763）三月庚午。

之后，河道总督务必亲往抽查，若丈数、束数不符要求以及掺杂碎料、朽腐物料等弊，一经查出，严参治罪。①

嘉庆十七年（1812），规定岁修抢修等河工物料，"八月给银，十月办足交工"，饬令厅汛河官互相秤收，取具印结存案。每垛物料以五万斤为准，编列字号，堆积河工备用。如承办河官限定期限内，未能如数办足，或用秤收后却不堆垛，或堆垛却短少斤重，或将旧存腐烂料物掺入并架桥搭空以图掩饰。经厅汛河官于互相秤收时，查明揭报。或经总河督查访闻，立即严行参处。如十月之后办料不足，以及过期发银购办迟滞，亦分别查参。②

### 四　岁修抢修银的拨发及奏销

有学者研究指出，为强化中央户部对国家财政担负的监督和支配的职责，至雍正初年，国家财政基本形成和确立了一个制度上的框架。其中有关键的一项措施就是，地方上"一省财赋总汇"的布政使司，在每个（财政）年度前算好下一年需要支出的兵饷银两数目，由巡抚在十月前册报户部。③在河工经费筹支运作中，同样贯彻着类似的运作模式，尤其是在计划内的岁修工程开展上。康熙二年（1663），工部覆准：黄、运等河河工告竣且保固期满后，必须每年动帑修筑，要求河道总督在秋汛水涸时，就要就来年岁修工程估计具题。④每年冬季，河道总督须委派下属官员对来年岁修工段勘验确查，"细加核实，毋许丝毫浮冒，严饬各厅搏节确核，备造清册"，并由河道总督将清册汇造工部核验通过后，方可动拨款项，购置岁修物料，开展工程。⑤估报册内需将河堤旧有长宽高深

---

①《清仁宗实录》卷252，嘉庆十六年（1811）十二月辛酉。

② 昆冈等：光绪《大清会典事例》卷908《工部·河工·物料二》，《续修四库全书》史部第811册，第54页。

③ 岩井茂树：《中国近世财政史研究》第二章《正额财政的集权结构及变化》，付勇译，江苏人民出版社2020年版，第87页。

④ 乾隆帝敕修：乾隆《钦定大清会典则例》卷133《工部·都水清吏司·河工三》，《景印文渊阁四库全书》史部第624册，第166页。

⑤ 张伟仁主编：《明清档案》A245-51《工部尚书金简题覆山东运河捕河二厅属岁修埽坝工程应准办理》，第138329页。

丈尺逐段注明。工竣后，照估报册予以奏销，避免蒙混浮开。① 雍正二年（1724），清廷规定，岁修题估册需注出动用何项钱粮。②

与岁修类似，清前期的黄、运河工抢修也有严格的事前预估制度。康熙十八年（1679），清廷明确要求抢修工程，"虽难豫定"，仍需河道总督照岁修之例，在事前题估上奏，"其费以五百两为率"。③ 此议引来河道总督靳辅的反对。靳辅指出，抢修工程乃"抢救一时"，与岁修工程"终年修守者"不同，事前较难预料。若必预为题估上奏，会导致耽延停搁，贻误工程。每年开展的岁修工程不过数十件，每件均需"一估一销"，钱粮奏销册已案牍盈箱。靳辅核销艰难，不得不年年展限。每年开展的抢修工程，每年不下一二百件，若照岁修之例，"一估一销"，则奏销钱粮册更是难以计数，审核更为艰难。对此，靳辅要求除岁修工程"一估一销"外，"一切抢修工程，仍免题估，庶省章奏之繁多，而得河工之实济有裨益河防"④。

雍正二年（1724）十月，雍正帝在准工部咨文中再次强调，抢修工程，"系抢修一时"。若必须事前预为题估，会导致工程耽延停搁。而且抢修工程所用钱粮，自一二十两至四五百两不等，一年具体的抢修工程也不下数百件，"一估一销，奏牍繁多"。因此，雍正帝正式决定废除抢修工程的事前预估用银的程序，要求总河于工竣后，将冲决丈尺，动用何项钱粮等内容汇册题销，咨报工部审核。⑤

―――――――――

① 文煜等：光绪《钦定工部则例》卷50《河工二十·总例》，《故宫珍本丛刊》第297册，第390页。清代河工冬估册及奏销册在河工拨款及事后奏销等系列环节起到关键作用。题估册、奏销册均由河道总督等亲自把关参与。清廷明令："令各该督抚于图册内黏签处所钤用骑缝印信，以昭慎重而防弊窦。"参见曹振镛等嘉庆《钦定工部则例》卷42《河工》，《故宫珍本丛刊》第294册，第202页。

② 乾隆帝敕修：乾隆《钦定大清会典则例》卷133《工部·都水清吏司·河工三》，《景印文渊阁四库全书》史部第624册，第160页。

③ 乾隆帝敕修：乾隆《钦定大清会典则例》卷133《工部·都水清吏司·河工三》，《景印文渊阁四库全书》史部第624册，第161页。

④ 靳辅：《靳文襄奏疏》卷6《请循定例疏》，《景印文渊阁四库全书》史部第430册，第541页。

⑤ 张伟仁主编：《明清档案》A200－6《大学士管工部史贻直题覆东省运河抢修工程用银浮多应令河督核减追缴》，第111539页。

清前期，岁抢修工程所需物料等项钱粮，于开工前发放一半，待工竣后，隔年找给剩余银两。康熙十四年（1675），部臣议定，嗣后岁抢修应给钱粮，须于该年给发，不准隔年找给。新规实施后，河道总督靳辅主持的岁抢修工程，自康熙十八年（1679）之后的连续六年，在河银报销时，因事先给发一半钱粮，而遭部臣屡驳不休。这项规定引发靳辅的反对。靳辅指出，河库额设钱粮有限，黄运河工上下数千余里，工程浩大，必须遵循量入为出的原则。若不将河银隔年给发，于当年将钱粮悉数发完，势必造成河库亏空，若遇意外危急之工，束手无策，立酿大患。因此，他要求岁修料价银两，必须仍隔年找给。①

冬估制度清代财政奏销程序中的一项关键程序。据陈锋研究，早在顺治五年（1648）冬估制度已经初具雏形。随着"分成拨饷制"和"预拨来年春季俸饷制"的实行，冬估制度逐渐完善。至雍正三年（1725），明确规定每年冬季各省督抚将本省次年一岁应需官兵俸饷，预为会计，造册咨部，由部将各省额征起运等项银两，按款照数拨给。② 至雍正、乾隆时期，黄、运河工的岁修抢修制度已趋于完备，尤其是岁修施行由河道总督于每年冬季预估来年河工岁修所用银两数目的制度（俗称"冬估"）。河道总督在岁修冬估岁修河银数目后，需题报皇帝以及工部审核，通过后方准拨款，程序繁复。为尽早施工，山东运河河工岁修款项筹集主要有两种方式。一是借他处款项施工，待冬估题报审核通过，再由布政司藩库银两归还。如山东运河堤工岁加五寸工程，"遵例于河库银内先行借发赶办"，事后动拨司库当年地丁银拨还清款。③ 二是施工前拨付岁修的具体工程所设额银数目，工竣后再据实核算。如鱼台汛运河东岸独山湖水口十九处，"随时相机开闭，济运保堤，最关紧要"。雍正四年（1726），山东巡抚陈世倌题定每年岁修拨给此工岁修银 2000 两。乾隆三

———————

① 靳辅：《靳文襄奏疏》卷 6《请循定例疏》，《景印文渊阁四库全书》史部第 430 册，第 541 页。

② 陈锋：《清代前期的奏销制度与政策演变》，《历史研究》2000 年第 2 期。后收入氏著《中国财政经济史论》，武汉大学出版社 2013 年版。

③ 张伟仁主编：《明清档案》A242 - 40《工部尚书复兴题覆山东运河各厅岁加帮培堤工应准动项办理》，第 136475 页。

年（1738），经河东总河李清时题报，"此案工程仿照东省黄河徭夫岁修堤工报销之例，俟各水口堵筑完竣，具体核销，以归简易"。嘉庆六年（1801），鱼台汛独山湖水口岁修施工前，清廷即调拨河银2000两。工竣后，此工岁修实用银1992.683两，余存7.317两，即存贮运河道库留为下年此工岁修之用。①

雍正十年（1732），清廷规定岁修工程，"应编列字号，开明起止段落，长阔高厚尺寸，造册报部"。② 嘉庆八年（1803），工部建议河道官员在奏报抢修工程时，也应详细汇报工程丈尺及耗费银两。奏上，嘉庆帝认为，此举虽为慎重钱粮起见，但黄、运两河遇有险要工程，河官需紧急抢护，刻不容缓。因此，河官在奏报险工情形的同时，即刻加紧兴修。竣工后，才有时间分案造册题估。若令河官于题估后抢修兴工，将延误河工。嘉庆帝认为，抢修存在的问题主要是河道总督在奏报抢修工程时，往往使用"一半"等模糊字样，不确指具体起止地名。此举容易导致各厅汛员弁影射浮开以及事后冒增工程的弊端。对此，嘉庆帝下旨要求如勘察明实系紧要处所，万难稍缓，河臣应尽早兴工抢护，并在竣工后将抢修工地段落，明确声明，"各工长宽高厚丈尺若干，约需银数若干"，逐一分列，详细具奏，交工部复核。他强调不准河道总督在奏报抢修工段时使用含混模糊的字意。岁修工程，仍待题估上报后，方准兴修。③

清代河工岁修抢修动拨银两，由工部核议后拨发。嘉庆二十四年（1819），御史卢炳涛上奏建议今后河工动拨银两应由工部会同户部核议拨款。此议获嘉庆帝批评。嘉庆帝认为，河工每年应领岁修银两俱有定额，由河官先期请拨预备工料，工竣后报销。工部分别准驳。当河官请修河工之时，工部尚未核议，甚至遇有大工，承办河员估计工需请拨帑项。此时若先交工部核议，工部未目睹工程，需要银款，或多或寡，应

---

① 张伟仁主编：《明清档案》A310－109《东河总河王秉韬请核销山东鱼台汛岁修独山湖隔堤水口工程用过银两》，第176111页。

② 乾隆帝敕修：乾隆《钦定大清会典则例》卷133《工部·都水清吏司·河工三》，《景印文渊阁四库全书》史部第624册，第177页。

③ 昆冈等：光绪《大清会典事例》卷908《工部·河工·物料二》，《续修四库全书》史部第811册，第52页。

准许还是驳斥，无法下定主意，迁延时日，转致有误河工。因此，嘉庆帝批评卢炳涛"太不晓事"，反对户部参与工部核议工程后拨款的提议。①

至道光初年，河工岁修、抢修、另案以及大工耗银大涨，工用浩繁。道光帝决定加强对河银核销的监管控制。道光五年（1825）六月，他下旨指出，河工完竣，仅由工部核销，"殊不足以昭详密"，要求今后岁修及另案等工程工竣报销时，河道总督需将拨发河工银两，"有无余剩，又余剩若干，留备何项工程之用"，在上报工部同时，一并专案咨报户部，以备核查，自本年为始，遵照办理，"以重帑项而杜浮冒"。②

岁修抢修工程的奏销时限也有严格程序。雍正二年（1724），清廷规定，岁修工程须于本年十月内题估，次年四月题销。逾限没有奏销的岁修工程，将由承修官员赔偿工费。抢修工程所用银两在奏销前，河督应将冲决丈尺，动用何项钱粮上报工部。工竣，由工部审核通过后，汇册题销。拖至次年四月未完成题销，抢修耗银将由承修官员赔偿。③ 岁修抢修工竣后，河道总督需在四月前将修过工程的坐落、长宽丈尺以及用过银两细数上报工部审核后，之后方可完成奏销。若不能通过工部审核，则无法完成奏销。例如，乾隆十六年（1751）三月十八日，河东河道总督顾琮上报工部乾隆十五年（1750）山东运河岁修情况。工部审核发现，乾隆十四年（1749）山东运河、捕河二厅岁修工段长 334 丈，销银 3317. 353 两；而乾隆十五年二厅岁修工段长 310 丈，却请销银 4462. 711 两。工部认为十五年岁修工段少，却耗银多，并以此为据，未通过岁修奏销，驳令顾琮确查核减，另造清册上报。④

清代的河工岁修、抢修河银销算在霜降后集中处理。但此时埽坝工程，已历三汛，屡经蛰陷，工程的高宽丈尺以及新柴旧料，均已无从查验，负责河官难免在其中捏报混销，任意浮开。对此，乾隆十九年

---

① 《清仁宗实录》卷362，嘉庆二十四年（1819）九月庚申。

② 《清宣宗实录》卷83，道光五年（1825）六月壬戌。

③ 昆冈等：光绪《清会典事例》卷904《工部·河工·河工经费·岁修抢修一》，《近代中国史料丛刊》三编，第20页。

④ 张伟仁主编：《明清档案》A177－106《东河总河顾琮题报东省运河岁修工程用银无浮冒请照原册开销》，第99317页。

（1754）正月初十日，刘统勋等建议对河工岁修程序做较大调整：

> 嗣后，于每年秋防告竣之后，各该厅营将所管工程逐段查勘，以逼临大溜当冲最险者为一等，次险者为一等。或拆修，或镶做，或接长，或帮宽，将应用工料确估造册，申送该道逐加覆核，定限十月底汇齐转详，河臣委该管河道参游遍历各工，照册逐段踏勘，将应行修做之工核实饬办，限正月内兴工，三月内完竣。该管道员亲往逐工验看，不得转委，如有浮冒偷减情弊，立即揭参。①

可见，此举根据河工实际情况，确估供料，转发总河后于正月兴工，三月竣工，随即验看，以防河员浮冒河银。

河工岁修抢修一年中所做工程，照例于霜降后由道厅官核明上报河道总督，统一于当年十月内分别题估咨报工部，方能完成报销。这种报销制度在治河实践中存在僵化之处。乾隆三十五年（1770）八月，河东河道总督吴嗣爵指出，各厅应修土工以及岁修防风埽工用银数目应于汛前勘估确定。办理完竣，由总河、道厅官员临工验收。其实，在伏秋大汛期间，迎溜顶冲处所，"或遇水长加镶，或遇埽蛰抢护"。河臣亲身在工，熟悉工程高宽丈尺，并核查存料多寡，"知做工之虚实"。吴嗣爵认为，岁修抢修等工程的查验在于平时确核。至于霜降后销算河银，只需核对工程段落、款项银数，道厅等官员不必再亲身赴工查勘。因此，吴嗣爵告诫下属道厅官员于防汛施工之际，就将各厅工程所用银两，逐案按工，随时核实。霜降后，即照此数据报送户部。此议上奏，获乾隆帝下旨嘉奖。②

即便制定出各种严格的限定，清代河工岁修抢修奏销程序也存在明显弊端。第一，河臣指平为险，侵贪河银。康熙三十九年（1700）七月，总河张鹏翮指出，近年河工耗银数目愈渐增多，岁修抢修工程，"用埽最多"。为套取河银，河官"虚冒之弊，全在工程以平报险，用料以少报

---

① 台北"故宫博物院"编辑委员会编：《宫中档乾隆朝奏折》7辑，第359页。

② 《清高宗实录》卷867，乾隆三十五年（1770）八月癸卯。

多"。对此，张鹏翮建议每年岁修抢修之际，厅汛官报险呈详一到，河道官不能听信一面之词，必须亲行赴勘，果系险工，即令动料兴修，并估银申报。如厅汛官假捏谎报，管河道官员通同徇私，一经查出，一并题参究办。① 康熙五十二年（1713），清廷更是规定岁修抢修工程，"均令河道总督亲勘，以杜冒销之弊"②。

为强化工程监管，雍正十年（1732），清廷规定每年冬季预估上报来年岁修工程时，应编列字号，开明工程起止段落，以及长宽高厚尺寸，由河道总督造册上报工部审核。附入岁修工程的抢修工程，河道总督也应于题估册内预为声明，以便工部审核奏销。③

第二，为顺利通过奏销，河臣往往事前浮估河银。在岁修抢修动用钱粮过程中，需河官事先据工段工程情况，预估所需银两。为了在工程开展及河银奏销的顺利进行，"河官当估计之时，先行浮估，以为日后节省之地"。康熙帝就洞察到这一河工积弊，并下旨告诫河道总督在河工开展时，务必亲勘工段，确估河银数目，不能放任属员浮冒预估过多河银，以节省帑项。④ 康熙五十二年（1713），清廷再次明确规定，一应岁修抢修工程，河道总督务必亲行勘察，以杜绝工程冒销之弊。⑤

第三，为逃避事后追赔，河臣事前虚捏钱粮数目。黄、运河工兴修有严格期限的保固规定，在规定时间内工程出现问题，将对承修官给以赔修处分。康熙十五年（1676），清廷明确规定："黄河堤岸定限一年，运河堤岸定限三年，如黄河堤岸半年内，运河堤岸一年内冲决者，将经修防守各官均行革职，分司道官降四级调用，总河降三级留任；如黄河堤岸过半年，运河堤岸过一年限内冲决者，将经修防守各官降三级调用，

---

① 张鹏翮：《治河全书》卷19《题为治河条例仰祈睿裁以固河防事》，《续修四库全书》史部第847册，第797页。

② 乾隆帝敕修：乾隆《钦定大清会典则例》卷133《工部·都水清吏司·河工三》，《景印文渊阁四库全书》史部第624册，第165页。

③ 乾隆帝敕修：乾隆《钦定大清会典则例》卷133《工部·都水清吏司·河工三》，《景印文渊阁四库全书》史部第624册，第165页。

④ 《清圣祖实录》卷232，康熙四十七年（1708）春正月丙戌。

⑤ 昆冈：光绪《大清会典事例》卷904《工部·河工·河工经费·岁修抢修一》，《续修四库全书》史部第811册，第13页。

分司道官降二级调用，总河降一级留任；如过限年冲决者，将管河各官俱革职戴罪修筑，分司道官住俸督修工完开复，总河罚俸一年。"此后，康熙二十三年（1684）、三十九年（1700）等年清廷对河官赔修条例进一步完善，出台更为细致的赔修条例。①

为预留赔修款项，承修官往往会在承修岁修抢修等工时，将节省下来的银两预留以为赔修款项，"将节省钱粮任意虚糜侵隐"。康熙四十年（1701）正月，河道总督张鹏翮就直言："人视河官为畏途，身膺是职者，自知迁转无期，追赔必有，不得不起浮冒钱粮之念，以为将来追赔之地。"②

雍正十三年（1735）正月，直隶河道总督顾琮上奏建议，一切岁修抢修等工于完竣之日，除对工程详加确勘照例题销外，将盈余银两报明存贮河库，"于汛水涨发时，应加镶培厚之处，报明动用"。至工程完竣三年后，保固限满，仍有存留的节省银两，将对那些据实报明剩余银两的官员，予以记功注册；如承修官不将节省银两据实首报，一经查出，河官即据实题参，从重究处。③

在未设专项办公经费前，河官挪用河款用于"薪水饭食之需"、"棚厂灯烛之需"等，报销时将此费纳入工程银两内奏销。乾隆十八年（1753）九月，策楞等人上奏建议冬估工料银两后，委派道协大员总理钱粮、工料，亲自查验收支，防止虚收虚发。发银后，夫价钱文，委派专员，按日报查，不准经手胥役。河工兴作中产生的各类杂费，如核实应给的，工竣后，即另款报销；不应发给的杂费，尽行裁革。④

第四，利用奏销制度漏洞，河员偷减工程。山东运河堤工岁修每年有加增五寸之例，河官年年遵照办理。但是，运堤"一经帮船来往拖犁打榷，风雨剥削，仍然残缺且未培厚"。河员办理堤工，只是加高堤顶，却不去培厚堤身，导致堤身单薄。嘉庆十四年（1809），东河总河陈凤翔

---

① 张鹏翮：《治河全书》卷21，《续修四库全书》史部第847册，第847—848页。
② 张鹏翮：《治河全书》卷21，《续修四库全书》史部第847册，第846页。
③ 中国第一历史档案馆编：《雍正朝汉文朱批奏折汇编》第27册第462号《顾琮等奏请定工程节省余银酌留保固以裨河务折》，第569—570页。
④ 黎世序等：《续行水金鉴》卷13《河水》，《四库未收书辑刊》七辑第6册，第234页。

勘察运河时就发现运堤"宽者尚有丈余，窄者不过三五尺"。一旦湖河水势异涨，运河堤岸处处可危。[1]

第五，制度僵化，限制官员的主动性。岁修抢修工程的题估、奏销设定的严格时限以及对违反时限的官员的惩罚，很大程度上限制住河官借兴工之际浮冒钱粮。然而，在治河实践中，这种严格限定措施很大程度上束缚河官治河的主动性。以抢修工程为例。清廷规定，河工抢修例于八月由河臣题估工程段落丈尺以及用银数目后上报工部查核，并于次年四月完成奏销。在每年八月，河臣向工部报估抢修工程段落丈尺及用银以后，若河水汛水涨发，甚至出现险工，也不准河臣再次上报。为免于事后追赔，承修官员往往将八月后新出险工坐视不管，更不会事前预备抢修物料。乾隆帝就洞察此弊，登基后不久就连续密信寄与南河河道总督高斌、东河河道总督白钟山，告诫他们及属员要广备物料，以备河工紧急之需。接到密信后，东河河道总督白钟山紧急于山东在抢修银基础上，紧急于藩库存公银下调拨 1000 两购置物料堆贮工所。[2]

# 第二节　另案

## 一　河工另案的制度内涵

另案，即"岁修抢修所不及者"。《清会典》对另案工程的界定："凡新生埽工、接添埽段，不在岁修抢修常例者，曰另案。"另案工程，需治河官临时相度情形，先将河势情状上奏朝廷，其后将工程工段、丈尺开单汇奏，照例题估题销。[3]另案经费报销同样有严格的程序规定：每年霜降后，黄、运两河水落归槽，河道总督将下辖的当年"新工丈尺、

---

① 黎世序等：《续行水金鉴》卷104《运河水》，《四库未收书辑刊》七辑第8册，第104页。

② 白钟山：《豫东宣防录》卷2《请添上游物料》，《中国大运河历史文献集成》第15册，第258—259页。

③ 托津等：嘉庆《钦定大清会典》卷47《都水清吏司》，《近代中国史料丛刊》三编，第2197页。

银数"，统共合计若干银数，汇奏清单，上报工部具题估销。①

山东运河另案工程的最主要内容就是运河闸坝的不定期修缮。正如道光十六年（1836），河道总督栗毓美所言："运河每年另案，向不准逾十万之数，每岁修理闸座，即需银四五万两。"② 与岁修抢修工程相比，另案所含的闸坝工程进行修缮的周期并不固定，往往需要数年、数十年，甚至上百年。广布于山东运河之上用来调蓄水量的闸坝，多为坚石筑就，经久耐用，就需数十年经历一次修缮。乾隆元年（1736）正月，东河总督白钟山就指出，阿城、荆门、梁乡、土桥四闸，"系建置久远"，未能修缮，坍损严重，遂动用山东藩库银23316两零将其修缮坚固。③

道光年间，河道总督需于每年年底上报当年另案工程清单以及用银的详细数据。兹以道光十五年（1835）十一月初六日，河东河道总督栗毓美所奏道光十五年的另案清单为例来了解另案工程的主要内容。栗毓美所奏另案工程清单，详细介绍奏办另案工程的每项内容，如下：

运河厅：（1）鱼台汛拆修南阳闸一座，并闸下西岸大石炮岸一段，共长61丈2尺2寸，除选用旧石外，连筑坝戽水，批挖月河，添估料匠夫工，例帮价银14186两零。（2）汶上汛拆修柳林闸东岸金门由身等工，共长15丈5尺。除选用旧石外，连筑坝戽水，添估料匠夫工，例帮价银5993两零。（3）济宁州汛东岸估修残缺官堤土工16段，共长2655丈，土方例价银10771两零。

泇河厅：（1）滕汛湖面加抛碎石10段，共长1743丈7尺。碎石工料例帮价银18321两零。（2）滕汛运河西岸拆修马令工减水闸一座，共长11丈4尺。除选用旧石外，连筑坝搭桥戽水，估添料匠夫工，例帮价银1791两零。（3）滕汛运河东岸挑挖彭口山河9段，共长4610丈。土方例价银3926两零。（4）滕汛运河东岸挑挖修永

---

① 《清宣宗实录》卷269，道光十五年（1835）秋七月庚戌。

② 中国水利水电科学院水利史研究室编：《再续行水金鉴·运河卷》，湖北人民出版社2004年版，第640页。

③ 张伟仁主编：《明清档案》A71－48《东河总河白钟山揭请核销修闸用过工料银两》，第40379页。

闸泉河 13 段，共长 9850 丈，土方例价银 4670 零。

捕河厅：东平、寿东、阳谷等汛估修残缺官堤土工 16 段，共长 2635 丈，土方例价银 12968 两零。

上河厅：（1）堂博汛挑切西岸淤滩长 220 丈，大朱家湾及魏坝上首各筑柴土挑水坝二道，估需例津二价银 4978 两零。（2）东西两岸聊城、堂博、清平三汛估修残缺官堤土工 37 段，共长 4804 丈，土方例价银 22233 两零。

以上运河各厅，共工 10 案，共估用钱 99842 两 5 钱 8 厘。不逾十万两之数。

由此可见，山东运河奏办另案工程内容包括闸坝修复、残缺官堤修复、挑浚运河重要支河河道等。运河咨办工程未详列工程清单，但罗列各厅咨案详细用银数据，如下：

运河厅咨案 5 起，共用银 2490 两 7 钱 5 分；泇河厅咨案 6 起，共用银 2949 两 5 钱 4 分 9 厘；捕河厅咨案 4 起，共用银 1974 两 6 钱 9 分 8 厘；上河厅咨案 2 起，共用银 934 两 5 钱；下河厅咨案 7 起，共用银 3401 两 7 分 2 厘；泉河厅咨案 4 起，共用银 1989 两 7 钱 7 分 7 厘。以上运河六厅，咨案共 28 起，共用银 13740 两 3 钱 4 分 6 厘。①

河工另案工程办理，多难以在事前预料，需河道总督随时将办理情形具奏上报。工竣后，河道总督再将工段丈尺、用银数目开列清单具奏，再行造册题估后，完成报销。②

## 二　另案河银的定额化
另案工程用银定额出现晚于岁修抢修工程。直至道光初年，由于

---

① 中国水利水电科学院水利史研究室编：《再续行水金鉴·运河卷》，第 622—623 页。
② 黎世序等：《续行水金鉴》卷 116《运河水》，《四库未收书辑刊》七辑第 8 册，第 284 页。

"各省河道岁修抢修均有定额"，数额变化不大。而没有定额的另案河银由于缺少限额，所耗经费不断暴涨，"自道光元年以来，每年约共需银五六百万余两"，接续不断地修堤减坝，更是"另案之外所添之另案"。仅道光初年高家堰石工以及黄河挑工另案工程，"不下一千余万之多"①。道光二年（1822），河南河工另案动拨银至100余万两之多。②

目睹连年有增无减的治河经费，道光帝触目惊心，连下谕旨指出，河工每年情形不同，河工用银应有增加年份，也应有减少之年，"若每岁有增无减，伊于胡底？"他要求治河官节约国帑，严惩浮冒行为。③ 道光帝要求河道总督在河工开展时，不能将工程悉数交与厅汛员弁，需责成该段管河道员亲赴工程认真督办。他强调，河道总督务必破除情面，时加督察，发现有属员偷减虚冒等弊，及时严究参办。他一再强调，"经此次饬谕之后，无论岁修抢修，及随时兴举要工，仍不能工坚料实，致令帑项虚糜，或经朕访闻，或被人纠参，定将工员河道及该河督等一并执法严惩"④。

道光九年（1829），道光帝下旨要求河道总督在每年汇奏当年另案工程的银数清单内，除岁修抢修定额以及兴举大工银数于折内声明不入比较外，其余常年奏明的另案工程均应合并入清单内声明，并将上三年用过银数声明比较，不准另立专案办理名目。⑤ 道光十五年（1835），道光帝更是下旨强调岁修抢修工程均有定额，兴举大工并不常有，而"另案工程，银无定额，工无定处"，影射浮开，层出不穷，要采取切实措施不可不防。对此，他下旨对另案奏销提出要求：

> 嗣后，每年汇奏清单，务遵奏定限期，无论奏咨各案，汇为一册，其比较上三年之数，原从清单而出，毋庸分为两事，致滋歧义，

---

① 《清宣宗实录》卷145，道光八年（1828）十月乙未。
② 《清宣宗实录》卷47，道光二年（1822）十二月丁卯。
③ 昆冈等：光绪《大清会典事例》卷906《工部·河工经费·岁修抢修三》，《续修四库全书》史部第811册，第29—31页。
④ 《清宣宗实录》卷145，道光八年（1828）十月乙未。
⑤ 《清宣宗实录》卷159，道光九年（1829）八月丁丑。

著各该河督附折声明比较，另列一单具奏后，饬部查核覆奏。如有遗漏续报之案，或藉词延玩，先入比较，后补清单，即照抢险工程估销，逾限著落赔还之例，不准开销。其专案名目，永远革除，以归划一而杜浮冒。①

可见，至道光年间，清廷对另案工程奏销银数实行严格审核。道光帝曾降旨命工部对照河道总督开报奏销册，逐案审核，并开具另案的简明总数，于年终汇奏一次。开具的另案汇总银数需与前两年比较。道光十七年（1837），东河下辖的原阳两汛，动用本款银44388两零，因未列入比较，遭到道光帝呵斥。道光帝要求另案工程，"无论动用何款，著一律归入比较"②。此后，面对每年东河、南河日渐高涨的另案河工用银，道光帝在谕旨中颇觉无奈，"（另案）若逐年加增，伊于胡底？"他多次告诫河道总督"宜酌量缓急，以节糜费"，并要求南河、东河每年必须将另案工程的比较清单正册报送工部查核。③

表4—1　　　　　　　东河下属四道另案工程耗银比较　　　　　（单位：两）

| | 道光八年（1828） | 道光九年（1829） | 道光十年（1830） | 道光十一年（1831） | 平均用银 |
|---|---|---|---|---|---|
| 开归道属 | 792175.003 | 831974.406 | 833322.495 | 903684.659 | 840289.14 |
| 河北道属 | 532914.573 | 420700.112 | 461772.601 | 449302.203 | 466172.372 |
| 兖沂道属 | 136943.573 | 162692.405 | 147635.711 | 154468.865 | 150435.139 |
| 运河道属 | 105353.318 | 108064.515 | 112040.401 | 107912.54 | 108342.694 |

史料来源：《林则徐全集·查核黄运各属道光十一年份用银折》，第61—63页。

河道总督在年终上报当年另案经费银两时，需将三年数目详列清单，在很大程度上可以防止河员作假虚冒。由于史料中保存不少道光年间另

———————————

① 昆冈等：光绪《大清会典事例》卷906《工部·河工经费岁修抢修三》，《续修四库全书》史部第811册，第34页；《清宣宗实录》卷270，道光十五年（1835）八月丙子。

② 《清宣宗实录》卷293，道光十七年（1837）春正月己丑。

③ 《清宣宗实录》卷304，道光十七年十二月癸亥。

案经费的连续性数额，我们可整理成历年另案工程数用银数目表（见表4—2）。林则徐在河道总督任上，于道光十二年（1832）四月上奏汇报东河下辖四道道光十一年（1831）的另案工程用银数目，并与前三年用银数目比较。由表4—1可知，东河下辖四道以管理黄河的三道（开归、河北、兖沂）另案耗银为多，其中开归道耗银多达840289.14两，将近运河道另案耗银8倍左右。

表4—2　　　　嘉庆末年至同治初年山东运河历年另案用银表　　　（单位：两）

| 年份 | 奏办 | 咨办 | 合计 | 年份 | 奏办 | 咨办 | 合计 |
|---|---|---|---|---|---|---|---|
| 1820 | 55208.91 | 29372.1 | 84581.01 | 1846 | 98366.16 | 13802.71 | 112168.87 |
| 1821 | 77190.72 | 24275.03 | 101465.75 | 1847 | 98488.36 | 13730.6 | 112218.96 |
| 1822 | 117954.59 | 14155.03 | 132109.62 | 1848 | 98525.64 | 13801.45 | 112327.09 |
| 1823 | 117647.89 | 12755.84 | 130403.73 | 1849 | 98561.77 | 13826.14 | 112387.91 |
| 1824 | 90471.38 | 15020.36 | 105491.74 | 1850 | 98399.03 | 13696.12 | 112095.15 |
| 1825 | 121930.46 | 9828.83 | 131759.29 | 1851 | 98594.75 | 12951.63 | 111546.38 |
| 1826 | 103867.27 | 11975.75 | 115843.02 | 1852 | 75966.55 | 10720.27 | 86686.82 |
| 1827 | 98101.61 | 9249.35 | 107350.96 | 1853 | 78846.17 | 12725.88 | 91572.05 |
| 1828 | 94990.83 | 10372.83 | 105363.66 | 1854 | 90900.4 | 12833.67 | 103734.07 |
| 1829 | 98288.76 | 9775.76 | 108064.52 | 1855 | 89861.23 | 12730.67 | 102591.9 |
| 1830 | 99339.01 | 12701.4 | 112040.41 | 1856 | 89570.39 | 13710.38 | 103280.77 |
| 1831 | 96177.23 | 11735.31 | 107912.54 | 1857 | 89151.36 | 13734.99 | 102886.35 |
| 1832 | 91014.71 | 12086.76 | 103101.47 | 1858 | 90560.余 | 13730.余 | 104290余 |
| 1833 | 98010.31 | 13388.5 | 111398.81 | 1859 | 89708.98 | 13722.75 | 103431.73 |
| 1834 | 99507.29 | 13197.01 | 112704.3 | 1860 | 88457.15 | 13634.3 | 102091.45 |
| 1835 | 99842.51 | 13740.35 | 113582.86 | 1861 | 82581.94 | 13615.92 | 96197.86 |
| 1836 | 98461.6 | 12985.76 | 111447.36 | 1862 | 77572.88 | 13442.76 | 91015.64 |
| 1837 | 98362.74 | 13658.71 | 112021.45 | 1863 | 0 | 11578.99 | 11578.99 |
| 1838 | 98334.62 | 13312.71 | 111647.33 | 1864 | 0 | 5964.84 | 5964.84 |
| 1839 | 99568.16 | 13698.28 | 113266.44 | 1865 | 0 | 5940.53 | 5940.53 |
| 1840 | 98598.43 | 13621.85 | 112220.28 | 1866 | 42906.9 | 5996.3 | 48903.2 |
| 1841 | 98213.4 | 13413.57 | 111626.97 | 1867 | 41528.9 | 5996.44 | 47525.34 |
| 1842 | 99484.99 | 13683.09 | 113168.08 | 1868 | 47861.65 | 5997.22 | 53858.87 |
| 1843 | 99411.48 | 13648.82 | 113060.3 | 1869 | 47755.48 | 5993.73 | 53749.21 |
| 1844 | 98270.33 | 13713.78 | 111984.13 | 1870 | 49382.48 | 5999.48 | 55381.96 |
| 1845 | 98144.02 | 13646.69 | 111790.71 | | | | |

数据来源：《再续行水金鉴·运河卷》。

由表 4—2 可见，嘉庆二十五年（1820）至咸丰元年（1851）的 32 年间，山东运河另案工程用银维持在 11 万两左右。其中嘉庆二十五年（1820）另案用银 84581.01 两，数目最少；道光二年（1822）用银 132109.62 两，数目最多。咸丰年间，爆发太平天国起义，清廷耗费的军费浩繁，山东运河另案工程用银数目略有下降，但幅度并不大，依旧稳定维持在 10 万两左右。同治元年（1862）开始，山东境内饱受捻军起义等农民军战乱波及，运河另案工程用银数目大幅减少。同治元年（1862），山东巡抚谭廷襄兼署总河，"见运河无南省漕船往来，工程可减"，将同治二年（1863）、三年（1864）应办另案工程，两次奏请暂行停办。① 同治四年（1865），清廷奏准将山东运河另案工程用银原额由 10 万两降至 5 万两。②

清初河工另案经费较少，乾隆中期以后，经费大幅增加，特别是另案经费剧增。③ 面对日渐骤增的另案河银，嘉庆十五年（1810），嘉庆帝下旨指出，河工修防，"首重岁修，次则抢修"。如果岁修抢修认真经理，不应有另案工程。起初，另案用银较少，在河工例价不敷情况下，河员等还可在另案经费内通融办理。嘉庆十一年（1806），河工加价之后，岁修抢修用银已增至两倍以上，另案工程用银却不见减少。据工部上奏，以旧埽朽腐，沉陷蛰塌另案开报的工程竟多达四分之一。这些工程明显是岁修工程不能确保坚实，甚至是将工程损毁较轻处所，稍加补葺，将损毁严重处留为另案开销。为了限制河员随意上报另案工程，嘉庆帝下旨要求每年三汛过后，总河将修过工程工段丈尺，分次开单具奏后，再次汇奏题估。如有修防工程未经报明，或因旧埽空虚致沉陷蛰塌而另案奏报的，将所需银两，着落该道厅等官分别赔缴，不准开销。同时，嘉庆帝再次强调总河将各厅新旧埽工开具地名起止，段落丈尺，以及某段业经淤闭，某段现已修防，造具总册送工部会审。每年有新埽增入修防

———————————

① 中国水利水电科学研究院水利史研究室编：《再续行水金鉴·运河卷》，第 985 页。

② 中国水利水电科学研究院水利史研究室编：《再续行水金鉴·运河卷》，第 1004 页。

③ 李德楠：《工程、环境、社会：明清黄运地区的河工及其影响研究》，博士学位论文，复旦大学，2008 年，第 159—160 页。

以及旧埽淤闭，于秋汛后，上奏另报，以凭查核。①

除了对另案工程的具体内容加强监管外，清廷开始对另案用银数目的监管力度加强。嘉庆二十一年（1816），嘉庆帝下旨要求："东、南两河每年另案用过银数，令该督将一年统用银数汇奏一次，并将上三年用银多寡比较，以备查覆。"② 同时要求另案工程动用银两在500两上下的，必须由河道总督详明汇报工部，方准报销。③ 之后，工部按照河道总督开报的另案报销册，逐款钩稽，将每年动用各款，开具简明宗数，于年底汇奏一次，完成报销。④

# 第三节　运河冬挑

## 一　冬挑的制度内涵

山东运河冬挑，俗称大挑（或大浚）、小挑（或小浚）。大挑是指对运道大规模的挑浚，动用的河夫规模更大，耗费时间也更长；而小挑则是指对运道关键河段的局部性挑浚，动用的河夫规模较小，耗费时间则稍短。山东运河南北绵亘1200余里，"南自江南交界台庄至临清之板闸，名为闸河；北自板闸至桑园镇直隶交界三百余里，名为卫河，亦名下河"⑤。闸河自韩庄以南，直至江苏邳州、宿迁一带，以微山湖为水柜；韩庄以北运道，由汶水、泗水、洸水及沿途山泉，出南旺分水口接济南北运道。每年伏、秋汛期，大水挟沙而下，南旺地势高仰，上、下两闸启闭严格，停淤严重。汶水直下临清，与西来卫水顶阻，势难抵御，倒灌严重，临清板闸一带运道随之出现淤积。此外，汛期水涨的山泉，也携带大量泥沙，在济宁彭口、大泛口一带，"每发水一次，再淤垫一次"，漕船经临，浅阻难行，加之漕程紧迫，沿运额设河夫，不敷挑挖，势必

---

① 《清仁宗实录》卷226，嘉庆十五年（1810）二月辛丑。

② 昆冈等：光绪《大清会典事例》卷905《工部·河工经费岁修抢修二》，《续修四库全书》史部第811册，第26页。

③ 《清宣宗实录》卷47，道光二年（1822）十二月丁卯。

④ 《清宣宗实录》卷269，道光十五年（1835）秋七月壬辰。

⑤ 《清高宗实录》卷173，乾隆七年（1742）八月丙辰。

动用帑金，募夫挑办，"只有年年挑办，竟无一劳永逸之方"①。除运河的受淤河段外，诸泉入湖河道（泉河），由专司泉政的管泉通判，协同州县管泉官，于十月水落后，查勘泉水入湖通道，遇有淤塞不通处，告知州县募夫挑浚，所用银两，在大小挑工程内汇题清销。

明代运河挑浚除调集兖州、东昌、济南等府泉、坝、闸、溜、浅、铺等见役人夫前来兴工之外，并动用兖州、东昌二府河道官银召募夫役参与挑浚。南旺月河以及临清、阿城、七级等处河段淤浅，调用附近驿递等夫协同见役徭夫参与挑浚，所需桩草钱粮以及工食银两，于兖州府库河道银内动给。北河郎中以及南旺主事等官往来督察运河的挑浚。②

明代山东运河挑浚最初规定三年两次挑浚。隆庆六年（1572），规定山东运河每二年大挑一次，以九月初一日兴工，十月竣工。③ 此后，明代规定每年十月十五日煞坝，次年二月初一日开坝。然而，在实际操作中，"竟有迟至十一月二十日后，始行煞坝"。此时早已天寒地冻，河夫施工艰难。明代运河大小挑遇到一个问题就是势豪船只对挑浚的阻挠。万历十六年（1588），明神宗下旨要求除大挑年份有限制时间外，小挑年份"亦以钦定限期，每年以十月十五日筑坝，至次年二月初一日开坝"。遇有解贡船只，需另为设法前进；其余官民船只，一律禁止前行，待开坝后放行。如有势豪阻挠运河挑浚，听管河衙门从重参究。④ 清顺治十年（1653），清廷规定南旺、临清每年于十一月十五日煞坝濬浅，每年一小浚，间年一大浚。⑤ 乾隆二年（1737），规定每年十一月初一日煞坝，兵部颁发告示，务必十月发到河岸张挂。开坝日期，"以南漕船只至台庄为

----

① 黎世序等：《续行水金鉴》卷104《运河水》，《四库未收书辑刊》七辑第7册，第771页。

② 谢肇淛：《北河纪》卷6《河政纪》，《中国水利史典·运河卷一》，第327页。蔡泰彬：《明代漕河之整治与管理》第四章"山东四大水柜之功能与整治"，第169—172页，专列一节对明代南旺大挑的时间安排、夫役动员及挑河之辛苦做了研究。

③ 谢肇淛：《北河纪》卷6《河政纪》，《中国水利史典·运河卷一》，第327页。

④ 阎廷谟：《北河续纪》卷4《河政纪》，《中国水利史典·运河卷一》，第462页

⑤ 乾隆帝敕修：乾隆《钦定大清会典则例》卷133《工部·都水清吏司·河工三》，《景印文渊阁四库全书》史部第624册，第179页。

准"①。

清代山东运河冬挑河段主要位于闸河南旺、临清、济宁、彭口等 4 处塘河。② 山东运河各段河道并不是全部适合挑浚。如临清板闸北下直至桑园镇直隶交界地带的三百余里的卫河水道就不适合挑浚。白钟山总结卫河河道不适合挑浚的原因：

至于卫河，缘河宽岸峻，河底又系流沙，不但不能建闸束水，亦不能如闸河以内筑坝挑挖，且河形湾曲甚多，漳、卫之又挟沙带泥，若遇久晴水弱流缓，则随处停淤，虽多费帑金，亦不能使泥沙去而不流，是以历来并不挑浚。③

最初卫河段下河通判属额设浅夫需协济临清塘河工竣，始回本汛挑切浅滩淤嘴等处，剩余流沙随时刮浚。总河白钟山认为，此举仿照闸河做法筑坝戽水，下锹挖土，不能达到疏浚卫河的目的。他建议只能用船捞浚，宽限额夫日期，免于忙迫，驾船将淤土卸至远离河岸的地方。此捞浚之法，以船一只抵募夫一名，每船用夫 4 名，持长柄杏叶杓下系布兜入水捞沙，倾倒船内，船满驾往河崖堆积，按方计土，不得贪图近便，散置河边。④

雍正十三年（1735），清廷规定运河冬挑以 7 尺为度。如水深 3 尺，估挑 4 尺；水深 4 尺，估挑 3 尺。⑤ 乾隆元年（1736），漕运总督补熙建议运河挑浚"以四尺为尺"，挑浚不足，则对承修官予以题参。河东河道总督白钟山反对此议。白钟山指出，山东闸河不像江淮等河源远流长，全赖山泉从石罅泥穴中尺疏寸导引流，与汶河交汇出南旺分水南北，流

---

① 黎世序等：《续行水金鉴》卷 79《运河水》，《四库未收书辑刊》七辑第 7 册，第 400—401 页。

② 黎世序等：《续行水金鉴》卷 81《运河水》，《四库未收书辑刊》七辑第 7 册，第 437 页。

③ 黎世序等：《续行水金鉴》卷 81《运河水》，《四库未收书辑刊》七辑第 7 册，第 437 页。

④ 《清高宗实录》卷 173，乾隆七年（1742）八月丙辰。

⑤ 康基田：《河渠纪闻》卷 19，《四库未收书辑刊》一辑第 29 册，第 464 页。

经千余里，历 48 闸层层灌输，不能有涨无消。春夏旱季，风日干燥，地势高下，前人设闸蓄水，上闸闭而下闸启，上闸水深，下闸自浅，无法确保两闸之间河水俱深。他强调，若不问漕船载物之轻重，一概以水深 4 尺为度，二月漕船头帮入闸河，至五六月尾帮出闸河，总须一律 4 尺为准，势必将所蓄湖水一泄而空，导致后来的江广重船到时，水已告竭无水接济，贻误漕运。①

## 二 运河冬挑的制度成本

清初，山东运河小挑只需调用各州县额设河夫应役。大挑之年，除调额设河夫外，南旺工段应募夫 3583 名，每名日给工食银 4 分，定例 18 日内完工，共耗银 2579.76 两；临清工段应募夫 1679 名，每名日给工食银 4 分，定例 10 日完工，共耗银 671.6 两。此外，南旺工段筑坝物料、犒赏夫役银 230.68 两；临清工段筑坝物料、犒赏夫役银 30.1 两。以上各项大挑费用需耗银 3512.14 两，于兖州府运河厅库动支河银 2076.48 两，于东昌府库动支河银 1204.98 两，于汶上县库动支河银 230.68 两。②

雍正七年（1729），清廷规定：山东运河额设浅、溜、谣、坝等夫，每名岁给工食银 12 两，器具银 8 钱。闸夫每名岁给工食银 14 两 4 钱，器具银 8 钱；河兵仍照兵饷例，每名岁给工食银 14 两 6 钱 4 分，器具银 8 钱。以上银钱由"司库存公银及兖沂道库河银内支领"③。其中额设河夫总计 3333 名，岁领工食银 32000 余两。冬春大挑年份，额设夫役不敷力作，募夫 5470 名，需帮贴银 62213 两零；小挑年份，募夫 1241 名，需帮贴银 44013 两零，"俱系州县征解，交河官散给，例沿已久"④。雍正年间，山东运河冬挑募夫，由沿河州县召募，"每名日给银六分，并给器具之资"⑤。

---

① 黎世序等：《续行水金鉴》卷 79《运河水》，《四库未收书辑刊》七辑第 7 册，第 411 页。

② 叶方恒：《山东运河备考》卷 3《职制志下·夫役定制》，第 467—468 页。

③ 昆冈等：光绪《清会典事例》卷 904《工部·河工·河工经费·岁修抢修一》，《近代中国史料丛刊》三编，第 12 页。

④ 黎世序等：《续行水金鉴》卷 76《运河水》，《四库未收书辑刊》七辑第 7 册，第 351 页、第 358 页。

⑤ 黎世序等：《续行水金鉴》卷 76《运河水》，《四库未收书辑刊》七辑第 7 册，第 358 页。

乾隆年间，运河挑浚制度已比较成熟，并实行严格的冬挑用银限额政策。为方便操作，清廷设定了冬挑用银的"额"，进而从根本上将冬挑耗银限定在一定数目之内。乾隆初年，经河东河道总督白钟山题定，山东运河冬挑募夫工价及器具银，"小挑准销银二千八百七十余两，大挑准销银一万七千二百一十余两，计两年内准用银二万两有奇"①。时任运河道陆耀在《山东运河备览》中清晰介绍了在大挑、小挑不同时期，沿运各厅县的募夫数目以及工食银、器具银等数据，详细内容如下：

大挑之年，各州县募夫6024.5名，需动工价器具并下河厅雇船工价银17211.85两，内于山东司库拨银15019.318两，在运河道库河银项下拨银2192.531两，临期将这笔钱下拨濒河州县募夫挑河。待挑河完竣，运河道负责核查有无节省银两，如有剩余银两，存贮运河道库留为下年之用。②

表4—3　　　　　　　清山东运河大挑募夫数目表

| 河厅 | 州县 | 夫数（名） | 河厅 | 州县 | 夫数（名） |
|---|---|---|---|---|---|
| 运河厅 | 济宁州 | 696 | 迦河厅 | 滕县 | 370 |
| | 济宁卫 | 99 | | 峰县 | 300 |
| | 汶上县 | 370 | 上河厅 | 聊城县 | 515.5 |
| | 嘉祥县 | 68 | | 临清州 | 456 |
| | 鱼台县 | 297 | | 堂邑县 | 323 |
| | 巨野县 | 202 | | 清平县 | 209 |
| 捕河厅 | 阳谷县 | 644.5 | | 博平县 | 220.5 |
| | 寿张县 | 502 | | 馆陶县 | 181 |
| | 东阿县 | 154 | 合计 | 20 | 6024.5 |
| | 东平州 | 397 | | | |
| | 东平所 | 20 | | | |

资料来源：《山东运河备览》卷9《挑河事宜》。注：寿张县募夫含乡夫50名。

大挑之年，运河道下辖四厅需召募临时河夫。具体情况如下：

---

① 黎世序等：《续行水金鉴》卷104《运河水》，《四库未收书辑刊》七辑第7册，第771页。

② 陆耀：《山东运河备览》卷9《挑河事宜》，《中华山水志丛刊》水志第25册，第337页。

（1）运河厅。下属 6 县、卫募夫 1732 名。济宁州募夫 696 名用于挑浚济宁段运河河道，其余 1036 名募夫全部用于挑浚南旺塘河。这些河夫每名每日给工价银 5 分，器具银 2 钱，共需工价银 5888.8 两，器具银 346.4 两，挑工限期 68 日。

（2）捕河厅。下属 5 县卫募夫 1717.5 名，其中寿张县募夫 502 名内含 50 名乡夫，这些乡夫只负责挑浚寿张县境运河，限期 43 日。其余募夫 1667.5 名，全部用于协挑运河厅属汶上汛南旺塘河，限期 43 日。挑挖南旺塘河到期，922.5 名募夫散去，余剩 745 名仍回本县挑浚辖境运河河道，限期 25 日。河夫每名每日给工价银 5 分外，另给器具银 2 钱，工价银总计 4623.875 两，器具银总计 243.5 两。此外，捕河厅属额设浅、闸夫 541 名，大挑之年，例挑南旺 43 日，始回本县挑挖运道。此后，又有募夫 1667.5 名协挑南旺塘河 43 日后，仍回本县挑挖运道。鉴此，后将额设夫役应挑南旺塘河土方，由募夫代挑，而募夫应回本境挑挖土方，交由额夫留在本汛代挑，按土方计工，两相抵消，避免往返。

（3）泇河厅。下属 2 县募夫 670 名，其中滕县募夫 370 名，用于挑挖彭口淤沙，限期 43 日；峄县募夫 300 名，用于挑挖本汛河道，限期 23 日。募夫每名每日给工价银 5 分，给器具银 2 钱，共该工价银 1140.5 两，器具银 134 两。

（4）上河厅。下属 5 县募夫 1905 名，每名日给工价银 5 分，外给器具银 380 两，负责挑浚临清塘河，限期 43 日。

需说明的是，下河各汛卫河河道宽阔，不能筑坝兴挑，无需募夫，只需长夫驾船捞浚，每船一支，抵夫 1 名，每年 3000 工，支给雇船工价银 150 两。

小挑之年，需各州县募夫 1255 名，需动工价器具银及下河雇船工价银，统共银 2849.6 两，由运河道库存贮历年节省募夫款项银两。运河厅小挑之年只用额夫挑挖，无需募夫，下河厅只需支给船价，捕河、泇河、上河三厅属州县需募夫。

（1）捕河厅属。募夫 596 名，需工价银 1309.3 两，器具银 108.2 两。小挑之年，所募河夫需在本汛挑挖河道，限期 46 日，不必参与南旺挑浚。

（2）迦河厅属。募夫 270 名，共工价银 411 两，器具银 54 两。

（3）上河厅属。募夫 389 名，挑挖临清塘河，用工 36 日，共工价银 700.2 两，器具银 77.8 两。

表 4—4 清代山东运河小挑年份募夫表

| 河厅 | 州县 | 募夫数（名） | 河厅 | 州县 | 夫数（名） |
|---|---|---|---|---|---|
| 捕河厅 | 阳谷县 | 361.5 | 上河厅 | 聊城县 | 94 |
| | 东阿县 | 58.5 | | 堂邑县 | 55 |
| | 寿张县 | 78 | | 临清州 | 74 |
| | 东平州 | 78 | | 博平县 | 55.5 |
| | 东平所 | 20 | | 馆陶县 | 55.5 |
| 迦河厅 | 滕县 | 170 | 合计 | 12 | 1255 |
| | 峄县 | 100 | | | |

资料来源：《山东运河备览》卷 9《挑河事宜》。

由此可见，山东运河冬挑实行了极为严格的额银规定。冬挑河银定额化，将大小挑用银限定在一定范围内，很大程度上可以限制挑河官员恣意浮冒，同时也减轻了冬挑用银对财政的压力。但是，此项政策粗暴限定冬挑用银数目，却全然不顾当年运道淤塞与否的实际情况，政策极为僵化。

乾隆五十三年（1788）八月，巡漕御史和琳上奏指出，山东运河冬挑用银多寡，"当视受淤之厚薄情形以为准"，如大挑年份的运道淤塞并不严重，"乃准用银一万七千余两，是徒滋官员浮冒地步"；而小挑年份的运道淤塞严重，"乃限定用银二千八百余两，势不免迁就草率"。对此，和琳建议冬挑不必拘定大、小挑原定额银，"总以二年用银不得出一万六千两之数"，"比旧例原定大小挑工共用银二万两，实减四千余两"。[①] 运河冬挑由此前的大、小挑递年轮替，改为两年轮替，便利了挑河官据河道淤塞情况合理分配河银数目。

---

① 张伟仁主编：《明清档案》A271 - 79《东河总河李奉翰题报山东运河乾隆六十年冬挑工程估需银两》，第 153191 页。

巡漕御史和琳上奏揭露此弊后，乾隆皇帝很快下旨要求今后山东运道挑浚不必拘大小挑之例：

> 惟当责成河东总河、山东巡抚、巡漕御史，于每年回空将次过竣时，确加履勘，若河道并无停淤，即无庸挑挖，以节糜费；若河道果有受淤，或积淤甚厚，即当确加估计，据实奏闻，认真办理，亦不必拘于银数。或该督抚因地方河道官员是其所属，意存瞻徇，任令从中浮估偷减，以为侵渔地步；抑或因循玩误，于应挑之工而不奏明挑浚，巡漕御史系特派人员，俱无所用其回护，自当据实参奏。倘该御史知而不举，随同隐饰，或误漕运，或任冒销，一经查出，即将该御史一并从严议处。如此核实办理，互相稽查，自可杜浮冒而利运行。①

清代山东运河冬挑主要采取由州县官负责募夫兴挑的动员机制。雍正六年（1728），清廷也意识到此动员机制的弊病。冬挑期间，总河、巡抚督催工程，往往有河官随从，"地方供亿费已不赀"，且地方官接待稍不如意，河官则持其短长，造成"而今之州县进退操之河官"的局面。对此，雍正帝下旨河道总督齐苏勒，"严饬属员仍前扰害地方，倘朕访出，连尔等上司一并治罪"②。康基田也指出，山东运河冬挑由布政司拨藩库银两发交州县官雇夫兴挑的运作制度存在着明显弊漏："州县募夫承办，州县多不谙工务，又不能常时在工，以致丁役串通。"他并举出汶上老人利用制度漏洞侵蚀河银的案例。③ 但是，此后多年山东运河冬挑的募夫工作由沿河州县地方官承办负责。嘉庆初年，山东巡抚陈大文、两江总督百龄先后上奏改由佐杂等低级河官负责办理。嘉庆十三年（1808），巡漕御史文修上奏指出，佐杂等低级河官职微力薄，无法承担各种挑工赔累。同时，民夫为州县官管辖，佐杂带民夫挑河，呼应不灵，诸多掣

---

① 《清高宗实录》卷1311，乾隆五十三年（1788）八月戊申。

② 黎世序等：《续行水金鉴》卷75《运河水》，《四库未收书辑刊》七辑第7册，第350页。

③ 康基田：《河渠纪闻》卷19，《四库未收书辑刊》一辑第29册，第463页

肘，必误工误运，建议仍将挑河事务归州县官负责。奏上，此议获嘉庆帝允准，并下旨要求运河冬挑募夫仍归沿运十九州县卫承办，"其津贴银两，亦归州县承领"①。嘉庆十七年（1812）七月，巡漕御史韩鼎晋上奏建议改循旧例，募夫仍由沿河各州县地方官负责。②

道光七年（1827）九月，河东河道总督严烺等上奏指出，运河冬挑由州县募夫兴挑存在诸多掣肘，建议"按照历年派募酌中之数，加帮四成，解交运河道库，拨给河员"，由河员领银募夫兴挑，俟试行二三年后，再行决定是否推广河员募夫冬挑。③ 奏上，道光帝认为山东运河冬挑向来由州县承办，若改归河员，"倘办公不能凑手，彼时再令酌县承挑，必致推诿误公"。因此，他决定运河冬挑仍由各州县办理，毋庸更张。但是，道光帝要求各州县募夫挑工时，由运河道前赴确估，并督察各州县挑办工程。工竣，由河道总督及运河河验收，"有不如式者，立即参办"④。

### 三 清前期经费筹集机制

参加大小挑的夫役工食银具体如何筹集的呢？其中额设夫役工食银由运河道银库统一发放。这笔经费源自沿运各州县上缴运河道的地丁银、湖田地租等项银两组成。而由各州县临时雇募的河工夫役，所需工食银、器具银又出自于何处呢？

山东运河冬挑最初采用金派的方式派募河夫。山东运河大小挑定例：一年一小挑，间年一大挑。由于额设浅、溜、泉、坝等夫，不足应用，清廷要求沿河州县金派百姓协济挑浚运道。此举耽误农时，严重扰民。后来，就有大臣出面批评这种扰民的挑河动员机制。大理寺少卿须洲就对各州县金派夫役参与河工的做法作出严厉批评：

（大小挑）所用之夫，俱出于各州县派送，多者数十名，少者数

---

① 《清仁宗实录》卷192，嘉庆十三年（1808）二月己巳。
② 《清仁宗实录》卷259，嘉庆十七年（1812）秋七月癸酉。
③ 《清宣宗实录》卷125，道光七年（1827）九月丁巳。
④ 《清宣宗实录》卷127，道光七年（1827）冬十月壬午。

名，远来则资遣维艰，逃亡则追呼勾补，不谙则驳回更换，种种繁琐。而厅汛好事之员，或重役逼逃，或以能为拙，反复苛求，志在需索。①

在这种情况下，沿河州县百姓缴纳帮贴银成为运河冬挑的经费来源。这项改革措施是由山东巡抚佛伦②在任上开始推行的。他明令民间按亩出帮贴钱交与州县雇夫挑浚，"一亩之地，派钱一二文，以及五六文不等"。以按田亩出帮贴钱的方式来取代此前的金派百姓亲身协济出夫，是一个巨大进步。对此，总河齐苏勒有形象描述：

> 离河较远之民，裹粮携釜，远来应役，行数日之路，做一日之工，既受劳苦，又妨农业，此民间所以情愿帮贴，以求雇募。沿河之惯夫代为力作，既可以免道路之奔趋，复不误工程之力役。此帮贴之举所以历来称为甚便也。③

佛伦推行的这项改革，使沿运百姓免除亲身服役的悲惨局面，受到地方上的支持。据统计，小挑年份需在额夫外另募夫1432名，需帮贴银44157.38两零；大挑年份需另募夫5470名，需帮贴银62683.24两零。④

康熙《滕县志》就记载了帮贴银制度改革在滕县的推广以及受到百姓欢迎的详情：

> 滕邑议定，行粮地一万二千九百五十一顷一十三亩六分零，遇大挑之年，每亩派小钱二文八毫，小挑之年每亩派小钱二文，亦照

---

① 中国第一历史档案馆编：《雍正朝汉文朱批奏折汇编》第3册第570号《颁洲奏陈运河工程宜归地方等事折》，第749页。

② 佛伦，满洲正白旗人，姓舒穆禄氏，康熙二十八年（1689）十月至康熙三十一年（1692）十月任山东巡抚。

③ 中国第一历史档案馆编：《雍正朝汉文朱批奏折汇编》第14册第123号《齐苏勒奏报山东州县官员借挑挖河道渔利帮贴派征银两折》，第175页。

④ 张伟仁主编：《明清档案》A41-57《东河总河嵇曾筠揭报酌定夫役工食银两》，第23221页。

滚单法，八月后散单，十月收齐，十一月解给。河官义民雇工。民夫每名贴钱九千，闸夫溜夫每名贴钱一十六千，泉夫募夫每名贴钱五千。按在工人夫，日给现钱八十文，人人踊跃趋事，上不累官，下不病民，有济河道，无亏夫役，业与丁地钱粮，并勒诸石，永垂定例。①

然而，时间一久，帮贴银制度在运作中弊窦丛生。尤其是地方官以少派多，从中渔利，管河官捏浅作深，希图分肥，"帮贴之钱，比额设工食更多，大约工食一两，帮贴有一两四五钱不等，其实此帮贴钱，在州县则取之于百姓，在河官未必散之于夫役"②。每逢大挑之年，各州县百姓缴纳的帮贴银有六万余两，小挑之年也有四万余两。地方官征收帮贴银后，雇募人夫，从事挑浚，"此项帮贴银钱，年年全收全用，从无余剩，亦无不足"。雍正元年（1723），朝廷动帑对山东河道择段大挑，耗银竟高达十万两！③ 东河河道总督嵇曾筠对帮贴银征收之弊窦有形象描述：

> 如州县官征收帮贴银两，即将河厅官役陋规一并派入，并有加倍多征，侵收入己。且济宁、嘉祥、巨野等州县，又有桩木一项，另行科派，每年约三四百两不等，印河各官彼此分肥，此派征之弊也。至帮贴银两，河厅提验转发，每有解费，书仪扣克滋扰，此解兑之弊也。汛官所营浅、溜等夫，既有工食，即有帮贴。查工食系道厅给发，汛官染指，专在帮贴，或浮开夫数，或扣短夫钱，或临时号召，或彼此通融，从无足发，此雇募之弊也。④

---

① 黄浚等：康熙《滕县志》卷 4《赋役志》，中国国家图书馆藏康熙五十六年（1717）刻本，14a。

② 中国第一历史档案馆编：《雍正朝汉文朱批奏折汇编》第 14 册第 123 号《齐苏勒奏报山东州县官员借挑挖河道渔利帮贴派征银两折》，第 175 页。

③ 黎世序等：《续行水金鉴》卷 79《运河水》，《四库未收书辑刊》七辑第 7 册，第 411 页。

④ 中国第一历史档案馆编：《雍正朝汉文朱批奏折汇编》第 15 册第 316 号《嵇曾筠奏报查核运河夫食情形并陈严禁虚冒管见折》，第 408 页。

滕县的帮贴银征收在后来实践中也弊病百出。康熙四十七年（1708），滕县知县吴允谟"借大钱改折之名，每钱十文多加六文，兼之预借，遗害无穷"①。

自雍正三年（1725）起，总河齐苏勒奉旨稽查帮贴银的使用，严防河官作弊，一番努力后，至雍正六年（1728），共节省帮贴银61300余两。齐苏勒特以临清州的帮贴银制度整顿为例向朝廷上奏。该州除正项浅夫银两外，大挑之年派征帮贴银3600余两，小挑之年派征银2400余两，而历年造报册内，大挑之年止额收银1900余两，小挑之年额收1300余两，"明系该州多征私用，以为陋规"。一番彻查后，齐苏勒颇为震惊，"此一州计之，其余额有帮贴之四十州县，其多银两，更不知又有凡几也！"对此，齐苏勒强烈要求将这种指工渔利，鱼肉乡民的弊政严行禁革。可惜的是，此奏上达之后，却不了了之。②

除了州县官借帮贴银征收的弊窦趁机私征滥征之外，征收帮贴银还存在地方豪强、吏胥包揽侵夺之弊。帮贴银本质属于百姓出钱免于亲身服河役的代役银。而沿运的孔、颜、曾、孟四圣后裔均享受免于劳役的待遇。帮贴银全部摊派到沿运地区普通百姓头上。这笔帮贴银事关运河挑浚，"系河工急需"，"凡有恩蠲，从无扣免之例"。为征这笔河工专款，各州县于地丁银外，另立钱柜征收，提解紧急，严行催比。每户百姓所摊派的帮贴银数目原本并不多，若亲自入城交纳帮贴银，"路远者，则往返盘费过于夫银"。他们不得不将这笔钱托付给地方势强或者吏胥代为交纳，导致"多被侵蚀，并滋滥派，以致历年积欠累累"③。

继任总河嵇曾筠对齐苏勒稽查帮贴银弊窦虎头蛇尾的结局颇为不满，直言"去弊莫如净尽，立法当垂永久，若不确加查核，定有成规，恐将来派征、解兑、雇募等弊，又缘之而起"。他指出，齐苏勒严加稽查帮贴

---

① 黄浚等：康熙《滕县志》卷4《赋役》，中国国家图书馆藏康熙五十六年（1717）刻本，14a。

② 黎世序等：《续行水金鉴》卷75《运河水》，《四库未收书辑刊》七辑第7册，第347页。

③ 张伟仁主编：《明清档案》A62-71《河东总督王士俊揭报征收河夫帮贴银两之法》，第35537页。

银两，使厅汛各官无法使用浮冒伎俩，"遂将各项夫役应领工食银两，肆其克扣侵渔"，挑挖河道的河夫无法养家糊口，"大挑小挑呼应不灵，甚至掩饰耳目，潦草塞责"①。雍正七年（1729）四月，河东河道总督稽曾筠与山东布政使费金吾商议，将山东运河各厅所管营汛内的挑河成本通盘核算，每年额设夫役若干名，应给工食银若干，不许河官丝毫虚扣，大小挑所需帮贴银两，经行藩司禁止多派，只照旧额征收，解贮河库，将多派之规费，彻底革除，所有帮贴耗羡银两，全数归公。② 此奏上后，雍正帝下谕旨命稽曾筠与田文镜秘商。稽曾筠、田文镜会商后主张：第一，制定统一的额设夫役工食、器具银标准。浅、溜、军、桥、徭、坝等夫每名岁给工食银 12 两，发给器具银 8 钱；闸夫启闭辛劳，每名岁给工食银 14.4 两，器具银 8 钱；兵夫每名岁给工食银（兵饷）14.64 两，量给器具银 8 钱。以上额设夫役共需银 32240 余两外，不敷银 14320 余两，在帮贴银项下找足。第二，召募的河夫也制定统一的工食银标准。召募夫役自筑坝戽水，至启坝放水，工作时间自 30 日至 60 日不等，每日量给工价银 6 分，每名量给器具银 2 钱，于帮贴银下照数支给，由濒河州县雇募交发河员，并将到工名册交道厅后上交总河。总河派人分投查照，确保上工人数与名册相符，按工计夫，确保无虚冒发生。③

动用藩库正项钱粮的提议很早。雍正元年（1723）正月，雍正帝在谕旨中就下令河道官员，"动正项钱粮，雇募民夫，给以工食，挑浚运河"。当年三月初九日，山东巡抚黄炳就动支山东布政司藩库银二万两，前赴张秋查明运河淤浅处所，拣选贤能官员给银雇募河夫，昼夜挑浚。④然而，此时提议动支藩库钱粮用于运河挑浚的提议并没能坚持下去。

雍正二年（1724）十月，大理寺少卿须洲对沿运州县负担高额帮贴

---

① 中国第一历史档案馆编：《雍正朝汉文朱批奏折汇编》第 15 册第 316 号《稽曾筠奏报查核运河夫食情形并陈严禁虚冒管见折》，第 408 页。

② 黎世序等：《续行水金鉴》卷 76《运河水》，《四库未收书辑刊》七辑第 7 册，第 351页。

③ 黎世序等：《续行水金鉴》卷 76《运河水》，《四库未收书辑刊》七辑第 7 册，第 352页。

④ 黎世序等：《续行水金鉴》卷 73《运河水》，《四库未收书辑刊》七辑第 7 册，第 304页。

银提出质疑。他指出，帮贴银比额设夫役工食银 24000 余两更多。这笔钱"在州县则取之百姓，在河官未必散于夫役"，加重沿线百姓负担。他提议下令沿线地方官不时巡查运道，"如有浅涩，即用正项钱粮挑浚，报明河道，岁终稽核奏销"。他预估一年各州县卫所挑河费用不过数千余两，进而废除帮贴的征收，"于河工无损，而民免苛派，似亦公私两利"。总河齐苏勒对须洲看法并不苟同，认为巡防疏浚河道仍是河官专门事务，至于需用夫役可由运河沿线地方官动用帮贴银两酌量雇募。须洲提议废除帮贴银的提议并没有获得总河齐苏勒的认可。齐苏勒甚至明言："此项银钱（指帮贴银），巡抚无凭稽察，即交河道总督造册报部。"①

雍正年间，清廷高度重视河工帮贴银的征收，并制定了极为严密的措施。对于不能按时征收帮贴银的经征州、县、卫所等官，经管督催的司、道、府、直隶州等官以及督抚等，分别处以罚俸、降俸、降职、革职等各种处分。同时，还严格限定欠缴帮贴银的各类官员需在一两年不等期限内务必全完，否则处理更严厉处罚。②

山东河夫帮贴银两，向来由沿运州县百姓按亩摊征，派累问题突出。雍正十二年（1734），山东巡抚王士俊题请将帮贴银摊入地丁银内摊征，并建议将未摊入之前山东沿运州县有积欠银 29400 余两与地丁民欠一体免追。③

雍正十三年（1735）七月，河东河道总督白钟山开始了力行改革，将山东运河大小挑所用河银予以定额化，将沿线百姓的派帮贴价银 53400 余两全行革除，所用河银改由布政司藩库拨付。未定额化前，耗费河银数字并不稳定。白钟山在总河任上，题定大挑之年，各州县募夫 6240 名，购置施工器具，及下河厅雇船工价，准销银 17210 余两；小挑之年，各州县募夫 1250 名，准销银 2870 余两，总计两年内准用银两万余两，"动库

---

① 黎世序等：《续行水金鉴》卷 74《运河水》，《四库未收书辑刊》七辑第 7 册，第 315 页。

② 乾隆帝敕修：乾隆《钦定大清会典则例》卷 132《工部·都水清吏司·河工二》，《景印文渊阁四库全书》史部第 624 册，第 164 页。

③ 中国第一历史档案馆编：《雍正朝汉文朱批奏折汇编》29 册 653 号《王士俊奏请照江南之例一律宽免山东侵蚀之项立免追河夫帮贴银两折》，第 732 页。

项给发东省"，沿河州县领银募夫挑浚。①

雍正十三年（1735）十一月，乾隆帝下诏指出，运河帮贴银两，"上司因节省钱粮起见，授意属员为粉饰之计，相沿日久，官吏借端苛索，民间所费，必至数倍，不特苦累民生，亦于国计无补"②。他下诏革除山东挑挖运河派帮百姓的帮贴银两，"挑挖运河等项工程需用银两，着督抚据实奏明于公项内酌量动用，报部核销"。这里的公项主要指地丁银。总河白钟山与山东管河道等严饬地方州县官不得私行征派帮贴银，并张贴告示，遍行晓谕。③ 帮贴银的废除，很大程度上减轻了沿运州县的负担。运河沿线重镇东昌府特别将帮贴银的废除载入方志的首卷《蠲邮》。④

### 四　清中后期经费筹集机制

自清中期开始，由布政司藩库拨付的募夫工食银以及器具银已无法满足正常的冬挑所需，逐渐产生一笔数万两的津贴银。嘉庆四年（1799）十月，山东巡抚陈大文上奏指出，山东运河冬挑除额夫承挑部分河段外，剩余未挑河段分派滨河州县雇夫挑浚，并由河员监工力作。至清中期，雇夫一名每日例给工价银 5 分外，又新增雇价银，"按取土难易，需银一钱至一钱五六分不等"。这也导致每年冬挑的成本大为增加。拨付的额定例价银早已不敷挑浚，"应挑至七八尺者，缘限于例价止准开销四五尺"。与此同时，冬挑除河道挑浚需费外，又产生各种费用：

> 其淤泥冰凌不入（河官）估计，两岸积土如山，人力挽运，工倍于前。加以天寒期迫，用夫逾多，需价益昂。并添置器具及河厅

---

① 康基田：《河渠纪闻》卷 19，《四库未收书辑刊》一辑第 29 册，第 463 页。

② 乾隆帝敕修：乾隆《钦定大清会典则例》卷 132《工部·都水清吏司·河工二》，《景印文渊阁四库全书》史部第 624 册，第 164 页。

③ 白钟山：《豫东宣防录》卷 1《请募长夫工食银两分案报销》，《中国大运河历史文献集成》第 15 册，第 247 页。

④ 嵩山等：嘉庆《东昌府志》卷首《蠲邮》，《中国地方志集成》山东府县志辑第 87 册，第 18 页。

员弁验工收工等费，向借地方各陋规通融贴补。①

沿运各州县纷纷上陈，请求将挑挖运河交由河员办理。而河员"以挑工历系地方官协办，请饬照旧遵办"。州县官、河道官员，互相推诿，均不愿承办冬挑。嘉庆四年（1799），山东巡抚陈大文询问运河道策丹，亦称例价银实在不敷冬挑，若令河官专办冬挑，"更属无可赔垫"。对此，巡抚陈大文提议冬挑在例价银之外，必须另动拨津贴银两来雇夫兴挑，"亦令地方官与河员平分合办"。他提议动拨藩库耗羡备公银两，酌加夫价的途径弥补例价银不足，并在嘉庆四年（1799）冬挑中于藩库提例支夫价银1.5万两外，另提耗羡银2万两作为津贴银以应急。河东河道总督吴璥则认为，"运河挑工每年募夫赔银不过二三万两，以十数州县之力均匀核计，不致大累"，建议津贴银继续由沿运州县承担。②

奏上，嘉庆帝下旨指出，山东运河冬挑津贴银两，虽为挑河公用，究属例外议增。承办挑工的官员，"无项可垫，亦属实情"。但山东巡抚陈大文提议动拨藩库耗羡银两，"别款支用之处甚多"，若将挑河津贴银全部于耗羡内动支，"国家经费有常，部臣亦难覆准"。倘若各省仿效，纷纷吁请动支耗羡银，"势难听其一律开销"。同时，若在全省文职正印各员养廉银内一概均摊，"养廉较少之员，势必无以办公，藉词苛派，扰累闾阎"。最终，他决定将山东挑河津贴银两核定数目后，准其一半在耗羡项下动用；其余一半，"抚、藩、臬司、道员所得养廉，本属丰厚，即在该员等名下坐扣归款"。府、厅、州、县官员养廉银较少，免于坐扣，以资办公。③

自此，清廷正式通过增加津贴银的方式弥补原先挑河例价、器具银不足募夫的问题。嘉庆五年（1800），嘉庆帝下旨允准山东巡抚陈大文奏

---

① 黎世序等：《续行水金鉴》卷106《运河水》，《四库未收书辑刊》七辑第7册，第801页。

② 黎世序等：《续行水金鉴》卷106《运河水》，《四库未收书辑刊》七辑第7册，第801页。

③ 昆冈等：光绪《大清会典事例》卷905《工部·河工·河工经费岁修抢修二》，《续修四库全书》史部第811册，第23页。

案，确定山东运河冬挑例外津贴银两，"每年不过三万两"。新增津贴银两，以土方数计算，"塘河每土一方加津贴银三钱，砂礓每方津贴银一钱五分，长河每土一方加津贴银一钱"，运河冬挑成本大为增加。① 以嘉庆六年（1801）冬挑为例。当年山东运河运河厅属塘、长河需募夫 1812 名，工价器具银 7610.4 两，津贴银 10623.992 两；泇河厅属塘、长河需募夫 1229 名，工价器具银 5161.8 两，津贴银 13908 两；捕河厅属长河需募夫 75 名，工价器具银 315 两，津贴银 300 两；上河厅属临清塘河需募夫 609 名，工价器具银 2253.3 两，津贴银 4263 两。以上四厅募夫工价器具银 15340.5 两，津贴银 29094.992 两。这笔近 3 万两的津贴银，"一半在耗羡动用，其余一半抚藩臬司道员所得养廉本属丰厚，即在该员名下坐扣。"②

此后数年，除一半在藩库耗羡银动用外，山东运河冬挑津贴银均"在抚、藩、臬、道养廉内坐扣三成"。此举仍无法满足运河津贴之需。嘉庆十年（1805），除原备息银 3 万两之外，清廷又将修城工余存本利项下拨出银 25 万两发山东盐商生息，按月 1 分生息，每年可得三万两，"前后合计每岁共得息银六万两"。③ 在此后数十年，这笔修城工余存生息银成为山东运河冬挑津贴银的最主要来源。

发商生息是一种常见的工程筹款模式。大小挑募夫工食银及器具银直接由布政司藩库拨付。藩库有稳定地丁银等收入能确保经费充裕。新增的津贴银浮动较大，遇有生息银出现不足，"或先由藩库借拨，或由运河道库暂行垫发"④。在发商生息银不足支付冬挑挑津贴银的情况下，通常由藩库或运河道库垫支。工竣后，清廷会强制盐商尽快捐款确保归还垫款。道光二年（1822），山东运河大挑津贴银 33610 两有奇，先于布

---

① 吴璥：《吴荪圃先生奏疏》卷 1《奏为会勘运河挑工情形分别估办仰祁圣鉴事》，《天津图书馆孤本秘籍丛书》第 2 册，全国图书馆文献缩微复制中心 1999 年版，第 584 页。

② 张伟仁主编：《明清档案》A311－46《工部尚书缊布题覆山东运河等厅挑浚河工价银应准动支》，第 176379 页。

③ 《清仁宗实录》卷 147，嘉庆十年（1805）秋七月辛未；曹振镛等：嘉庆《钦定工部则例》卷 58《漕河》，《故宫珍本丛刊》第 294 册，第 260 页。

④ 《清宣宗实录》卷 393，道光十七年（1837）十一月己亥。

政司藩库垫付，山东巡抚琦善饬令山东盐运司"严催各商迅缴息银归还"①。

表4—5 　　　　　　　　　　道光年间运河冬挑河银表 　　　　　　（单位：两）

| 年份 | 例价器具银 | 津贴银 | 年份 | 例价器具银 | 津贴银 |
|---|---|---|---|---|---|
| 1827 | 21395 两零 | 30985 两零 | 1838 | 21904 两零 | 28065 两零 |
| 1829 | 20458 两零 | 29525 两零 | 1844 | 19681 两零 | 27538 两零 |
| 1835 | 25733 两零 | 37260 两零 | 1847 | 19784 两零 | 27103 两零 |
| 1837 | 30471.15 | 38798.25 | | | |

资料来源：《清宣宗实录》卷128、162、274、316、411、450；中国第一历史档案馆档案02 - 01 - 008 - 000255 - 0003。

　　直至道光年间，山东运河冬挑仍旧实行较为严格的限额规定。道光初年，道光帝曾专下谕旨规定，山东冬挑运河工程，常年例价、津贴银两不得超过50000两，历年挑浚均未超过此数。道光十五年（1835），山东运河冬挑因河道较往年深厚，例价器具银、津贴银多达62900余两。道光十七年（1837），冬挑例价器具银、津贴银两项又高达69200余两。这次道光帝颇为震惊，急下谕旨强调经费有限，但运河挑浚却逐年增加，"伊于胡底"？并令内阁、工部妥议如何限制逐渐增加的运河冬挑河银，再次强调将用银限制在50000两之内。②

　　为控制山东运河冬挑用银数目，道光十七年（1837）十二月，道光帝下旨决定，山东运河冬挑援照江苏丹阳、丹徒运河挑浚之例，"六年始准加挑一次"，明确要求"常年挑挖银数仍不准过五万两"；六年一轮的加挑年份，准河东河道总督酌中定议银数，"不准过六万两"。③ 至此，山东运河冬挑用银数目已经稳定下来。

----

　　① 《清宣宗实录》卷28，道光二年（1822）春正月己巳。
　　② 《清宣宗实录》卷303，道光十七年（1837）十一月壬寅。
　　③ 《清宣宗实录》卷304，道光十七年（1837）十二月壬子。

## 第四节　民堰借项

### 一　民堰①借项的制度内涵

在某种意义上讲，借项具有国家贷款的性质，是由国家出资贷款给百姓进行特定的事务的行为。山东运河民埝修筑就是属于水利借项中的一个类别。水利借项得到广泛应用筑，主要是在清朝，特别是乾隆朝以后，主要应用于当时所谓民修民办的各类地方水利工程。②

山东闸河、卫河以及沿运湖泊有数目可观的民埝存在。仅下河厅所属卫河，"两岸并无官堤，止有民堰、越堤，共长六万九千九百五十四丈五尺，顶宽一丈一二尺，底宽三丈四尺至四五丈，牵高六七八九尺"③。武城县境卫河民堰多为沙土，土质松浮，百姓虽被迫定期修堤，但多次溃决，淹及田舍。道光二十一年（1841），武城知县厉秀芳调动百姓于民堰上种植柳树。为调动百姓积极性，他特命种植柳树的百姓，发给印照，并将照根留工房备查，并立碑于堤埝之上。在其动员之下，民堰两岸53庄百姓栽植柳树6000余株。④

除下河厅所属卫河河道全部为民埝外，山东沿运湖泊水柜圈堤中也有数目庞大的民埝存在。为确保运道水源充沛，明清两朝将沿运湖泊辟为水柜蓄水济运。按责任方划分，这些湖泊水柜圈堤可分为由官方负责动拨国帑修缮的官堤，以及州县官调集周边百姓修缮且由地方出资负责的民埝两类。民埝在水柜圈堤中所占的比例很高。以蜀山湖为例。蜀山湖周围60里，"湖堤自冯家坝起至苏鲁桥止，共长三千五百一十丈"⑤。乾隆四十年（1775），河东总河姚立德督饬沿湖民夫修筑的民埝，"自孙

---

① 埝是用土筑成的小堤或副堤，土埂；堰是挡水的堤坝。一般来说，就体量来讲，埝小，堰大。不过在清代文献里普遍存在民堰、民埝混用的情况。

② 刘文远：《清代水利借项研究》导论，厦门大学出版社2011年版，第8页。

③ 黎世序：《续行水金鉴》卷128《运河水》，《四库未收书辑刊》七辑第8册，第315页。

④ 厉秀芳等：道光《武城县志》卷14《艺文志下》，《中国地方志集成》山东府县志辑第18册，凤凰出版社2004年影印本，第481页。

⑤ 董恂：《江北运程》卷17，《四库未收书辑刊》五辑第8册，第45页。

村至季路口二千三百余丈"①。可见，蜀山湖中民埝在圈堤中所占比重远远超过半数。

这些民埝，"令地方官于冬春农隙之时，劝谕附近村庄人民逐渐加帮，无庸请帑"②。地方官在民堰修筑上发挥关键性作用。为督饬地方官及时完成民堰岁修工作，清廷规定各该管地方官需于每年汛后亲诣勘察，凡民堰单薄残缺处，劝谕百姓及时赔补完固，定限年内完工。年终要出具堰工完固印结交工部存案。如民堰失时不修，该管地方官将遭降一级调用；如捏造完固，该官地方官将遭革职处分。③

山东省借项兴修水利大约在乾隆中期以后才开始普遍出现。④ 借帑修筑民埝的出现与当时的两个水文环境变化息息相关。一是康熙末年以来，随着全漳入卫的实施，处于卫河下游的山东运道难以容纳汛期大水，决堤漫溢的风险大增。由于下河厅所属卫河河道全部为民埝，这直接成为沿河百姓一项极为沉重的负担。二是随着沿运水柜收水尺寸标准的不断提高，湖泊蓄水量大增，湖堤（民埝占很大比例）不断承受风浪冲撞，溃堤坍损的风险更大。如蜀山湖，"彼时湖口蓄水定志在一丈以内，迨后蜀湖加收水一丈一尺，湖中多收一尺，民埝所在著重，每逢西风鼓浪，撞击浸泡，甚为险要，虽屡次加培，而迎风受敌，土随水卸，旋筑旋坍，……岁用民力，苦累无已"⑤。

乾隆三十七年（1772），河东总河姚立德动员汶上、济宁等州县修筑南旺湖圈堤、添建牛头河马公桥涵洞、修筑泗河下游民堰等工程，共需银2.3万余两，"由司库借动，仍于汶上、嘉祥、济宁、鱼台等州县分作三年随地丁钱粮，按征归款"⑥。嘉庆五年（1800），河东总河王秉韬奏请朝廷请采暂借司库银两兴办南旺湖圈堤时刻意提道："请照乾隆三十八年

---

① 康基田：《河渠纪闻》卷27，《四库未收书辑刊》一辑第29册，第706页。
② 张伟仁主编：《明清档案》A101-44《东河总河白钟山揭报东省临清等处修筑民埝所需银两》，第56965页。
③ 曹振镛等：嘉庆《钦定工部则例》卷63《水利》，《故宫珍本丛刊》第294册，第277页。
④ 刘文远：《清代水利借项研究》第一章"清代水利借项缘起与发展"，第155页。
⑤ 康基田：《河渠纪闻》卷27，《四库未收书辑刊》一辑第29册，第706页。
⑥ 董恂：《江北运程》卷17，《四库未收书辑刊》五辑第8册，第106页。

借帑兴修事例"①。乾隆四十二年（1777），蜀山湖收水定志由一丈增至一丈一尺，原先民堰卑矮，无法抵御湖水。当年三月，河东总河姚立德劝民将民堰加帮高厚，并修筑碎石坦坡，"核需银一万四千四百余两"。因"民力未免拮据"，由布政司藩库拨款，工竣后"由济宁州分作三年随同地丁银粮，按数归款"。②

在民埝借项推广之前，为减轻百姓负担，清廷有时会将工巨费繁的民埝改为官修。如乾隆五年（1740），漳河水大涨，下游的临清、恩县、夏津、武城、德州一带民埝需大修。但是，下游百姓连遭水患，"民力势难力役"。乾隆六年（1741）二月，经东河总督白钟山、山东巡抚朱定元等会商，决定除坍损较轻的埝堤仍由百姓负责加帮之外，那些坍塌过多以及处于顶冲险要的埝堤改为官修。此次改为官修的民埝共39段，长6766丈余，共调拨乾隆五年地丁银6914两零，极大减轻了百姓负担。③

这种将民埝改为官修的情况，只有在灾荒等年份才会出现。在多数情况下，民埝主要由周边百姓负责，无疑是一项沉重负担。因此，地方修筑民埝的积极性并不高，"民人好逸恶劳，每遇残缺，并不及时修整"④。为督饬百姓及时修筑民埝，乾隆二十三年（1758）起，清廷开始派地方官负责勘察，"凡有单薄残缺处所，劝谕居民及时培补，定限岁内完工，年终出具完固印结咨部"。如果地方官失时不修，将按地方官照河工堤岸失修例，降一级调用。如果地方官捏报民埝完固，将照修造战船捏报完工例，予以革职。⑤ 为加强对民堰工程的监管，乾隆二十四年（1759），河东河道总督张师载于卫河等民堰工程处，"饬沿河州县将所管

---

① 董恂：《江北运程》卷17，《四库未收书辑刊》五辑第8册，第43页。

② 董恂：《江北运程》卷17，《四库未收书辑刊》五辑第8册，第49页。

③ 张伟仁主编：《明清档案》A101-44《东河总河白钟山揭报东省临清等处修筑民埝所需银两》，第56965页。

④ 黎世序等：《续行水金鉴》卷90《运河水》，《四库未收书辑刊》七辑第7册，第553页。

⑤ 昆冈等：光绪《大清会典事例》卷904《工部·河工·河工经费岁修抢修一》，《续修四库全书》史部第811册，第16页。

民堰，每二里搭盖窝铺一座住宿巡查"①。

运河河防、堤岸、闸坝等工程用银，按田亩数目摊派，直接加重百姓负担。雍正十三年（1735）十一月，登基不久的乾隆帝就下旨指出，河防工程，"有关运道民生者"，定例皆动用正项钱粮，各省却按田亩摊派，加重百姓负担。此举相沿日久，百弊丛生，"不特苦累民生，亦于国计无补"。乾隆帝要求自乾隆元年（1736）为始，一概革除田亩摊派河银，挑挖运河等项工程需用银两，于公项内动用报销。②

虽然清廷在运河河防、闸坝、堤岸等工程开展上，革除按亩摊派，但在运河民堰工程修筑上依旧广为采取由布政司藩库借款兴修，事后按田亩摊派河银分年还款。尤其是那些仅凭民修"力有未逮"，又为"必不可缓之工"的情况，布政司藩库拨款兴修更为常见。③ 如运河水柜堤埝，每隔数年不等就由民间负责修筑。其中嘉庆二十二年（1817），马场、南阳湖堤修筑，估需银4.9万余两，先于布政司藩库地丁银项下动支借给兴修。工竣后，沿湖济宁、鱼台、汶上等州县分八年摊征归款。④

运河沿线民埝工程筹借布政司藩库款项兴修，工竣后工程周报州县百姓按亩摊征归款的案例比比皆是。我们将确知用银数目的工程列表4—6。

| 表4—6 | 藩库拨款河工举例 | （单位：两） |
|---|---|---|
| 年份 | 工程内容 | 借银数目 |
| 嘉庆五年（1800） | 南旺湖民修圈堤 | 9500余 |
| 嘉庆十七年（1812） | 蜀山湖民修圈堤 | 69450 |
| 嘉庆二十二年（1817） | 修马场、南阳湖堤 | 49000余 |
| 嘉庆二十四年（1819） | 修东平州汶河、清河民堰 | 23551零 |

---

① 黎世序等：《续行水金鉴》卷91《运河水》，《四库未收书辑刊》七辑第7册，第562页。

② 《清高宗实录》卷9，雍正十三年（1735）十二月壬午。

③ 中国水利水电科学院水利史研究室编：《再续行水金鉴》，第141页。

④ 徐宗幹等：道光《济宁直隶州志》卷2之5《山川二》，《中国地方志集成》山东府县志辑第76册，第120页。

续表

| 年份 | 工程内容 | 借银数目 |
|---|---|---|
| 嘉庆二十五年（1820） | 挑府河上游河道 | 12535 零 |
| | 修济宁境运河两岸民埝 | 6790 |
| 道光二年（1822） | 修东平清河、汶河、运河民堰 | 36587 零 |
| | 修武城、夏津、德州等处民堰 | 61492 零 |
| 道光三年（1823） | 堵临清、武城等处民堰缺口 | 39300 余 |
| 道光四年（1824） | 修东阿县运河西岸民埝 | 1910 零 |
| | 修临清等处卫河民堰 | 26016 零 |
| | 修蜀山湖堤、东平清河堤埝 | 60369 零 |
| 道光十二年（1832） | 堵筑德州卫河民堰 | 7600.95 |
| 道光十四年（1834） | 堵筑临清卫河民堰 | 3990 余 |
| 道光十五年（1835） | 修聊城、清平等处运河民堰 | 3946 零 |
| 道光二十年（1840） | 修济宁、汶上、鱼台等民堰 | 41894 零 |

资料来源：《江北运程》卷 17；道光《济宁直隶州志》卷 2 之 5《山川二》；《再续行水金鉴》第 77、126、141、164、524、578、599、746 页；《清宣宗实录》卷 35。

借帑兴修在一定程度上暂时延缓了沿河百姓因施工耗银所带来的负担。但借帑兴工所带来的问题是，百姓生计一旦艰难，很容易发生归款困难的问题。民堰借项归款的时间，一般在工竣后次年即分摊至工程周边地方摊征归款。在民力拮据的情况下，为减轻百姓负担，主要方式是适当将归款时间拖后，并适当延长归款的时限，给民力休养的充足时间。自道光三年（1823）起，山东馆陶县接连兴修卫河民堰。道光三年（1823），借项修筑崔家庄等七处民堰，借布政司藩库银 12567 两零。道光四年（1824），挑筑卫河红花堤缺口以下河道，借布政司藩库银 7175 两零。同年，修筑卫河东岸残缺民堰，继续借银 13016 两。按例，馆陶县应在竣工后按田亩摊征还款。但是，道光四年（1824）前后数年，频年歉收，"元气未复"，若将三案工银同时摊征，百姓难以负担。因此，借帑一直未如期归还。直到道光七年（1827），山东巡抚琦善才上奏提议，自七年为始，将馆陶县借帑的三案工程，每案宽限六年，随同大粮分批次征收，将崔家庄一案征回归款后，再将红花堤等二案于道光十三年（1833）及十九年（1839）起接续起征摊还。① 如道光三年（1823）八月，借布政司藩库银39300余两堵筑临清、武城等州县民堰漫缺。工竣五年之后的道光八年（1828），这笔款项才开始摊征还款，并分作八年征还欠款，"以纾民力"②。再如道光四年（1824）借项60369两零修筑汶上县境蜀山湖圈堤及东平州境内大、小清河堤埝，原议分作六年于济宁、汶上、东平三州县摊征还款，但因连年灾歉，改为八年还清。③

## 二 制度变革

在灾荒年份，清廷往往通过将民间摊征还款的工程改为国库正项开销。乾隆五十九年（1794）秋汛，漳、卫二河水势并涨，下游临清、夏津等县河道无法容纳大水，民埝处处冲决。该年沿河州县百姓遭遇严重春旱，又遇严重秋汛，颗粒无收。按例，冲决民埝应由司库借给银两兴修后，确核银数，摊征归款。为救济灾民，乾隆帝特下旨要求："所有此次修筑堤堰工料银两，俱著加恩开销，以示轸恤。"④

在百姓还款困难的情况，另外一种方式是将百姓负担转移到地方官员的身上。借帑加修民堰等水利设施，往往通过田亩摊征派银的方式归还帑项。在百姓生计困难的情况下，归款困难，官府不得不通过其他途径归还帑项。运河厅所属鱼台汛河道长80余里，西岸河堤为漕运纤道，外临南阳、昭阳二湖，东岸河堤邻靠独山湖水。这80余里河堤，官堤、民堰相间，"同系挽纤蓄水要工"。其中，修复民堰，"从前借帑兴修，至道光十二年，尚未摊征还款"。而百姓难以还款的原因，"小民以捕鱼为业，生计萧条"。最终，不得不通过全省官员捐养廉银的方式归还此款。⑤

此外，还包括利用生息银还款的方式。嘉庆十七年（1812）十二月，山东巡抚同兴命东平挑浚境内小清河，"分泄汶河异涨"。此工乃民办之

---

① 中国水利水电科学院水利史研究室编：《再续行水金鉴·运河卷》，第380页。

② 《清宣宗实录》卷133，道光八年（1828）二月丁亥。

③ 中国水利水电科学院水利史研究室编：《再续行水金鉴·运河卷》，第164页。

④ 《清高宗实录》卷1456，乾隆五十九年（1794）七月己亥。

⑤ 中国水利水电科学院水利史研究室编：《再续行水金鉴·运河卷》，第640页。

工，需工银 36375 两零，照先例应于藩库历年节省地丁银项下借支兴工。此笔款项，"向系摊征完款"。但是，东平州连年灾荒歉收，百姓生计艰难，嘉庆帝下旨调拨山东省发商生息银 30000 两后，将这笔款项再交典商生息，"以息银分年归还借款，以裕民力"。[①]

与此同时，还存在一些民堰改为官堤的情况。在处理此类情况时，清廷向来持异常慎重的态度。嘉庆二十二年（1817），南河河道总督黎世序上奏将萧南厅临黄民埝改为官堤，"钱粮作正项开销"。此举遭嘉庆帝严令禁止，并下旨强调"国家经费有常，岂容例外多糜？"同时将黎世序交部议处。两江总督孙玉庭因会衔具奏，也遭交部察议的处分。[②] 道光二年（1822）四月，东平州戴村坝白公祠后堰工为汶河座湾顶冲。每遇夏秋汶水盛涨，最为吃重。道光元年（1821）秋，此堰工被水冲塌，缺口 97 丈。重修后，新建三合土滚水坝一座，以及南北两头碎石坝台二座，圈坝一道，统共估需例帮二价银 22218 两 5 分 5 厘 5 毫。循例借项修筑，先于司库地丁项下动支赶办，仍分年摊征还款。将民堰改建三合土坝后，需随时相机修守，民间不能谙习。清廷遂将白公祠后柳围地至出水口一段民堰以及新筑土坝，改为官堤，责成泉河厅管理。戴村坝官堤此前由捕河厅管理，现在均改为泉河厅管理。其余民修堤堰，仍循旧章，不得援以为例。[③]

对于因官员失责导致民修工程出现问题的，往往由失职河官摊赔归款。独山湖承受附近州县山泉坡水以及泗河余水由昭阳湖入微山湖蓄水济运。嘉庆十九年（1814），各条入湖引渠全数淤垫，每遇泉水涨发，泛溢民田为灾。同时，邹县境内泗河南岸民埝，因北岸淤滩挺峙，逼溜南趋，堤埝屡筑屡溃，应加以疏浚。两项工程估需银 19300 余两，先于司库地丁项下动支兴办。此款按例应按田亩摊征还款，但由于"此项工程，前任河督等并未及早勘验，致有贻误，均难辞咎"，所有动支款项，"毋

---

① 黎世序等：《续行水金鉴》卷 118《运河水》，《四库未收书辑刊》七辑第 8 册，第 168 页。

② 文煜等：光绪《钦定工部则例》卷 39《河工》，《故宫珍本丛刊》第 297 册，第 316 页。

③ 左宜似等：光绪《东平州志》卷 5《漕渠志》，《中国地方志集成》山东府县志辑第 70 册，第 106 页。

庸分年摊征"，由前任总河李亨特查抄家产以及历任贻误工程的道厅河官分别摊赔归款。①

借项修筑民堰工程，没有像官堤那样有严格的保固及失责处分的规定，很容易导致权责不明晰。官员往往利用这个制度漏洞以逃避保固责任。道光二年（1822）五月，山东巡抚琦善上奏指出，山东运河绵长千里，官堤民堰，相间参半。官堤修筑，向有规定年限以及溃堤赔修之例。修筑民堰却无保固期限。推原其故就是民堰向由民修，"自卫保卫田庐，并不动支官项"，是以并未另设科条立法。但是，今昔情形不同，现在的山东运河民堰较多，遇有水势盛涨，河堤间被冲决，多因工程浩大，百姓无力承担，多借帑兴修，分年摊征还款，"是名为民堰，实则官为经理"。承修地方官往往据民堰无赔修之例，难免草率，偷工减料。随从刁徒甚至从中挟制包揽，百弊丛生。对此，他指出应酌定立法，以杜流弊。他建议今后山东运河民堰，除民修民办仍循旧例外，其他由地方官出面经理并借帑修筑的民堰工程，均照修筑官堤的要求——三年内陡遇冲决，原报工程坚固者，著承修官赔修四分，余准摊征还款；如原修工程未能坚固，导致被水冲决，将承修官员革职，责令全行赔修，工竣后奏明办理。工程发生事故，已调离原任等官员，亦需照数追赔。他强调指出，只有对借帑兴修的民埝工程，限定保固期限，并责罚失职官员赔修，那么承修官员兴工才不敢偷减。随从刁徒人等，也不敢挟制包揽。② 琦善奏达朝廷，很快获得道光帝下旨允准施行。③ 同年十月，给事中王允辉也上奏指出，各省岁修官堤，有相应处分条例，河官不敢侵冒偷减。而各处民堰，"州县恃无考成，草率从事"。对此，他建议应严定民堰修缮的议处赔修章程。④

此后，清廷对借项修筑工程承修官员的追责制度日渐成熟。道光十四年（1834）冬，藩库借款修筑临清州卫河民埝。这条卫河民堰于汛期

---

① 《清仁宗实录》卷288，嘉庆十九年（1814）三月癸丑。

② 左宜似等：光绪《东平州志》卷5《漕渠志》，《中国地方志集成》山东府县志辑第70册，第107页。

③ 《清宣宗实录》卷35，道光二年（1822）五月己卯。

④ 《清宣宗实录》卷42，道光二年（1822）冬十月癸丑。

被大水从坍 88 丈，其中 49 丈为新坍，准拨工料银 3990 余两；另外 39 丈为修筑不久的工段，"不准估报，即责令该州赔办"①。道光十五年（1835）冬，修筑德州卫河漫缺民堰，"续坍之十七丈，需用工料，不准估报，即著责令该州赔办"②。

## 小　结

清初，黄、运河工实行以河道总督为中心的河工财政收支运作体系。至乾隆年间，山东、河南、直隶等省停止协济江南河银，形成以相对独立的省为单位的河工银两筹销运作机制。

按工程性质不同划分，清代河工可分为岁修、抢修和另案等。制度化的岁修、抢修最初出现在江南的黄河下游工段。雍正初年，山东、河南两省河工才开始出现制度化的岁修抢修。山东运河的岁修、抢修工程主要集中于迦河、运河、捕河、上河、下河五厅。岁修工程用银有严格的事前预估制度，需河道总督于每年冬季备造来年岁修工程的长宽丈尺等详细数据。抢修工程在起初也有严格事前预估制度。后因抢修具突发性和多样性的特点，遂将抢修工程的事前预估制度废除。但是，要求抢修工程工竣后，河道总督要将抢修工程地段，以及各工长宽丈尺数据逐一开列详细具奏，并报工部复核，完成奏销。

岁修、抢修工程所耗银有严格的限额。雍正五年（1727），规定鱼台县境运堤修筑，每年给岁修银 1000 两。雍正十年（1732），规定汶上南旺分水口束沙草坝每年岁修银 1500 两。至乾隆中叶，山东运河道下属各厅岁修抢修工程基本已经固定，所用银两也逐步定额。嘉庆二十一年（1816），清廷更是明确规定山东运河岁修、抢修两工耗银每年不得过 4.5 万两。

另案是指"不在岁修抢修常例"的工程。山东运河的另案工程最主要内容是闸坝的不定期修缮。这些运河闸坝的修缮周期不等，往往需要

---

① 中国水利水电科学院水利史研究室编：《再续行水金鉴·运河卷》，第 578 页。
② 《清宣宗实录》卷 273，道光十五年（1835）十月乙酉。

数年、数十年，甚至上百年的。另案工程的开展，多难以在事前预估，需河道总督随时将办理情形上奏朝廷。工竣后，河道总督再将工段丈尺、用银数目开列清单具奏，经造册题估的程序后，方准完成奏销。岁修抢修工程有严格限额，至道光年间，工程用银数目变化不大。另案工程用银起初却无严格的限额，耗银数目不断暴涨。至道光初年，黄、运河工每年所需另案经费就多达五六百万余两。为限制另案用银规模，道光九年（1829）道光帝下旨要求河道总督在每年汇报当年另案工程银数清单内详载当年以及上三年另案用过银数，并加以比较。若这几年间另案工程用银数目变化幅度大，就需要河道总督做出详细解释，标志着清廷对另案工程奏销的审核严格化。在嘉庆二十五年（1820）至咸丰元年（1851）的 32 年间，山东运河另案工程用银维持在 11 万两上下。

冬挑（俗称大、小挑）是确保山东运道畅通的一项基本工程。运河冬挑河段主要位于南旺分水口、临清汶卫交汇、济宁彭口等处。清初，运河小挑只需调用各州县额设河夫应役；大挑年份，则需于额夫以外募夫 5262 名应役，耗银 3512.14 两。至雍正年间，山东运河冬挑制度进一步完善，小挑年份募夫 1241 名，需帮贴银 44013 两零；大挑年份募夫 5470 名，需帮贴银 62213 两零。乾隆年间，运河冬挑制度已经成熟。小挑年份需募夫 1255 名，需募夫工价及器具银 2849.6 两；大挑年份需募夫 6024.5 名，需募夫工价及器具银 17211.85 两。

山东运河冬挑用银也实行了严格的限额政策。冬挑用银定额化，可以将挑河用银限定在一定范围之内，很大程度上可以限制挑河官员恣意浮冒钱粮的行为。但是，此项政策粗暴限定了冬挑用银数目，不顾当年河道实际的淤塞情况，政策极为僵化。乾隆五十三年（1788），清廷对冬挑用银的限额政策做了适当调整，不再拘大挑、小挑之别，以两年用银不过 1.6 万两之数。

清中后期开始，募夫工食银及器具银已经无法满足正常的冬挑所需，运河挑浚的成本大为增长，并产生一笔数万两的津贴银。嘉庆五年（1800），清廷议定每年山东运河冬挑津贴银不得过 3 万两。最初，这笔津贴银在由布政司藩库所存耗羡银及抚、藩、臬、司、道等官养廉银各半坐扣。此后，发商生息银成为山东运河冬挑津贴的最主要来源。值得说明的是，至道光年间，山东运河冬挑仍实行比较严格的限额规定。道光初年，道光帝下旨规定山东运河冬挑常年例价、津贴银两不得过 5 万两。

山东闸河、卫河以及沿运水柜湖泊有数目可观的民埝的存在。这些民埝的修缮均不动用国帑，而是由辖境地方官劝谕周边百姓加筑帮修。如果民埝失时不修，该管地方官将遭降级，甚至革职的处分。乾隆中期以后，借项兴修水利开始于山东普遍出现。山东运河借帑修筑民埝与当时两个水文环境变化息息相关。一是康熙末年以来，全漳入卫导致卫河下游山东运堤决溢的风险大增。下游卫河民埝修缮的频率大为增加，成为沿运百姓的一项沉重负担。二是随着沿运水柜收水尺寸标准的不断提高，湖堤中的民埝溃损的几率更高。借帑兴修坍损民埝竣工后，按田亩数目摊派并分年归款是借帑兴修运作的常规模式。在灾荒等特殊年份，百姓往往归还国帑困难。清廷多采取将百姓负担转移到地方官员的身上以及利用生息银还款等方式加以解决。与此同时，对负责借项修筑民埝的官员的追责制度也不断完善，权责更为明晰。

清代河工河银筹支运作实行严格的限额政策。山东运河岁修、抢修工程耗银不得过 4.5 万两；另案工程耗银维持在 11 万两左右；清前期运河冬挑每年耗银 8500 两左右，至中后期每年耗例价、津贴银不得过 5 万两。据此，我们可以得出——山东运河河工开展所耗银两的规模大致维持在 16 万—21 万两。

大工是指那些施工难度大、规模大，花费浩繁的河工类型。在清代，大工主要发生在黄河河段。大工用款数量浩大，动辄数十万、数百万两白银。乾隆四十三年（1778）闰六月，黄河在河南仪封十六堡地方决口，宽 70 余丈，洪水由睢州、宁陵、永城直达亳州境内入淮河。黄河决口屡堵屡决，历时两年，耗银 500 余万两，最终才将决口堵住。① 乾隆四十六年（1781）黄河仪封再次决口，北岸水势全注青龙冈（今河南兰考境），

① 陈桦：《清代的河工与财政》，《清史研究》2005 年第 3 期。关于此次黄河大工的开展过程，参见李智萍《屡筑屡蛰：乾隆四十三年至四十五年的祥符、仪封大工》，《农业考古》2015 年第 4 期。

至四十八年（1783）三月始塞。① 魏源在《筹河篇中》直言："乾隆青龙冈之决，历时三载，用帑二千万。"② 而在道光二十三年（1843）至二十四年（1844）的中牟大工堵口累计耗银多达 3000 万两以上。③

山东运河极少有大工出现。黄河北决，多下注直冲张秋一带运道，造成运道及闸坝设施的严重损坏，出现用款浩繁的突发性工程，其中尤以乾隆四十六年（1781）黄河青龙冈决口造成的运河大规模重修最为典型。乾隆四十八年（1783），黄河青龙冈大工合龙之后，经河南黄水下注冲击，山东济宁以南至黄林庄 340 余里，湖河一片，东西两岸土石闸坝工程多有淹漫，运堤坍损严重。漫损堤埝，"或用土工，或加桩埽，或于湖坡著重之处签钉排桩"。四十八年冬间，修复两岸土石等工实用银 539449 两零。④ 然而，"或因物料昂贵，限期稍紧，一时难以取给，于例价之外，复有津贴"。在动拨 539449 两零例价银后，仍不敷工用，此次运道修复紧急加用津贴银 53 万余两，山东巡抚明兴奏请分年捐养廉银归款。乾隆帝担心"地方官捐廉归款，亦恐不肖之吏有所借口致滋派累"，遂将津贴银改作正项开销。⑤ 可见，乾隆四十八年山东运道重修统共耗银约 107 万两。这对常年维持在 20 万两规模上下的山东运河河工而言，已经是一笔用度浩繁的支出。

嘉道年间，黄河多次决口下冲山东运道，直接导致运堤损毁，修复用银数目猛增。嘉庆八年（1803）九月，河南封丘黄河大堤蛰陷，下游漫入直隶、山东，洪水直冲张秋运河。据山东巡抚铁保估计，运河两岸官堤民堰各工修复需土方例价银 3.5 万余两。此外，由于"取土稍远，食物稍贵，加以单薄处所间为培筑"产生的津贴银，实需银 6 万余两。⑥

---

① 黄河水利委员会黄河志总编辑室编：《黄河大事记》，黄河水利出版社 2001 年版，第 104 页。

② 盛康：《皇朝经世文续编》卷 105《工政二·河防一》收魏源《筹河篇中》，《近代中国史料丛刊》，台湾文海出版社 1966 年影印本，第 4919 页。

③ 潘威、李瑞琦：《清代嘉道时期河工捐纳及其影响》，《中国经济史研究》2020 年第 6 期。

④ 台北"故宫博物院"编辑委员会编：《宫中档乾隆朝奏折》59 辑，第 744 页。

⑤ 台北"故宫博物院"藏宫中档朱批奏折，无档号，聊城大学运河学研究院王云教授复印。

⑥ 黎世序等：《续行水金鉴》卷 108《运河水》，《四库未收书辑刊》七辑第 7 册，第 830 页。

# 第 五 章

# 河工经费来源

清代河工的开展对白银的依赖性大为增强。本章依据档案、治河书、方志等一手史料，对清代山东运河河工经费的来源进行详细分析。

## 第一节　地丁银

### 一　藩库以及运河道库的关键来源

清人王庆云曾言："直省布政司库以贮田赋，为一省出纳之总汇。"[1] 布政司藩库作为"作为一省钱粮总汇"，由布政使按《赋役全书》规定标准向各州县征收地丁钱粮后存贮藩库。所谓地丁钱粮主要是人丁税和土地税。在完成征收地丁钱粮后，布政使将钱粮细数造具清册上报户部和督抚，按要求将钱粮或起解京师，或留贮备用。[2] 地丁银是布政司藩库最重要的财源。[3]

---

[1]　王庆云：《石渠余纪》卷4《纪库》，北京古籍出版社1985年版，第151页。王业键在研究清代中后期田赋制度运作时着重指出，清代田赋管理具有独特的二重性，即在国家经济管理中，同时存在两种制度、两套规则或做法：一是正式的或法定的；二是非正式的或非法定的。凡是根据国家的法令、法规所做的事情，或是符合国家法令、法规的做法，都是合法的，否则是非法的。参见氏著《清代田赋刍论（1750—1911）》第七章"清末田赋制度的重构"，高风等译，人民出版社2008年版，第168—169页。

[2]　苗月宁：《清代两司行政研究》第三章"清代两司基本职掌"，中国社会科学出版社2012年版，第38—40页。

[3]　清雍正年间的"摊丁入地"改革，将丁银摊入地赋内征纳，此后统称地丁银。周健曾对田赋做了概念界定。狭义的田赋概念，基本与地丁银同义；广义的田赋，则还包括地丁银之外的漕粮、米粮，及各种杂赋、屯饷。参见周健《道咸之际的地丁银制度——以湖北各州县收支结构为中心的考察》，《近代史研究》2013年第4期。

而山东布政司藩库存银用于地方事务的一项主要内容就是运河闸坝、河道的不定期修复挑浚，主要是各类另案工程。清廷规定，凡动拨布政司藩库地丁银开展的工程，除题报工部审核外，也需"报明户部查核"。①

我们以《再续行水金鉴》所载运河工程用银史料为据，仅截取道光元年（1821）至四年（1824）中布政司藩库拨款用银的数据如下：

道光元年（1821）：二月，补修运河厅属鱼台等五汛两岸堤工，估需银 15592 两零；四月，拆修泇河厅属河西岸刘昌庄双孔减水闸一座，估需例帮二价银 2954 两零；五月：加厢捕河厅属寿东汛坝工及护埽，估需工料土方银 4535 两零；八月：修东平州汶水冲塌堤坝及加高临清砖闸，拨银 6360 两零；十月，补修泇河厅临湖河堤工及微山湖碎石工程，估需银 8714 两零；十二月，重修东平州戴村坝，拨银 15461 两零。②

道光二年（1822）：三月，运河、泇河二厅运河石堤，估银 12957 两零；济宁州汛石工，估银 2164 两零；泇河厅沛汛石工六段，估银 2714 两零。九月，张家单薄埽坝残镶垫工程，估需银 2632 两零。十月，捕河、上河两厅官堤帮宽加高工程，估需银 7983 两零；上河聊城、堂博、清平三汛，估需银 25172 两零。十一月，运河厅属两岸堤工八段，2458 丈，估需银 15820 两零；泇河厅碎石并大石堤工 12 段，估需银 28960 两零。汶河西岸戴村坝以南五里十三步土堤加筑工程，估需银 1056 两零。③

道光三年（1823）：二月，运河厅属鱼台汛西岸纤道加帮工程，需例帮银 27772 两。三月，泇河厅属滕、峄二汛运河西岸补修石工，估需银 5404 两零。十一月，捕河厅阿城上闸及上河厅李海务闸一座重修，估需银 25496 两零。④

---

① 张伟仁主编：《明清档案》A276 - 92《东河总河李奉翰拆修德胜闸工用银无浮冒请照原册核销》，第 156197 页。

② 中国水利水电科学院水利史研究室编：《再续行水金鉴·运河卷》，第 11、12、14、21、27、34 页；《清宣宗实录》卷 22，道光元年（1821）八月甲申。

③ 中国水利水电科学院水利史研究室编：《再续行水金鉴·运河卷》，第 44、59、69、71、73—74 页。

④ 中国水利水电科学院水利史研究室编：《再续行水金鉴·运河卷》，第 84、87、118 页。

道光四年（1824）：二月，微山湖堤工添砌碎石坦坡，并增培土戗，估需银 22327 两零。四月，上河厅减水闸拆修工程，估需银 1777 两零。七月，修运河厅西岸堤工，估需银 21527 两零。①

表 5—1　　　　　　山东运河道库额征岁办河银一览表　　　　（单位：两）

| 府 | 州县卫 | 额征河银 | 河道夫食银 | 常项地丁银 |
|---|---|---|---|---|
| 济南府 | 德州 | 669.486 | 1015.381 | 945.455 |
| | 德州卫 | 255.186 | 850.386 | 850.386 |
| 兖州府 | 滕县 | 976.420 | 1550.627 | 1509.367 |
| | 峄县 | 250.880 | 440.6 | 397.4 |
| | 汶上县 | 2481.856 | 5539.46 | 5140.321 |
| | 济宁卫 | 20.993 | 194.752 | 191.762 |
| | 阳谷县 | 3026.890 | 6006.233 | 不详 |
| 东昌府 | 聊城县 | 323.210 | 993.764 | 912.121 |
| | 堂邑县 | 560.860 | 2024.117 | 1971.378 |
| | 博平县 | 537.911 | 979.109 | 926.918 |
| | 清平县 | 903.859 | 1731.387 | 1657.769 |
| | 馆陶县 | 458.509 | 791.446 | 732.978 |
| | 莘县 | 494.640 | 568.11 | 568.11 |
| | 冠县 | 99.600 | 390.07 | 390.07 |
| | 恩县 | 364.080 | 653.353 | 588.204 |
| 泰安府 | 泰安县 | 967.815 | 1545.252 | 1484.357 |
| | 新泰县 | 819.880 | 819.88 | 819.88 |
| | 莱芜县 | 578.26 | 578.26 | 578.26 |
| | 肥城县 | 223.120 | 227.832 | 227.832 |
| | 东平州 | 6961.250 | 6615.675 | 2783.085 |
| | 东平所 | 32.508 | 不详 | 不详 |
| | 东阿县 | 1286.842 | 2279.214 | 2006.492 |
| | 平阴县 | 81.943 | 81.943 | 81.943 |

---

① 中国水利水电科学院水利史研究室编：《再续行水金鉴·运河卷》，第 127—128、141、151 页。

276 / 清代山东运河河工经费研究

续表

| 府 | 州县卫 | 额征河银 | 河道夫食银 | 常项地丁银 |
|---|---|---|---|---|
| 济宁直隶州 | 济宁直隶州 | 2166.636 | 3641.642 | 3331.303 |
| | 鱼台县 | 1856.154 | 3625.465 | 3287.157 |
| | 嘉祥县 | 222.330 | 465.751 | 359.217 |
| | 金乡县 | 1157.760 | 3958.224 | 3958.224 |
| 临清直隶州 | 临清直隶州 | 1236.426 | 3008.345 | 2840.719 |
| | 夏津县 | 630.121 | 908.473 | 779.81 |
| | 武城县 | 786.548 | 1583.415 | 1125.268 |
| 合计 | 30 | 30431.973 | 53058.901 | 40448.786 |

资料来源：中国第一历史档案馆藏档案档号：02－01－008－002300－0005，以及乾隆至道光年间运河区域各该州县方志"赋役志"（或"田赋志""食货志"）。

除了布政司藩库（经费主要源自地丁银）向运河修浚工程拨银外，山东运河道库库银也主要来自沿运州县的地丁银。山东运河沿线 20 余部乾隆至道光年间所修府州县志书，每部志书的"赋役志"部分均详细注出解往运河道库的河道夫食银两数目。这些河道夫食银两，有的列于起运地丁项下，有的列于存留项下，均明确指出这些银两解往运河道库。如乾隆五十三年（1788）《德州志》卷 6"州赋役"将此河银置于起运项下，"解（运）河道浅桥赋役桩草等银一千一十五两三钱八分一厘"①。乾隆四十三年（1778）《嘉祥县志》亦置于起运项下，"起解河道夫食银四百六十五两七钱五分一厘"②。乾隆六年（1741）《夏津县志》卷 4"食货志"将河道夫食银置于存留项下，"河道夫食银九百八两四钱七分三厘四毫一丝，例解河库，听候支放"③。这里的河库，自然是运河道库前身

---

① 王道亨等：乾隆《德州志》卷 6《赋役》，《中国地方志集成》山东府县志辑第 10 册，第 123 页。

② 倭什布等：乾隆《嘉祥县志》卷 1《食货志》，哈佛大学汉和图书馆藏乾隆四十三年（1778）刻本，34a。

③ 方学成等：乾隆《夏津县志》卷 4《食货志》，哈佛大学汉和图书馆藏乾隆六年（1741）刻本，24b。

管河道库。嘉庆三年（1798）《清平县志》明言："存留项下，额解运河道"①。根据方志中所列河银数据，我们可以得到数据相对可靠的"河道夫食银两"，29个州县卫所，河银可征53058.901两。

各州县"赋役志"均详列"河道夫食银"的具体细目。兹以乾隆三十六年（1771）《东平州志》卷7《田赋志》为例，东平州河道夫食银具体细目如下：

> 闸坝夫停役银三十八两，泉夫停役银三百一十二两，河夫停役银七百九十八两，捞浅夫一百一十六名工食银一千二百一十八两七钱八分二厘，闸捞浅铺夫桩草银二百六两，泉坝夫桩草银一十九两九钱二分，坝夫银三十二两，代编鱼台县停役银三十一两二钱八分三厘，夏镇河夫银八十二两四钱六分，又夏镇河夫银四十四两六钱四分，安山湖滩银一千二百一十两四钱二分四厘，又安山湖圈堤开除奉文地丁拨补银二千五百五两四钱五分三厘，租苇余银一十四两六钱，河滩银一十四两四钱一分四厘，又瑜额河滩银九两二钱六分八厘，籽粒赁基银五十八两六钱一分二厘，又赁基房银一十九两八钱一分八厘。

细究可发现，东平州上交运河道库的河道夫食银两，主要包括夫役工食银、安山湖湖田地租、河滩银以及房屋租赁所得收入。其中前几项夫役工食银出自东平州一州地丁银，而安山湖湖滩银等出自乾隆初年安山湖新丈出地，河滩银则是汶河淤滩由戴村坝坝夫租种所得，籽粒赁基银和赁基房银"系靳口、安山、戴庙三闸堤上赁开店铺房屋"所得银两。② 后几项银两，为专运运河道库的款项，与常项地丁银还是有一定区别的。各州县方志虽把河滩租银、湖田租银以及赁基银与州县地丁银一起置于河道夫食银项下，但也将前几项银两视作与地丁银不同的款项。

———————

① 万承绍等：嘉庆《清平县志》不分卷《书六·户书第二》，中国国家图书馆藏嘉庆三年（1798）刻本，8a。

② 沈维基等：乾隆《东平州志》卷7《田赋志》，哈佛大学汉和图书馆藏乾隆三十六年（1771）刻本，7a。

如乾隆《夏津县志》"河道夫食银"项下有河滩地租银及赁基银原额128.794两,特别指出"此项征银,原不足额,不敷之数,例在丁地银内,照数批解"①。

除去湖田地租、河滩地租以及运河堤岸赁基房收入之后,运河区域29个州县常项地丁银收入40448.786两(不含阳谷②),占同样的29个州县河道夫食银两收入47052.688两的86%。细究可发现,距运河较远的州县,如肥城、新泰、莱芜等县的河道夫食银全部为常项地丁银,缺少湖田地租、河滩地租以及赁基银等收入。而运河区域,尤其是湖区各州县,如济宁、汶上、东平等,河滩湖田地租收入颇为可观,仅东平州湖田赁基银收入地租收入就多达3832.59两,远远超过常项地丁银2783.085两。

## 二 州县官的考成制度

州县官能否及时向运河道库上缴河银(以修河银及河夫银为主),直接关系工程进展能否顺利。对此,清廷对州县官缴纳河银实行了严格的考成制度。

顺治五年(1648)四月十九日,顺治帝就给户部下旨强调对各州县官缴纳河银的表现纳入官员考成:

> 河工钱粮,关系重大。各司道州县官不可不绳之以考成之法,严加催督。果有逋欠,即行指名题参,以凭议处等因。③

顺治十三年(1656)七月二十八日,顺治帝再下谕旨强调州县交纳河道钱粮关系黄运急需,"应按年确查完欠分数",完善对官员的考成。

---

① 方学成等:乾隆《夏津县志》卷4《食货志》,哈佛大学汉和图书馆藏乾隆六年(1741)刻本,24b。

② 光绪《阳谷县志》中改县河银夫食银两记载直接抄录康熙《阳谷县志》,无法确知该县各项河银收入具体情况。

③ 中国第一历史档案馆藏档案:王秉韬题请议叙山东省乾隆五十九年(1794)份征解运河道库河银岁内通完各官事,嘉庆五年(1800)七月初八日,档号:02-01-008-002522-0004。

顺治年间，山东沿运州县及卫所河银缴纳由山东布政使司及地方知府负责督催，年终将各州县、卫所河银完欠数目，总汇后核报布政使司，纳入官员奏销考成。康熙十年（1671）七月，山东巡抚杨懋功上奏指出，地方州县、卫所，"文武分途，呼应不灵"，建议由山东都指挥使司（简称"都司"）督催沿运卫所的河银缴纳，并在年终将德州卫、德州左卫、济宁卫、东平所、平山卫五处卫所的河银完欠数目移会山东布政使司考核。地方各州县河银缴纳仍由布政使司及知府负责督催。雍正三年（1725），清廷裁撤山东都指挥使司后，复将各卫所河银缴纳与地方州县一体划归山东布政使司，由布政使司核正河银后造报考成。①

乾隆五十六年（1791）四月十九日，山东运河道在征收各州县河道夫食正银基础上，开始随征一四耗羡银两。对此，高宗专下谕旨对各官上交额征河银和耗羡日期及考成方式做了规定：

嗣后，各州县应解河银夫食，并随征一四耗羡银两，俱令于年内照依地丁奏销之例，即于次年四月内造报考成，如年内全完，候部议叙；如迟至年外完解者，无论银数多寡，即于考成册内声明，照例议处。一并查造考成文册，汇案具体查核。②

嘉庆四年（1799），仁宗下旨对州县官上交的额征河银、夫食银及耗羡银的考成进一步细化：

蠲免由司拨补，俟拨解到日，另详请咨。其余应征应豁银两，均于限内限外，全解道库，并声明经征接征各官，例予限一年。如一年限内，未及完解卸事者，无庸开报职名，各将岁内岁外完解各官并解交月日，分晰造册，详送前来。臣覆确核无异，除将原册送部查核并额银不及三百两，豁免蠲免均由司拨补，以及经征接征一

---

① 张伟仁主编：《明清档案》A112－77《东河总河白钟山揭报东省乾隆五年分河银通完各官职名》，第63301页。

② 中国第一历史档案馆藏档案：徐端题请议叙嘉庆八年（1803）山东各州县征解运河道库河银岁内通完各官事，嘉庆九年（1804）十二月十二日，档号：02－01－008－002629－0007。

年限内，未及完解卸事各官职名不应开叙者，不开外，合将岁内通完，岁外完解各官职名分晰开列具题。①

州县官若拖欠运河道河银，需在离任之前将拖欠钱粮悉数全完，方准开复留任，否则将会遭降调处罚。阳谷知县台士佳于任上欠解运河道库嘉庆六年（1801）份河银 359.706 两，部议降调。台士佳在部文正式下达前，将这笔欠款归还，免于降调，得开复留任。②

乾隆五十六年（1791）高宗下旨："嗣后，各州县应解河银夫食并随征一四耗羡银两，俱令于年内全完，照依地丁奏销之例，即于次年四月内造报考成。"③ 自此之后，东河总督每年上报下辖州县官员上缴管河道库银两的完解情况，并以此作为官员升迁的考核标准。笔者在中国第一历史档案馆中截取其中 11 年的州县官河银完解情况，列表 5—2。

表5—2　　　　历年运河道属各州县完解河银情况表　　（单位：两）

| 年份 | 河银夫食银 | 随征耗羡 | 合征银 | 蠲免银 | 蠲缓银 | 实征银 | 完解银 | 欠银 |
|---|---|---|---|---|---|---|---|---|
| 1788 | 62078.846 | 8039.564 | 70118.41 | 0 | 0 | 70118.41 | 70118.41 | 0 |
| 1794 | 62078.846 | 8020.152 | 70098.998 | 34066.629 | 0 | 36032.369 | 36032.369 | 0 |
| 1800 | 62078.846 | 8020.152 | 70098.998 | 0 | 13043.661 | 57055.337 | 54740.504 | 2314.833 |
| 1803 | 62078.846 | 8020.152 | 70098.998 | 0 | 6508.789 | 63590.209 | 36706.273 | 26883.936 |
| 1805 | 62078.846 | 8020.152 | 70098.998 | 0 | 0 | 70098.998 | 36247.201 | 33851.797 |
| 1807 | 62078.846 | 8020.152 | 70098.998 | 0 | 0 | 70098.998 | 36866.851 | 33232.147 |
| 1809 | 62078.846 | 8020.152 | 70098.998 | 0 | 0 | 70098.998 | 34522.79 | 35576.208 |

---

① 中国第一历史档案馆藏档案：王秉韬题请议叙山东省乾隆五十九年（1794）份征解运河道库河银岁内通完各官事，嘉庆五年（1800）七月初八日，档号：02-01-008-002522-0004。

② 中国第一历史档案馆藏档案：吴璥题请开复知县台士兵佳复参处分事，嘉庆十一年（1806）十二月十九日，档号：02-01-008-002703-0018。

③ 中国第一历史档案馆藏档案：李奉翰题报山东运河道曹济道乾隆五十三年（1788）份应征解河库银两并河道夫食银两数目事，乾隆五十七年（1792）闰四月二十五日，档号：02-01-008-002300-0005。

第五章　河工经费来源　/　281

续表

| 年份 | 河银夫食银 | 随征耗羡 | 合征银 | 蠲免银 | 蠲缓银 | 实征银 | 完解银 | 欠银 |
|------|-----------|----------|--------|--------|--------|--------|--------|------|
| 1810 | 62078.846 | 8020.152 | 70098.998 | 0 | 0 | 70098.998 | 34907.709 | 35191.289 |
| 1811 | 62078.846 | 8020.152 | 70098.998 | 0 | 15719.413 | 54379.585 | 27888.906 | 26490.679 |
| 1824 | 62078.846 | 8020.152 | 70098.998 | 0 | 46.791 | 70052.207 | 51909.079 | 18143.128 |
| 1829 | 62078.846 | 8020.152 | 70098.998 | 0 | 1067.975 | 69031.023 | 58819.37 | 10211.653 |

资料来源：中国第一历史档案馆藏档案档号：02－01－008－002300－0005；02－01－008－002522－0004；02－01－008－002629－0007。

如表5—2可见，乾隆五十三年（1788）是耗羡开始随河银上缴运河道库的开始。当年随征一四耗羡银是8039.564两，此后变为8020.152两，并一直维持下去，未再发生变动。运河区域各州县上缴运河道库额设正银31227.402两，额设夫食银30851.444两①，二者合征银62078.846两，一直保持不变。其中随征一四耗羡银8020.152两，同样保持不变。

直接影响运河道库收入有两大因素：一是蠲缓、蠲免银的数目大小。11年中，只有1年蠲免各州县河银。乾隆五十九年（1794）为庆贺乾隆帝登基60年，蠲免天下钱粮，其中蠲免各州县解往运河道库34066.629两，占运河道库全年正耗银收入70098.9998两的一半，数目确实很大。这笔蠲免银改由布政司藩库拨还运河道库。11年中有5年蠲缓州县上缴河银，蠲缓原因均为自然灾害，"秋禾被水、被旱、被雹、被虫"，② 收成受影响，遂采缓征河银。二是各州县能否及时完解应缴河银及耗羡。11年中有9年出现拖欠问题，其中嘉庆十五年（1810）拖欠数目多达35191.289两，直接影响运河道库收入。乾隆五十七年（1792）缴纳额征河银的30个州县卫所，全完上缴的只有莱芜、平阴和东平所3县卫，这

---

① 中国第一历史档案馆藏档案：李奉翰题报山东运河道曹济道乾隆五十三年（1788）份应征解河库银两并河道夫食银两数目事，乾隆五十七年（1792）闰四月二十五日，档号：02－01－008－002300－0005。

② 中国第一历史档案馆藏档案：严烺题报山东省道光九年（1829）份征解运河道库河银已未完解各官职名事，道光十九年（1839）八月十六日，档号：02－01－008－003661－0001。

3县卫的额征河银数字很小，绝大多数州县并未完成缴纳河银的任务。运河道库额征河银 30431.973 两中，乾隆五十七年（1792）拖欠高达28578.942 两，拖欠率近 94%。往年积欠带征银 13067.631，占到近 43%。[1]

## 第二节　湖田地租银

### 一　湖田的开发

山东运河两岸诸湖，按功用可分为两类——东岸的马踏、蜀山、马场、独山诸湖，地势高于运河，蓄水以济运道，可作水柜之用；西岸安山、南旺、昭阳等湖，地势低于运河，仅可泄运河水入湖，无法接济运河，充作水壑之用。"水壑"概念的出现使得那些无法为运河输水的湖泊开始具备合法开发湖田的可能，对水壑淤田开发开始成为清廷统治者讨论并付诸实践的内容。[2]

明清鼎革，战乱频繁。运河沿线百姓为逃避战乱，被迫流离四方，土地撂荒严重，其中大量垦殖成熟的湖田也被废弃。如昭阳湖田："迄今鼎革之后，地广人稀矣，额田尚且抛荒，安有余力以种水乡之地？加以连年水灾，湖贼猖獗，间有一二复业者，未几而为盗贼掠矣，未几而被水淹矣，年复一年，民皆绝望。"[3] 为尽快从战乱中恢复经济，休养生息，清廷对百姓占垦湖田基本持放纵政策，其中尤以安山湖开发最为典型。

---

① 中国第一历史档案馆藏档案：王秉韬题请议叙山东省乾隆五十九年（1794）份征解运河道库河银岁内通完各官事，嘉庆五年（1800）七月初八日，档号：02 - 01 - 008 - 002522 - 0004。

② 凌滟在《从湖泊到水柜：南旺湖的变迁历程》（《史林》2018 年第 6 期）中指出，水柜是明代河臣建构形成的一个概念，并以此名义排斥湖田，以最大程度保证运河水源。此外，关于清代水柜的相关研究有：姚汉源的《京杭运河史》（第二十六章第三节"山东运河"，第 401—412 页），对水柜收水尺寸的制定、湖堤闸坝的修缮等做了研究；邹逸麟《历史时期华北大平原湖沼变迁述略》（《历史地理》第 5 辑）、韩昭庆的《南四湖演变过程及其背景分析》（《地理科学》2000 年第 2 期）等从历史地理学角度，对沿运重要湖泊的地理变迁做了研究。李凤荣的《垦湖与禁湖：运河水柜南旺湖的历史考察》（《聊城大学学报（社会科学版）》2011 年第 2 期）对明清时期南旺湖湖田开发做了梳理。

③ 中国第一历史档案馆藏档案：《为恳申湖河异灾事》，河道总督杨方兴，顺治九年（1652）八月初一日，档号：02 - 01 - 02 - 1964 - 003。

第五章 河工经费来源 / 283

安山湖位于东平州西北，地处运河西岸，周围 100 余里。明代中叶以后，明廷就默许百姓佃种安山湖田，"百里湖地，尽为麦田"。工部尚书朱衡曾试图筑堤蓄水，但安山湖地理形势已不适合蓄水济运，"湖形如盆碟，高下不甚相悬，湖水随风荡漾，西北风则流入东南燥地，未及济运，消耗过半"。顺治年间，黄河荆隆口决口，洪水冲击张秋，运道淤塞，安山湖淤成平陆，百姓随即占垦，清廷"听民垦种"①。河道总督卢崇俊建议挑挖湖心淤土，但预估需银 20 余万两，经费浩繁，挑挖之议被迫中止。② 且此湖地势低下，无法为运河供水，仅作运河泄水区，"兴废无关漕河"。为筹集浩繁军饷，清廷遂放任百姓侵占湖田以征湖租。垂涎肥沃湖田的百姓更是"乘兵饷紧急，名为助饷"将安山湖湖田大肆侵占。③

济宁道叶方恒建议将安山湖膏腴湖田听百姓开垦，官府从中收税，充作治河银两。他批评那些坚持不能放开安山湖招垦的想法，"若执禁湖之名，与蜀山、马踏等湖同视，则又为胶柱之见矣"④。康熙中期，河道总督张鹏翮也支持开发湖田。他指出，安山湖自顺治年间被黄河水冲淤后，已淹塞二十余年，"安山湖之兴废无关漕河之利病"⑤。

部分大臣的反对也未能阻止垦殖安山湖湖田合法化进程。康熙十八年（1679），百姓垦种安山湖湖田做法得到朝廷认可。这年官府正式丈量百姓垦种安山湖田面积 925 顷 38 亩 9 分，并起科征税，将湖租收入载入《赋役全书》。湖田收入银两起解邳睢厅河库，作为治河银两。此后百姓占垦安山湖进程加快，"向之所谓安山湖者，今一望皆禾黍之场矣"⑥。

雍正年间，湖田垦殖的舆论开始收紧。舆论收紧始于户部左侍郎蒋

---

① 陆耀：《山东运河备览》卷 6《捕河厅河道》，《中华山水志丛刊》水志第 25 册，第 279 页。

② 颜希深等：乾隆《泰安府志》卷 3《山水》，《中国地方志集成》山东府县志辑第 63 册，凤凰出版社 2004 年影印本，第 260 页。

③ 张伯行：《居济一得》卷 4《复安山湖》，《中国水利史典·运河卷二》，第 784 页。

④ 叶方恒：《山东全河备考》卷 2《河渠志上》，《四库全书存目丛书》史部第 224 册，第 408 页。

⑤ 张鹏翮：《治河全书》卷 4《张秋河图说》，《续修四库全书》史部第 847 册，第 400 页。

⑥ 陆耀：《山东运河备览》卷 6《捕河厅河道》，《中华山水志丛刊》水志第 25 册，第 280—281 页。

廷锡的上奏。雍正三年（1725）初，他提议恢复水柜功能。他建议敕下河道总督、山东巡抚巡视诸湖，将低洼菱草处悉行挑深，以挑出之土筑为高堤约束水柜。同时，每湖开挑支流数道，引泉源之水入湖，并于支河口建减水闸坝以时蓄泄。① 蒋廷锡的上奏引起雍正帝高度重视。雍正三年（1725）七月，雍正帝下旨令内阁学士何国宗阅视河道，将蒋廷锡所奏条款逐条查对是否可行。② 何国宗携带测量仪器查勘运河。事后，他建议将安山湖复设水柜，重修临河及圈湖堤，修通湖、似蛇沟二闸，并于八里湾、十里铺两座废弃闸座之间修建一座新闸，名曰安济闸。闸下挖一支河通入湖心，并于湖南侧六堤口建六闸，挑挖河道以容纳周边坡水。开挖柳长湖，引鱼营坡、宋家洼两处积水引入湖中。奏上，获朝廷允准并动帑兴修。③ 不久却发现柳长河介于鱼营坡、宋家洼之间，内隔一道金线岭，水流不能相通。山东巡抚陈世倌、河道总督齐苏勒等大臣均支持恢复安山湖复设水柜。

复设安山湖水柜期间，清廷开始清理占垦安山湖田的民户，并推出相应的安置措施。雍正四年（1726），圈筑安山湖湖堤蓄水济运，山东巡抚塞楞格查明："堤内无地穷民共四百五十九户，于堤旁搭盖房屋七百九十八户间，湖民捕鱼为业者七十五名，制船二十五只，动支耗羡银两盖造分给，使民得以栖息糊口。"经户部、工部议准，雍正四年（1726）山东巡抚共圈过安山湖滩鹅鸭厂等地共 947 顷 17 亩 8 分零，应征课银 3530 两 4 钱 2 分。④

然而，实践很快证明安山湖已不适合充作水柜蓄水济运。雍正十一年（1733），山东巡抚岳濬主张停设安山湖作为水柜。岳濬认为安山湖无固定水源，土质疏松，储水易漏，不适合用作水柜，仅可留此湖作为泄

---

① 黎世序等：《续行水金鉴》卷 74《运河水》，《四库未收书辑刊》七辑第 7 册，第 318 页。

② 黎世序等：《续行水金鉴》卷 74《运河水》，《四库未收书辑刊》七辑第 7 册，第 316 页。

③ 岳濬等：雍正《山东通志》卷 19《漕运》，《文渊阁四库全书》史部第 540 册，第 342 页。

④ 中国第一历史档案馆藏档案：《奏办安山湖田事》，乾隆七年（1742）六月二十五日，工部尚书哈达哈，档号：04-01-22-0013-035。

水处，随时宣导。若遇漕河水势骤涨，分泄入湖以保全运道；若遇坡水暴发，汇注入湖以保护农田。此湖通河、安济、似蛇沟三闸以及临运河堤岸需加谨修防，其他缺损湖堤一概停止补筑，以免虚靡帑项。[①] 山东巡抚岳濬的主张很快获同僚支持。河东总督王士俊明确支持山东巡抚岳濬主张，并上奏朝廷力主开垦安山湖湖田。

岳濬指出的安山湖不宜作水柜的主张并未获雍正帝认同。为确保水柜蓄水济运，雍正帝对于湖田开发持慎重态度。即位之初，他就下谕旨与河道总督齐苏勒、漕运总督张大有、山东巡抚黄炳，明确指出山东段运道漕船迟滞，与附近居民侵占湖田，导致水柜不能济运，反对开发安山湖湖田。[②]

至乾隆年间，国内人口数目的快速增长，现有土地无法满足快速增长的人口生存所需。乾隆四年（1739），乾隆帝下谕旨鼓励百姓垦殖荒地："各省生齿日繁，穷民资生无策，令山头地角不成丘段者，听民垦种，免其升科。"[③]

乾隆五年（1740）冬，巡漕都御史都隆额巡视南漕。他与河东总河白钟山、山东巡抚朱定元合议将安山湖湖田拨给沿湖贫民垦种，"每岁可收麦数万石，足以全活数千家"。都隆额强调应将湖田分给失业贫民。但查勘发现豪衿劣绅"假复业之名"，纷纷具呈求领早先圈占的湖田，"多或数十顷，少亦八九顷"，甚至以奉部文承领为词，肆行强占。他认为，安山湖田属于官田，从前各户垦种湖田输租，并非祖宗世袭产业。因此，分配湖田，"只论其是否穷民，无论其有无原业"。他明确指出，穷困百姓即便原先未占湖田，也应分配湖田；豪强地主即便为原先圈占湖田的业主，也不得侵占尺寸。东河总督白钟山、山东巡抚朱定元支持都隆额开发安山湖田的方案，一致认为安山湖"实与运河无碍，与穷民有益"。

---

① 岳濬等：雍正《山东通志》卷 35 之 4《艺文志四》收岳濬《请停设安山湖水柜疏》，《景印文渊阁四库全书》史部第 541 册，第 355 页。

② 黎世序等：《续行水金鉴》卷 73《运河水》，《四库未收书辑刊》七辑第 7 册，第 304 页。

③ 陈法：《犹存集》不分卷《详请南旺湖给民垦种》，《黔南丛书》，贵州人民出版社 2009 年版，第 24 页。

最终朝廷决定查明原先圈占湖田业主，让他们首先领垦，余剩原无业主湖田令附近穷困百姓承种。[1]

安山湖招垦收租上交管河道库的设想，最初由巡漕御史都隆额于乾隆六年（1741）三月提议，河东总河白钟山、巡抚朱定元等参与会议施行。[2] 至乾隆七年（1742）六月，都隆额调查发现豪强占地猖獗：

> 本处豪强恃部文为凭，欲将圈过地亩悉行认领，致有侵占数十顷者，即少者亦有七八顷不等。更有甚者，衍圣公孔广棨效法众民，此地内称有伊原圈养蓄鸭鹅田地三百一十九顷等因亦行文认领。

都隆额直斥衍圣公孔广棨"世受国家宠育之恩，乃与小民争利"。他指出，安山湖田是官田，业主占垦的湖田并非世受田亩，雍正三年（1725）已禁止垦种。同时，朝廷已按亩赏给银两，"已给钱官买，不可仍称原业"。地方官并不将前后案件详察，"惟遵现行部文，拘泥办理，实不能仰体圣主体恤穷黎之至意"。他建议命河东总河、山东巡抚遴选贤能官员会同地方官等造具清册加结，查明原先占垦湖田的富足业主不必再给湖田外，"原业户内现在穷困以及并无原业之穷民"，或给予三四十亩，或给予五六十亩，酌定数目，令其承垦。如有豪强侵占冒名等弊，"官员则指名题参，民则按律治罪"。奏上，中央同意都隆额所提方案，强调分配湖田务须查明承垦者均为穷民，详造册结上报户部、工部，"如有豪强侵占，捏称穷民冒领等弊，即行据实参处；倘奉行不力，或被人告发，或别经发觉，并将不行详查之该地方官照例参处"[3]。

至此，朝廷对湖田分配政策做了调整——分配湖田时，原富足业户不再分配湖田，将湖田分给穷困业户及无业贫民。据此，湖田分配方案如下：

————————

① 陈法：《定斋河工书牍》不分卷《代都侍御奏安山湖情形》，《丛书集成续编》第62册，上海书店1994年影印本，第462—463页。

② 《清高宗实录》卷139，乾隆六年（1741）三月甲午。

③ 中国第一历史档案馆藏档案：《奏办安山湖田事》，乾隆七年（1742）六月二十五日，工部尚书哈达哈，档号：04-01-22-0013-035。

原圈湖地九百四十七顷一十七亩八分，内除苇草、柳园并堤压、宅基、坟墓、盐壤、最洼地外，实在可耕地六百二顷八十亩。其高阜地一百六十五顷四十三亩三分五厘二毫，每亩照湖租中则例征银三分，共征银四百九十六两三钱五毫六丝；次高地四百三十七顷三十六亩六分四厘八毫，每亩照湖租下则例征银二分，共征银八百七十四两七钱三分二厘九毫六丝，俱于乾隆九年奉文拨给贫民张元礼等三千一十四户，每户给地二十亩，于乾隆十四年起租。又奉部文以盐碱地一百六十二顷六十亩三分五厘二毫，即在原圈地九百四十七顷之内，若分给小民，令其承垦，自可化瘠为肥，未便废弃，应查丈明确，量为分拨。巡抚准泰题请拨给贫民王万兴等人八百一十三户，每户给地二十亩，每亩征银一分，共征银一百六十二两六钱三厘五毫二丝，于乾隆十五年奉文分拨，乾隆二十年起租。①

在湖田分配过程中，东平百姓呈控安山湖湖田被富强户强占。朝廷获悉此事，户部决定剥夺衍圣公所占湖田，其余湖田均由原占业主承领。户部认为，衍圣公为至圣后裔，"受五等之崇封"，不应与百姓争利。经查衍圣公在安山湖有鹅鸭厂地204顷余，全厂地115顷，总计319顷，应悉数收回，分给穷民耕种。

自乾隆十二年（1747）起，安山湖湖田开始招贫民认垦升科。乾隆十二年（1747）正月，署山东巡抚方观承就安山湖拨民认垦升科一案指出，安山湖召垦布种麦禾"于水已涸之后，收获于水未发之前"，且多沃壤，布种麦收"足已抵秋禾每亩征银二三分"，百姓情愿召垦纳租。对此，他继续提出安山湖召垦的详细方案：

（安山湖）将升科改为征租，并照直隶淀泊河滩地亩分季征收之法，其专种一季夏麦者，于麦后征收，兼种秋禾者，分麦禾两季征收。地方官解交运河道库存贮，为河工之用。每年将动用数目，造

---

① 颜希深等：乾隆《泰安府志》卷3《山水》，《中国地方志集成》山东府县志辑第63册，第260页。

报工部查核。如遇水淹，由厅印官查明，出结免其输租，不得请赈贫民。每户领地二十亩，禁私相典卖。如有逃绝之户，将地收回，另给贫民认种。如此则租额毫无减于升科，而除去升科名色，官地民种，应征应免，可以随宜办理，且富户无从兼并，贫民永沾圣泽矣。

在这里，方观承主张将湖田升科改为征租。如此一来，官府在处置湖田上有更大的主动权，避免富户兼并，以及百姓间私相买卖。乾隆帝颇为认同方观承所提方案，朱批直言："所见颇是。"①

与此同时，工部会审提出：第一，162顷零盐碱地在原圈地940余顷之内，给民垦种后，可化贫瘠为沃壤。盐碱地不可废弃，应查丈明确，量为分拨。待盐碱地成熟后，定限升科。第二，孔府佃户如实系无业穷民，应归入穷民内一体分拨。倘有借名影射，希图侵占，即剥夺领垦资格。第三，安山湖地已被百姓垦殖多年，"其中亩数多寡不齐"，如今一体分拨，"恐民情未能相安，致有另启争端之处"。工部要求山东巡抚等官悉心筹划，详加体访，务使舆情贴服，承垦百姓"取具地方官并无偏枯永无争端印结"。

不久，署山东巡抚方观承继续指出，安山湖在水大年份，通湖皆水，倘逢夏秋雨多，各处坡水积聚，兼有运河水涨泄入湖内，百姓所垦湖地难免被淹，甚至高处湖地也在所难免。乾隆十一年（1746），夏秋雨水颇多，不仅最洼的盐碱地162顷零全遭淹没，高处成熟湖地602顷80亩也四面皆水。若请升科，一经定额，此后每遇水大年份，朝廷必须委员查勘，请蠲免赈济，甚至请求豁免，纷繁滋事。同时，湖田升科后，民间据为己业，势必转向售卖，既影响运河泄水妨碍河防水道，也会数年之间为富户豪强兼并，于贫民无所帮助。他指出必须酌定章程，以防弊端发生。他继续提出措施如下：

---

① 方观承：《方恪敏公奏议》卷1《安山湖地分给贫民认垦升科》，《近代中国史料丛刊》第104册，台北：文海出版社1966年影印本，第117—122页。

原议高阜地一百六十五顷四十三亩零，照湖地中则升科，每亩征收租银三分；次高地四百三十顷，并查出可耕地七顷零三十六亩零，均照湖地下则升科，每亩征收租银二分。其专种一季夏麦者，于麦后征收；兼种秋禾者，分作麦禾两季各半征收。如遇水大之年，地亩被淹，该地方官会同该管河员勘明出结，免其输租，不得请赈。设遇地方大势灾歉，仍照定例办理。每岁租银由地方官征收，分别一季两季所收数目，解交运河道库存贮，以充河工之用。运河道交动存数目，造报工部核销。其穷民所领地亩，仍取具各户并非己业，不敢私行典卖认状存案。如有违反，查出将私卖私买之人，一并严加究治。如有逃绝之户，即将领种地亩收回，另给贫民领种，庶愚民不敢私相授受，而富豪亦不敢妄生觊觎。

乾隆十三年（1748）五月，山东巡抚阿里衮以"湖水尚未消涸，即有一二涸出之处，亦甚泥泞不堪"，丈量湖田工作暂时延缓。乾隆十四年（1749）六月，山东巡抚准泰上奏同意此前方观承所提方案，于本年秋后起，东平州设柜征收湖租，每年分作两季解交运河道库充公报销。他强调，山东正杂钱粮，"每银一两应完耗银四分，原为各官养廉而设"。领垦湖地百姓均为实在贫民，且湖租征解充公，应请免于完纳耗羡银两。①

## 二 湖租收入

乾隆十四年（1749）八月，朝廷正式允许安山湖升科纳粮，将湖田分给3014户百姓垦殖，分季收租。按地势高低，安山湖湖田分为高阜地、次高可耕地两类——高阜地165顷有奇，照中则例，每亩征租3分；次高

---

① 中国第一历史档案馆藏档案：《为敬陈东平州安山湖地亩分给民垦种分季收租事宜事》，乾隆十四年（1749）六月初九日，山东巡抚准泰，档号：02-01-008-000775-0003。准泰还规定了严格的湖租催征程序："征租虽与升科不同，要亦每户须给领种完租，印单一张，应领该州印成两联空白单编，定安山湖地字号，自一号起至三千一十四号止，详委干练人员分定湖地东西南北。该委员各携原拨花名印册并两联印单，前赴该处同该户查明邱形弓口四至并高阜、次高及每亩征租数目——填入印单之内，截给该户收执，当时即取具该户认状。事竣，将单根同认状送州。该州即照单根造具鱼鳞细册存案，并于查填印单之时，即令该户于领种二十亩之四围，各种柳树四株，以定疆界，可杜日后纷争。"

可耕地 437 顷有奇，照下则例，每亩征租 2 分；盐碱地 162 顷有奇，领垦成熟后，每亩征租 1 分。专种一季夏麦的百姓，于麦收后交租；除种夏麦外，另种秋禾的百姓，分作雨季，各半交租。安山湖湖田正式于乾隆十四年（1749）起租，免征耗羡，所征湖租解交运河道库，充作河工之用。① 自此安山湖"湖内遂无隙地矣"②。安山湖统共开发湖田 765 顷 40 亩 3 分余，每年可征湖租银 1533 两 6 钱余。③ 延至乾隆二十年（1755），安山湖田垦殖面积扩大，湖租每年可达 5200 余两，仍解交运河道库，作为岁修、抢修以及额设夫役工食银等之用。④ 值得注意的是，安山湖田分配倾向照顾穷民。但是，穷民往往缺少充裕资金置办农耕工具。地方官府曾试图通过发动富人捐助解决这一问题。东平监生孟叔壮寡妻宋氏，生平好义乐施，在东平安山湖招垦期间，就捐百金资助无钱贫民购买耕牛。⑤

在明代，阻断百姓侵占湖田的主要方式是通过修筑坚实可靠的湖堤来阻断百姓垦种。至此，在中央朝廷允许百姓垦殖后，安山湖湖堤内"垦种如鱼鳞，无隙地矣"。对此，清代东平人对安山湖湖田在明清两朝之不同有详细介绍：

> （安山湖）堤外地少，堤内地多。明时堤外听民佃种，而堤内之为水柜如故也。今尽给民耕，堤内地租谓之内湖租，堤外谓之外湖租，水柜之名随隐。⑥

---

① 《清高宗实录》卷 347，乾隆十四年（1749）八月己巳。

② 陆耀：《山东运河备览》卷 6《捕河厅河道》，《中华山水志丛刊》水志第 25 册，第 281 页。

③ 颜希深等：乾隆《泰安府志》卷 3《山水》，《中国地方志集成》山东府县志辑第 63 册，第 260 页。

④ 《清高宗实录》卷 564，乾隆二十三年（1758）六月丁巳。

⑤ 左宜似等：光绪《东平州志》卷 16《人物传》，《中国地方志集成》山东府县志辑第 70 册，第 319 页。

⑥ 左宜似等：光绪《东平州志》卷 4《漕渠志》，《中国地方志集成》山东府县志辑第 70 册，第 103 页。

第五章　河工经费来源　/　291

昭阳湖与微山湖通流，由湖口闸开放，接济江南运道，不适合开发湖田。而南旺湖湖面广阔，水势散漫，地势外高内洼，河水有进无出，无法济运。乾隆二年（1737），户部侍郎赵殿最奏请用筑堤逼水之法，于湖内截筑一堤，分为内外两湖，圈堤以内靠运河一边，可留作蓄水区域，圈堤以外，只能用作泄水区。南四湖一带汛期多在六七月之间，水涸期在九月、十月之间，趁此期间早晚种植小麦，无碍泄水。对此，东河总督白钟山派运河道陈法前去勘察。事后，陈法认为，南旺湖一旦听百姓垦殖，利益颇大：

> 南旺西湖周围九十三里，筑圈堤估长五千六百余丈，若以所定圈堤为界，圈堤以外尚余地不下千顷，即岁收春麦一季而论，亦不下数万石，亦可以养贫民数千家。若以春秋两季并收，则所获籽粒数倍多，利养更大。①

一番讨论后，朝廷最终决定允许民间垦种湖田，由运河道、布政司遴委实心办事人员协同州县官先将圈堤基址封墩垒土为界，之后对圈堤以外土地细心查丈，除河工柳园苇堤外，查明多少顷亩土地，立定界址，同时查明周边州县无业穷民户口，严禁富豪、地棍混冒认领，并将认垦各户姓名垦地地亩数造册送交户部查核，每户授田不得过 40 亩，照汶上县湖租之例，每亩输银 4 分，作为河工之用。②

由表 5—3 可见，东平州安山湖湖田面积占整个山东运河区域征租湖田总计 89% 以上，湖田征租收入占整个运河道辖湖田地租收入的 89% 以上。安山湖招佃收租带来的可观收入，可以解释东平州每年额解运河道库额征河银夫食银 6961.25 两，是所有州县里解银数目最高的原因所在。丧失水柜蓄水功能的南旺湖，在乾隆初年也被大规模给发周边穷民垦殖

---

① 中国第一历史档案馆藏档案：鄂尔泰为核议东河总督将山东运河西岸南旺一湖给民垦种事，乾隆七年（1742）四月二十六日，档号：02-01-008-000340-0009。

② 此后南旺湖的垦殖活动几经周折，并未像安山湖那样大面积垦殖。请参阅拙作《清代前期山东运河湖田开发的讨论与实践》，《聊城大学学报（社会科学版）》2021 年第 2 期。

征租，"应请照汶上县湖租之例，每亩输银四分，以为河工之用"①。乾隆十二年（1747）夏秋，大雨连绵，河道总督衙署的房屋墙垣"历年久远，坍损倾圮"。河东河道总督顾琮即动用运河道库所存南旺湖麦租银 382.35 两修理坍损房舍。②

表5—3　　　　　　　　　　湖田地租收入表　　　　　　　（单位：亩、两）

| 州县 | 面积 | 地租 |
|---|---|---|
| 东平 | 92896.9 | 3739.745 |
| 鱼台 | 1568.5 | 62.74 |
| 嘉祥 | 1460 | 50.08 |
| 汶上 | 8268.68 | 330.747 |
| 合计 | 104194.08 | 4183.282 |

资料来源：乾隆《东平州志》卷 7《田赋志》；乾隆《鱼台县志》卷 6《赋役志》；乾隆《嘉祥县志》卷 1《食货志》；乾隆《兖州府志》卷 13《田赋志》。

表5—4　　　　　　　　运河道属湖地上缴芦苇数目表

| 湖田名称 | 面积（亩） | 芦苇数（束）/亩 | 芦苇总数（束） | 芦苇重量（斤） | 征收者 |
|---|---|---|---|---|---|
| 蜀山湖地 | 8.32 | 15 | 274.8 | 2198 | 汶上主簿 |
| 南旺湖地 | 189 | 15 | 2873 | 22702 | 汶上主簿 |
| 马场湖地 | 586 | 15 | 8796 | 47460 | 北汛千总 |
| 独山湖地 | 203.1 | 15 | 3046 | 24372 | 鱼台主簿 |
| 合计 | 986.4 | | 14989.8 | 96732 | |

资料来源：陆耀《山东运河备览》卷 9《挑河事宜》。

山东运河区域湖田除上缴运河道河银外，还提供芦苇等治河物料。由表 5—4 可见，向运河道库上缴芦苇的蜀山、南旺、马场、独山四处湖地面积总计 986.4 亩，每亩均上缴 15 束芦苇，每束芦苇重量均为 8 斤，

———————————

① 陈法：《犹存集》不分卷《详请南旺湖给民垦种》，《黔南丛书》，第 26 页。

② 张伟仁主编：《明清档案》A169－81《大学士兼理工部史贻直题覆济宁州修理东河总河衙署用过工料册报不明应令河督查核》，第 94625 页。

每年总计上缴 14989.8 束、96732 斤重的芦苇。其中负责征收芦苇者主要为汶上主簿、鱼台主簿以及北汛千总。此外，微山湖湖地面积最为可观，多达 2434 亩。此处湖地并不向运河道库提供芦苇，而是每亩上缴枯桨 10 束，共征枯桨 24340 束，每束重 10 斤，共重 243400 斤，由滕县主簿负责征收。①

至光绪末年，安山湖湖租收入下降幅度较大。安山湖湖田分上、中、下三等，具体收入为：上地 165 顷 43 亩余，每亩征租银 3 分，共征银 496.301 两；中地 437 顷 36 亩余，每亩征租银 2 分，共征银 874.733 两；下地 162 顷 60 亩余，每亩征银 1 分，共征银 162.604 两。可见，此时安山湖收入 1533.638 两，"每年所征租银解运河道库，为岁修运工之用"②。

# 第三节　其他河银收入

## 一　秫秸八束银

清代河工定例：修做埽坝工程，每埽单长一丈，用柴 38 束。雍正十三年（1735），南河副总河白钟山会同大学士嵇曾筠建议于水浅防风工程处，每丈埽工用柴 30 束，可节省 8 束，并将节省下的银两存贮河库道内，用于他项工程。此后，白钟山升任东河总河，勘察发现东河各厅所做防风埽坝，均沿旧例，每丈用秫秸 38 束。在白钟山看来，"镶做每丈三十束实已足用"。于是，当年十月间，白钟山上奏朝廷建议仿照南河之例，东河埽工采用每丈 30 束，将节省河银存于河库。乾隆二十一年（1756），白钟山复任东河总督，上任后即清理河库，发现历年来河工节省的八束秫秸银账目大多牵混不清。对此，他将历年题准岁修、抢修报销部文内节省的八束秫秸银，仔细核对将账目分析清楚。一番核查过后，自雍正十三年（1735）起至乾隆二十年（1755）止，河南、山东四道河库节省的八束秫秸银 151365 两零，其中"奉部准销秫秸值银八万四千一百三十

---

① 陆耀：《山东运河备览》卷 9《挑河事宜》，《中华山水志丛刊》水志第 25 册，第 344 页。

② 山东清理财政局编：《山东财政说明书》第二款《租课》，陈锋主编《晚清财政说明书》第 2 册，第 105 页。

八两零，实在河东四道库内现存银六万七千二百二十七两零"。东河辖下的四个管河道，每道差不多有一万余两秫秸八束银。作为一笔存贮河库的专款，白钟山设想将节省下的八束秫秸银用来购置下年秫秸新料。[①]

表5—5　　　　　　　运河道库节省八束银负责工程事例　　　　（单位：两）

| 年份 | 工程 | 用银 | 年份 | 工程 | 用银 |
|---|---|---|---|---|---|
| 1762 | 拆修李海务闸 | 不详 | 1813 | 建刘昌庄双孔闸 | 3300 余 |
| 1768 | 建刘昌庄减水闸 | 1700 余 | 1814 | 挑南旺诸湖引渠 | 4477 余 |
| 1770 | 寺前闸添建涵洞 | 1500 余 | 1815 | 加固济宁等汛堤工 | 8102 |
| 1805 | 挑挖汶上汛引渠 | 1438 余 | 1815 | 浚下河卫河河道 | 1476.688 |
| 1806 | 修运河防风埽坝 | 4219.73 | 1817 | 拆修捕河厅南坝头 | 4294 |
| 1807 | 挑挖南旺湖引渠 | 5776.61 | 1818 | 修马踏湖新河头闸 | 1997 |
| 1807 | 挑浚牛头河 | 16906 余 | 1820 | 修运河厅张阿闸 | 2596 零 |
| 1808 | 加镶四女寺滚坝 | 400 余 | 1826 | 修韩庄闸拦河大坝 | 1307 零 |
| 1811 | 修复济宁残损堤工 | 4758.636 | 1826 | 修独山湖水口引渠 | 993 零 |
| 1813 | 加固微山湖堤工 | 5930 余 | 1838 | 修微山湖拦河大坝 | 1307 零 |

资料来源：中国第一历史档案馆档案 04 – 01 – 01 – 0194 – 012、04 – 01 – 05 – 0032 – 013；《江北运程》卷10、卷22、卷23；《清宣宗实录》卷112、卷310；《续行水金鉴》卷98、卷111、卷116、卷123、卷126、卷214《运河水》；《再续行水金鉴》第281页。

　　运河道库所存节省八束银广泛用于闸座拆修、水柜引渠的疏浚以及运堤修复等，其中尤其以沿运水柜湖泊的斗门、闸座等水工设施的修复运用最为频繁。嘉庆十九年（1814）五月，曾任河东总河的吴璥就直言：

　　　　东省各湖斗门、单闸、水口、沟渠，不下数十处，每年涨水过后，流沙停滞，总不免间有淤垫，此塞彼通，事所常有，是以历年俱有应修工段，随时勘估，即于节省八束项下支用。[②]

────────────

　　① 济宁市档案局编：《济宁运河档案史料汇集·一》，济宁市文化广电新闻局 2008 年影印本，第 4 页。

　　② 黎世序等：《续行水金鉴》卷 123《运河水》，《四库未收书辑刊》七辑第 8 册，第 238页。

由表5—5可见，将节省八束银用于水工设施修复的所耗银数，少则数百两，多则近万两。这些水工设施修复多未被列入计划性强的岁修，随机性强。作为直接管控下的运河道库储备银，河东河道总督可以直接动用节省八束银，不必像动用司库地丁银等银那样需要通过复杂的审核程序。嘉庆十一年（1806）十二月，运河道王念孙就直言："各厅岁抢修限于定额，请动节省八束银两办理。"① 因此，节省八束银被广泛用于各类突发性的河工。如乾隆十四年（1749）汛期，卫河大水，德州哨马营、恩县四女寺两处支河淤垫，亟须挑挖，除动用支河滩地租银外，不敷银2265.391两，循例应于藩库存公银内动支。但是，动支藩库银要经复杂审核程序，"因该工紧要，随于运河道库贮节省银内通融支发，俟拨司库存公银两归款"②。在很多情况下，节省八束银往往临时借用，待河工题估册通过审核后，由布政司藩库归款。嘉庆元年（1796），山东运河、泇河等五厅共抢修160工，共销银48434.156两，"因河银不敷支发"，于八束银项下借支21326.382两。这笔借支款项，待布政司藩库调拨银两后归还。③

在特殊情况下，计划性的岁修工程甚至会被列入抢修或另案工程，动用节省八束银。如嘉庆十九年（1814）秋汛，"叠次大雨涨发"，济宁汛堤工以及东平州汛汶河西岸戴村坝以南土堤受损严重，即于"运河道库节省八束项下动支"④。

至嘉庆年间，山东运河"各湖水大，估办堤埽及挑浚河渠等工动用较多，以致运河道库节省八束银款，时行匮乏"⑤。由于运河道库贮节省

---

① 吴璥：《吴菘圃先生奏疏》卷2《奏为运河纤道厢做防风埽工并拆厢埽坝以资卫护疏》，《天津图书馆孤本秘籍丛书》第2册，第616页。

② 中国第一历史档案馆藏档案：河东总河顾琮《奏为动项拨还运河道库垫支乾隆十四年挑挖德州哨马营支河银两事》，档号：04-01-01-0194-012，乾隆十五年（1750）十二月十九日。

③ 张伟仁主编：《明清档案》A277-9《东河总河李奉翰题请核销山东运河抢修工程钱粮》，第156411页。

④ 黎世序等：《续行水金鉴》卷120《运河水》，《四库未收书辑刊》七辑第8册，第259页。

⑤ 中国第一历史档案馆藏档案：《严烺奏为运河道库八束银款已用完请拨款事》，道光三年（1823）十一月十九日，档号：04-01-35-0791-009。

八束银被频频用于水工设施的修复，导致运河道道库所存款项不敷使用。河东河道总督不得不调拨河南开归、河北、山东兖沂曹三道库贮节省八束银应急。自嘉庆二十三年（1818）起，开归、河北、兖沂曹三道先后五次向运河道库调拨节省八束银（见表5—6），其中以道光元年（1821）下辖的堤埽工程众多，以致道库节省八束银匮乏。运河道详请东河总督调开归、河北、兖沂曹三道库节省八束银5万两，缺口很大，最终只获调拨2.5万两。①

表5—6　　　东河总督下辖三道调拨运河道库八束银概况表　　（单位：两）

| 年份 | 开归道 | 河北道 | 兖沂曹道 | 合计 |
|---|---|---|---|---|
| 嘉庆二十三年（1818） | 15000 | 10000 | 5000 | 30000 |
| 道光元年（1821） | 10000 | 10000 | 5000 | 25000 |
| 道光三年（1823） | 10000 | 10000 | 0 | 20000 |
| 道光八年（1828） | 10000 | 10000 | 0 | 20000 |
| 道光十三年（1833） | 5000 | 10000 | 5000 | 20000 |
| 道光十七年（1837） | 8000 | 8000 | 4000 | 20000 |

资料来源：中国第一历史档案馆藏档案档号 04 - 01 - 05 - 0151 - 046；04 - 01 - 35 - 0786 - 010；04 - 01 - 35 - 0791 - 009；04 - 01 - 0699 - 066；04 - 01 - 35 - 0803 - 026；《清宣宗实录》卷303。

由于运河道库节省八束银时常处于匮乏状态，因此自嘉庆中后期起河道总督不得不从其他库贮调拨河银。首先，调拨兖沂曹济道库贮节省八束银支援水工建设。嘉庆十九年（1839），运河厅济宁汛南门桥加修工程，估需例帮二价银7730.7两，动用"运河、兖沂两道库存节省八束银两赶紧办理"②。嘉庆二十年（1815）十一月，泇河厅峄汛、滕汛微山湖堤加固工程，需600余两，"于运河、兖沂两道库节省八束银项下动支应用"。次年（1816）七月，还是峄汛、滕汛微山湖堤加固工程，继续需银

---

① 中国第一历史档案馆藏档案：《张文浩奏报运河道库请拨银两事》，道光元年（1821）正月二十七日，档号：04 - 01 - 35 - 0786 - 010。

② 董恂：《江北运程》卷19，《四库未收书辑刊》五辑第8册，第102页。

16750 余两，仍动支运河、兖沂两道库贮节省八束银办理。①

其次，原本由运河道库所存节省八束银支付的河工不得不改由布政司藩库拨款支付。嘉庆二十三年（1818）二月，蜀山湖有一段长 1280 丈的碎石堤工，因被风浪撞击坍卸，需加筑高宽，需银 9945 两。按惯例，应动用运河道库存节省八束银，但"道库节省八束银款无多，不敷动用"，最后不得不动用布政司藩库地丁银应急。②

## 二　河滩地租

早在明代，河滩地租就是运河河工经费的来源之一。除北河工部分司驻地张秋镇周边河滩地所获银两用作工部分司祭祀工食之需以及分司所属皂隶、书办等胥吏公费外，"北河滩地，自天津以南，鱼台以北，凡湖租子粒，每岁征收额解各府贮库以备河道工费"。入清后，张秋镇周边河滩地地租钱粮，"尽报总河部院征解河库"，沿运河滩地租全部用于河工，"其本司（工部分司）公费毫无与焉"。明代中后期，张秋镇河滩地共计 19 顷 29 亩余（内阳谷县地 9 顷 93 亩余，寿张地 3 顷 54 亩余，东阿地 5 顷 81 亩余），每亩征收苘麻 10 斤，共征 19293 斤，贮厂厅河工支用；另每亩征银 3 分，共征银 57.877 两。此外，张秋镇尚有苇草地 32 顷 30 亩余（内寿张县地 8 顷 40 亩余，东阿县地 23 顷 89 亩余），每亩征租银 3 分，共征银 96.903 两。③

表 5—7 可见，向运河道库上缴河滩地租银的 21 州县河滩地有 35380.906 亩，每亩地上缴河滩银 2 分至 5 分不等，合计河滩银 1326.847 两。其中东阿县为数最多。东阿县运河两岸淤滩原额河滩籽粒地 24 顷 9 亩，其中成熟新垦河滩地共 3 顷 63 亩余；大清河（盐河）两岸河滩地 15

---

① 黎世序等：《续行水金鉴》卷 125《运河水》，《四库未收书辑刊》七辑第 8 册，第 263、270 页。

② 黎世序等：《续行水金鉴》卷 126《运河水》，《四库未收书辑刊》七辑第 8 册，第 283 页。

③ 林芃等：康熙《张秋镇志》卷 6《赋役志》，《中国地方志集成》乡镇志辑第 29 册第 29 册，第 72 页。明代张秋镇部分河滩地租用于张秋镇文庙、管河通政韩鼎祠等春秋祭祀银 17.768 两；用于北河工部分司所属书办、皂隶等胥吏工食银 99.6 两。

顷 53 亩余，其中成熟地 6 顷 32 亩，每年可向运河道库纳银 223.703 两。[①]
济宁州河滩地租银数目也比较可观。济宁州洸河屯地 18 顷 15 亩余，河滩
籽粒地 23 顷 84 亩余，乾隆年间新垦 1 顷 9 亩余，每年上交运河道库河滩
籽粒银 71.572 两。河滩租麻地 21 顷 78 亩余，折银 43.567 两。[②] 东平州
河滩地 957.057 亩，其中运河两岸堤根淤滩 365 亩，每亩征银 4 分；升租
河滩地 434.3 亩，乾隆二年（1737）奉文豁除河堤压占地 73.947 亩，实
在地 360.353 亩，每亩征银 4 分；越额升租河滩地 231.704 亩，此地乃乾
隆十三年（1748）招民劝垦，二十年（1755）起科征租，每亩征银
4 分。[③]

德州哨马营、四女寺减河，分泄漳河、卫河盛涨洪水，防止上游洪
水为害。乾隆二年（1737），户部侍郎赵殿最奏请将两条减河的疏浚纳入
岁修之例。这笔费用很大程度上由支河滩地地租解决。如哨马营支河，
"两岸官地每岁额收租一百九十九两，原存州库以备疏浚，请将此项租银
令解交司库，每年委员勘淤浅多寡，以酌夫工额数，统于岁修项下开
销"[④]。乾隆二十年（1755），分挑哨马营等处减河，耗银 1837 两，其中
动用十九年（1754）支河滩租达 1654 两 5 钱。[⑤] 至光绪末年，德州哨马
营运河南北两岸河滩租地仍有 9 顷 96 亩余，每亩征银 2 钱，共应征银
199.353 两，"批解运河道库兑收"[⑥]。

上缴运河道库河滩地租银的州县，区位上紧邻运河，距运河稍远的
州县，如新泰、肥城、莱芜等，则没有湖田、赁基银、河滩地租银的
收入。

---

① 李贤书等：道光《东阿县志》卷 6《田赋志》，《中国地方志集成》山东府县志辑第 92
册，凤凰出版社 2004 年影印本，第 64 页。

② 徐宗幹等：道光《济宁州志》卷 3《食货志》，《中国地方志集成》山东府县志辑第 76
册，第 126、142 页。

③ 沈维基等：乾隆《东平州志》卷 7《田赋志》，哈佛大学汉和图书馆藏乾隆三十六年
（1771）刻本，7a。

④ 黎世序等：《续行水金鉴》卷 79《运河水》，《四库未收书辑刊》七辑第 7 册，第 403—
404 页。

⑤ 台北故宫博物院编辑委员会编：《宫中档乾隆朝奏折》第 13 辑，第 563 页。

⑥ 山东清理财政局编：《山东财政说明书》第二款《租课》，陈锋主编《晚清财政说明书》
第 2 册，第 103 页。

表 5—7　　　　　　　　　运河区域各州县河滩地租情况表

| 州县 | 面积（亩） | 两/亩 | 收入（两） | 州县 | 面积（亩） | 两/亩 | 收入（两） |
|---|---|---|---|---|---|---|---|
| 东平 | 957.057 | 0.04 | 38.282 | 堂邑 | 1077.8 | 0.042 | 45.269 |
| 东平所 | 393.3 | 0.04 | 15.73 | 博平 | 1159.89 | 0.045 | 52.191 |
| 东阿 | 3962 | 不详 | 223.703 | 馆陶 | 1299.3 | 0.045 | 58.468 |
| 济宁 | 6377 | 不详 | 115.139 | 恩县 | 1418.88 | 0.045 | 63.849 |
| 济宁卫 | 17.5 | 0.02 | 0.35 | 滕县 | 807.64 | 0.04 | 32.305 |
| 鱼台 | 4360.9 | 0.03 不等 | 114 | 峄县 | 83 | 0.04 | 3.32 |
| 嘉祥 | 316 | 0.034 | 10.99 | 汶上 | 988.495 | 0.02 不等 | 30.292 |
| 泰安 | 754.9 | 0.06 | 45.295 | 聊城 | 1858.626 | 0.045 不等 | 72.834 |
| 阳谷 | 1613.4 | 0.05 | 80.672 | 清平 | 1635.975 | 0.045 | 73.619 |
| 夏津 | 2035.28 | 0.03 | 61.058 | 德州 | 1037.87 | 0.045 不等 | 60.435 |
| 临清 | 3226.15 | 0.04 | 129.046 | 合计 | 35380.906 | | 1326.847 |

数据来源：乾隆《东平州志》、道光《东阿县志》、道光《济宁州志》、乾隆《鱼台县志》、乾隆《嘉祥县志》、乾隆《泰安府志》、道光《阳谷县志》、乾隆《夏津县志》、乾隆《临清县志》、乾隆《堂邑县志》等运河州县"赋役志"（或"田赋志""食货志"）。

运河道所属河滩地除上缴河滩地租外，有 6 处河滩地另需上交麻斤、苇束等治河物料，各该州县官需在年内全完，如至年底未完，年后交完，将免于议叙之例（见表 5—8）。乾隆十五年（1750），运河、捕河二厅岁修即动用东平所乾隆十四年（1749）滩地租苇 10242 斤，"不计钱粮"，节省一笔开支。①

表 5—8　　　　　　　　　运河道所属滩地上缴物料数目表

| 名称 | 面积（亩） | 征麻 | 征苇（束） |
|---|---|---|---|
| 沛汛滩地 | 824.67 | 4123 斤 5 两 7 钱 | 0 |
| 寿东汛滩地 | 260.75 | 1303 斤 12 两 | 0 |
| 寿东汛里河滩地 | 761.6 | 0 | 3808 |

————————

① 张伟仁主编：《明清档案》A177－106《东河总河顾琮题报东省运河岁修工程用银无浮冒请照原册开销》，第 99317 页。

续表

| 名称 | 面积（亩） | 征麻 | 征苇（束） |
|---|---|---|---|
| 东阿汛滩地 | 519.23 | 2596斤2两4钱 | 0 |
| 东阿汛盐河滩地 | 986.99 | 0 | 4934 |
| 东平所滩地 | 393.3 | 0 | 1179.5 |
| 合计 | 3746.54 | 8023斤3两11钱 | 8921.5 |

资料来源：陆耀《山东运河备览》卷9《挑河事宜》，第344页。

### 三 赁基银

至明代中后期，河道部门已形成从河道抽取银两部分替代力役的习惯。[①] 隆庆年间，总理河道万恭最早提出将运河堤岸土地出租征银的方案。他详细介绍征收租银的方案：

> 运河之存也以堤，堤之固也以民。自张家湾南迄瓜、仪，延袤二千四百余里。河臣鄙，惧民居之毁堤也而逐之。余大召民之居堤者，与约法三章耳：商贾辐辏者，为上堤，岁输地租如例；民集而商贾不停者，为中堤，三载量征之；若野旷民稀者，为下堤，直令世业也，永勿征。盖半稔而来者三千庐焉。循是行之，则二千四百里间，童叟往来，木树掩映，舟行两堤之中，亦天下之至适也。是全堤也，焉用逐。[②]

万恭并没有僵化地认为百姓于运河堤岸上定居会破坏堤岸，相反采取鼓励百姓于堤岸定居并适当抽取租金的方式获利作为河银。此后，赁基银成为一项普遍收取的河银类型。

明代中后期，作为北河工部分司驻地的张秋镇的赁基地征租已常态化。该镇方志言："近镇沿河两堤之间，居民辏集，往往僦官基盖房屋，比屋而居之地，有冲、僻租，因以高下焉。"张秋镇赁基地共屋1996间

---

① 凌滟：《明清运河赁基银问题初探》，《江西社会科学》2020年第5期。
② 万恭著，朱更翎整理：《治水筌蹄》二《运河》，第68页。

半，内阳谷 835 间，寿张 365 间，东阿 796 间半，共征银 144.017 两。上等房每间征银 2 钱或 1 钱 5 分，或 1 钱；次等房每间征银 4 分、5 分；下等房每间征银 2 分、3 分。①

表 5—9　　　　　　明中后期运河山东段州县赁基银两征收情况表

| 州县 | 赁基房（间） | 赁基地（亩） | 租银等级 | 收益（两） | 解库信息 |
|------|------|------|------|------|------|
| 寿张 | 746 | 无 | 不等 | 36.8 | 解部 |
| 东阿 | 795 | 无 | 不等 | 59.2 | 解部 |
| 阳谷 | 1017 | 无 | 不等 | 不详 | 解部 |
| 聊城 | 无 | 232.4 | 每亩征 6 分 | 13.9 | 解府库 |
| 平山卫 | 无 | 55 | 每亩征 6 分 | 3.3 | 解府库 |
| 堂邑 | 377.5 | 无 | 每间征 3 分 | 11.32 | 解府库 |
| 博平 | 198.5 | 无 | 每间征 3 分 | 5.9 | 解府库 |
| 清平 | 无 | 0.7 | 每亩征 8 分 | 0.56 | 解府库 |
| 临清 | 无 | 1217.5 | 每亩征 5 分 | 60.8 | 不详 |
| 夏津 | 无 | 87 | 不详 | 48.4 | 解县库 |
| 武城 | 72 | 无 | 每间征 1 钱 | 7.2 | 解部 |
| 恩县 | 65 | 无 | 每间征 1 钱 | 6.5 | 解府库 |
| 德州卫 | 无 | 4775.8 | 不详 | 78.89 | 解府库 |

资料来源：谢肇淛《北河纪》卷 6《河政纪》。

由表 5—9 可见，山东沿运州县除有赁基房外，还出现了赁基地。据凌滟研究指出，这种赁基地是运河的辅助河堤之间的耕地，其产权归官方所有，民间耕种者需缴纳租金方可使用，可因时制宜地耕种水旱植物。②

————————

① 林芃等：康熙《张秋镇志》卷 6《赋役志》，《中国地方志集成》乡镇志辑第 29 册，第 72 页。

② 凌滟：《明清运河赁基银问题初探》，《江西社会科学》2020 年第 5 期。

表5—10　　　　　　　　　运河区域各州县赁基银情况表

| 州县 | 间数 | 两/间 | 收入（两） | 州县 | 间数 | 两/间 | 收入（两） |
|---|---|---|---|---|---|---|---|
| 东平 | 1070 | 不详 | 78.43 | 临清 | 1021 | 0.06 不等 | 38.58 |
| 济宁 | 2426 | 0.16 不等 | 195.2 | 堂邑 | 249 | 0.03 | 7.47 |
| 济宁卫 | 88 | 0.03 | 2.64 | 夏津 | 不详 | 不详 | 2.114 |
| 嘉祥 | 1491 | 0.03 | 44.73 | 滕县 | 298.5 | 0.03 | 8.955 |
| 鱼台 | 2586 | 0.15 不等 | 153.3 | 峄县 | 952 | 不详 | 39.88 |
| 东阿 | 277 | 0.2 不等 | 27.455 | 汶上 | 1270 | 0.03 | 38.1 |
| 阳谷 | 575 | 0.15 不等 | 27.3 | 恩县 | 13 | 0.1 | 1.3 |
| 聊城 | 不详 | 不详 | 8.809 | 合计 | 12316.5 | | 646.808 |

数据来源：乾隆《东平州志》、道光《东阿县志》、道光《济宁州志》、乾隆《鱼台县志》、乾隆《嘉祥县志》、乾隆《泰安府志》、道光《阳谷县志》、乾隆《夏津县志》、乾隆《临清县志》、乾隆《堂邑县志》等运河州县"赋役志"（或"田赋志""食货志"）。

入清，运河赁基银依旧是重要河道银两，并形成上缴运河道库的制度。表5—10可见，运河沿线州县于运河两岸招商赁开店铺房舍并上交租银与运河道库的房间有12316.5间（不含聊城、夏津），统共收房租银646.808两，其中以济宁、鱼台、东平等州县为著。济宁州运河两岸楼房13间，每间半征租银1钱6分；房屋2077间（倒坏房屋438间），每间征租银8分；投领房基336间，每间征银8分，外加楼房租赁，统共上交运河道库195.2两。[①] 东平州于靳口、安山、戴庙三闸大堤上招商赁开店铺房屋实1070间，每年可得赁基银78.43两。[②] 鱼台县有现额赁基房七等，共2586间，每间房按不同等级征银1钱5分不等，可征银153.3两。[③] 东阿县于炭市村运河两岸大堤上赁开店铺房屋277间分五等，头等房舍每间收银2钱，至五等收银3分不等，每年可向运河上交赁基银

———————

① 胡德琳等：乾隆《济宁直隶州志》卷6《舆地》，哈佛大学汉和图书馆藏乾隆五十年（1785）刻本，38a。

② 沈维基等：乾隆《东平州志》卷7《田赋志》，哈佛大学汉和图书馆藏乾隆三十六年（1771）刻本，6b、11a。

③ 冯振鸿等：乾隆《鱼台县志》卷6《赋役志》，哈佛大学汉和图书馆藏乾隆二十九年（1764）刻本，6a。

27.455 两。[1]

除山东运河沿线有州县向运河道上缴赁基银外，江苏沛县所属昭阳湖边有废弃运河堤，两岸居民于此添盖房屋 369 间半。乾隆五十三年（1788），清廷决定照河房收租之例，每间房征银 3 分，连同之前征收的房租解交运河道库，按年造册上报工部。此外，如有增建新房，须上报纳租，不准私盖房屋。[2]

### 四 耗羡银

在明清时期，耗羡原本是赋税本色粮米征收中雀耗、鼠耗以及折色银两中的火耗。耗羡征收原本皆入地方州县，多为地方滥派私征，并不受中央政府和本省上级单位的控制。雍正年间各省相继实行耗羡归公，将耗羡收入纳入政府正式财政收入，并作为官员养廉银和地方公共支出。[3] 雍正年间，山东省耗羡征收率维持在 16%—18%，所征耗羡银在 54 万两上下。耗羡银征收之后，山东省耗羡银用于支发官员养廉银和地方公费银的比例分别为 59% 和 41%。[4] 乾隆五年（1740）之后，清廷逐渐将地方耗羡经费的收支与核销，统归中央户部的管控体制之内。[5]

在耗羡归公改革之初，雍正帝并未将改革转化为制度，耗羡银只能

---

[1] 李贤书等：道光《东阿县志》卷6《田赋志》，《中国地方志集成》山东府县志辑第92册，第64、66页。

[2] 托津等：嘉庆《大清会典则例》卷691《工部·河工·经费》，《近代中国史料丛刊》三编，第5767页。

[3] 雍正朝推行的耗羡归公改革是清代政治史和财政史上的一个里程碑事件。学界从不同角度研究这项改革，并取得丰硕成果。代表性成果有：岩见宏《雍正时代における公费の一考察》，《东洋史研究》1957年第十五卷第四号；王业键《清雍正时期（1723－35）的财政改革》，《"中央研究院"历史语言研究所集刊》1961年第32本；庄吉发《清世宗与赋役制度的改革》，台北学生书局1985年版；董建中《耗羡归公政策究竟是如何出台的?》，《清史研究》2002年第2期；郑永昌《"从地方之公"到"国家之公"：论乾隆初期对地方耗羡收支管控体制的确立》，《故宫学术季刊》2003年第二十卷第3期；陈锋《论耗羡归公》，《清华大学学报》2009年第3期，后收入氏著《中国财政经济史论》，武汉大学出版社2013年版。陈锋在前揭文里曾对耗羡归公改革研究做了详尽的学术史可供参阅。

[4] 陈锋：《论耗羡归公》，《清华大学学报》2009年第3期。

[5] 郑永昌：《从"地方之公"到"国家之公"：论乾隆初期对地方耗羡收支管控体制的确立》，《故宫学术季刊》2003年第二十卷第3期。

用来弥补亏空，或议设养廉，或存为地方公用。① 其中，山东布政司藩库所征耗羡银主要用于文武河官的养廉银、衙署修缮等，并不直接用于运河河工。雍正五年（1717）八月，山东巡抚塞楞额议请动支耗羡银两拨充挑河经费。此举被雍正帝严厉申斥，指出挑河经费应动用正项钱粮（地丁银），不能开销耗羡银。②

随着地方自主支配耗羡的弊端凸显，至雍正后期，耗羡开始纳入中央财政管理体制。乾隆十三年（1748），清廷更是制定各省《耗羡章程》，明确规定各省动支耗羡款项及动用银数，标志着耗羡归公改革制度化的完成。③ 据乾隆四十六年（1781）《钦定户部则例》载，山东省额征耗羡银 473130 两。耗羡银支用与河工直接有关的款项有：各官养廉银 264959 两（含山东河道官员养廉银），总河衙门公费银 1100.808 两，泉夫工食银 7840 两，泉夫器具银 156.8 两，德州南北两河千总养廉银 175.6 两。④

与此同时，山东司库耗羡银也开始部分直接用于运河河工。乾隆十四年（1749），挑浚哨马支河河道，除动用支河河滩地租银外，尚不敷银 2265.391 两，即于司库耗羡存公银内动支。⑤ 不过，在乾隆年间，将司库耗羡银用于哨马营减河疏浚仅为少见的个案。整体来看，清廷对于司库耗羡银用于运河河工持有一种保留的慎重态度。开展山东运河冬挑之前，需将汶河、泗河、彭口山河以及各湖济运斗门闸座筑坝拦截，由此产生一笔桩茼银两。乾隆元年（1736）以前，这笔银两由地方官捐办。乾隆元年，即位不久的乾隆帝下旨革除各类捐输银两。乾隆四年（1739），经

---

① 董建中：《耗羡归公的制度化进程》，《清史研究》2000 年第 4 期。

② 郑永昌：《从"地方之公"到"国家之公"：论乾隆初期对地方耗羡收支管控体制的确立》，《故宫学术季刊》2003 年第二十卷第 3 期。据曾小萍研究，雍正朝耗羡归公改革后，北方各省耗羡银的公费银支出主要用于修建衙署、各城门楼、贡院号舍、官员的省内公务盘费、修葺城垣等地方事务，属于公项。从这个意义上讲，运河河工属于国家工程范畴，是为正项，有固定的款项拨付途径。参见曾小萍《州县官的银两：18 世纪中国的合理化财政改革》第四章"财政合理化改革与各地的实践"，董建中译，中国人民大学出版社 2020 年版，第 148 页。

③ 董建中：《耗羡归公的制度化进程》，《清史研究》2000 年第 4 期。

④ 于敏中等：《钦定户部则例》卷 120《杂支·耗羡章程》，《故宫珍本丛刊》第 285 册，第 341 页。

⑤ 中国第一历史档案馆藏档案：河东总河顾琮《奏为动项拨还运河道垫支乾隆十四年挑挖德州哨马营支河银两事》，档号：04-01-0194-012。

山东巡抚岳濬奏明，工部议准：春夏之交，山东运河修筑草坝银两，"动支司库存公银建筑"①。然而，至乾隆十八年（1753）四月，乾隆帝态度发生变化，下旨告诫河东河道总督顾琮："河工有兴筑料理，宜于河库项下动支开销；其司库耗羡银两，原以备地方公用"。乾隆帝认为，运河冬挑筑坝苘麻银两仍应动河库节省银两，不能动支司库耗羡银两。接旨后，顾琮连忙上奏提议，"自乾隆十六年为始，大小挑筑坝应用桩苘银两于河库节省项下支用，仍照例核实，造册报部核销"。乾隆帝朱批赞赏顾琮："汝从未似此奏一明白事也。"②

至嘉庆年间，由于物价及夫价增长，山东运河冬挑例价器具银已经不敷支用，开始产生额外的一笔津贴银。最初，山东运河每年冬挑3万两左右的津贴银，由藩库耗羡银和道员以上文职官养廉银分担。这应该是藩库所存耗羡银直接与运河河工产生联系。不过，这种局面仅仅维持了五年。至嘉庆十年（1805），山东运河冬挑津贴银再由山东盐商生息银拨付。③

随运河沿线各州县额解地丁银一起解往运河道库的耗羡银则与运河河工有直接的联系。乾隆五十四年（1789）后，运河沿线各州县在额解部分地丁银之外，随征耗羡银开始由解往布政司藩库转到运河道库。由于运河道库负责额设河夫工食银、部分岁抢修工程以及另案工程。这样一来，耗羡银与运河河工发生直接的联系。④

运河道设立后，从运河沿线各州县抽解部分地丁银，起解运河道库，由运河道核明各州县完欠，造报考成奏销。随征耗羡银，最初并未随夫食正银起解运河道库，而是上交布政司藩库，"由藩库查明完欠，造报奏销"。乾隆五十四年（1789），山东巡抚长麟上奏指出，各州县上缴河银"正耗分解，责成未有专属，请照仓项正耗统解粮道之例，将河道夫食项

---

① 乾隆帝敕修：乾隆《钦定大清会典则例》卷132《工部·都水清吏司·河工二》，《景印文渊阁四库全书》史部第624册，第166页。

② 台北"故宫博物院"编辑委员会编：《宫中档乾隆朝奏折》第五辑，第50—52页。

③ 参见本书第四章第三节"运河冬挑"部分的论述。

④ 参见拙作《清代运河道财政职能研究》，《运河学研究》第6辑，社会科学文献出版社2021年版。

下，应征耗羡，随同正银，一并解交运河道查收"①。高宗很快下旨允准。其运作方式如下：

> 所收耗羡银两，除解道各该衙门，正银支解费，即于各衙门支领。其余剩耗羡，仍由运河道移解藩库，支给各官养廉及一切经费之用。其经催经征，应叙应取职名，均由运河道随同正银造报，以专责成。②

山东济南、东昌等五府，济宁、临清二直隶州所属各州县卫所应解运河道库一四耗羡银共 8020.152 两。③ 清末山东清理财政局对运河道库耗羡银构成做了详细介绍："查此款，系照地丁例随正征收一四耗羡，德州等处每年额征河项耗银三千五百七十一两一钱六分，夫食耗银额征四千四百四十八两九钱九分二厘，共额征银八千二十两一钱五分二厘。"④

遍查山东运河区域各州县方志，有 5 个州县可以查清解往运河道库耗羡银数目，其中以东平州解运河道库耗羡银在额征地丁耗羡银占比最多，将近 17%。

表 5—11　　　　　　　　　4 州县随征地丁、耗羡银表　　　　　　（单位：两）

|  | 东平 | 平阴 | 东阿 | 济宁 | 莘县 |
|---|---|---|---|---|---|
| 额征地丁耗羡银 | 4402.604 | 898.099 | 3805.082 | 5631.403 | 2847.326 |
| 解运河道库耗羡银 | 740.395 | 11.259 | 306.41 | 474.633 | 79.535 |

资料来源：光绪《东平州志》卷 7《赋役》；光绪《平阴县志》卷 3《赋役》；道光《东阿县志》卷 6《田赋》；道光《济宁州志》卷 3《食货志》；光绪《莘县志》卷 3《食货志》。

---

① 中国第一历史档案馆藏档案：《李奉翰题报山东运河道曹济道乾隆五十三年份应征解河库银两并河道夫食银两数目事》，乾隆五十七年（1792）闰四月二十五日，档号：02-01-008-002300-0005。

② 中国第一历史档案馆藏档案：《李奉翰题报山东运河道曹济道乾隆五十三年份应征解河库银两并河道夫食银两数目事》，乾隆五十七年（1792）闰四月二十五日，档号：02-01-008-002300-0005。

③ 中国第一历史档案馆藏档案：《王秉韬题请议叙山东省乾隆五十九年份征解运河道库河银岁内通完各官事》，嘉庆五年（1800）七月初八日，档号：02-01-008-002522-0004。

④ 山东清理财政局编：《山东财政说明书》，陈锋主编《晚清财政说明书》第 2 册，第 99 页。

乾隆五十六年（1791）四月十九日，山东运河道在征收各州县河道夫食正银基础上，开始随征一四耗羡银两。对此，高宗专下谕旨对各官上交额征河银和耗羡日期及考成方式做了规定：

> 嗣后，各州县应解河银夫食，并随征一四耗羡银两，俱令于年内照依地丁奏销之例，即于次年四月内造报考成，如年内全完，候部议叙；如迟至年外完解者，无论银数多寡，即于考成册内声明，照例议处。一并查造考成文册，汇案具体查核。①

由此可见，各州县解往运河道的耗羡银征收已经纳入中央的管控体制之内。

## 五 生息银

所谓"生息银"，又称"滋生本息"，最初由皇帝在内帑库银中拨出一定的专门款项，交由北京总管内务府和盛京内务府经营，经皇帝亲批给官、商等营运生息。20 世纪 80 年代，韦庆远发文讨论"具有全国规模，从中央内务府、上三旗到各省、旗、营均各拨有一定基金，将其利息收入以充福利和公项"的生息银两制度的演变脉络，认为此制经康熙年间初创，雍正年间完善，至乾隆年间积重难返而被停撤。② 张建辉等则对乾隆三十六年（1771）收撤兵丁恩赏生息银两之外，其他用项（教育经费、抚恤救助经费等）生息银两的用途、经营方式等内容做了研究，认为生息方法以发商生息为主，严格控制向官员房贷程序，禁止向兵丁

---

① 中国第一历史档案馆藏档案：《徐端题请议叙嘉庆八年山东各州县征解运河道库河银岁内通完各官事》，嘉庆九年（1804）十二月十二日，档号：02-01-008-002629-0007。

② 韦庆远就生息银两问题先后发表《清代康熙时期"生息银两"制度的初创和运用》，《中国社会经济史研究》1986 年第 3 期；《清代雍正年间"生息银两"制度的整顿和政策演变》，《中国社会经济史研究》1987 年第 3 期；《清代乾隆时期"生息银两"制度的衰败和"收撤"》，《明清史辨析》，中国社会科学出版社 1989 年版。

借贷取息。①

用于山东运河河工的发商生息银与山东盐商关系密切。在盐商缺乏经营资本的情况下，清政府会通过借给盐商一定数额的帑金以资周转。作为回报，盐商每年向清政府上缴一定数额的利息。据纪丽真研究，清代山东地方官府向盐商发放的第一笔帑本是在乾隆五十二年（1787），至嘉道年间借帑交由盐商生息获利已经成为普遍现象。乾隆五十二年至道光四年（1824），山东地方官府前后向山东盐商发放帑本 20 款，年息维持在 12%—13%。②

发商生息银最初用于山东运河冬挑津贴的支出。自清中期开始，伴随冬挑用工成本的增高，原先额定冬挑银已无法维持正常的冬挑，额外产生一笔数万两的津贴银。嘉庆四年（1799）十月，经山东巡抚陈大文提议这笔津贴银由司库耗羡银和司道以上官员的养廉银均摊。此举直接侵犯官员利益，很快无法维持下去。嘉庆十年（1805），山东巡抚全保奏称，冬挑津贴银不敷动支，"将城工余存项下拨银生息"，"每年计得息银六万两"，从而免除了此前坐扣山东司道以上官员养廉银来弥补津贴的做法。③ 这笔交由山东盐商的生息银成为清中期数十年冬挑津贴的最主要来源。

除清中期冬挑津贴银主要由发商生息支付外，四女寺支河的挑浚所需费用也由此款支付。乾隆二年（1737），德州哨马营支河每年疏浚被纳入岁修。④ 哨马营支河疏浚银主要来自河滩地租和司库存公银。⑤ 同为运河下游泄水通道的恩县四女寺支河却迟迟未被纳入岁修。由于缺少额支

---

① 张建辉、李刚：《生息银两与乾隆时期的通货膨胀》，《西北大学学报》（哲学社会科学版）2008 年第 4 期；张建辉：《关于乾隆收撤"恩赏银两"与生息银两制的存废》，《西北大学学报》（哲学社会科学版）2009 年第 5 期。

② 纪丽真将清廷向盐商发放生息称作"帑利"。参见氏作《明清山东盐业研究》第六章"清代山东的盐课"，齐鲁书社 2009 年版，第 232—235 页。

③ 详见本书第四章第三节《运河冬挑》关于清中后期冬挑经费筹集机制的相关论述。

④ 托津等：嘉庆《大清会典则例》卷 694《工部·河工》，《近代中国史料丛刊》，第 5940 页。

⑤ 中国第一历史档案馆藏档案：东河总督顾琮《奏为动项拨还运河道库垫支乾隆十四年挑挖德州哨马营支河银两事》，档号：04-01-01-0194-012。

钱粮，此河挑浚在最初采取佥派沿河百姓每年挑挖，"派累滋弊"。乾隆四十九年（1784），经藩司冯晋祚等提议，责成地方官捐养廉银修浚，"需用既多，不能岁常办理，日渐淤垫"。嘉庆十三年（1808），山东巡抚吉纶查司库有城工生息银14.2万余两，于此款内提取10万两发给山东盐运司交由殷实盐商生息，每年可得生息银1.2万两解贮藩库，并随时拨付四女寺支河挑浚。四女寺支河每年挑浚需银四五千两，"每年余剩生息银六七千两不等，随时归还原款，或有别项工程需用，奏明动拨"①。嘉庆十九年（1814），此河挑浚耗银5320两，"在司库城工生息银内动支，令该州县卫领银照估如式挑办"②。

至道光年间，发商生息银的经营经常陷入困境，直接影响运河冬挑津贴银的发放。在生息银不能解足津贴银的情况下，河道总督一般上奏朝廷后，"向系借拨垫发"。道光十六年（1836），于挑河生息银项下动拨银2246两零，以及工程市平项下借支银7889两零。在更多情况下，冬挑津贴是由山东布政司藩库垫付兴挑。道光十二（1832）、道光十三（1833）两年，商息银欠款银44000余两。最后于道光十六年（1836）于藩库筹项垫付。③道光十七年（1837）后，东商生息银屡屡不敷冬挑津贴银，布政司藩库垫支银达8.1万余两。道光二十三年（1843）十二月，道光帝下旨强调："司库钱粮，最关紧要，本不准指工借动，若再任意延宕，不能按限归还，年复一年，伊于胡底？"他命山东巡抚梁宝常查明冬挑津贴银历年奏借银两数目，要求盐运司将未还款项如数清解。同时，他规定山东商息银两，务必按限催征，年清年款，且冬挑津贴银两，不准再向藩库借款。④然而，次年冬挑，山东商息银仍不敷津贴银13490两零。道光帝颇觉无奈，再次于藩库借款赶办冬挑，只能饬令山东巡抚严

---

① 黎世序等：《续行水金鉴》卷111《运河水》，《四库未收书辑刊》七辑第8册，第46页。

② 黎世序等：《续行水金鉴》卷111《运河水》，《四库未收书辑刊》七辑第8册，第223页。

③ 《清宣宗实录》卷278，道光十六年（1836）二月丁巳。

④ 《清宣宗实录》卷400，道光二十三年（1843）十二月壬寅。

催盐运司催征归款，"务须年清年款，不准任意延宕"①。虽然道光帝接连严令五申冬挑津贴银必须由商息银支付，但是也无济于事。道光二十七年（1847），商息银仍不敷冬挑津贴银，不得不于山东藩库借款12611两零。② 商息银屡屡不敷冬挑津贴之需说明山东运河冬挑已陷入财政困境。

除冬挑生息银的经营陷入困境外，用于四女寺支河的生息银经营也面临此类问题。嘉庆十三年（1808），巡抚吉纶提司库城工生息银十万两交盐商生息，年可获息银12000两。除四五千两用于支河挑浚外，余剩七八千两息银被拨付冬挑应用。至道光初年，这笔息银"均未如数解司（库）"，不仅影响支河挑浚，甚至运河冬挑亦"无款筹挑"。道光七年（1827），道光帝下旨要求长芦盐政饬令山东运司勒追盐商照数完缴息银。③

山东运河发商生息运作陷入困难的原因，正如道光七年（1827）盐商江永庆等所言：

> 东商从前应交官项，每年仅止二十八九万两。嗣后，盐务疲乏，节次蒙恩赏发帑本接济，以致应完正杂课项、各款帑利，每年应征九十余万两，较之从前三倍有余。④

可见，山东盐商拖欠息银的主要原因就是利率过高，已经超出商人负担。担负巨额的生息银，导致山东盐商无法做到年清年款。至道光七年（1827），山东盐商已积欠生息银、银票课款等银约5352668两，导致盐政疲乏不堪。⑤

---

① 《清宣宗实录》卷412，道光二十四年（1845）十二月丁巳。
② 《清宣宗实录》卷450，道光二十七年（1848）十二月丙辰。
③ 文煜等：《钦定工部则例》卷43《河工十三·漕河》，《故宫珍本丛刊》第297册，第341页。
④ 《清盐法志》卷62《山东十三·征榷门一·商课上》。转引自纪丽真《明清山东盐业研究》第六章"清代山东的盐课"，第236页。
⑤ 纪丽真：《明清山东盐业研究》第六章"清代山东的盐课"，第236页。

# 小　结

布政司藩库库贮地丁银是运河闸坝、河道不定期挑浚以及各类另案工程开展的主要财源。动拨藩库地丁银用于河工，除题报工部审核外，另需报户部查核。此外，沿运州县地丁银构成了运河道库的重要财源。州县官能否及时足额上缴用于河工的地丁银直接关系到河工开展的顺利与否。因此，清廷对州县官缴纳河银实行了严格的考成制度。

明清鼎革，为尽快从战乱中恢复经济，休养生息，清廷对百姓占垦湖田持放纵政策，尤其是大面积的水瀦滩地被垦殖。在此期间，以安山湖湖田的垦殖最为典型。明代中叶以后，伴随水文地理形势的变化，安山湖已不适合蓄水济运。至清初，沿湖百姓以助饷的名义大量占垦湖田。康熙十八年（1679），官府丈量的百姓占垦湖田面积就达925顷余亩。雍正年间，湖田垦殖的舆论收紧，清廷试图将安山湖恢复水柜，最终却以失败告终。至乾隆年间，安山湖湖田垦殖获大规模推广。仅乾隆二十年（1755），安山湖湖租就可达5200余两。

与黄河水文形势不同，山东运河水势平稳，用于运河防风工程的埽料每埽就可以节省八束，即节省一笔数目可观的埽料银两。这笔节省八束银被广泛用于闸座拆修、引渠疏浚以及运堤修复等河工。

河滩地租和赁基银也为山东运河经费的重要来源。沿运21州县向运河道库上缴河滩地租银的河滩地就有35380余亩，每亩上缴河滩银2至5分不等，合计河滩银1326余两。早在明代隆庆年间，总理河道万恭就提议将运河堤岸土地出租征银以济河工。此后，赁基银成为一项普遍收取的河银类型。清代，山东运河沿线州县上缴运河道库的房产12316余间，统共收房租银646余两。

雍正年间，清廷推行耗羡归公的改革，议定耗羡银只能用来弥补地方财政亏空，或议设养廉，或存为地方公用。山东布政司藩库所存耗羡银与河工有关系的主要是文武河官的养廉银以及衙署修建银等，并不直接用于河道工程。乾隆十三年（1748），清廷出台《耗羡章程》，明确规定各省动支耗羡款项及数目，标志着耗羡归公改革的完成。此后，司库耗羡银开始部分应用于运河河工。尤其是嘉庆初年，山东运河冬挑新增的 3 万两左右的津贴银曾一度由藩库耗羡银和道员以上的文职官养廉银分担。至乾隆五十四年（1789），沿运各州县解往运河道库的地丁银开始随征耗羡银，并针对沿运州县官向运河道库上缴耗羡银制定了严格的考成。山东济南、东昌等五府以及济宁、临清二直隶州等解往运河道库耗羡银总共 8020.152 两。

用于山东运河河工的发商生息银与山东盐商关系密切。在盐商缺乏经营资本的情况下，清廷通过借给盐商一定数额的帑金以资周转。作为回报，盐商每年向官方上缴一定数额的利息。乾隆后期开始，山东地方官府向盐商发放帑金生息获利，年息维持在 12%—13%。自嘉庆十年（1805），发商生息银开始成为山东运河冬挑津贴银的最主要来源。此外，四女寺支河挑浚所需费用也由生息银支付。不过，由于利率过高，发商生息的经营逐渐陷入困境。

据潘威等人研究，清代河工捐纳始于康熙末年，定型于乾隆时期。嘉道时期，随着河务开支的不断上涨，清廷的常规财政已难以支持治河事务，河工捐纳成为河务财政的最主要来源之一。[①] 或许是山东运河河工开支数目稳定维持在耗银 20 万两上下的缘故，开支规模尚可通过常规途径维持，河工捐纳在山东运河河工上较为少见。嘉庆八年（1803）九月，河南封丘黄河大汛决溢，洪水直冲张秋运道，官堤民堰培筑工程需银 6 万余两。其间，山东盐商候补知府衔刘克昌捐棉衣 1000 件，银 3 万两作为工赈之用。事闻于朝，嘉庆帝下旨咨部议叙。[②]

---

① 潘威、李瑞琦：《清代嘉道时期河工捐纳及其影响》，《中国经济史研究》2020 年第 6 期。

② 黎世序等：《续行水金鉴》卷 108《运河水》，《四库未收书辑刊》七辑第 7 册，第 831 页。

# 结　　论

## 一　清代山东运河河工的成熟运作

为转运江南漕粮，元朝先后在山东境开凿济州河、会通河，使得山东段运河成为京杭运河的重要组成部分。但是，元朝施工仓促，南北分水点选择不当，运河闸座分布不合理，山东段运河未能发挥出转运漕粮的关键作用。总之，元朝是山东段运河河工的奠基时代。至明永乐年间，工部尚书宋礼重新规划会通河的运作机理，修筑戴村坝，将分水点由济宁移至南旺，并将沿运马常泊等湖蓄水济运，奠定了此后数百年间山东段运河的水利格局。黄运关系在明代山东段运河河工治理上占据极为关键的地位。明代前期在黄运关系处理上采取了借黄济运的治理思想。这一治河倾向导致黄、运关系牵涉不清，黄河成为一个时刻危及运道安危的不稳定因素。通过筑堤遏制黄河北决威胁山东运道则是明代前期金纯、徐有贞、白昂、刘大夏等河臣治河的具体策略。不过，此举效果仍旧有限，明朝最终采取了"避黄行运"和"黄运分立"的治河策略，相继开凿南阳新河、泇河，最终使得运河在最大程度上摆脱了黄河的袭扰。

在摆脱黄河袭扰的同时，山东段运河也失去了黄河提供的水源补给，水源顿减。围绕扩充水源以及充分利用蓄水这一突出问题，清代山东段运河各类闸坝等水工设施的建置以及相关运作管理制度更加周密严格，泉源的疏浚和水柜蓄水的更加制度化。卫河河道上游以及下游的水量管理也达成共识。上游水量主要通过源头限流以及引漳入卫等措施解决；下游泄水则通过开挖恩县四女寺减河、德州哨马营减河等方式加以解决。至此，清代山东运河河工运作机制已经臻于成熟。

蔡泰彬在研究明代漕河运作机制时直言："明代创置此一庞大治河组织，规模属初具，尚未臻制度化，但为清代奠下整河组织的基础。"① 在延续明制基础上，清代专设河道总督一职专管黄、运河工事务，同时兼负维持沿河社会秩序稳定之责。河道总督一职经历了总司黄、运河工，再经副总河分区协理河南、山东河务，到最后形成河道总督划区分理，一分为三的河工统治格局。清代河政中层统治机构最初实行以工部管河分司负责河道疏浚事务的运作机制。然而，管河分司存在职权微弱，无法调动沿河州县印官协同治河等缺陷。后来几经变革，山东运河河政最终形成以运河道为中心的中层河政机制。明代黄、运河工运作系统并未衍生出专设银库。发展至清代，河政系统出现专设管河道银库。山东运河道就专设有银库，并成为专管运河河银的钱粮存贮机构。这标志着河东河道总督开始具备了一定的独立财权。

清代山东运河河工基层官员主要由地方州县的同知、通判以及州判、州同、县丞、主簿等佐杂官员构成。至乾隆年间，这些河工佐贰官彻底从繁杂的地方州县事务中解脱出来，形成一批专注于河工基层事务的常备官员群体，标志着参与河工事务官员群体的专业化。

为弥补实缺河道官员的力量不足，同时储备一批娴习河务的治河储备力量，清代在河工运作中实行了较为完备的效力制度。地方府州县的各类候补候选官员群体、八旗子弟以及革职官员等群体是效力人员的主要来源。河工效力人员从事河工，却无薪俸补助，有时为了升迁，甚至自掏腰包捐助河工。效力人员有时难免利用职权贪污腐化，浮冒钱粮。不过，清代通过河工效力制度储备了一批专业化的治河后备官员。

根据不同的水文形势，明清两朝于黄河、运河不同河段设置了功能各异的堡夫、徭夫、浅夫、坝夫、泉夫等十余种类型的河夫。明前期，河夫的征发均需应役者亲身当差。随着均徭法的推行以及白银的广泛使用，河役折银趋势得到进一步发展。明隆庆年间，山东布政使司主持编

---

① 蔡泰彬：《明代漕河之整治与管理》第六章"漕河之管理组织及其演进"，第465页。吴士勇研究与运河关系密切的明代总漕的历史地位时指出，明代总漕和其他总督一样，有了封疆大吏的权和责，没有其名和职，既非临时性差遣官，也非真正意义上的封疆大吏，尚在制度化过程之中。参见氏著《明代总漕研究》，科学出版社2017年版，第267页。

纂的《山东经会录》更是详细登载每项力差的打讨银数额,以规范民间代役人与正户之间的雇用工价,保障差役的顺利完成。明代山东运河各类差役主要由运河沿线的东昌、兖州二府承担。明中后期,不断有大臣提议将运河劳役分摊至山东六府。但是,此项提议遭到远离运河的青州、登州、莱州三府人士的反对而未获施行。

明代河夫应差主要通过佥派里甲的方式征调运转,成为一大弊政。在地方民怨沸腾的呼声之下,康熙年间清廷正式将河夫佥派改为雇募应役。改行雇募之初,河夫工食银主要由沿运州县按亩摊征帮贴银,弊窦丛生。伴随摊丁入亩的赋役改革完成,雇募河夫银改摊入沿运州县地亩内征收地丁银。

清康熙年间,河道总督靳辅整顿江南河务期间,江南地区最早出现了专业化的河兵,并形成了河夫协助河兵的河工运作模式。雍正四年(1726)七月,河道总督齐苏勒才将江南河兵的建置模式移至山东运河,于彭口、沙湾、微山湖等运河要工地段添设河兵400名,出现专业化的治河力量。这支新设河兵由各厅汛千总、把总等武职官员统辖,并统归运河道管辖。训练有素的军事化力量参与河工,也标志着清代河工参与人员专业化的强化。

## 二 清代山东运河河工制度成本

至此,我们需要对山东运河河工经费规模做出一个较为细致的推算。我们来看维持山东运河河工的制度成本,或者说维持这套河工运作运作机制所需银两。包括自河道总督以下至基层河工佐贰官员是山东运河河工官员的在缺人员。这些在缺官员群体在清前期领取数额不等的俸银以及柴薪银、心红纸张银、蔬菜烛炭银等。至雍正年间,随着耗羡归公改革的完成,各级河道官员开始领取一笔数额不等的养廉银。根据我们正文讨论的山东运河河工文职官员员缺数以及相应官缺的正俸银及养廉银数据,我们可以得出——乾隆年间山东运河文职员缺俸廉银合计19162.464两,嘉庆年间为19869.034两,同治年间为19488.692两。与此同时,参与运河河工事务的运河营也领取俸薪银和养廉银。清中后期,山东运河营各类武职将领领取俸薪银维持在1300两上下。运河营400名专业河兵，每名每年饷银 14.64 两，统共饷银 5856 两，连同器具银，合计 6176 两。至乾隆中叶，这支河兵按战兵、守兵区分工食银后，粮饷、器具二银合计 6336 两，均于藩库地丁银内拨付。

随着河夫征调由征调走向雇募，山东运河额设河夫工食银两，主要由沿运州县地丁银内支给。雍正年间，山东运河下辖的运河、捕河、泇河、上河、下河五厅额设浅、溜、闸等夫共计 3333 名，每年支给工食银 32240.96 两。至乾隆年间，山东运河道下辖各类额设河夫的工食银数目略有变动：闸夫 1359 名，每名岁给工食银 14.4 两，合计工食银 19569.6 两；浅、溜、桥、坝等夫 1357.5 名，每名岁给工食银 12 两，合计工食银 16290 两；德州桥夫 2 名，不参与挑河，合计工食银 23.6 两。以上浅、桥、谣、坝等夫共 2718.5 名，平年 12 个月合计支工食银 35883.2 两。每名长夫岁支器具银 8 钱，合计 2173.2 两。可见，平年山东运河额设长夫工食银、器具银两项合计 38056.4 两。闰年河夫工食银略有增加，工食银、器具银两项合计 41021.6 两。

以上额设河夫仅包括运河沿线的额夫，未将散布于 17 州县的额设泉夫归纳在内。至乾隆年间，泉河厅额设泉夫 784 名，每名岁支工食银 10 两，于布政司藩库钱粮支发。沿运的滕县、峄县、鱼台、东平等县泉夫 210 名，除东平州泉夫 8 名拨防戴村坝不参与冬挑外，其余 202 名均于冬季协挑运道。距运河较远州县泉夫 574 名，每年发工食银 4 两，剩余 6 两存贮司库。每年十月冬挑开始后，布政使将这笔余剩银 3444 两转发运河道库，并给发濒河州县募夫挑河。可见，额设泉夫实际领取的工食银合计 4396 两。

综上，我们将纳入正式官缺[①]的文官官员俸廉银、武职官员俸廉银、河兵俸饷银、额设河夫（含泉夫）工食器具银进行统计，可得出维持以上河工参与人员的薪酬在银 72000 两上下。

需指出，以上统计仅将有正式官缺的文武官员群体、额设河夫、河兵所需之费纳入在内，尚有庞大的典史、门子、皂隶、步快、轿夫等群

---

① 据清史学者杜家骥定义：狭义的官缺，即岗位编制，如某机构某官设几名也即几缺，哪个职位暂时无人，称之为出缺。参见氏著《杜家骥讲清代制度》，第 86 页。

体需加以考察。这个数目庞大的胥吏、衙役群体也需耗一定数目的经费。乾隆五年（1740），山东管河道之下新设曹仪通判一员，每年支给俸银60两。通判之下，除设典史2名无工食银外，新设门子2名，皂隶12名，步快8名，轿夫4名，伞扇夫3名，每岁连闰月，各给工食银5.863两，统共170.027两。① 目前史料缺乏有关清代山东运河胥吏、衙役群体的构成及薪俸的相关记载，明后期北河河务长官谢肇淛的《北河纪》详载山东运河典吏、书手、门子、马快、步快、皂隶、轿夫等详细数目及薪酬。如兖州府捕河通判员下：

> 典吏二名，书手三名，门子一名，马快十名，步快十名，民壮十六名，皂隶十二名，轿夫六名，兵夫一名，禁子四名，船头十名。每名岁给工食：书手十二两，门子七两二钱，马快二十二两，步快七两二钱，民壮八两，皂隶五两，轿夫八两，兵夫四两八钱，禁子六两，船头六两，俱于本府州各州县徭编并役占浅夫银内支给。②

据此，我们可以得出明代后期工部都水司郎中、兖州府运河同知、东昌府河务通判以及沿运各州县卫所胥吏、衙役群体的薪俸数目为5501.536两。由于我们尚不了解清代山东运河河工胥吏、衙役群体的数目，暂且以明代后期胥吏、衙役群体的薪俸数目为据，可以得出：清代山东运河河工参与人员所得合法性的薪酬数目大致在8万两上下。

### 三 山东运河河工经费规模

按河工性质不同划分，清代河工可分为岁修、抢修、另案和大工等。雍正初年，山东运河河工开始出现制度化的岁修抢修。岁修工程用银有严格的事前预估制度；抢修工程则需工竣后需河道总督将抢修工程地段以及各工长宽丈尺数据详细开列汇报工部核销。岁修、抢修工程实行严

---

① 张伟仁主编：《明清档案》A105-8《山东巡抚朱定元揭报曹州府添设曹仪通判应给俸工银两事》，第59027页。

② 谢肇淛：《北河纪》卷6《河政纪》，《中国水利史典·运河卷一》，第328页。

格的限额政策。例如，雍正五年（1727），规定鱼台县运堤岁修每年不得过 1000 两。雍正十年（1732），规定汶上南旺分水口束沙坝每年岁修不得过 1500 两。嘉庆二十一年（1816），清廷更是明确规定山东运河岁修、抢修工程耗银总数不得过 4.5 万两。

另案是"不在岁修抢修常例"的工程。山东运河的另案工程主要是闸坝的不定期修缮。另案工程的开展，多难以在事前预估，需河道总督随时将办理情形上奏朝廷。工竣，河道总督将工段丈尺、用银数目开列清单具奏，经工部核销后，方准完成奏销。另案工程用银在最初并无限额，耗银数目不断暴涨，至道光初年黄、运河工每年所需另案经费就多达四五百万余两。道光九年（1829），道光帝下旨要求河道总督在每年汇报当年另案工程用银数目清单内详载当年以及上三年另案用过银数，并加以比较。这项改革推出后，河工另案用银数目逐步稳定下来，山东运河另案工程用银维持在 11 万两上下。

冬挑是确保山东运道畅通的一项基本工程。运河冬挑河段主要位于南旺分水口、临清汶卫交汇处、济宁彭口等处河段。清初，运河小挑只需征调沿运州县额设河夫应役；大挑则需于额夫以外另募夫 5262 名应役，需帮贴银 3512.14 两。至雍正年间，运河冬挑制度渐趋完善，小挑年份需募夫 1241 名，需帮贴银 44013 两零；大挑年份需募夫 5470 名，需帮贴银 62213 两零。乾隆年间，小挑年份需募夫工价及器具银 2849.6 两；大挑年份需募夫工价及器具银 17211.85 两。乾隆五十三年（1788），清廷对运河冬挑的限额政策进行调整，不再据大挑、小挑之别，以两年用银不过 1.6 万两之数。可见，至乾隆年间，山东运河冬挑用银每年平均8000 两。

至嘉道年间，常规的募夫工食银及器具银已无法满足正常的冬挑所需，运河挑浚的成本大涨，并产生一笔数万两的津贴银。嘉庆五年（1800），清廷议定每年山东运河冬挑津贴银不得过 3 万两。最初，这笔津贴银在布政司藩库所存耗羡银及抚、藩、臬、司、道等官员养廉银内各半坐扣。此后，发商生息银成为运河冬挑津贴银的最主要来源。道光初年，道光帝下旨规定山东运河冬挑常年例价、津贴银两不得过 5 万两。

山东闸河、卫河以及沿运水柜湖泊有数目可观的民垲存在。这些民埝的修缮均不动用国帑，而是由辖境地方官劝谕周边百姓加帮修筑。乾隆中后期开始，借项兴修水利开始于山东普遍出现。借项兴修坍损民埝工竣，按田亩数目摊派分年归款是借项兴修运作的常规模式。在灾荒等特殊年份，百姓归还国帑困难，清廷多采取将百姓负担转移到地方官员身上以及利用生息还款等方式加以解决。

清代河工河银筹支运作实行严格的限额政策。山东运河岁修、抢修工程耗银不得过 4.5 万两；另案工程耗银维持在 11 万两上下；清前期运河冬挑每年耗银维持在 8500 两上下，至中后期每年耗例价、津贴银不得过 5 万两。据此，我们可以得出——山东运河河工开展所耗银两维持在 16 万—21 万两。

大工是清代河工经费消耗白银数目最为庞大的河工类型，主要发生在黄河河段。一次规模浩大的黄河堵口大工耗银甚至高达 3000 万两以上。山东运河极少有大工出现。山东运河河工耗银规模大的工程主要发生在黄河冲击运道时引发的系列修缮工程。例如，乾隆四十八年（1783）黄河青龙冈决口漫溢下游山东运道，济宁以南运堤坍损严重，仅运道重修耗银就多达 107 万两。

在清代河工经费筹支运作上，中央户部在其中起到关键作用。黄河河工另案与大工动辄耗银几十万两至几百万两不等，往往会超过有河省份藩库的垫拨能力。户部往往径行拨用部款，或指拨相邻省份藩库、关库及运库等途经协济有河省份开展河工。[1] 直至雍正年间，河南每年仍需起解银 9.09 万余两，山东 1.89 万余两协济南河河工。乾隆十一年（1746），乾隆帝下旨才将这笔协济银两取消。山东运河常规河工维持在 16 万—21 万两，远远低于河南、江南黄河河工耗银数目。所耗银两的调拨基本通过山东布政司藩库、运河道库，极少来自中央户部以及他省财政协济。河工经费的主要来源包括布政司藩库地丁银、湖田地租银、节省八束银、河滩地租银、赁基银、耗羡银以及发商生息银，省内财政的

---

① 裴丹青：《清代河工研究》第六章"河工经费"，华东师范大学，博士学位论文，2016年，第 213 页。

自主性极强。[①]

### 四 山东运河河工经费的定额化特征

清代"从滋生人丁永不加赋"到"摊丁入地"的赋役改革过程中，赋税的征收及起运突出地呈现出定额化的特征。清代财政收支每年都有相对固定的额度，并通过《会典》《则例》等法典式文献予以规定。[②] 日本学者岩井茂树将清代这种与经济扩大不相适应的僵化的财政运作体系特性，称之为"原额主义"。他强调指出，清代财政原额主义的出现与财政上实行的中央集权制紧密相关。从中央朝廷对税收的完成情况进行监督和检查（即"考成""奏销""报销"）的角度，中央需要设定一个标准，即"额"。在财政上设定一个"额"后，清廷中央更便于操作。[③]

清代山东河工经费支出项目同样有严格的额定支出银两。乾隆年间，制度成型时期山东运河各厅岁修抢修工程均有严格的限定数目（见表1）。由表1可见，乾隆年间山东运河各厅岁修抢修银两维持在 47500 两左右。至嘉庆二十一年（1816）五月，清廷甚至明定山东运河岁修抢修银两不得过 45000 两。山东运河另案用银额定维持在 10 万两。

**表1**                       **乾隆年间山东运河各厅岁修抢修额银表**

|  | 运河厅 | 上河厅 | 捕河厅 | 泇河厅 | 合计 |
|---|---|---|---|---|---|
| 岁修 | 8400 余两 | 2200 余两 | 1870 余两 | 无 | 约 12500 两 |
| 抢修 | 14900 余两 | 4600 余两 | 4800 两 | 10160 两 | 约 35000 两 |

数据来源：见第三章第一节；下河厅为卫河河道，无岁修抢修数据。

---

① 乾隆四十八年（1783），黄河青龙冈决口冲淤山东运道。济宁以南至黄林庄 340 余里两岸闸坝修复耗银 107 万余两。其中中央户部直接拨款 50 万两协济这项河工。这种由户部直接拨款的情况在清代山东运河河工极为罕见。台北"故宫博物院"编辑委员会编：《宫中档乾隆朝奏折》第 56 辑，第 153 页。

② 何平：《清代赋税政策研究：1644—1840 年》中篇（上）《定额化赋税制度及其缺陷》，故宫出版社 2012 年版，第 86—150 页。

③ 岩井茂树：《中国近代财政史研究》第一章"正额外财政与地方经费的困窘"，付勇译，第 72 页。

结　论　/　321

这种僵化缺少弹性的财政运作体系，在河工实际开展过程中带来诸多弊病。再以山东运河冬挑为例。运河冬挑河银同样有严格的额银规定。这种僵化的财政制度，使得州县官趁机利用制度漏洞，浮冒河银。乾隆初年，经河东河道总督白钟山题定，山东运河冬挑募夫工价及器具银，"小挑准销银二千八百七十余两，大挑准销银一万七千二百一十余两，计两年内准用银二万两有奇"。冬挑河银定额化，从根本上限定了大小挑耗银最高值，很大程度上限制州县官恣意浮冒，节省很多银两。但政策缺少灵活性，更缺乏可操作性。如若大挑之年，运道淤积并不严重，"乃准用银一万七千余两，徒滋浮冒"；小挑之年，运道受淤严重，"乃限定用银二千八百余两，势不免减估，迁就草率"①。

清代河工财政体系实行严格的限额政策，在南河表现也极为突出。南河黄河河堤加高培厚、夫役工食以及加镶桩埽等项河工据实报销，"总不出年例岁抢二修钱粮四十余万两之数"。然而，实际却是南河地区工程堤岸辽远，三汛水势不齐，每年河银数目自不固定。岁修抢修严格限额后，在工人员，"因定有成额，恣意浮冒，以无为有，以少报多，不应修而修，不应抢而抢"。而负责稽核的总河，因下属报销账目不出 40 万两额定数目，均允以开销。乾隆帝意识到河工岁修抢修河银数目的严格限额政策之弊，特下旨告诫当时南河总河高斌，实心经理河务，注意节省河银。② 此时的乾隆帝已意识到河工岁修抢修银两限额的弊病。工部议覆南河总督高斌关于南河岁修抢修不得过 40 万两之数的奏折时，也认为此前河工岁修抢修报销河银并无限额，若统一以 40 万两为准，"恐开捏报侵冒之弊"。他们认为，河工岁抢修应令河臣审视水势大小，工程平险，逐一妥办，分案据实造报。③ 可见，乾隆初年朝堂上下多已认识到河工岁修抢修限额的弊病。

到乾隆中期，乾隆帝甚至一度想取消河工银两的限额制度。永定河

---

① 黎世序等：《续行水金鉴》卷 104《运河水》，《四库未收书辑刊》七辑第 7 册，第 771 页。

② 《清高宗实录》卷 324，乾隆十三年（1748）九月庚申；又见黎世序：《续行水金鉴》卷 12《运河水》，《四库未收书辑刊》七辑第 6 册，第 223 页。

③ 《清高宗实录》卷 326，乾隆十三年（1748）冬十月辛卯。

岁修抢修也有严格限额，每年定额不得超 3.4 万两。乾隆四十年（1775），乾隆帝对这种严厉的限额政策做了反思。永定河水势靡常，工程量也随之增减不定。水大年份，永定河岁修项，工程黏补必多，耗费也大；水小年份，耗费较省。抢修工程也应视工程平险，疏浚应视河道淤浅程度，很难"绳以一律"。他在谕旨中指出，河工岁修、抢修却按规定数目笼统发银，"不问工之巨细多寡，任其牵匀销算，特非覆实办工之道"。对此，乾隆帝特下旨删除永定河每年岁修抢修 3.4 万两定额。他要求每年秋汛后，永定河道将来年岁修疏浚河道事宜以及需费数目据实上奏，领银后采备物料，于次年照估办理河工，工竣验收报销。来年抢修，事先预备 1 万两存贮永定河道库，酌量预备物料，分存工所，以备临期应用。倘不足额，奏明垫发，工竣查验，覆实报销找领。① 由此可见，河工财政实行的限额政策，在便于清廷将河银用数限定在一定额数内，强化中央集权的财政管理的同时，财政运作制度的僵化性之弊病也是非常显著。

山东运河河工频兴的背后是沿运州县百姓的付出。在白银未在河工普遍推广之前，山东沿运百姓被无休止地佥派参与河工，饱受河工辛劳，妨碍农时，甚至不得不远离故土以逃避重役。在白银普遍用于河工之后，沿运百姓虽免于直接的佥派之累，但是，河工银两主要来自沿运百姓的地丁银。运河冬挑的经费来源主要来自沿河百姓按田亩数目摊派的帮贴银两。运河以及沿运湖河民埝的修筑最终也由百姓田亩摊派筹集经费。此外，兴修大工筹措银两以及官员承修工程无法确保限内完固而缴纳的赔修款项最终落到黄、运地区百姓的头上。嘉庆帝就意识到这一弊窦，并于嘉庆五年（1800）五月下旨指出：

> 河工省份各设厅汛员弁，专管修防。其地方守令，无兼河之责者，原不应派令办理河务，乃闻近来遇有堵筑挑浚大工，多藉帮办之名，调派州县，令其贴解银两，并将上司应赔工程，亦令州县代赔，以致派累百姓，挪移仓库，本任地方职守且多旷废，着直隶、

---

① 《清高宗实录》卷989，乾隆四十年（1775）八月癸巳。

江南、山东、河南各督抚及河道总督等通行禁止。嗣后，办理河工只准调派丞倅杂职等官，不得再派州县，致滋弊窦。[1]

光绪年间，峄县人在修撰的方志直言："峄地之雕耗，积二百余年而不复振者，其原皆自于此（漕渠），不可不察也。"[2] 总之，运河的畅通拉动南北物质文化交流，带动沿运地区商业发展，发挥着关键性作用。但是，为维持运河运道畅通，所付出巨大的人力物力成本，带给沿运州县百姓的沉重负担，也成为阻碍经济发展的一个重要因素。

---

[1] 黎世序等：《续行水金鉴》卷 106《运河水》，《四库未收书辑刊》七辑第 7 册，第 799 页。

[2] 赵亚伟等整理：光绪《峄县志》卷 12《漕渠》，第 165 页。

# 参考文献

## 一 古籍史料

中国第一历史档案馆所藏档案。

中国第一历史档案馆编：《雍正朝汉文朱批奏折汇编》，江苏古籍出版社
　　1991年影印本。

台北"故宫博物院"编辑委员会编：《宫中档乾隆朝奏折》，台北"故宫
　　博物"院1982年影印本。

张伟仁主编：《明清档案》，台北：联经出版事业公司1987年影印本。

《明实录》，台北"中央研究院"历史语言研究所1966年影印本。

《清实录》，中华书局1985年影印本。

宋濂等：《元史》，中华书局1976年标点本。

张廷玉等：《明史》，中华书局1974年标点本。

万斯同：《明史》，《续修四库全书》史部第325册，上海古籍出版社
　　1995年影印本。

雍正帝敕编：《圣祖仁皇帝圣训》，《景印文渊阁四库全书》史部第411
　　册，台湾商务印书馆1986年影印本。

乾隆帝敕编：《世宗宪皇帝朱批谕旨》，《景印文渊阁四库全书》史部第
　　417册，台湾商务印书馆1986年影印本。

乾隆帝敕编：《世宗宪皇帝圣训》，《景印文渊阁四库全书》史部第412
　　册，台湾商务印书馆1986年影印本。

乾隆帝敕编：《世宗宪皇帝上谕内阁卷》，《景印文渊阁四库全书》史部第
　　414册，台湾商务印书馆1986年影印本。

高晋等：《钦定南巡盛典》，《景印文渊阁四库全书》史部第 658 册，台湾
　　商务印书馆 1986 年影印本。

龙文彬：《明会要》，《续修四库全书》史部第 793 册，上海古籍出版社
　　1995 年影印本。

申时行等：万历《大明会典》，《续修四库全书》史部第 789—792 册，上
　　海古籍出版社 2002 年影印本。

伊桑阿等：康熙《清会典》，《近代中国史料丛刊》，台北：文海出版社
　　1966 年影印本。

允祹等：乾隆《钦定大清会典》，《景印文渊阁四库全书》史部第 619 册，
　　台湾商务印书馆 1986 年影印本。

托津等：嘉庆《钦定大清会典》，《近代中国史料丛刊》三编，台北：文
　　海出版社 1997 年影印本。

乾隆帝敕修：乾隆《钦定大清会典则例》，《景印文渊阁四库全书》史部
　　第 624 册，台湾商务印书馆 1986 年影印本。

托津等：嘉庆《大清会典》，《近代中国史料丛刊》三编，台北：文海出
　　版社 1997 年影印本。

托津等：嘉庆《大清会典则例》，《近代中国史料丛刊》三编，台北：文
　　海出版社 1997 年影印本。

昆冈等：光绪《大清会典事例》，《续修四库全书》史部第 811 册，上海
　　古籍出版社 1995 年影印本。

曹振镛等：嘉庆《钦定工部则例》，《故宫珍本丛刊》第 294 册，海南出
　　版社 2000 年影印本。

文煜等：光绪《钦定工部则例》，《故宫珍本丛刊》第 297 册，海南出版
　　社 2000 年影印本。

于敏中等：《钦定户部则例》，《故宫珍本丛刊》第 284—285 册，海南出
　　版社 2000 年影印本。

乾隆帝敕修：《清朝文献通考》，商务印书馆 1936 年版。

嵇璜等：《续文献通考》，《景印文渊阁四库全书》史部第 626 册，台湾商
　　务印书馆 1986 年影印本。

刘锦藻：《清朝续文献通考》，商务印书馆 1955 年版。

万表辑：《皇明经济文录》，《四库禁会书丛刊》集部第 19 册，北京出版社 1997 年影印本。

琴川居士辑：《皇清奏议》，《续修四库全书》史部第 473 册，上海古籍出版社 2002 年影印本。

魏源全集编辑委员会编：《魏源全集·皇朝经世文编》，岳麓书社 2011 年版。

盛康：《皇朝经世文续编》，《近代中国史料丛刊》，台北：文海出版社 1966 年影印本。

杨凤藻编：《皇朝经世文新编续集》，《近代中国史料丛刊》，台北：文海出版社 1966 年影印本。

山东清理财政局编：《山东财政说明书》，陈锋主编《晚清财政说明书》第 2 册，湖北人民出版社 2015 年版。

苏天爵编：《元朝名臣事略》，中华书局 1996 年版。

胡瓒：《泉河史》，《四库全书存目丛书》史部第 222 册，齐鲁书社 1996 年影印本。

叶方恒：《山东全河备考》，《四库全书存目丛书》史部第 224 册，齐鲁书社 1996 年影印本。

刘天和著，卢勇校注：《问水集》，南京大学出版社 2016 年版。

王琼：《漕河图志》，《中国水利史典·运河卷一》，中国水利水电出版社 2015 年版。

万恭著，朱更翎整理：《治水筌蹄》，水利电力出版社 1985 年版。

杨宏、谢纯：《漕运通志》，《中国水利史典·运河卷二》，中国水利水电出版社 2015 年版。

毛纪：《鳌峰类稿》，《四库全书存目丛书》集部第 45 册，齐鲁书社 1996 年影印本。

朱国盛、徐标：《南河志》，《中国水利史典·运河卷一》，中国水利水电出版社 2015 年版。

谢肇淛：《北河纪》，《中国水利史典·运河卷一》，中国水利水电出版社 2015 年版。

阎廷谟：《北河续纪》，《中国水利史典·运河卷一》，中国水利水电出版社 2015 年版。

陆耀：《山东运河备览》，《中华山水志丛刊》水志第 25 册，线装书局 2004 年影印本。

胡世宁：《胡端敏奏议》，《景印文渊阁四库全书》史部第 626 册，台湾商务印书馆 1986 年影印本。

靳辅：《靳文襄奏疏》，《景印文渊阁四库全书》史部第 430 册，台湾商务印书馆 1986 年影印本。

靳辅：《治河奏绩书》，《景印文渊阁四库全书》史部第 579 册，台湾商务印书馆 1986 年影印本。

张鹏翮：《治河全书》，《续修四库全书》史部第 847 册，上海古籍出版社 2002 年影印本。

张伯行：《居济一得》，《中国水利史典·运河卷二》，中国水利水电出版社 2015 年版。

傅泽洪等：《行水金鉴》，《景印文渊阁四库全书》史部第 580—582 册，台湾商务印书馆 1986 年影印本。

白钟山：《豫东宣防录》，《中国大运河历史文献集成》第 15 册，中国国家图书馆 2014 年影印本。

李大镛：《河务所闻集》，《中国大运河历史文献集成》第 11 册，中国国家图书馆 2014 年影印本。

黎世序等：《续行水金鉴》，《四库未收书辑刊》第 7 辑，北京出版社 1997 年影印本。

中国水利水电科学院水利史研究室编：《再续行水金鉴·运河卷》，湖北人民出版社 2004 年版。

董恂：《江北运程》，《四库未收书辑刊》五辑第 7—8 册，北京出版社 1997 年影印本。

康基田：《河渠纪闻》，《四库未收书辑刊》一辑第 28—29 册，北京出版社 1997 年影印本。

杨锡绂：《漕运则例纂》，《四库未收书辑刊》一辑第 23 册，北京出版社 1997 年影印本。

无名氏：《文武职养廉俸薪表》，《四库未收书辑刊》十辑第 4 册，北京出版社 1997 年影印本。

吴宽：《家藏集》，《景印文渊阁四库全书》集部第 1255 册，台湾商务印书馆 1986 年影印本。

沈联芳：《邦畿水利集说》，《续修四库全书》史部第 851 册，上海古籍出版社 1995 年影印本。

吴璥：《吴荪圃先生奏疏》，《天津图书馆孤本秘籍丛书》第 2 册，全国图书馆文献缩微复制中心 1999 年影印本。

王履泰：《畿辅安澜志》，《中华山水志丛刊》水志第 3 册，线装书局 2004 年影印本。

薛凤祚：《两河清汇》，《景印文渊阁四库全书》史部第 579 册，台湾商务印书馆 1986 年影印本。

周馥：《秋浦周尚书全集·治水述要》，《近代中国史料丛刊》，台北文海出版社 1966 年影印本。

王定安：《求阙斋弟子记》，《近代中国史料丛刊》第六辑 52 册，台北文海出版社 1966 年影印本。

陈康祺：《郎潜纪闻二笔》，中华书局 1984 年版。

何瑭著，王永宽点校：《何瑭集》，中州古籍出版社 1999 年版。

陶季：《舟车集》，《清代诗文集汇编》第 57 册，上海古籍出版社 2010 年影印本。

朱中梁等编：《朱之锡文集·河防疏略》，中国文史出版社 2001 年版。

顾祖禹：《读史方舆纪要》，中华书局 2005 年影印本。

李光地：《榕村集》，《景印文渊阁四库全书》集部第 1324 册，台湾商务印书馆 1986 年影印本。

崔维雅：《河防刍议》，《续修四库全书》史部第 847 册，上海古籍出版社 1995 年影印本。

嵇曾筠：《防河奏议》，《续修四库全书》史部第 494 册，上海古籍出版社 1995 年影印本。

张应昌辑：《国朝诗铎》，《续修四库全书》集部第 1627 册，上海古籍出版社 1995 年影印本。

无名氏：《文武职养廉俸薪表》，《四库未收书辑刊》十辑第 4 册，北京出版社 1997 年影印本。

无名氏：《南河成案》，《中华山水志丛刊》水志第 26 册，线装书局 2004 年影印本。

谢肇淛：《小草斋集》，《续修四库全书》集部第 1366 册，上海古籍出版社 2002 年影印本。

陈法：《定斋河工书牍》，《丛书集成续编》第 62 册，上海书店 1994 年影印本。

陈法：《犹存集》，《黔南丛书》，贵州人民出版社 2009 年版。

方观承：《方恪敏公奏议》，《近代中国史料丛刊》第 104 册，文海出版社 1966 年影印本。

李梦生整理：《揭傒斯全集》，上海古籍出版社 1985 年版。

付庆芬整理：《潘季驯集》，浙江古籍出版社 2018 年版。

盘峤野人辑：《居官寡过录》，《官箴书集成》第 5 册，黄山书社 1997 年影印本。

林则徐全集编辑委员会编：《林则徐全集》，海峡文艺出版社 2002 年版。

王庆云：《石渠余纪》，北京古籍出版社 1985 年版。

济宁市档案局编：《济宁运河档案史料汇集·一》，济宁市文化广电新闻局 2008 年影印本。

香港中文大学历史系编：《山东经会录》，齐鲁书社 2017 年影印本。

和珅等：《大清一统志》，《景印文渊阁四库全书本》史部第 476 册，台湾商务印书馆 1986 年影印本。

岳濬等：雍正《山东通志》，《景印文渊阁四库全书》史部第 540—541 册，台湾商务印书馆 1986 年影印本。

田文镜等：雍正《河南通志》，《文渊阁四库全书》史部第 535 册，台湾商务印书馆 1986 年影印本。

邓钹等：嘉靖《濮州志》，《天一阁藏明代方志选刊续编》第 61 册，上海书店出版社 2014 年影印本。

罗士学等：万历《沛县志》，万历三十七年（1609）抄本。

佟企圣等：康熙《曹州志》，中国国家图书馆藏康熙十三年（1674）刻本。

刘兴汉等：康熙《宁阳县志》，中国国家图书馆藏康熙十一年（1672）刻本。

马得祯等：康熙《鱼台县志》，中国国家图书馆藏康熙三十年（1691）刻本。

卢承琰等：康熙《堂邑县志》，中国国家图书馆藏康熙四十九年（1710）刻本。

张盛铭等：康熙《郓城县志》，中国国家图书馆藏康熙五十五年（1716）刻本。

黄浚等：康熙《滕县志》，中国国家图书馆藏康熙五十六年（1717）刻本。

张实斗等：康熙《濮州志》，中国国家图书馆藏康熙十一年（1672）刻本。

廖有恒等：康熙《济宁州志》，中国国家图书馆藏康熙十一年（1672）刻本。

郅价等：康熙《濮州续志》，中国国家图书馆藏康熙五十一年（1712）刻本。

沈渊等：康熙《金乡县志》，中国国家图书馆藏康熙五十一年（1712）刻本。

冯振鸿等：乾隆《鱼台县志》，哈佛大学汉和图书馆藏乾隆二十九年（1764）刻本。

倭什布等：乾隆《嘉祥县志》，哈佛大学汉和图书馆藏乾隆四十三年（1779）刻本。

方学成等：乾隆《夏津县志》，哈佛大学汉和图书馆藏乾隆六年（1741）刻本。

沈维基等：乾隆《东平州志》，哈佛大学汉和图书馆藏乾隆三十六年（1771）刻本。

胡德琳等：乾隆《济宁直隶州志》，哈佛大学汉和图书馆藏乾隆五十年（1785）刻本。

万承绍等：嘉庆《清平县志》，中国国家图书馆藏嘉庆三年（1798）刻本。

林芃等：康熙《张秋志》，《中国地方志集成》乡镇志辑第 29 册，江苏古籍出版社 1992 年影印本。

闻元炅等：康熙《汶上县志》，《中国地方志集成》山东府县志辑第 78 册，凤凰出版社 2004 年影印本。

黄维翰等：道光《巨野县志》，《中国地方志集成》山东府县志辑第 83 册，凤凰出版社 2004 年影印本。

王政等：道光《滕县志》，《中国地方志集成》山东府县志辑第 75 册，凤凰出版社 2004 年影印本。

王道亨等：乾隆《德州志》，《中国地方志集成》山东府县志辑第 10 册，凤凰出版社 2004 年影印本。

颜希深等：乾隆《泰安府志》，《中国地方志集成》山东府县志辑第 63 册，凤凰出版社 2004 年影印本。

觉罗普尔泰等：乾隆《兖州府志》，《中国地方志集成》山东府县志辑第 71 册，凤凰出版社 2004 年影印本。

嵩山等：嘉庆《东昌府志》，《中国地方志集成》山东府县志辑第 87 册，凤凰出版社 2004 年影印本。

徐宗幹等：道光《济宁直隶州志》，《中国地方志集成》山东府县志辑第 76 册，凤凰出版社 2004 年影印本。

厉秀芳等：道光《武城县志》，《中国地方志集成》山东府县志辑第 18 册，凤凰出版社 2004 年影印本。

李贤书等：道光《东阿县志》，《中国地方志集成》山东府县志辑第 92 册，凤凰出版社 2004 年影印本。

李垒等：咸丰《金乡县志》，《中国地方志集成》山东府县志辑第 79 册，凤凰出版社 2004 年影印本。

毕炳炎等：光绪《郓城县志》，《中国地方志集成》山东府县志辑第 85 册，凤凰出版社 2004 年影印本。

袁章华等：道光《城武县志》，《中国地方志集成》山东府县志辑第 82 册，凤凰出版社 2004 年影印本。

左宜似等：光绪《东平州志》，《中国地方志集成》山东府县志辑第 70 册，凤凰出版社 2004 年影印本。

冯麟湅等：民国《定陶县志》，《中国地方志集成》山东府县志辑第 85
　　册，凤凰出版社 2004 年影印本。

项葆桢等：民国《单县志》，《中国地方志集成》山东府县志辑第 81 册，
　　凤凰出版社 2004 年影印本。

潘守廉等：民国《济宁直隶州续志》，《中国地方志集成》山东府县志辑
　　第 77 册，凤凰出版社 2004 年影印本。

鱼台县地方志编纂委员会编：康熙《鱼台县志》，山东人民出版社 1997
　　年版。

丁昭编注：《明清宁阳县志汇释》，山东省地图出版社 2003 年版。

赵亚伟等整理：乾隆《峄县志》，长城出版社 2014 年版。

赵亚伟等整理：光绪《峄县志》，线装书局 2007 年版。

蒋作锦：《东原考古录·安山湖考》，《梁山文史资料》第 4 辑，内部资料
　　1988 年版。


## 二　近人著作

蔡泰彬：《明代漕河之整治与管理》，台湾商务印书馆 1992 年版。

岑仲勉：《黄河变迁史》，人民出版社 1957 年版。

陈锋：《中国财政经济史论》，武汉大学出版社 2013 年版。

杜家骥：《杜家骥讲清代制度》，天津古籍出版社 2014 年版。

复旦大学历史地理研究所编：《中国历史地名辞典》，江西教育出版社
　　1986 年版。

何平：《清代赋税政策研究：1644—1840 年》，故宫出版社 2012 年版。

杭州市档案馆编：《清代大运河全图》，浙江古籍出版社 2013 年版。

黄惠贤、陈锋主编：《中国俸禄制度史》，武汉大学出版社 1996 年版。

黄河水利委员会黄河志总编辑室编：《黄河大事记》，黄河水利出版社
　　2001 年版。

纪丽真：《明清山东盐业研究》，齐鲁书社 2009 年版。

贾国静：《水之政治：清代黄河治理的制度史考察》，中国社会科学出版
　　社 2019 年版。

李鹏年等编著：《清代六部成语词典》，天津人民出版社 1990 年版。

梁方仲：《明代赋役制度》，中华书局 2008 年版。

刘文远：《清代水利借项研究》，厦门大学出版社 2011 年版。

刘永之等：《河南地方志提要》，河南大学出版社 1990 年版。

马俊亚：《被牺牲的"局部"：淮北社会生态变迁研究（1680—1949）》，北京大学出版社 2011 年版。

苗月宁：《清代两司行政研究》，中国社会科学出版社 2012 年版。

倪玉平：《清朝嘉道财政与社会》，商务印书馆 2013 年版。

倪玉平：《从国家财政到财政国家：清朝咸同年间的财政与社会》，科学出版社 2017 年版。

谭徐明、王英华等：《中国大运河遗产构成与价值评估》，中国水利水电出版社 2012 年版。

韦庆远：《明清史辨析》，中国社会科学出版社 1989 年版。

吴士勇：《明代总漕研究》，科学出版社 2017 年版。

肖宗志：《候补文官群体与晚清政治》，巴蜀书社 2007 年版。

徐福龄：《黄河埽工与堵口》，水利电力出版社 1989 年版。

姚汉源：《中国水利史纲要》，水利水电出版社 1987 年版。

姚汉源：《京杭运河史》，中国水利水电出版社 1998 年版。

姚汉源：《黄河水利史研究》，黄河水利出版社 2003 年版。

郑肇经：《河工学》，商务印书馆 1933 年版。

周魁一：《中国科学技术史·水利卷》，科学出版社 2002 年版。

庄吉发：《清世宗与赋役制度的改革》，台北学生书局 1985 年版。

王业键：《清代田赋刍论（1750—1911）》，高风等译，人民出版社 2008 年版。

彭慕兰：《腹地的构建：华北内地的国家、社会和经济（1853—1937）》，马俊亚译，上海人民出版社 2017 年版。

岩井茂树：《中国近世财政史研究》，付勇译，江苏人民出版社 2020 年版。

曾小萍：《州县官的银两：18 世纪中国的合理化财政改革》，董建中译，中国人民大学出版社 2020 年版。

## 三 期刊论文

柏桦、余同怀：《明代闸官刍议》，《河北师范大学学报》（哲学社会科学版）2016 年第 1 期。

陈锋：《绿营的低薪制与清军的腐败》，《武汉大学学报》1989 年第 2 期。

陈锋：《清代绿营"名粮"制度述论》，《社会科学辑刊》1992 年第 6 期。

陈锋：《论耗羡归公》，《清华大学学报》2009 年第 3 期。

陈桦：《清代的河工与财政》，《清史研究》2005 年第 3 期。

董建中：《耗羡归公政策究竟是如何出台的?》，《清史研究》2002 年第 2 期。

窦重沂、郑民德：《清代山东运河船闸启闭制度研究——以聊城为例》，《枣庄学院学报》2018 年第 6 期。

冯刚：《浅谈十三世纪后山东运河的经营及影响》，《济宁师专学报》1995 年第 2 期。

高荣盛：《元初运河琐议》，《元史及北方民族史研究辑刊》1984 年第 8 期。

高元杰、郑民德：《清代会通河北段运西地区排涝暨水事纠纷问题探析——以会通河护堤保运为中心》，《中国农史》2015 年第 6 期。

高元杰：《环境史视野下清代河工用秸影响研究》，《史学月刊》2019 年第 2 期。

高元杰：《东河总督裁撤考述》，《黄河科技学院学报》2020 年第 9 期。

郭恒茂：《哨马营减河挑挖年代及相关问题的探讨》，《浙江水利水电学院学报》2018 年第 3 期。

韩昭庆：《南四湖演变过程及其背景分析》，《地理科学》2000 年第 2 期。

贾国静：《清代河政体制演变论略》，《清史研究》2011 年第 3 期。

贾国静：《"治河即所以保漕"?——清代黄河治理的政治意蕴探析》，《历史研究》2018 年第 5 期

江晓成：《清前期河工体制变革考》，《社会科学辑刊》2015 年第 3 期。

李德楠：《试论明清时期河工用料的时空演变——以黄运地区的软料为中

心》，《聊城大学学报》（社会科学版）2008 年第 6 期。

李德楠：《清代河工物料的采办及其社会影响》，《中州学刊》2010 年第 5 期。

李德楠：《试论明清时期河工用料的时空演变——以黄运地区的硬料为中心》，《聊城大学学报》（社会科学版）2010 年第 1 期。

李德楠：《后申遗时代运河研究的思考》，《中原文化研究》2014 年第 5 期。

李德楠、胡克诚：《从良田到泽薮：南四湖"沉粮地"的历史考察》，《中国历史地理论丛》2014 年第 4 期。

李凤荣：《垦湖与禁湖：运河水柜南旺湖的历史考察》，《聊城大学学报》（社会科学版）2011 年第 2 期。

李智萍：《屡筑屡蛰：乾隆四十三年至四十五年的祥符、仪封大工》，《农业考古》2015 年第 4 期。

刘凤云：《清代督抚对地方官的监察》，《明清论丛》第 1 集，紫禁城出版社 2000 年版。

刘凤云：《两江总督与江南河务——兼论 18 世纪行政官僚向技术官僚的转变》，《清史研究》2010 年第 4 期。

刘凤云：《清代督抚与地方官的选用》，《清史研究》1996 年第 3 期。

刘凤云：《养廉银无以养廉：以乾嘉时期摊捐官员养廉银为中心的考察》，《史学月刊》2020 年第 11 期。

刘志伟：《关于明初徭役制度的两点商榷》，《北京师范学院学报》（社会科学版）1982 年第 4 期。

刘志伟：《明代均徭中的银差与力差》，氏著《贡赋体制与市场》，中华书局 2019 年版。

凌滟：《河夫之役与山东省财政变革》，《人文论丛》2018 年第 1 期。

凌滟：《从湖泊到水柜：南旺湖的变迁历程》，《史林》2018 年第 6 期。

凌滟：《明清运河赁基银问题初探》，《江西社会科学》2020 年第 5 期。

孟祥晓：《从运漕到停漕："保漕"视域下明清卫河地位的变迁》，《南开学报》（哲学社会科学版）2020 年第 3 期。

钮仲勋：《卫河的形成及其相关问题》，《河南大学学报》（社会科学版）

1985 年第 1 期。

卢勇、王思明：《明清时期黄淮河防管理体系研究》，《中国经济史研究》2010 年第 3 期。

卢勇、刘启振：《明初大运河南旺分水枢纽水工技术考》，《安徽史学》2015 年第 2 期。

潘威：《清代前期黄河额征河银空间形态特征的初步研究》，《中国历史地理论丛》2014 年第 4 期。

潘威：《河务初创：清顺治时期黄河"岁修"的建立与执行》，《史林》2019 年第 3 期。

潘威、李瑞琦：《清代嘉道时期河工捐纳及其影响》，《中国经济史研究》2020 年第 6 期。

申斌：《明朝嘉靖隆庆时期山东均徭经费初探：基于〈山东经会录〉的分析》，陈春声、刘志伟主编《遗大投艰集：纪念梁方仲教授诞辰一百周年》，广东人民出版社 2012 年版。

王业键：《清雍正时期（1723—35）的财政改革》，《"中央研究院"历史语言研究所集刊》1961 年第 32 本。

王英华：《清代河工经费及其管理》，《历史的探索与研究》，黄河水利出版社 2006 年版。

王玉朋：《清代运河道财政职能研究》，《运河学研究》第 6 辑，社科文献出版社 2020 年版。

王玉朋：《清代前期山东运河湖田开发的讨论与实践》，《聊城大学学报》（社会科学版）2021 年第 2 期。

王振忠：《河政与清代社会》，《湖北大学学报》1994 年第 2 期。

韦庆远：《清代康熙时期"生息银两"制度的初创和运用》，《中国社会经济史研究》1986 年第 3 期。

韦庆远：《清代雍正年间"生息银两"制度的整顿和政策演变》，《中国社会经济史研究》1987 年第 3 期；

吴欣：《明清时期京杭运河浅铺研究》，《安徽史学》2012 年第 3 期。

吴欣：《运河学研究的理论、方法与知识体系》，《人文杂志》2019 年第 6 期。

吴欣：《京杭大运河纤夫的生计与制度》，《学海》2020 年第 5 期。

许存健：《清后期永定河治理经费研究（1820—1911）》，《北京社会科学》2018 年第 12 期。

岩见宏：《雍正时代における公费の一考察》，《东洋史研究》1957 年第十五卷第四号。

张建辉、李刚：《生息银两与乾隆时期的通货膨胀》，《西北大学学报》（哲学社会科学版）2008 年第 4 期。

张建辉：《关于乾隆收撤"恩赏银两"与生息银两制的存废》，《西北大学学报》（哲学社会科学版）2009 年第 5 期。

张轲风：《清代河道总督建置考论》，《历史教学》2008 年第 18 期。

张廷皓、于冰：《京杭运河水运、水利工程及其遗址特性讨论》，《文物》2009 年第 4 期。

张振国、王月：《再论清代的举人大挑制度》，《历史档案》2012 年第 2 期。

郑民德、李德楠：《明清漳、卫交会及其对区域社会的影响》，《中原文化研究》2017 年第 5 期。

郑永昌：《清代雍、乾年间江南河库道与南河治河经费》，《故宫学术季刊》第 32 卷第 3 期。

郑永昌：《从"地方之公"到"国家之公"：论乾隆初期对地方耗羡收支管控体制的确立》，《故宫学术季刊》2003 年第二十卷第 3 期。

周健：《道咸之际的地丁银制度——以湖北各州县收支结构为中心的考察》，《近代史研究》2013 年第 4 期。

邹逸麟：《历史时期华北大平原湖沼变迁述略》，载《历史地理》第 5 辑，上海人民出版社 1987 年版。

### 四　学位论文

高元杰：《明清山东运河区域水环境变迁及其对农业影响研究》，硕士学位论文，聊城大学，2013 年。

李波：《明代山东东、西三府间的赋役之争》，硕士学位论文，山东大学，2012 年。

李彩凤：《明代漕河夫役研究》，硕士学位论文，辽宁师范大学，2013 年。

李德楠：《工程、环境、社会：明清黄运地区的河工及其影响研究》，博士学位论文，复旦大学，2008 年。

裴丹青：《清代河工研究》，博士学位论文，华东师范大学，2016 年。